智慧教育:基本理念与实践探索

——板厂小学智慧育人综合改革研究

主　编　冯雅男
副主编　王玉玲　张　平　周　颖

教育部普通高等学校人文社会科学重点研究基地
北京师范大学教师教育研究中心

天津大学出版社
TIANJIN UNIVERSITY PRESS

图书在版编目(CIP)数据

智慧教育：基本理念与实践探索：板厂小学智慧育人综合改革研究 / 冯雅男主编；王玉玲，张平，周颖副主编. -- 天津：天津大学出版社，2023.7
ISBN 978-7-5618-7557-5

Ⅰ. ①智… Ⅱ. ①冯… ②王… ③张… ④周… Ⅲ. ①小学—教学改革—研究—北京 Ⅳ. ①G622.0

中国国家版本馆CIP数据核字(2023)第141933号

ZHIHUI JIAOYU: JIBEN LINIAN YU SHIJIAN TANSUO——BANCHANG XIAOXUE ZHIHUI YUREN ZONGHE GAIGE YANJIU

出版发行	天津大学出版社
地　　址	天津市卫津路92号天津大学内（邮编:300072）
电　　话	发行部:022-27403647
网　　址	www.tjupress.com.cn
印　　刷	北京虎彩文化传播有限公司
经　　销	全国各地新华书店
开　　本	787mm×1092mm　1/16
印　　张	17
字　　数	436千
版　　次	2023年7月第1版
印　　次	2023年7月第1次
定　　价	68.00元

本书编委会

主　编　冯雅男

副主编　王玉玲　张　平　周　颖

编　委　王晓霞　赵淑繁　张言平　林媛媛　刘　帅
芦　妍　田新海　黄斌红　梁立文　刘　颖
商维禹　王　珏　温　昱　张亚娇　潘　月
刘天宇　李　宏　王宇萱　卢博文　王海云
陆金茹　季　月　杨　超　张晓娟　耿　慧
李　平　闫　烁　孙雨晴　孙　铮　付艺博
王　娟　贾立萍　蒋乌兰　王小慢　王　微
胡曦文　焦　冉　王廼科　白　艳

前　　言

智慧教育是以人为中心的智慧启迪教育。党的二十大报告指出："全面贯彻党的教育方针，落实立德树人根本任务，培养德智体美劳全面发展的社会主义建设者和接班人"。这些全面发展的社会主义建设者和接班人必然需要智慧教育来启迪智慧。联合国教科文组织发布的"教育 2030 行动框架"总体目标是"确保全纳、公平的优质教育，使每个人都能获得终身学习的机会"。2019 年，国务院印发的《中国教育现代化 2035》强调"面向人人""因材施教"和"终身学习"的基本理念，努力为每个人在人生不同阶段提供丰富多样的学习机会、开放优质的学习资源、灵活便捷的学习方式和绿色友好的学习环境。这为智慧教育的发展指明了方向。2022 年，联合国教科文组织教育信息技术研究所、国际教育技术学会和北京师范大学等单位发布了《国家智慧教育框架报告》。该报告指出，政策制定者和各利益相关方需要对教育系统中的包容性与公平性、持续改进文化以及多部门合作与有效伙伴关系这三个要点进行整体性和系统性的考量，而智慧教育则是其中的关键要素。

"智慧教育十年探索"项目是在上述背景下提出的，它是北京市东城区板厂小学与北京师范大学教师教育研究中心合作于 2009 年开始实施的一项基础教育实践探索项目，旨在通过智慧型管理、智慧型教学和智慧型德育三大体系建设，最终实现智慧型人才的培养。在本研究中，智慧教育指的是教育者以人的需求为出发点，通过启迪和影响受教育者，使其能够在自然、社会和人类本身三个领域中追求真、善、美，培养人的智慧，致力于实现人的全面自由发展。在智慧教育十年的探索中，板厂小学始终坚持"身心一体"的心灵哲学观，全面关注学生的人格完善和生命成长，以及学生的学习方法和智慧的培养。学校通过系统构建智慧教育理念体系、课程体系、教学体系、作业设计体系、教师发展体系和学校环境建设体系，逐渐形成了相对完整的板厂小学智慧教育体系，并取得了良好的教育教学效果，得到了社会各界的一致肯定和广泛好评。这些良好的教育成果与板厂小学教师长期以来在北京师范大学专家的指导下进行的教学研究密不可分。板厂小学的一线教师组成了一个踏实肯干、勤奋好学的高素质专业化教师团队，正是凭借这样一支充满活力和教育热情的教师队伍才能确保智慧教育的高质量实施和智慧教育体系的形成。

本书共分为两篇。

第一篇是智慧教育的基本理念，作为全书智慧教育实践展开的理论基础，系统阐述了智慧教育的内涵、核心内容与标准，以及智慧型校长、智慧型教师、智慧型德育、智慧型教学和智慧型管理五大理念体系。

第二篇是智慧教育研究的成果展示，分为八个专题，分别是智慧教育课程整体构建、智慧教育特色课程建设、智慧教育教学探索、智慧教育课堂教学策略探索、智慧教育作业设计的类型、智慧教育作业设计策略探索、智慧教育教师发展、智慧教育环境建设。

智慧教育课程整体构建论述了在智慧教育理念的引领下，学校通过国家、地方和校本三级课程的整体构建，形成了六个领域，分别为道德与公益、传统与文化、艺术与审美、体育与健康、科技与创新、综合与实践，以及三个层级，分别为基础夯实、能力提升、创新发展。这些课程包括了横向融通和纵向衔接的课后活动和综合实践活动，符合学生成长规律和认知规律，构建了一个“智慧成长课程体系”。

智慧教育特色课程建设方面，学校以“人文道德”“科学创造”“艺术审美”“身心健康”和“国际公民”五大素养培育为主要内容，在“基础启迪性”“实践创新性”“开放拓展性”三个维度上构建了包含五大类课程的智慧成长校本课程体系，分别为“道德与公益启智类”“艺术与审美育智类”“语言与文化益智类”“思维与科技增智类”和“体育与健康激智类”。在此基础上，从德育、美育、生物教育、历史教育等多个方面系统总结了板厂小学智慧教育特色课程建设的基本内容、建设路径和特色亮点等方面的内容。

智慧教育教学探索，重点介绍了板厂小学的“四维三性”智慧课堂互动模式。该模式结合了建构主义理论和加德纳的多元智能理论等，实现了理论与实践的深度融合，并搭建了清晰的实施模式框架，提出了可实践和可推广的策略，体现了较强的理论价值和实际指导意义。

智慧教育课堂教学策略探索，展示了不同学科教师以智慧方式处理课堂问题的实践。通过问题分析、目标设定和行动研究，教师们找到了解决课堂教学问题的途径，为践行新课程改革提供了有益的尝试和探索。

智慧教育作业设计的类型，主要介绍了在学校智慧教育理念的指导下，语文、英语、数学、科学等学科的教师利用学校资源和智能技术等手段，打破了学生学习与兴趣之间的障碍，实现了跨学科互动和思维交流，使学生在完成作业的过程中获得个性化的成长，让学习具有更多的参与性、实践性和真实性，使教育变得有趣而富有活力。

智慧教育作业设计策略探索，主要介绍了教师将理论与实践相结合，提质增效，因材施教。学校的数学、语文、艺术、体育等学科的作业设计与实施具有先进的理念，取得了丰硕的成果，使学生在多学科、多领域全面发展。

智慧教育教师发展，主要介绍了智慧教育教师学习共同体的内涵、特点和建设路径。通过介绍和分析教研组学习共同体、班级组学习共同体等典型案例，分享了学校层面的保障机制，以及通过开展系列活动在全校范围内营造共同体氛围、提高教师的团结合作意识、结合师德师风建设等具体举措。

智慧教育环境建设，主要从校园环境和家校社协同育人环境两个角度进行阐述。文章系统梳理了智慧教育学校环境建设的相关理论基础、概念和特征，从建设内容和建设路径两个方面对学校如何建设智慧教育校园环境和家校社协同育人环境进行理性思考和总结，对中小学的相关教学实践具有积极的借鉴意义。

在 21 世纪的今天，实现公平和高质量的智慧教育受到党和国家的高度重视，基础教育的一线教师必须勇于承担责任，让我们的孩子在人生的早期就能沉浸在智慧教育的环境中，实现德智体美劳全面发展。板厂小学突出了“以智取质，构建智慧型校园”的办学特色，致力于培养智慧型教师团队，开发智慧型课程体系，以确保智慧教育的高质量实施，逐步赢得了良好的社会声誉，成为被广大家长认可的优秀学校。板厂小学在智慧教育方面的探索与实践让我感到十分欣慰，我也希望板厂小学在智慧教育方面能够不断迈上新的台阶，取得更加丰硕的教学成果。

朱旭东

目　　录

第一篇　智慧教育的基本理念

第二篇　智慧教育研究成果展示

专题一　智慧教育课程整体构建

专题二　智慧教育特色课程建设

专题三　智慧教育教学探索

专题四　智慧教育课堂教学策略探索

专题五　智慧教育作业设计的类型

专题六　智慧教育作业设计策略探索

专题七　智慧教育教师发展

专题八　智慧教育环境建设

第一篇

智慧教育的基本理念

智慧教育基本理念

导师评析

文章讨论了智慧教育的基本理念，为智慧教育实践提供了理论基础。通过对智慧教育基本理念的阐述，我们了解到智慧教育追求真理、善良和美好的教育理念。智慧教育是追求真理的教育，努力学习、探索、发现、遵循教育教学和人类发展的规律，以规律为指引，促进学生的知识学习、能力发展和健全人格培养，为人们的终身学习和发展奠定基础；将善良作为智慧教育的基础和核心，让学生在校园生活中感受到爱和温暖，体验人性的美好、教师道德的高尚以及同学之间真挚的情谊，为学生营造一个和谐融洽、积极向上的学习和生活环境；美好是智慧教育的最高追求，让学生在学习和生活中感受美、体验美、追求美，让心灵得到美的滋养，在美的事物中净化。智慧教育需要智慧型的校长和教师，贯穿于学校的德育、教学和管理等各个方面工作中，在人与人的互动和交流中，在思维的碰撞中，在观念和概念的形成中，在追求真、善、美的过程中，促进师生共同自由而全面地发展。

指导教师　李爱霞

一、智慧教育的内涵

(一)智慧的定义

《现代汉语词典》中对“智慧”的解释是“辨析判断、发明创造的能力”。杨国荣(2013)在《人类行动与实践智慧》一书中对行动、实践、实践智慧等问题进行了元理论层面的研究。在他看来,哲学层面的智慧,本身要求具体地落实于人的实践,实践智慧联结了对世界的解释与变革,使解释世界与改变世界走向融合,既赋予智慧以实践品格,也使实践获得了智慧的内涵,因此,智慧不仅有其理论向度,而且体现于实践之域。我国心理学研究者汪凤炎和郑红(2014)提出了智慧的德才兼备理论,他们认为,智慧是指个体在其智力与知识的基础上,经由经验与练习习得的一种德才兼备的综合心理素质。陈卫东(2017)认为,智慧教育是理想教育所包含的一种教育思维方式、目标定位和组织形式。

在本研究中,“智慧”指的是一种能力,具备两个要素。一是辨析判断能力,即对各种问题和任务进行分析,能够做出客观判断并准确预测。二是创新创造能力,即能够创造性地解决问题和高效地完成任务。辨析判断能力的强弱是衡量师生综合能力的重要指标之一。对各种社会现象进行判断,能够分辨是非;对各种解决问题的方法进行评估,能够判断好坏;对个人或集体行为进行评价,能够判断对错;面对各种形势,能够判断优劣和机遇威胁。在准确判断的基础上,树立正确的人生观、价值观和世界观,选择适合的方向和目标,确定解决问题的最佳方案,这是辨析判断能力强的表现,而这种能力是可以培养的。

本文中的创新创造力也是衡量师生综合能力的重要指标之一。在工作中遇到问题时,研究制定创新方案,高效地完成任务(对于教师来说,能够高效地完成教育教学任务;对于学生来说,能够自主健康地成长,做到品学兼优,个性发展),从而创造性地解决问题。这些都是创新创造力强的表现,而创新创造能力也是可以培养的。

智力、聪明、智慧这三个概念既有联系,又存在区别。智力指的是认识和理解客观事物,以及应用知识和经验解决问题的能力。在教学理论中,广义上的智力与人才培养相对应;狭义上的智力与知识和技能相对应,指一般性的认知能力,包括记忆、思维、判断等,以及具体学科中的特殊能力,如阅读和计算能力。聪明指的是智力发达,记忆和理解能力较强。智慧是更高级别的认知能力,它包括对生活和人类经验的深刻理解、有关道德和伦理的思考、善于判断和作出明智决策的能力。智慧超越了简单的知识和技能,涉及对人类情感、情绪和社会关系的洞察力。三个概念的外延不同,智慧是褒义词,形容人有智慧,不仅能力强,还要人品好,多用来形容为人类做出贡献的人;不能形容坏人有智慧。聪明、智力均为中性词。聪明的人能跳出困境,智慧的人避免走入困境;聪明的人正确地做事,智慧的人做正确的事;聪明的人思考怎么做,智慧的人思考为什么而做。

(二)智慧教育

近年来,“智慧教育”已成为教育研究的热门话题,学界和社会普遍接受了这一术语。有关“智慧教育”的研究文献呈逐年增长的趋势。综合分析目前学术界关于“智慧教育”的文献,可以大致分为两个方向,第一个方向是从教育技术与信息化领域研究“智慧教育”,将其视为教育信息化发展的新形态。旨在通过改变教育方式,如利用信息技术等,使教育教学更加便捷、高效和智能,实现智能信息技术与教育的深度融合,从而大大提高教育教学的效率和质量。第二个方向是将智慧教育作为一种新的教育理念和价值追求进行研究。这种智慧教育旨在启迪人的智慧，培养具有智慧的个体，使人们品味智慧人生，享受美好的生活。它涉及整个教育系统的目标、结构、内容、模式、方式、方法和条件等方面的变革，因此是真正意义上的智慧教育（邵琪，2019）。

通过对国内已有的关于"智慧教育"的研究进行分析，可以发现已有文献在"智慧型教师""智慧型课堂教学""智慧型学生"和"智慧型学校管理文化"等方面都进行了探讨，并且在理论和实践层面都展开了不同层次的研究。已有文献主要关注"智慧教育"对教育教学有效性的研究。本研究则基于对现有研究和具体教育实践的分析，从智慧所体现的辨析判断能力和创新创造能力这两个特点深入探讨智慧教育的实践。此外，美国东华盛顿大学在培养预备教师的教育智慧方面进行的培训，反映出其对中小学教育教学实践的关注。这也为我们的具体实践研究指明了方向，即无论如何，都不能脱离一线的教育教学实践。

李子运（2016）通过阐述中西方对"智慧"的不同定义，指出西方对智慧的理解侧重于个体理性逻辑思维的品质以及对宇宙自然知识的掌握，而中国古人对智慧的理解则侧重于个体把握人心与天道关系的能力，以及在人生哲学方面的内在修养。他指出仅仅运用智能信息技术的"智慧教育"并不是真正的智慧教育，因为它是被商业行为所驱动的，而非教育自身正常发展的结果，它是一种脱离人性、凭借外在介质来解释的商业化"智慧教育"。最后，他提出信息技术的智能与人类智慧存在本质区别，技术的应用并不能改变教育的本质，更不能将其"革命"成为新的教育形态。因此，真正意义上的智慧教育应该充分体现尊重"人"的智慧，使"人"的智慧在教育领域得到充分展现。

从智慧教育的理论上来讲，培养人的智慧是教育的根本追求。人类之所以具有比其他动物更发达的综合能力，是因为人类具有其他动物所没有的智慧，智慧为人类所独有，人的生命因智慧而闪光。古今中外杰出的科学家、艺术家、政治家等社会精英运用智慧创造了人类文明，推动了社会进步。

从传授知识转向培养智慧，是当代教育改革的显著特征。许多国家，尤其是发达国家，都在积极进行教育改革。这场教育改革的一个重要特点是强调对人的智慧培养。我国新一轮课程改革明确提出要重视培养学生的实践能力和创新意识，这正是对智慧教育的积极追求。

打造智慧型校园，优化课程结构，促进教师教育观念的更新，转变教学方式，提升专业素质，通过不断的自我创新和创造，实现自身的可持续发展。全面关注学生的人格完善和生命成长，注重学生的学习方法和智慧生长，关注学生的个性展示和创新品质，不断发现、开发和发展学生的智慧，以使每个学生的智慧才华得到不同程度的发展。

智慧教育的实践还可以促进学校教学改革的深入，丰盈教学的智慧含量，有效地提高教育的效益，提升教育的品质，从而实现教育的科学发展。

本研究中的智慧教育指的是教育者从人的需要出发，通过启迪与影响受教育者，使其能够在自然、社会和自身三个领域中求真、求善、求美，从而培养受教育者的智慧，致力于实现受教育者全面发展的实践活动。

二、智慧教育的核心内容与标准

对于研究内容的选择,我们从实践的角度重新解读了“智慧教育”,将其分解为智慧型管理、智慧型教学以及智慧型德育 3 个部分。这 3 个部分的内容是中小学一线教育教学实践中最具实践性、最重要且影响力最大的核心。研究“智慧型管理、智慧型教学以及智慧型德育”旨在实现培养“智慧型人才”的目标。

我们对“智慧教育”确定了三个标准:首先,接受智慧教育的学生不仅要健康成长、品学兼优、个性发展,还要在辨析判断、创新创造能力方面优于其他学生。他们能够在活动和课堂中学会思考,在思考中进行自我教育,从而拓展心智,实现从“意志”到“行为”的转变;其次,智慧型的管理要让管理制度充满智慧,更加人性化,给教师提供安全感和归属感,激发他们更主动地投入学校建设,形成自主创造精神。学校管理干部应不断提升管理智慧,加强领导团队的学习意识,形成智慧型管理模式;最后,教师应不断提升自身的教育教学智慧,用教师的人性光辉创造和谐高效的课堂教学模式和创新教育活动,使师生共同度过的学习旅程充满快乐,从而形成智慧型教学和智慧型德育。

三、智慧教育的理念体系

(一)智慧型校长

校长的办学思想和个人素养对学校的发展至关重要。在现代社会,一校之长只懂教育规律,仅从一个学校的角度管理教学工作是不够的。一位智慧型的校长,需要敏锐地感知社会经济发展对教育的要求,并将其融入学校的教育管理实践中。智慧型校长既要具备扎实的教育理论基础知识和优秀的组织管理能力,又要拥有丰富的教育教学经验以及资源开发和利用的能力。此外,最重要的是校长要具备人文关怀的思想。作为校长,要充分认识到每个人天生具备发展智慧的潜能。人的潜能是巨大的,当他们在富有人文关怀的环境中得到最大程度的信任时,会产生巨大的动力,对自己的工作充满激情,并在工作过程中增长智慧。一个智慧型的校长应该最大限度地发挥师生的潜能,让他们在校园中体验到生活的愉快和人生的乐趣。智慧型校长需要具备以下 8 个方面的能力。

(1)智慧型校长必须具备管理智慧,能够适应各种复杂情境。规律在特定情境下呈现具体、多样和复杂的形态。教育制度源于实践需求,规范着校长的行为。然而,制度往往滞后于管理现实,与实际情况并不完全匹配。当前的教育改革面临着复杂的情境,需要校长具备创新精神和创新能力,以应对当前的困境,尤其需要校长展现出管理智慧,特别是行动的智慧。学校管理问题由多种因素相互交织和作用而呈现出复杂的情境,这要求在把握基本规律的基础上,以灵活处理为原则,运用管理智慧来应对挑战。

(2)智慧型校长能够按照原则办事,遵循管理的基本原则。校长按原则办事意味着校长要按照事物运行的规律行事,即按照教育规律和管理规律进行管理。校长按原则办事具体指校长的管理要依照既定的规章制度处理事务。按原则办事是科学管理的一种体现。

(3)智慧型校长能够以智慧处事,达到高级的管理境界。智慧型校长具备融合理论智慧、实践智慧和情感智慧的管理智慧,遵循普遍规律,同时适应具体问题的解决方法。恰当和合适是其显著特点,智慧型校长既注重管理的效益,又关注管理的效率;既注重“利”,又重视“义”;兼顾学校、教师、学生和社会的多重利益。

(4)智慧型校长具备智慧管理的人格魅力。智慧型校长最大的管理智慧就是真诚,即尊重客观规律,沉下心来工作,不浮躁、不虚荣。真诚意味着遵循教育规律,要做实际的工作;尊重教育对象,致力于培养诚信的新一代公民。

(5)智慧型校长能够坚持不懈地学习和研究,这是智慧管理的必经之路。持续学习,与外部世界保持互动,获取教育精神的营养和能量,是增进管理智慧和教育智慧的重要途径。

(6)智慧型校长能够促进员工的自我修炼,学校的所有员工都是校长实施智慧管理的合作伙伴,也是学校值得珍视的人力资源。智慧型校长通过引导、凝聚和激励等手段,促进员工的自我修炼,扩展个人未来发展的空间,充分发挥潜能,创造非凡成果,追求心灵的成长和自我实现。此时,工作对他们来说已不再是单纯的谋生手段,而是体验人生、自我创新、追求生命真正意义的途径。智慧型管理不再对员工进行刻薄的监督,而是使员工自我约束。大家为了共同的远景目标结成和谐的盟约,携手并进,不断反省追求真理,挑战极限,实现个人的最大价值和整体工作绩效的最优化。

(7)智慧型校长能够做到“情商、智商、胆商”三者兼具。在这里,情商指的是心态积极、情绪稳定,能够识别人并准确评估他们;智商指的是个人智力水平;胆商则指个人的勇气和决断力,在面临权衡取舍时能够迅速做出决策。要成为智慧型校长,最重要的是能够将这三者有机地融合,运用于策划工作中,准确评估事情,善用合适的人才,敢于信任他人。

(8)智慧型校长能够兼顾“引导者、管理者、经营者”三个角色。引导者即思想引领者,作为校长,必须具备先进的教育理念和科学的决策能力,引领全校教师共同制定学校的发展方向和目标,通过深刻的思考和广泛的影响力,营造强大的“思想磁场”。学校管理从经验管理发展到科学管理,再进一步发展到现代的知识管理,这要求校长从过去的职务型校长转变为职业型校长。

智慧型校长通过机智的行动展现其管理智慧。智慧和机智是同一个硬币的两面,智慧是管理者内在学识、修养、情感、信念和价值观的有机整合,它支撑着机智的行为。机智通过管理者具体的行动得以展现。智慧型校长始终注重提升自身的知识、情感、意识和行为修养。

(二)智慧型教师

智慧的教育能够培养出智慧的人,而智慧型的教师则能够培养出智慧的学生。智慧型教学的核心在于智慧型教师。

智慧型教师需要拥有丰富的教育智慧。教师的教育智慧主要表现在教育教学实践中,他们具备敏锐感知和准确判断新情境和新问题产生与变化过程的能力;具备机智处理教育时机、转化教育矛盾和冲突的能力;具备根据实际情况和环境及时做出决策和选择、调整教育行为的魄力;具备激发学生积极参与学校生活、热爱学习和创造、愿意与他人进行心灵对话的魅力。教师的教育智慧使他们的工作达到科学与艺术相融合的境界,充分展现独特的风格。教育对他们而言不仅是一项工作,更是一种享受。

智慧的课堂教学需要智慧型教师,他们是学生成长的引导者、推动者,也是自我反思和实践的践行者。教师的教育智慧应该立足于教育教学实际,主动驾驭教育规律,将个人智慧与先进教育思想融为一体,将教育科学与艺术高度结合。这种教育智慧表现为有深层思考,有价值追求,有人文关怀,有较高的悟性,有敏锐的洞察能力,学生在成长和个人成长过程中扮演仁者和智者的双重角色。

作为教育的内在品质,智慧型教师的教育智慧贯穿于教育活动的方方面面,包括师生互动、教育目标、教育过程、教育环境以及教育管理等。这种智慧型教师的教育智慧体现在管理实践的解读、互动和反思过程中。

1. 智慧型教师具有解读学生的能力

教学的目的之一是促进学生智慧的发展。在学生智慧发展的过程中,不仅需要教师教学智慧的转变,同时也依赖于教师的教育智慧的熏染。智慧型教师应具备擅于解读学生的能力,能够看到学生当前的优点与缺陷,预见学生将要达到的发展阶段,透过现象看到事物之间的因果联系关键点。这样的观察引发思考,生成问题,进一步确认问题的性质、特点以及解决问题的价值和意义,同时,还需要注意问题本身对周围其他人的影响。在找准问题后,智慧型教师应寻找对症下药的解决方案。值得注意的是,智慧型教师应明确自己工作的出发点和目标,他们追求的是一种适合学生发展的教育,不能根据自己期望的结果来断定真假,更不能强求学生适应自己的教育方式,而是应当在教育科学的基础之上,为儿童提供适宜的智慧教育。

2. 智慧型教师具有与学生互动的能力

创设基于师生交往的互动、互惠的师生关系是智慧教育的一项重要任务。师生之间交流的本质属性是主体性,交流意味着对话、参与和相互构建。在这种关系中,师生在人格上是完全平等的,即师生之间只存在价值上的平等,而没有高低或强弱的区分。在班级这个学习共同体中,教师作为教学成员,在学生的语言表达、沟通交流等能力的塑造与培养中扮演着重要角色。学生个性的形成和交往习惯的养成与班级活动和师生交流的影响是分不开的。智慧型教师应为学生创造人人参与、平等对话、真诚沟通和相互信任的学习环境,使学生能够共享学习经验和知识,实现个体的自我超越。智慧型教师除了履行正常的教学职责以外,还应当成为顾问、意见交流的参与者,帮助学生发现矛盾和问题,而不是仅仅机械地传授理论知识的人。在这样的师生关系中,学生会体验到自由、民主、尊重、信任、友善、理解、宽容和关爱,并得到激励、鞭策、鼓励、召唤、指导和建议,形成积极丰富的人生智慧和情感体验。

3. 智慧型教师具有反思管理的能力

杜威在《我们怎样思维》中强调,反思性行为是对任何信念和实践进行积极、持续和仔细考虑的行为,涉及直觉、情绪和激情,是理性和情绪交织的行为,其中虚心、责任感、全心全意是反思性行为的有机组成部分。教学反思是教师专业发展和自我成长的核心要素。智慧型教师善于将个人实践与反思相结合,从而形成教育智慧。因此,智慧型教师珍视长期实践中积累的经验,通过总结和分析自身经验,看到自己的优点和缺点,在总结和反思的过程中促进教学智慧的生成。此外,智慧型教师能够抓住机会进行教学科研。例如,通过教师叙事、个案分析等形式进行文本研究;通过撰写反思日记、心得体会、随笔,及填写教学考核表格等多种形式认真总结自己参与学生活动或研讨会的过程和效果。这样可以快速接收、探索、创新和应用新的教育教学思想,为实现反思性实践奠定基础。

(三)智慧型德育

道德教育在培养学生健全人格和塑造良好道德文化方面起着重要作用。德育是学校工作的核心目标,因此智慧型德育必须成为智慧教育的重要组成部分,主要体现在以下8个方面。

(1)智慧型德育具有明显的层次性、渐进性和过程性。智慧型德育必须总结学生的身心特点和思想道德的形成规律,将德育目标、德育内容分解到不同学龄阶段的教学之中,使德育教学从感性到理性,从具体到抽象,达到逐步提高、螺旋上升的效果。智慧型德育主张因材施教,针对不同学生实施个性化教育,尽可能了解每个学生的思想,特别是对那些思想和道德水平"特殊"的学生,有针对性地进行教育。

(2)智慧型德育需要教师以身作则。苏联教育家苏霍姆林斯基曾说过:"教育者的个性、思想、信念以及精神生活的丰富会激发每个受教育者检点自己、反省自己和控制自己的力量。"教育并不需要复杂的说教和严厉的批评,更多的是通过个人的品德行为作为榜样的影响。正如我们常说的,"近朱者赤,近墨者黑"。智慧型德育旨在将教师个人的品德行为转化为一种影响力,在潜移默化中对学生产生影响。这样的德育是高级的德育,使学生的德育之路无痕迹。

(3)智慧型德育强调师生互动。互动指学生与学生、学生与老师之间的双向活动。在日常的教育教学过程中,智慧型德育需要教师创造更多机会,让学生与老师心灵碰撞,积极开展师生之间的谈心交流活动,特别是"特需生",更应主动地"上门"谈心。只有了解学生真实的想法,教师才能在今后的教学中根据不同个体的品质特征和精神需求,为学生提供有针对性的教学方式和教学内容。

(4)智慧型德育重视体验。为了将教师传递的思想品德和行为规范的信息内化为学生的品德信息,并转化为具体的品德行为,必须让学生亲身体验道德实践活动。大量的事实证明,只有体验过的事物才能入脑入心,被学生久久铭记,对学生的成长和发展起到巨大的引导作用。因此,智慧型德育要求教师在实施德育时,组织有效的道德实践活动,创造有感染力的真实道德情境,增强学生对道德的体验感。此外,智慧型德育还与学生的日常生活和社会生活密切相关,让道德教育扎根于真实而生动的社会实践活动中,也是增强学生体验感的有效途径。

(5)智慧型德育将科学与艺术结合起来。在选择道德教育内容时,我们不仅要基于学生的本质特征,还要遵循学生成长的规律,这是学校面临的最重要的选择。当各种不同的道德思想体系、道德规范和道德准则同时呈现在学生的生活和学习中时,全面规范、科学有序地选择道德教育的内容就成为学校智慧德育的重要任务。我们坚持以学生为主体的原则,发扬学生的自觉性、能动性和创造性,以主题教育为突破口,以实践活动为载体,以全面提升学生的道德水平为目标,根据学生的成长特点选择道德教育的内容。

(6)智慧型德育注重培养满足学生发展需求的道德细节。智慧德育要求从细微之处入手,贴近生活,让学生在学习和生活的实践中学习道德。真正以学生为中心的教育往往从关注细节和小事入手,以平等和尊重的态度引领学生生成健全的人格。学校教育的每一个细节都应具有培养人的力量。正如谚语所说,"细节决定成败。"对细节的关注恰恰是学生智慧成长过程中最为重要的事情之一。

（7）智慧型德育是遵循学生认知发展规律的集体教育。通过对智慧德育的研究，我们认识到了学生集体教育的必要性和艰巨性。在实践中，我们根据学生的认知发展规律，将班级视为学生最主要的活动场所，紧紧抓住学生与学生、学生与班级以及学生与社会之间的关系从学生对集体的认识入手，发挥班主任和学生双方的作用。通过丰富多彩的班级教育活动和富有生命力的课堂文化创新，建立学生对集体的归属感和认同感，逐渐形成集体意识和责任意识，促进学生道德判断能力的发展，使学生从道德的认知层面过渡到执行层面，最终改善学生个体的道德行为。让班级中的每个成员团结起来，形成集体意识，学会正确处理个人与集体之间的关系，学会热爱集体，努力建设集体，形成集体荣誉感和责任感。

（8）智慧型德育面向全体学生，尊重差异，构建多元的成长空间。我们面向全体学生，围绕智慧德育的目标，整合教育资源，将原有的德育活动方式和教学方式纳入智慧德育课程中，通过智慧德育课程的设计来落实德育的基本内容与要求。我们将学生的差异作为研究内容，努力使教育活动与学生的智力和认知发展规律相适应，通过特色教育培养特长生，通过爱心联动，助力特需生。为个性鲜明的学生提供发展的舞台，为每个孩子提供适合他们的教育环境。

（四）智慧型教学

课堂教学是智慧型教学的核心部分。智慧教学指的是一种智慧课堂教学模式，它涵盖了关爱学生的课堂、遵循学习规律的课堂、培养质疑的课堂以及全人教育的课堂。如图 1-1 所示。

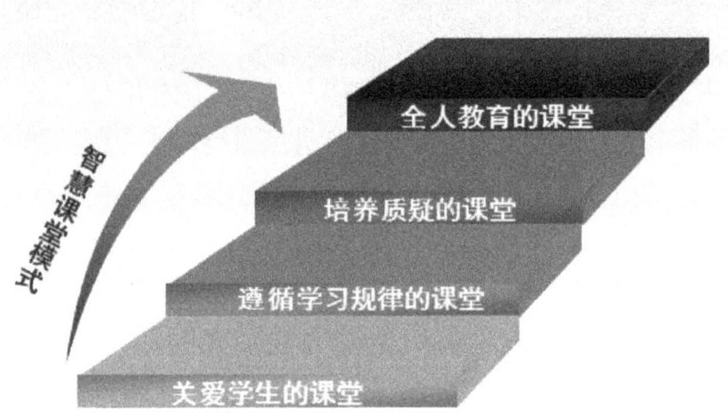

图 1-1　智慧课堂模式

（1）关爱学生的课堂。陶行知曾经说过："真正的教育是心心相印的活动，只有从内心尊重学生，才能得到学生的尊重和爱戴。"在智慧的课堂中，我们应该处处表现出对学生的关爱。创造愉悦的教学环境，真诚鼓励、耐心等待，理解包容学生，让学生享受成功，获得自信，感受快乐，展现智慧。多元的评价语言在鼓励和指导学生方面发挥重要作用，体现教师对学生的尊重和认同。教师的表扬和赞美能让学生获得成功并树立自信，合理的建议和指导使学生掌握知识和学习方法。

（2）遵循学习规律的课堂。学生的学习过程是感知、领悟、积累、运用、形成的过程。智慧的课堂应该根据学生的认知规律、年龄特点和学科特点，寻求科学的教学方式。只有树立起"规律意识"，尊重规律、探索规律、掌握规律和运用规律，我们才能真正以学生为主体，让智慧的课堂成为学生发展的舞台。

（3）培养质疑的课堂。学习源于思考，思考源于质疑。只有学会提问，才能算得上是真正的学习。学习的过程是从“有问题”到“解决问题”再到“提出新问题”的求知过程。学习的目标不是消除问题，而是产生新的问题。智慧的课堂应该培养学生有效提问和质疑的能力，让学生在探索和寻求答案的过程中拓展思维、增长智慧。因此，教师需要改变观念，为学生在课堂上提问和质疑创造条件，培养学生勇于提问、善于提问和敢于质疑的习惯和能力，让学生主动思考、积极讨论、积极交流和深入探究问题。

（4）全人教育的课堂。在新课程背景下的课堂教学，将课堂教学的终极意义定位在人身上，关注人的发展。这种转变是新课程改革的一大亮点，是新课程改革最具生命力的精华，也是实现“全人发展”目标的有效途径。我们要改变目前教育中只关注知识和技术，以完成任务为目的的半人格教育，提倡以培养人为核心，强调开发人的理性、情感、身心、审美、创造力和潜能为教育目标的全面发展教育，使课堂教学的终极意义指向人，关注人的发展。这样的课堂必将成为智慧的全面发展教育的课堂。

（五）智慧型管理

学校管理机制是为实现学校发展目标和教学目标而制定的，在学校的日常管理中发挥着重要作用。学校的教学管理工作具有多面性和多样性，完善的管理机制是智慧型学校管理中不可或缺的组成部分。

（1）智慧型管理应包括符合学校实际情况的校长负责制度，体现管理的科学化与民主化。在学校内部管理中，建立符合学校实际情况的校长负责制运行模式，使校长权力的行使建立在科学民主和合理约束的基础之上；让校长将职务视为自己的专业岗位，而不是一种权力，督促校长更多地关注事业发展，用民主精神和人文思想管理学校，努力将学校建设成一个学习型组织。为确保校长负责制运行模式有效实施，需要建立完善的监督机制。

（2）智慧型管理应该包括民主科学的教学管理机制。民主科学的教学管理机制是从传统的管理制度向现代化、先进和科学的管理制度的转变，实现了制度的创新，真正实现从以管理者为中心向以教师和学生为中心的转变。民主科学的教学管理机制改变了过分强调统一要求的管理模式，能够为教师和学生提供广阔的发展空间，充分调动他们参与教学活动的积极性，突出多样性特点，将硬性管理转变为弹性管理。

（3）智慧型管理应该包括有利于教师专业化发展的评价体系。完善的学校督导评估机制和教学工作评价体系是学校管理制度和机制的重要组成部分。完善的教学工作评价体系包括教学质量综合评价、学生综合素质测评和学科教学状况评价体系及其激励机制，对教学质量、教学过程、教学建设和教学效果进行全面评价，对教学工作进行有效调控。建立学校内部的教学研究制度，使教师开展教育科研成为常态，有利于形成崇尚学术和教育研究的氛围，这是保证教学改革和教师专业化发展顺利进行的最有力的内在机制。

总之，智慧教育是人类教育的根本存在方式。自培根提出“知识就是力量”以来，培养有知识的人成为知识教育的主流观点。然而，知识和知识教育远不能解决人类面临的所有问题，尤其是涉及价值判断、伦理道德和意义构建等方面的问题。与此同时，人工智能的发展将使人类拥有更多的闲暇时间，但也可能加剧人的异化和片面发展。因此，亟需智慧教育及其基本理论的推广和应用。

参考文献

[1] 杨国荣. 人类行动与实践智慧[M]. 北京:生活·读书·新知三联书店,2013.
[2] 汪凤炎,郑红. 智慧心理学的理论探索与应用研究[M]. 上海:上海教育出版社,2014.
[3] 李子运. 关于"智慧教育"的追问与理性思考[J]. 电化教育研究,2016,37(8),5-10.
[4] 陈卫东."智慧教育"要有智慧[J]. 人民教育,2017(5):36-38.
[5] 邵琪. 智慧教育史论[D]. 杭州:浙江大学,2019.

第二篇

智慧教育研究成果展示

专题一　智慧教育课程整体构建

智慧教育三级课程整体构建的探索

导师评析

文章主要论述了在智慧教育理念的引领下,学校通过三层次的课程整体构建,促进学生的全面自由发展。课程是学校育人的主要工具,通过三层次的课程构建,学校建立了六个领域,包括道德与公益、传统与文化、艺术与审美、体育与健康、科技与创新、综合与实践。这六个领域的建立落实了党的教育方针中德智体美劳“五育并举”的要求。同时,学校将中华优秀传统文化作为课程的一部分,并强调了科技与创新的重要性。这符合当前党和国家建立文化自信、培养科技创新人才的价值导向。

在六个领域的基础上,学校的课程体系提出了“基础夯实、能力提升、创新发展”三个层次。这三个层次的建构符合人的培养规律,注重学生基础知识的夯实和能力的提升,培养学生解决真实问题的能力、持续学习和发展的能力,并促进学生创新意识的提升。课程与教学中融入了人的创造力的开发,发掘了学生的潜能,为学生的全面自由发展奠定了基础。

同时,在实施三层次课程的过程中,注重了知行合一和实践应用。这符合当前新课程方案与课标要求的学用结合理念,将知识学习与实践应用相结合。学生在实践中学习、应用中学习、创造中学习,成为学习的主体,发挥学生的主动性和创造性。学校开展有生机、有活力的学习活动,建立伙伴关系,在共同学习与探究中互相尊重、互相信任、合作共赢。通过这样的学习方式,学生能够感受、发现和创造学习中的美,真正实现求真、求善、求美的智慧教育理想。

指导教师　李爱霞

为落实立德树人根本任务，实现课程育人功能，在智慧教育理念的指引下，板厂小学自2009年9月开始进行智慧教育三级课程整体构建，历经三级课程融合、课程多层级架构、实施方式多样化变革三个发展阶段，构建“智慧成长课程体系”，实现了学校课程价值体系的系统建构。

一、智慧教育三级课程整体构建的背景

（一）政策背景

党和国家高度重视教育的发展，围绕“培养什么人、怎样培养人、为谁培养人”的根本问题，要求教育要为党育人、为国育才，把立德树人作为根本任务，培养德智体美劳全面发展的社会主义建设者和接班人。学校课程是落实党的教育方针的重要载体，是促进学生全面发展的主要途径。新时期学校课程建设面临新的挑战：如何依托学校课程体系落实国家教育方针？如何实现课程供给的持续丰富，课程设计的持续优化？如何增加学校课程体系的科学性、发展性？尤其围绕2022年版义务教育课程方案，学校课程更是承载着培养学生正确价值观、必备品格和关键能力的重任，智慧教育三级课程整体构建的探索必要性突显。

（二）学校背景

板厂小学建于1947年，与地处北京市朝阳区的汇文实验小学朝阳学校深度联盟一体化发展，“一长两校”，办学规模不断扩大，形成两校四址的发展新格局。学校坚决贯彻落实新时代教育改革发展要求，以“立德树人”为根本任务，以“乐于学习、敢于担当、勇于创新”为育人目标，形成“智慧教育”品牌，与时俱进、守正创新。经过十几年的研究和实践，学校明确了“以智育志、以智启智、以智取质”的办学思想，引导全体师生树立爱党报国的远大志向；启迪学生，促进全面发展；坚守为党育人、为国育才使命，助推教育高质量发展。课程是学校办学理念的实现路径，是推动学校特色发展的重中之重。在智慧教育办学理念的指引下，随着学校课程自主权的扩大和学校办学理念的深化实施，为更好地落实育人目标，促进学生全面发展，需积极探索课程建设。

（三）学生需求

新时代学生的需求更加多样化，自2009年以来，学校的课程建设先后遇到课程割裂、层级不清、实施方式单一等问题，迫切需要立足学生需求，强化顶层设计，整合课程资源，细化课程实施，助力学生全面而有个性的发展。学校与汇文实验小学朝阳学校一体化发展，需要结合两所学校和学生发展的不同情况，探寻多样的课程与统一管理的平衡，实现办学特色统一、干部教师管理统一、课程计划实施统一，真正形成教育发展共同体，推行两校四址智慧携手、同步发展。

二、智慧教育三级课程整体构建的设计与实施

（一）智慧教育三级课程整体构建的目标

（1）整合三级课程，发挥课程整体育人功能，促进学生全面发展。智慧教育三级课程整体构建旨在解决国家、地方、校本课程在实施过程中存在内容割裂的问题，这是课程建设的逻辑起点。实现学科知识的融合、贯通，充分地发挥课程的育人功能，这是课程建设的核心问题。依托相对稳定的课程框架，满足学生多样化的课程需求，培养有理想、有本领、有担当

的时代新人，这是学校发展过程中面临的现实问题。

（2）探索多元课程，引领教师顺应时代发展趋势，提升教师拓展与创新性课程设计与实施能力，提高知识融合能力、课程整合能力；促进教师跨学科主题教研，改善教学能力和水平，让教师成为思想的实践者、有发现的研究者、有创生能力的变革者。

（3）围绕智慧教育整体构建三级课程，深化智慧教育办学理念的实施，促进学校整体发展；擦亮智慧教育品牌，将"以智育志、以智启智、以智取质"的办学思想融入学校课程中，促进学校课程凸显整体性、系统性和完备性，更好地实现育人目标。

（二）智慧教育三级课程整体构建的内容

1. 确定课程建设的核心理念

学校全面关注学生的人格完善和生命成长，关注学生个性发展和能力提升，在此基础上整合"智慧教育"办学理念及"乐于学习、敢于担当、勇于创新"育人目标，确定了"以生为本，智慧成长，个性发展"的课程建设核心理念。具体表现为充分挖掘校史文化，调研学生需求，着眼于学生的能力发展划分课程领域，体现以生为本的理念；关注学生学习方法和智慧生成，着眼于未来，注重能力的培养，助力学生智慧成长；基于学生的成长路径和发展需求，进行基础、拓展、创新等课程层级划分，以多样化的课程选择推动学生个性发展。

2. 立足需求分析，拟定"六领域"课程结构

为满足家长、学生对于课程整合的需求，学校采用情境分析模式，深入分析国家课程方案和标准，全面调研学生发展需要，整合校内外优质资源，分类与界定学校课程类型，将课程划分为道德与公益、传统与文化、艺术与审美、体育与健康、科技与创新、综合与实践六个领域，初步形成学校课程体系，从服务学生全面发展的角度，阶段性完成了课程的校本化建设，"六领域"课程结构如图 1 所示。

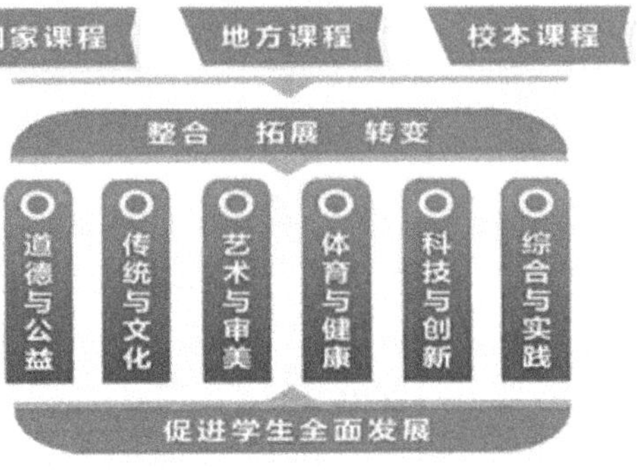

图 1 学校"六领域"课程体系基本框架图

3. 指向现实问题，完善"六领域三层级"课程框架

2011 年以来学校办学规模不断扩大，生源急剧增加，学生层次复杂化，为满足学生多样化的课程需求，学校在"六领域"课程架构的基础上，从"基础夯实、能力提升、创新发展"三个方面进行了课程层级划分，融合课后活动、综合实践活动为一体，形成了横向融通、纵向衔接、符合学生成长规律和认知规律的"六领域三层级"智慧成长课程。具体如图 2 所示。

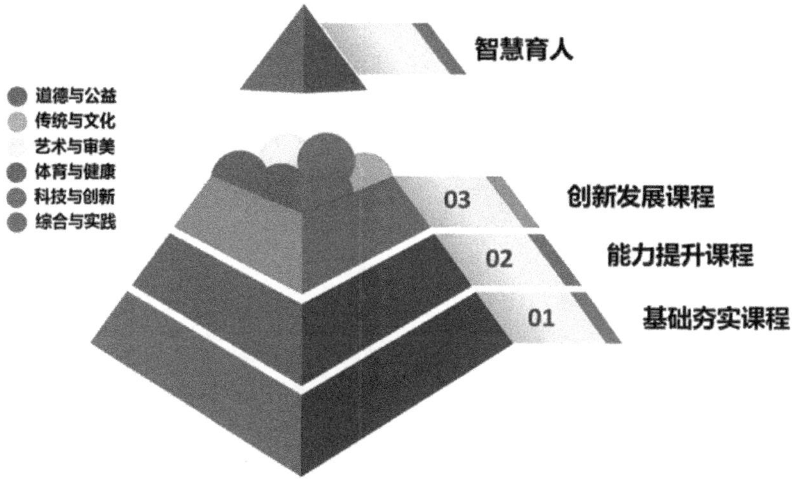

图 2 “六领域三层级”框架图

(1)基础夯实课程,采用必修的学习方式,目的在于为学生未来生活、工作和学习奠定重要的基础,使学生掌握基础知识、提升基本技能,积累基本活动经验、培养学科思维能力、发展学科基本思想方法。包含的课程有道德与法治、语文、英语、书法、音乐、美术、体育与健康、数学、科学、信息科技、劳动、学科实践、综合实践。

(2)能力提升课程,采用必修与选修相结合的学习方式,目的在于全方位培育学生社会主义核心价值观,培养学生未来生活、工作和学习的关键能力。包含的课程有道德养成、榜样力量、节日文化、公益行动、经典诵读、国学鉴赏、外教口语、历史精粹、少儿形体、京剧启蒙、古建梦工厂、服装设计、走近民乐、足球、篮球、花样跳绳、花式踢毽、少年武术、围棋、象棋、星空探秘、趣味植物、STEM、电子电路、生物科技、计算机编程、五彩课程、衔接课程、主题实践课程、社会实践、学行博物馆课程。

(3)创新发展课程,完全采用选修的方式学习,目的在于满足学习兴趣、培养探究实践精神,提升核心素养,促进学生学有所长,助力学生的特长发展。包含的课程有红领巾行动、家长讲堂、阅读与欣赏、舌尖文化、民族舞、软笔书法、童声合唱、轻舞飞扬、快乐手工、古筝、小乐队、心灵驿站、安全救护、垒球、棒球、啦啦操、未来工程师、校园科普剧、创客空间、科幻画、机器人、游学课程、职业体验课程、拓展空间课程、学院(苑)日课程。

“智慧成长课程”整体框架图如图 3 所示。

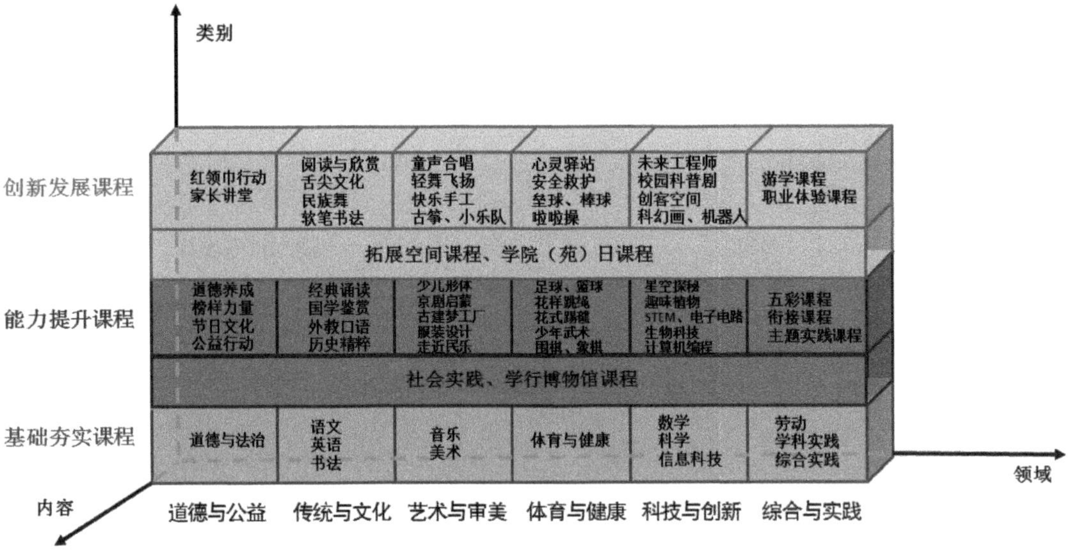

图 3 “智慧成长课程”框架图

(三)智慧教育三级课程整体构建实施的主要策略

1. 智慧教育“三层级”课程创造性实施

遵循立德树人的基本原则,学校对不同类型的课程采用了不同的实践方式,实现了基础夯实课程实施的校本化、能力提升课程开发的生本化和创新发展课程整合的综合化。

(1)基础夯实课程实施的校本化。

课堂教学是课程实施的重要载体,是全面落实立德树人的主阵地。学校坚持以课堂教学落实“智慧成长课程”各项内容,全面贯彻党的教育方针,培养德智体美劳全面发展的社会主义合格建设者和接班人。基础夯实课程的实施融入课堂教学和学校各类活动中,充分发挥课堂与活动的互动效应。

①中华优秀传统文化教育。学校积极探索优秀传统文化教育的方法与途径,形成以“课程开发为载体、课堂教学为渠道、系列活动为平台”的优秀传统文化教育路径。以学科渗透的方式,在全学科中融入传统文化,音乐课赏析京剧,美术课创作国画、陶艺,语文课诵读经典诗词等。丰富的课程内容培育出学生对中华优秀传统文化的亲切感,增强对中华优秀传统文化的认知、认同,促进知行合一。活动课程的实施使传统文化教育渗透在情境体验与活动中,制度化、系统化、课程化的“汉字书写大赛”“我爱中华诗词美大赛”“英语讲中国故事”等活动使学生亲历过程,以身体之,以心验之,享受快乐,获得滋养。

②健全人格的养成与发展。学校坚持以立德树人为统领,重新审视并深化“以学生为主体”的课程理解和教育实践,在课堂教学中开展“五育并举”和“五育融合”的实验与探索,致力于学生的素养发展和健全人格的养成。整合语文学科的“文化传承”、历史学科的“家国情怀”、道德与法治学科的“政治认同”,三科课程形成合力,培养学生的文化自信和政治素养。

③理性思维和理性精神的形成与发展。学校着力在课程实施中建构学生主动学习、师

生共同成长的新生态；着力通过自主、合作、探究学习，激励学生从浅层学习走向深度学习，培养和提升学生的高阶思维能力及创新能力。全体教师以核心问题激活学习思维，引导学生围绕核心问题在动手操作、小组合作中自主地探究，主动地感知、理解抽象的知识，把思维向纵深推进；数学、语文、英语学科教师以思维工具撬动课堂深度学习，以学习单作为教与学的支架，学习单承载知识能力与学习策略的应用，贯穿学生课前预习、课堂自主学习、合作学习。

（2）能力提升课程开发的生本化。

学校能力提升课程的开发以满足学生发展需求为根本出发点，主要分为学科课程的开发和系列教育活动的开展，学科课程的开发侧重学生知识的生成和体验，系列教育活动的开展致力于落实育人导向，两种路径相辅相成，均指向学生的个性化发展。

①学科课程开发，注重学生知识的生成和体验。在学校课程需求调研中，很多学生对天文感兴趣，并希望获取更多相关方面的知识，但是国家科学课程中关于天文的内容较少，而且主要集中在中高年级，无法满足学生的需求。得知情况后，学校科学教研组积极行动，从学生认知规律和学习兴趣出发，整合形成神秘星空校本课程，包括天文望远镜的发明与发展、人类对宇宙的探索历程、宇宙中天体及天体现象、太阳系及八大行星、地球天文知识等，丰富学生天文知识储备，并有机融入动手操作、参观体验、实地天文观测等教育实践，初步培养学生参与科学探究的技能。这些教学内容和方法充分调动了学生学习的兴趣和能力，受到学生们的一致好评。

②系列主题教育，落实育人导向。学校以社会主义核心价值观为主线，在活动育人中，开展“12345”系列主题教育“1”即“一节班队会”；“2”即“两个季”，开学季和毕业季；“3”即“三个仪式”，升旗仪式、入队仪式、建队日仪式；“4”即“四个微行动”，缅怀励志行、美德感恩行、公益慰问行、环境健康行；“5”即“五彩节”，科技节、艺术节、体育节、劳动节、文化节，通过丰富的德育活动引领学生树立正确的价值观。

（3）创新发展课程整合的综合化。

作为学校课程体系中的创新发展课程，目的在于培养学生的创新能力，以科技类课程为载体，此类课程体现出较强的综合化特点。

①潜能开发。在神秘星空校本课程的学习中，学生了解天文学的基本知识，产生对天文学的兴趣，天文科普实践活动不断向纵深发展，2017 年“探秘星空”天文社团被评为东城区星光科技社团。在趣味植物校本课程的学习中，学生享受到融通共享的学校资源、社会资源，在真实的学习过程中，激发潜能、培育科学精神，趣味植物课程在 2018—2019 学年度获北京市基础教育课程建设优秀成果二等奖。

②拔尖人才培养。学校的“智慧科技学苑”从挖掘学生对新兴事物的兴趣入手，培养创新意识和科学素养，提高学生发展核心素养的主动性。低年级重在培养科学兴趣；中年级重在普及科学知识和初步的实践能力；高年级重在培养创新意识和实践能力。机器人、创意搭建、科幻画、未来工程师等精品社团建设呈梯队化推进。近三年又增加了计算机编程、电子电路等课后服务课程。“智慧科技学苑”成为学校科技小达人的培养基地，学校学生因在科技课题探究方面表现突出，被评为东城区十佳少先队员——科技少年。每年科技节学校有近 200 人次获得全国及市、区奖项。

2. 探索课程开发与实施的基本流程

以斯基尔贝克(M.Skilbeck)的课程开发情境分析模式作为课程开发的主体,学校设计了课程开发的工作流程。如图 4 所示。

(1)开展了课程需求调研工作和已有课程资源的整合工作。学校面向学生和家长开展课程需求的调研工作;学校的课程管理部门依据学生年龄特点统筹校内外课程资源,将优质课程资源进行整合。

(2)综合课程需求调研和课程资源整合结果进行课程孵化。按照道德与公益、传统与文化、艺术与审美、体育与健康、科技与创新、综合与实践六个领域孵化出新的课程,不同学生依据自身实际情况、兴趣进行自主选课。

(3)新课程的评价和退出。在新课程实施一学期后及时开展课程评价工作,以保证课程质量,充分满足学生需求。如新课程质量不符合要求或未满足学生需求,则将启动退出机制,重新开展课程需求调研和课程资源整合。

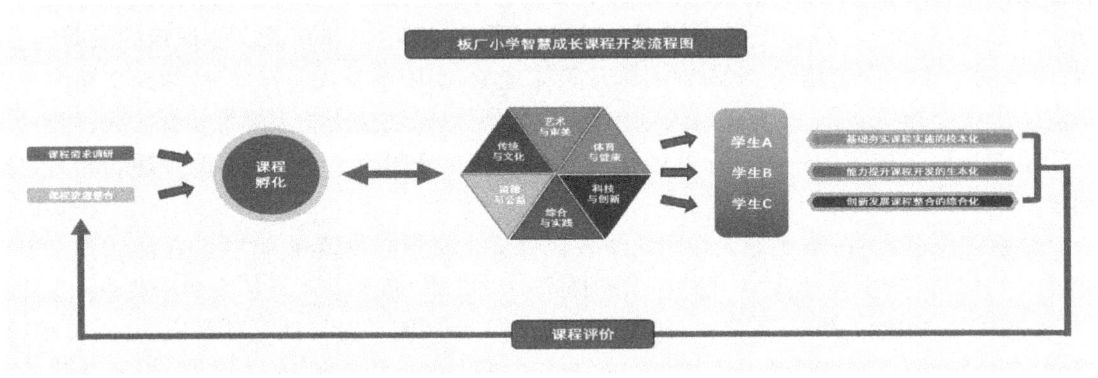

图 4　学校课程开发工作流程

3. 创新综合性、实践性、选择性的实施方式

课程实施是将课程标准转化为教师教学实践的关键,为确保课程方案的有效落实,学校创新了课程实施方式:跨学科融合教学,实现学科知识有效互动与融合,让知识服务于生活;课程与综合实践活动的有机融合,促进学生知行合一;走班制教学,体现学生主体性,充分调动学生学习主动性。课程实施方式的创新实现了学校课程的与时俱进,带动了师资力量的提升,充分发挥了课程的育人功能。

(1)打破学科壁垒,实施跨学科教学。

进入二十一世纪,科技快速发展、迅猛进步,分科越来越细,每个学科的研究越来越深入。人类在各个领域取得重大突破的同时也意识到,孤军作战绝无出路,必须打破学科壁垒,形成多学科联合,还原世界的整体性。学校大胆实施跨学科教学,依据学科之间的整合程度与行动特性,主要有 2 种实践形态。

①多学科课程教学。即在保留学科界限的前提下,用多个学科的视角、观念和方法探究一个问题或主题,催生多学科理解的课程教学实践形态,其特点是既保持学科原有的逻辑体系,又在学科之间建立联系。如在“探秘故宫　探寻文化”的主题下,语文学科讲解“故宫博

物院”一课，师生共同学习建筑位置、布局及文化传承，校本历史课师生共同学习故宫的珍宝藏品及悠久历史，同时学生还走进故宫，在参观、体验、动手制作后，以演讲的方式分享学习成果，在学、问、思、行中开阔视野，深化学习，增强文化自信。

②融合学科课程教学。即将两种或两种以上学科融合起来，模糊学科界限以生成新的思维逻辑，在探究一个问题或主题时催生融合学科理解的课程教学实践形态。如学校的“艺术与审美”课程教学融合了音乐、美术、舞蹈等，在学生掌握必要艺术知识和技能的基础上，着力提升文化理解、审美感知、艺术表现、创意实践等核心素养，帮助学生形成艺术综合能力。

（2）促进知行合一，实施课程与综合实践融合教学。

学校秉承“生活即教育”“社会即学校”“教学做合一”的思想，使课程与生活和社会实践紧密联系，引导学生亲身经历，积极参与课程活动，在“做中教”，在“做中学”，在活动中发现和解决问题，体验和感受生活，发展实践能力和创新能力。

学校设置专职劳动老师，利用劳动技术课让学生在手脑并用中加深对社会生活的体验；开设木工、舌尖上的文化等活动课程，提升学生的劳动技能；设置101农场的农业体验、食育教育基地的美食体验、宋庆龄妇女儿童中心的活动课程体验，利用大型外出活动课让学生在深入实际的过程中增强社会责任感，培养自主学习、合作学习的能力，引导学生走进自然、亲近社会、发展自我；通过道德养成课程，分年段、分层次细化学校养成目标，设立了“自主锻炼岗”“班级服务岗”“家庭爱心岗”“社会公益岗”，培养学生劳动意识、劳动兴趣和劳动习惯，增强自我服务能力和社会适应能力。

学校组织学生走进科技馆、天文馆、实践体验基地进行体验式学习，开展校园科技节活动为学生搭设展示的舞台，鼓励学生积极参加市、区级科技项目，促进学生认识并努力探究解决社会和自然中的实际问题，培养创新精神和正确的情感态度、价值观，增强社会责任感。

（3）尊重学生主体性，实施走班制教学。

学校坚持以生为本，在“智慧成长课程”建设、优化班级授课制的内在逻辑下，尊重学生主体地位，遵循“因材施教”原则，从英语教学的内容与方式上整体进行系列的校本化课程实施探究，逐渐探索形成高年级“选课走班”教学实践模式，使整齐划一的静态“班级授课制”转向极具个性的动态“走班制”，实现学生个性化自主发展。

通过建构新型教学组合方式，兼顾学生综合兴趣、爱好、需求，为学生提供不同层次的课程种类，满足不同层次学生的兴趣需求及自我发展的现实需要。学校每周三课时的英语课，2课时按自然班上课，1课时打破原有自然班，根据学生的能力和兴趣进行选课走班教学，改变学生“同读一本书，同做一样练习”的做法，创造性地落实了国家课程标准。选修的课程以语言实践运用及自我兴趣培养为目的，包括积极口语表达（positive speaking）、主动阅读（active reading）、创意写作（creative writing）三个方向，分别制定教学目标，以力求根据时代特征、学校实际，形成并实施促进学生发展的多层次、可选择、校本化的英语学科课程。

走班制教学模式激发了学生的自主学习能力，英语核心素养、思维品质也获得提升。

（四）智慧教育三级课程的评价

智慧教育三级课程的评价全面落实新时代教育评价改革的要求，改进结果评价，强化过程性评价，不断更新教育评价理念，创新评价方式方法，推进表现性评价。

例如，在语文课程中开展过程性评价。课堂教学评价是过程性评价开展的主要途径，教师能够合理使用评价工具，妥善运用评价语言，注重鼓励学生，激发学生的学习积极性。在“红楼春趣”一课的教学过程中，在小组合作、汇报展示的环节，教师会提前设计评价量表、告知评价标准，引导学生合理使用评价工具，形成评价结果。教师从内容、形式、表达、合作四个维度对学生的汇报展示进行评价，内容上详细并清楚地介绍主人公贾宝玉、四大家族人物关系、金陵十二金钗的判词等；形式上 PPT 布局很合理，标题很醒目，设计风格很好地体现了主题，文字图片搭配很适当，内容简洁概括；表达上小组成员可以流畅汇报自己组的成果；合作上小组成员间有很好的合作则为优秀级。内容上比较详细、清晰地介绍相关知识；形式上 PPT 布局合理，标题醒目，设计风格能体现主题，文字图片搭配适当，内容较为简洁；表达上小组成员可以比较流畅地汇报自己组的成果；合作上小组成员间一般都能开展合作，有个别不够好则为良好级。内容上对课文中出现的众多人物以及人物间关系的相关知识介绍不够详细、清晰；形式上 PPT 布局较合理，标题较醒目，设计风格基本体现了主题，文字图片搭配适当，内容不够简洁；表达上小组成员汇报自己组成果时不够流畅；合作上小组的个别成员间虽然有合作但总体不够好则为待改进级。课堂互动中，教师还会关注学生知识基础、认知过程、思维方式、态度情感等方面的表现，深入分析这些表现及其影响因素，及时给予有针对性的指导。

二、智慧教育三级课程整体构建的成效

（一）实施效果

实践是检验课程建设效果和发挥课程育人功能的重要环节。学校将六领域三层级“智慧成长课程”落实到教育教学中，在课程统整的校本化实践和管理机制的创新中，实现“教”与“学”方式的变革，促进教师队伍的成长和学生的全面发展，同时发挥辐射引领作用，以课程带动手拉手学校协同发展。近年来，“智慧成长课程”已经在学生全面发展、教师专业成长、学校协同发展、国际交流形象建设等方面发挥了重要作用。

1. 促进学生全面发展

学校坚持立德树人，尊重孩子们的成长需求，让孩子们“站到课程中央”。以特色课程和综合实践活动积极推进社会主义核心价值观教育，弘扬优秀传统文化。目前，学校已开设京剧启蒙、星空探秘、学行博物馆、古建梦工厂等各类校本课程 50 余门，拥有足球、花样跳绳、舞蹈、机器人等 60 多个精品社团。此外，学校还成立了“智慧成长学苑”，在艺术、科技、体育、游学、亲子五方面，培养学生特长、走进社会实践、拓宽国际视野，促进了学生健康成长。多名学生荣获北京市首都校园励志人物、东城区十佳少先队员、东城区新时代好少年等荣誉称号，在艺术类、科技类比赛中获奖均超过 1000 人次。

2. 助力教师专业成长

在智慧课程的建设过程中，学校以科研为引领，充分调动教师的积极性，提升了教师的专业能力与学科素养，促进了教师队伍的成长。教师在智慧教育三级课程整体构建过程中，不断探索多元课程，有效提升了教师拓展与创新性课程设计与实施能力，提高知识融合能力、课程整合能力；每位教师都会承担不同类型的课程，进一步促进教师跨学科主题教研，改善教学能力和水平，改革传统的课堂教学模式，提高教育的效率。近年来，学校多位教师荣

获全国、北京市优秀教师称号，在各级教科研论文、成果征集以及教师基本功大赛中取得优异成绩，教师队伍整体素质显著提升。

3. 带动手拉手学校协同发展

为进一步扩大优质教育资源覆盖，促进中心城区学校与副中心结对学校教师队伍的专业发展和学校管理水平的提升，从 2018 年开始多次与郊区薄弱小学互动交流，通过课程座谈会、跨学科课程教学展示等形式，深化课程建设交流，助力学校协同发展。

4. 树立学校国际交流形象

为促进对外交流活动的开展，传播中国文化，展示学校素质教育成果。2017 年，国家主席习近平夫人彭丽媛与时任美国总统特朗普夫人梅拉尼娅女士共同来校参观，观摩了英语、京剧、天文、服装设计、美术、舌尖上的文化、古建空间、花样跳绳、少年足球等课程。近年来，学校接待国内外校长及骨干教师 300 余位，来访的教育界同仁对学校课程建设、育人环境、精细化管理等给予了高度评价。

（二）反思与展望

在“智慧成长课程”实施的过程中，我们取得了一定的成果，不断提升课程育人实效。但面向未来，我们还要在以下 4 个方面进行思考和改进。

（1）基于育人目标，细化课程框架和结构，使其更具操作性，并依据学生发展需求不断扩增相应课程领域；

（2）加大课程整合力度，进一步完善和充实课程内容，以科学方法进一步深化课程实施；

（3）课程教学标准规定的内容还需要根据学生学习的实际情况进行调整，保证课程实施更具针对性和有效性；探索课程的多样化实施方式，接续进行典型教学设计案例研究，持续深化“教”与“学”方式变革，使“智慧成长课程”能够更有效地发挥育人功能；

（4）加强对于智慧成长课程的评价设计，对教学目标、课程设计等要素进行及时的诊断和调整，为课程的进一步完善提供可靠路径。

“智慧成长”，我们一直走在课程建设的路上，一直走在共同成长的路上。

智慧教育校本课程整体构建的探索

导师评析

文章主要阐述了在智慧教育理念的引领下,学校所进行的智慧成长校本课程的实践。校本课程具有实践性、可选择性和创新性等特征,是促进学生个性特长发展的重要途径,也是实现智慧教育理想中真实、善良和美好教育的重要工具。学校为学生提供了丰富且可选择的校本课程,学生可以自主选择课程进行学习,全身心地投入感兴趣的学习内容之中。学生们专注、认真,调动心智能量,寻求教学资源和他人的支持,发现规律、习得方法和创造作品,发现美、欣赏美和创造美,同时在实践中学会坚持、合作和耐心等品质。校本课程更加注重实践性、应用性和创造性,通常以解决实际问题和完成特定任务为导向,这使得学生在参与校本课程的过程中能够体验到更多的自主感、成就感和价值感。

指导教师　李爱霞

学校智慧成长校本课程的建设，遵循了全面性、实效性、发展性及互补性原则，围绕“以质取智 构建智慧校园”的特色，以实现“学生德行品质优、教育教学质量高、家长育子素质好，和谐教育共发展”的办学目标，注重学生身心健康、道德养成，以及学科间知识的联系、整合、互补、融通，从学生成长所需出发，培育学生道德、知识与文化素养，促进学生个性发展，同时智慧成长校本课程也是与国家课程、地方课程紧密结合的一种具有多样性和可选择性的课程。

一、智慧成长校本课程整体构建的背景

（一）政策背景：国家科技创新人才的培养需要创新课程

教育关系每个孩子的前途，决定一个国家、民族的未来。党的二十大报告明确指出：“教育、科技、人才是全面建设社会主义现代化国家的基础性、战略性支撑。必须坚持科技是第一生产力、人才是第一资源、创新是第一动力，深入实施科教兴国战略、人才强国战略、创新驱动发展战略，开辟发展新领域新赛道，不断塑造发展新动能新优势。”未来是多元化、信息化、全球化的时代，不再是简单的知识竞争，而是学习能力、实践创新精神、综合素质的比拼。智慧教育成为学生持续发展的必须，是新时代教育的必然走向。因此就需要我们全方位挖掘教育资源，建设校本课程，为学生的终身发展奠基，使我们的学生从“知识人”走向“智慧人”，跟上科技发展的步伐，才能培养出新时代需要的创新人才。

（二）学校理念：智慧教育实施需要校本课程的支撑

板厂小学是一所公办学校，有着七十多年的悠久历史，历史的积淀为学校的发展提供了基石。学校以“智慧教育”为出发点和生长点，全面关注学生的人格完善和生命成长，关注学生的学习方法和智慧生成，关注学生的个性发展和能力提升，明确“以智育志、以智启智、以智取质”的办学理念。学校虽然面积有限，硬件设施相对薄弱，但朴实、扎实、严谨的校风，追求优质高效的教育实践与成果赢得了良好的社会声誉，现已发展为“三个校区”的办学规模，并带动北京汇文实验小学朝阳学校协同发展。如何在基础扎实、老百姓满意的基础上，创新发展、谱写新篇？如何彰显学校特色？更好拓展板厂的优质教育资源？这些都成为板厂人思考和讨论的重要议题。常言道，有什么样的课程就有什么样的学校，什么样的学校培养什么样的学生。因此，我们需要进行智慧成长校本课程的实践研究。

（三）学生需求：学生的个性发展需要丰富多元的课程

《义务教育课程方案（2022年版）》和课程标准中明确指出，要以育人为目标、素养为导向，培养德智体美劳全面发展的时代新人。课程作为学校教育教学的核心，是落实核心素养、实现人才培养目标的根本保证，而校本课程就应成为激发学生学习兴趣，发展学生个性特长的重要载体，为学生的成长提供广阔的平台与空间，从而成为国家、地方课程的有效补充，进一步培养学生的探究精神、人文素养、实践和创新能力。校本课程是促进学生个性特长发展，培养人才的重要途径，这就需要学校加强校本课程建设，研发适合学生成长的多元校本课程，促进学生智慧成长。

二、智慧成长校本课程整体构建的设计与实施

(一)智慧成长校本课程目标的设定

(1)校本课程的开发与实施以习近平新时代中国特色社会主义思想为指导,全面贯彻党的教育方针,树立课程育人理念,使学生有理想、有本领、有担当,成为德智体美劳全面发展的社会主义建设者和接班人。

(2)校本课程的开发与实施坚持以学生发展为本,以“智慧教育”为出发点和生长点,秉承“以智育志、以智启智、以智取质”的办学理念,培养乐于学习、敢于担当、勇于创新的时代新人,彰显学校特色。

(3)校本课程的开发、实施、维护与更新依据学生的生理、心理以及认知发展特点,聚焦学生核心素养培育,激发学生学习兴趣,满足新时代对人才培养的需要,促进学生在校学会、学好、学足。

(二)智慧成长校本课程内容的构建

在“双减”背景下,校本课程体系的深化与重构尤为重要,学校从培养学生的辨析、判断、创新、创造、发现、解决问题能力入手,将“人文道德”“科学创造”“艺术审美”“身心健康”“国际公民”五大素养培育作为课程的主要内容,围绕“基础启迪性、实践创新性、开放拓展性”三个维度,构建了“道德与公益启智类”“艺术与审美育智类”“体育与健康激智类”“语言与文化益智类”“思维与科技增智类”的智慧成长校本课程体系,智慧成长校本课程内容整体框架如图1所示。

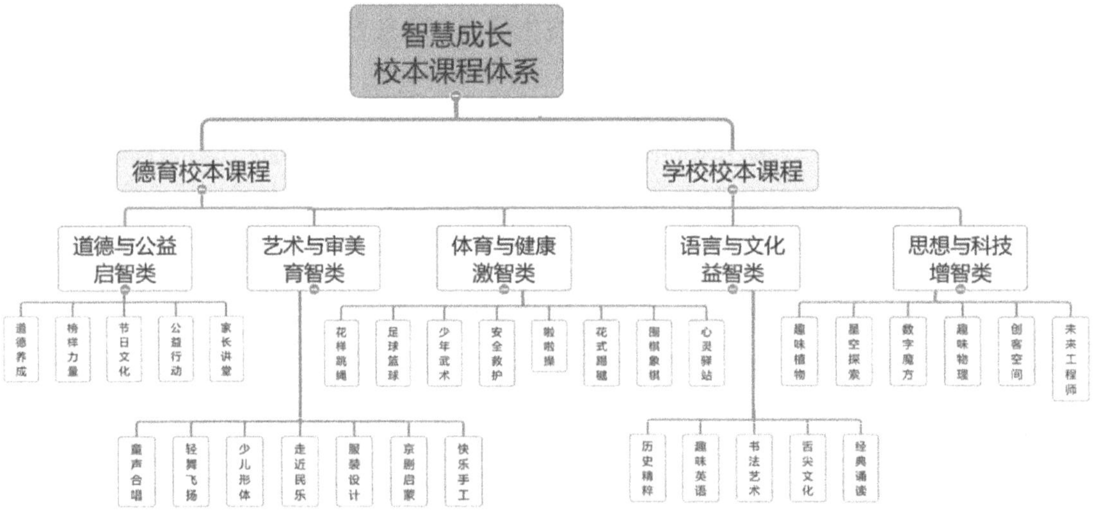

图1 智慧成长校本课程内容整体框架

(三)智慧成长校本课程实施的策略

1. 建立机制,提升校本课程的实效性

为了增强课程的执行力,保障校本课程科学、有效的实施,学校成立了以校长为组长、中层干部为副组长的领导小组,负责统筹规划和管理校本课程建设与实施工作,实行规范化、

科学化、制度化管理。学校逐步完善了相关制度，如校本课程实施方案，校本课程研发制度，课程管理制度，教师备课、上课制度等，保障了校本课程的有效落实。校本课程的领导、教师定期召开课程实施研讨会、开展制定课程目标、研究课程内容、完善课程实施等方面的专题研究，解决教学实践中的具体问题，及时与学校的骨干教师、教研组长研讨交流，逐步形成了领导保机制，教师保实施的良性运转。

2. 培训交流，促教师校本课程的意识性

随着校本课程建设的不断深入，学校教师逐步树立了以学生发展为本的课程观，我们认识到校本课程不能只关注学科领域，还应注重学生道德品质的培养，进一步强化课程育人功能，与时俱进更新、优化、丰富校本课程，满足学生多样化学习需求，五育并举，促进每名学生全面而有个性的发展。因此，校长引领干部、教师学习、研讨，从智慧育人理念的落实、教师课程理论的自我建构、课程资源的开发、课堂教学的管理等方面，强化了干部、教师的课程意识，使教师成为智慧校本课程动态的构建者、生成者。

（1）学习交流。学校聚焦“双减”、聚焦新课程方案、课程标准，开展专家讲座、专题培训，提升教师专业技能和课程实施力，提高校本课程质量和育人质量。学校教师在明确国家地方和校本课程之间互补、互促关系的基础上，在校本课程中增加科学实验、阅读、绘画、艺术鉴赏、动手做等实践课程，使校本课程成为国家、地方课程的有效补充。

（2）研讨互动。以学校校本课程纲要汇编为蓝本，打造基于办学理念、育人目标的学校精品校本课程群，相互学习借鉴，进一步设计、规划、调整、丰富校本课程内容与实施方式，提升课程质量。

（3）展示分享。学校注重过程性资料收集，在备课检查、全覆盖听课的基础上，抽查作业和作品，及时与教师反馈，并进行优秀教案、微课、学习资源设计的展示，分享、碰撞智慧。学校召开校本课程工作总结会，在学习、共享、反思中不断提升课程品质。不断丰富校本课程内容，创新形式；教师不断提高自身专业技能，变革教与学方式；学生在课程的滋养下，不断增强语言表达、逻辑思辨、科学思维、艺术鉴赏等能力，实现全面而有个性的发展。

3. 整体构建，增强校本课程的丰富性

学校基于智慧学生的培养目标，将原有的激发兴趣、提升能力、拓展思维三个维度，调整为“基础启迪性、实践创新性、开放拓展性”，将德育校本课程和学科校本课程有机整合，以实现“面向全体、智慧学习、敢于担当、勇于创新、个性发展”的培养目标，建设丰富多元的校本课程。

为适应新时代学生发展目标，学校近两年新开发了少儿形体、图形化编程、走进西乐、走进民族乐器等校本课程，满足学生多样化的课程需求。朱曦玥老师从课程研发初衷、定位及内容等方面，确定了走进民族乐器课程的具体落地方法，展示了新建课程建设中的思考与行动。同时，学校坚守课程质量，推出了京剧鉴赏、学行博物馆、趣味植物、神秘星空等品牌校本课程。芦妍老师从设置导学课、开发主题学习单、完善评价三个方面，完成了学行博物馆课程在“双减”背景下的改革创新，带领团队研发实施了探寻中轴文化主题实践活动。王迺科、白艳老师以面向学生的京剧学本资源的设计与开发，对课程进行了进一步的思考。老师们的不懈努力，让校本课程从学习内容的丰富、教与学方式的变革、实施效果的提升方面不断完善，课程的丰富为学生的成长搭设了平台，满足了学生全面发展的需求。

4. 创新形式,体现校本课程的开放性

课堂是提升质量的主渠道,教与学方式是教学目标达成的关键。课程实施是将课程标准转化为教师教学实践的关键,为确保校本课程的有效落实,学校鼓励教师以学科课程标准为指导,以教学内容为出发点,链接学生的兴趣点、生长点,跨领域、多学科、跨学段整合、融合资源,将课上、课后、校内、校外的学习、活动与社会生活一体化设计,探索研究大单元、主题式教学,让知识服务于生活。校本课程实施形式的创新,充分调动了学生学习的主动性,加大了学生逻辑思维能力的培养,拓宽了学生学习的时空,促进了学生核心素养和创新能力的提升。

学校注重以研究课、青年杯教学大赛、典型课例研究为载体,通过聚焦学生"学",创新教师"教"。根据课程特点和内容从知识延伸、思维培养、科技发展、艺术感染等方面进行整合与融合,以主题、活动、项目等方式进行学习方式的创新,提高课程实效。例如图形化编程、少儿形体、走进民族乐器三门课程的教师积极参与"青年杯"赛课活动,在与专家的零距离对话中,强化了课程意识。三位教师思想重视,注重学习,不惜力、能吃苦,教学设计完整清晰,态度认真,教学素材准备充分。首先,民乐课上以大单元教学理念推动教与学方式变革,实现教学内容的一体化,以单元设计聚焦解决学科核心素养在课堂落地的问题;形体课上,努力探索信息技术与教学的有机融合,为学生创设充分体验、创编动作、互动、交流的机会,引导学生深度学习。编程课上,教师注重创设和谐氛围,及时提供直观教具,学具准备充分,促进学生主动学习和合作学习。教师的用心思考,精心准备,课上全心投入,就是对课堂质量最好的把关。

学校注重将公益课程的开发与学科教学,少先队活动,心理课,班队会,升旗讲话等相互整合,充分发挥各种教育因素在教育教学中的作用,努力提高智慧育人的针对性和实效性,促进学生健康、智慧成长。如京剧启蒙、科技创新的校本学科课程和文明习得、国际礼仪的校本德育课程,不仅开阔了学生的眼界,提升了学生的认知,为学生在道德养成、健康身心、文化熏陶、创新思维等方面提供了成长平台。

学科间融合,思维训练校本课程与数学课整合,经典诵读与语文课整合,神秘星空、趣味植物与科学课整合,文明习得、国际礼仪与道德与法治学科整合等,整合后的校本课程授课内容既相对减少,又与学科教学的内容更贴近了,切实提高了育人实效。课程与活动的有机融合,班级、年级的古诗词诵读比赛、汉字书写大赛、英语口语大赛、奥运知识竞赛、科技节等激趣、激情、激智的活动,不仅让学生感悟了中华经典的巨大魅力,了解我国科技、体育事业取得的成就,还促进了学生文明礼仪、互助合作、自信自强、诚实守信等良好品行的形成。内容丰富、形式多样的课程资源,整合了知识内容、拓宽了学科视野,在一定程度上丰富了学生的实践体验,满足了学生的成长所需,体现了实施过程中的开放性。

5. 重构空间,凸显校本课程的实践性

学校以学生发展为中心,研发大单元、主题式、长链条的导学案、先导课、学习单等课程实施辅助资源,拓宽学生学习时空,激发兴趣和潜能,帮助学生在巩固知识、提升技能的基础上,让学习真实发生,发展自主学习能力。"学行博物馆"综合实践活动校本课程具有实践性、综合性和开放性三个典型特征。道德与法治教研组牵头,以将美术、科学、体育、语文、校本课程等学科,以"学行博物馆"为主题,如串糖葫芦一样,将各学科知识点串在"智慧成长体验卡”之中，不断修改、完善，打造了全学科融合的综合实践校本课。学生走进天文馆、故宫博物院、国家博物馆等，在参观、听讲解、观察、小组学习中巩固知识，强化了综合实践能力。

课堂上，教师只有从学生的认知规律、学生年龄特点和学科的特点中寻求科学的教学方式，才能使课堂成为学生真正提高、发展的舞台。例如，负责走近民族乐器课程教学的朱曦玥老师授课时注重经典乐曲对比赏析，注重学生的真实感悟与体会，让学生从生活中找到民乐元素并进行加工，如欣赏艺术作品、绘画等，在丰富学生基础知识的同时鼓励学生寻找身边的音乐。在她的启发下，学生利用课余时间用吸管做排箫、用皮筋做弹拨乐器，在动手动脑中感悟民族乐器的魅力。白艳教师在京剧启蒙课程教学中，能够根据学生的心理年龄特点，遵循学生的认知规律，采取片段式学习，放慢学习的速度，让学生发现并模拟表演，同时鼓励学生走进剧院，寻找自己熟悉的人物，课上与其他同学进行分享。课前、课后的延伸学习，走进实践基地的体验学习，进一步拓宽了学习时空，凸显了校本课程的实践性。

6. 优化资源，突出校本课程的拓展性

随着社会对教育的广泛关注，各种教育资源也伴随着教育实践在不断扩展丰富，学科专家作为一笔丰厚的教育资源，成为我们校本课程推进的有力保障。对专业性强、技能要求高的课程，学校聘请了名师直接对学生进行授课。例如书法艺术课程，我们聘请了知识广博、较有影响力的袁强老师，他用生动的语言、形象的比喻为学生进行汉字结构、演变等内容的讲解，对学生起到了激发潜能、促进发展的作用。我校聘请具有执教资格的美国、英国、加拿大教师讲授魅力英语课程，通过口语问候、话题交流、唱英语歌、英语视听、做游戏等丰富的教学内容和形式，为学生营造了良好的英语学习氛围，从而提高学生英语学习的兴趣和口语交际能力。

在校本课程的实施中，学校注重课内与课外的有效衔接，校内与校外资源的有效利用，开发了百工坊、首都图书馆、龙潭湖公园等社会资源的实地式课程，丰富学生的成长体验。例如四年级学生走进龙潭湖公园、感受龙文化，进行书法艺术、美术设计、科技创新的“学科联动”实地式课程。带领三年级的学生走进首都图书馆，进行了主题为“书香浸润心灵 阅读伴我成长”别样课程的学习与体验。孩子们参观图书馆的各个厅室，了解借阅图书的流程，还参与了阅读故事发现会、书海寻宝、电子书的制作等课程，充分感受到在图书馆的氛围中读书学习的快乐。师资、课程场域资源，为学生的学习成长提供了有力保障，促进了学生的智慧成长。

7. 借助平台，展示校本课程的精彩性

学校坚持立德树人，尊重孩子们的成长需求，将课上、课后、校内、校外的学习、活动与社会生活一体化设计，让孩子们“站到课程正中央”，积极推进社会主义核心价值观教育，弘扬优秀传统文化，为长链条培养科技、艺术、体育等拔尖创新人才打好基础。

在迎新年、庆祝“六一”国际儿童节、毕业典礼等活动中，学校专门为学生设立展示项目，古筝演奏、京剧表演、科技创新作品分享等。学校鼓励学生走出校园，走进社区慰问，为敬老院的爷爷奶奶送去自己精心准备的节目，积极参与市区级的演出，电视台节目录制等活动，湖南卫视、央视的节目中都留下我校学生的身影。学校教师还鼓励学生参加市、区级的赛事活动，在天文知识竞赛、观测比赛，艺术节比赛，国戏杯大赛等活动中，我校学生均取得较为优异的成绩。

学校注重校本课程与课后服务课程、社团课程结合,与学校活动、市、区及的赛事、展示活动结合,让学生走出课堂、走出校园,走向社会大课堂。学校为学生搭设的成长、提高的平台,助力了学生健康、持续、全面发展。

8. 汇聚资源,注重校本课程的积累性

学校树立质量意识,依据校本课程管理制度、评价标准和结果,及时对课程进行调整、更新、替换。注重过程性管理与资料收集,分别撰写了京剧启蒙、植物世界、神秘星空、走近民族乐器等校本课程的研发与实施报告,校本课程的学生学业质量评价方案。学校于 2022 年 3 月,梳理成绩、总结经验,完成了京剧启蒙、趣味植物、计算机编程等八门校本课程纲要的印制,为教师有效落实课程、提高课堂教学质量提供了保障,形成学校课程资源,共享智慧。

日常工作中,校本课程教师注重收集学生的绘画、小制作、观察日记、视频等原创、原始的材料,与学生互动交流,与老师分享反思,逐步改进自己的课程。神秘星空课程教师留存了学生填写的月相变化观察记录单、学生绘制的地球结构图等;中国古代历史精粹课程教师收集了学生制做的历史风云人物小报,“我知道的 ×××”小组学习成果展示视频、半坡遗址项目学习成果等;走近民族乐器课程教师录制了学生制作的乐器介绍视频,收集了学生完成的乐器简笔画作品……来自教师、学生的各种课程资源,为学校校本课程的深化提供了第一手素材。

(四)智慧成长校本课程评价的探索

新课程下的评价方式是面向未来的、发展的、动态的,是一个长期的、不断提升的过程。为了巩固我校智慧课程的研究成果,提高课程的执行力和影响力,学校积极探索课程评价机制:一是对课程的开发与实施进行的评价,二是对学生学习效果进行的创新评价。学校坚持自评制度,使教师通过对校本课程目标、内容、结构的科学性、实效性的系列反思,发现、调整、改进课程实施中的不足,激发教师自我发展的内驱力,提高责任感与进取心。

1. 校本课程实施状况的评价

学校坚持阶段、学期的校评制度。中层干部依据学校的管理制度,通过日常工作、阶段调研等形式,与教师一起进行诊断、剖析,从而对教师进行评价与反馈,提出建议,进而提高校本课程的实施效果。学校重视学生在课程学习中的体验,除了对学生的日常学习,如听课、作业、阶段调研等方面进行评价外,更注重对学生在学习过程中的个性化评价,例如:学生在学习过程中的有价值质疑、学科实践的优秀作品、特长才艺展示、友好交流等方面的突出表现,均有获得加分的机会,促进了学生学有所长。

2. 教师作为校本课程开发者的反思与评价

课改的成败关键在教师,只有教师切实转变教育教学行为,进一步提高自身业务水平,才能推进课程实施。在具体的实施过程中,我们发现有的课程还存在内容选取离学生的实际较远,有的在教学环节设计上难度较大,有的课时安排得不够合理等情况,因此应该鼓励老师在实施中,有自己的想法和思路,结合学生的实际水平,创新使用教材、创新授课方式。学校坚持自评制度,使教师通过对校本课程目标、内容、结构的科学性、实效性的系列反思,发现、调整、改进课程实施中的不足,激发教师自我发展的内驱力,提高责任感与进取心。学校坚持学年末教师量化评价制度,主管干部依据学校的管理制度,通过备课检查、听推门课、实践作业等形式，与教师一起进行诊断、剖析，从而对教师进行评价与反馈，提出建议，进而提高校本课程的实施效果。

3. 校本课程中的学生表现评价

学校重视学生在校本课程学习中的体验，除了对学生的日常学习，如常规习惯、课堂笔记、实践作业等方面进行评价外，更注重对学生在学习过程中的个性化评价。围绕"双减"和智慧学生培养，校本课程教师及时收集、整理学生学习的作品，设计制作成册或制作音频、视频并刻录光盘等，并将其纳入学期末学生学业评价方案中，有效调动了学生参与课程的积极性，每门校本课程都制定了具体评价方案，提高了课程质量。

三、智慧成长校本课程整体构建的成效

（一）智慧成长校本课程的建设与实施彰显了学校特色

随着智慧成长校本课程建设与实施的逐步深入，我校形成的治学严谨、智慧育人、全体发展的理念得到全面落实，"以智取质，构建智慧校园"的特色已深入人心，影响着板厂每一位教师，成为学校发展的强大动力和有力支撑。

2020 年以来，《趣味植物校本课程的研发与实施》获北京市基础教育课程成果二等奖；历史精粹、趣味植物、神秘星空校本课程获东城区优秀精品课程一等奖，京剧启蒙、花样跳绳获二等奖；《故宫综合实践课程的研发与实施研究报告》获东城区基础教育课程成果一等奖。办学声誉越来越好，选择来板厂小学上学的学生越来越多，办学规模不断扩大，满足了社会需求，得到了老百姓的赞誉，在《晨报》组织的评选中，被誉为"最具增值力的学校"。

（二）智慧成长校本课程的建设与实施促进了师生智慧成长

（1）培养了具有创新能力的智慧学生。丰富的课程内容，打开了学生的视野，满足了个性化发展的需求；开放的课程学习场所，拓宽了学生的学习空间，丰富了学生的实践体验；灵活的授课方式，多样化的学习设计，让学生从"不知"到"知"，从"知"到"思"，从"思"到"做"，等等一系列的课程学习中，敢于实践、丰富了体验，发现、提出、分析、解决问题的能力得到提高，更重要的是学生的兴趣得到激发，创造力也得到了培养和提升，学有所长，所参加的市区级比赛成绩优异。

2021 年 4 月在北京市中小学生科学传播大赛中，我校学生的科学微视频获市级一等奖，科学故事获市级二等奖。2021 年 5 月，在北京市第十六届青少年未来工程博览项目比赛中，我校学生的"创意花窗"获市级三等奖；2021 年 9 月，在北京市 Steams 项目的实践与探索活动中，4 人获二等奖；在"着我中华霓裳"纸艺服装展示活动中 11 人获二等奖，18 人获三等奖。仅科技方面，2021 年就有 70 名学生获市级奖项，184 人获区级奖励，23 名教师荣获市、区级优秀辅导奖。

（2）打造了独具特色的智慧教师团队。在校本课程的建设与实施中，通过名师、专家引领，教研组、骨干带动，以及教师的自我学习与反思，一批批教师的课程意识在不断增强，敢于将所学运用于工作中，使学习、工作、反思、提高呈现多元化的特点。通过多门类、高水平校本课程的研发，不仅提高了学生的道德意识、科学素养、创新实践能力，也激发了教师的创造性，提高了课程开发能力。

少儿形体校本课程教师李莹莹，指导的《我陪爷爷来登高》在 2021 年 9 月在东城区第

二十四届学生艺术节舞蹈、戏剧集体项目展演中获银奖，所指导的学生团队，在 2021 年 12 月东城区中小学生大体操比赛活动中获小学技巧 0 级混合组二等奖。

2021 年 11 月，在北京市教育委员会举办的十二届国戏杯学生戏曲大赛活动中，我校学生取得金奖 1 人，银奖 4 人，铜奖 1 人的成绩，白艳获优秀指导教师奖。我校学生在东城区二十四届学生艺术节戏曲集体项目展演中获银奖。2021 年，学校表现的《十三妹》京剧启蒙、花样跳绳校本课程获东城区第二届精品课程成果评选二等奖。

在 2021 年 5 月东城区中小学生多媒体作品锦标赛、信息技术挑战赛中，我校 3 名学生荣获小高组一等奖，4 名学生荣获三等奖。信息技术教师杨青泉，在东城区中小学生益智大擂台竞赛、环保摄影比赛、中小学多媒体作品锦标赛等活动中，荣获 4 项优秀辅导奖；在 2021 年 6 月东城区教育研修院、东城区青少年教育学院第三届东城区信息技术挑战赛活动中，我校荣获优秀组织奖。

（三）智慧成长校本课程的建设与实施形成了学生、教师、家长智慧成长共同体

创新人才的培养是从基础教育开始的，而未来公民的创造力仅仅靠学校、教师是培养不出来的，只有各个领域的专家学者共同参与，才能寻找到实现学生特长与个性发展的课程模式，才能改变人才培养模式，为社会培养出创新型人才。我们在校本课程的实施中，关注到学生的特长和个性发展，发挥了教师所长，利用了家长资源，使学校的课程建设形成了学生、教师、家长智慧成长共同体。学生家长中专业的琵琶教师成为我校的社团指导老师，在首都图书馆工作的学生家长，带领我们走进书的海洋，享受别样课程，在科技馆工作的家长事领孩子们一起做实验、观天文，在浩瀚的宇宙中遨游……学校现在已经形成了学生与教师、学生与家长、教师与家长的智慧成长共同体，落实了我校智慧育人的办学理念。如图 2 所示。

图 2　智慧成长共同体

未来已来。“双减”背景下，学校落实 2022 版新课程方案、新课程标准理念，不断思考、改进、完善校本课程建设。基于育人目标，进一步细化课程框架和结构，构建系统、递进的课程育人培养模式，以彰显学校特色，实现培养板厂名师，成就优秀学生的目标；基于质量提升，进一步提高课堂教学效益，在整合上下功夫，完善和充实课程内容，落实核心素养导向下的大单元教学实践，我们将笃行不息。

专题二　智慧教育特色课程建设

导师评析

2022年底,我有幸负责指导板厂小学王晓霞、周颖、王珏、刘颖、温昱、刘帅、芦妍七位老师,对于板厂小学智慧教育特色课程建设进行梳理。七位老师克服了理论基础薄弱与文献资料不足的困难,与自己的同事一起不断对板厂小学特色课程建设进行研究,收集了相关的访谈资料、课堂观察资料和实物分析资料,从德育、美育、生物教育、历史教育等多方面系统总结了板厂小学智慧教育特色课程建设的基本内容、建设路径与特色亮点等方面的内容。在研究过程中,由于一线教师的工作负荷较重,且处于新冠肺炎疫情防控期间,很难找到共同的时间一起进行线下交流和研讨,但我仍与七位老师对于这一专题文章的撰写进行了三次集中交流和多次的个别指导,每一次交流指导都可以看出老师们写作水平的明显改善,也可以看出老师们学术写作规范程度的提高。

专题二的五篇文稿结构清晰,内容丰富。可以看出七位教师均是有着丰富实践性知识和条件性知识的教师,有着较强的专业发展愿望,在指导过程中我尽量尊重她们的需要和主体性,教师是研究者、学习者,指导教师只是她们研修过程中的支持者、引领者。指导过程中,我发现在她们的身上充分体现了板厂小学严谨求实的教风和学风。书稿内容尽管还有一些需要完善和提升的方面,但已经充分体现了板厂小学教师主动进行科研、善于学习、勇于承担科研重任的使命感和进取心。我也希望七位老师能够从外在任务驱动进行研究转化为内在动力需求,逐步踏上研究引领特色课程建设之路。

指导教师　付钰

智慧教育德育课程建设

一、智慧德育研究的背景

（一）党和国家高度重视学校德育

党的十八大报告提出“把立德树人作为教育的根本任务”“培养德智体美全面发展的社会主义建设者和接班人”。党的十九大报告再次强调“要全面贯彻党的教育方针，落实立德树人根本任务”。在党的二十大报告中又一次提出“全面贯彻党的教育方针，落实立德树人根本任务，培养德智体美劳全面发展的社会主义建设者和接班人。坚持以人民为中心发展教育，加快建设高质量教育体系，发展素质教育，促进教育公平。”

（二）学校德育是学术界广泛关注的领域

立德树人是教育的根本任务。立德意味着坚持德育为先，通过正面教育引导人、感化人、激励人；树人意味着坚持以人为本，通过适当的教育来塑造人、改变人、发展人。

中国教育科学研究院研究员、中国德育教育的开拓者詹万生提出，“国无德不兴，人无德不立。”德指的是思想政治和道德品质的总称。立德树人的目标是培养青少年具备思想政治素质和道德品质。

教育部原基础教育司司长、国家副总督学、清华大学教授王文湛提出，德育是育人的根本，是教育的首要任务，是教育的灵魂和基石。他提出了中小学德育的“五个主要内容”，即理想信念教育、社会主义核心价值观教育、中华优秀传统文化教育、生态文明教育和心理健康教育。同时还提出了德育工作的“六大实施途径”，即管理育人、文化育人、课程育人、活动育人、实践育人和协同育人。德育是学校工作的灵魂，致力于培养学生的思想道德和人格素质，体现了学校教育的基本目标和归宿。

（三）学生成长需要智慧德育

德育在小学生的成长中具有至关重要的作用。它可以引导学生树立正确的人生观和价值观，培养良好的学习习惯，正确看待事物，理性处理人际关系，从而使学生在成长的道路上能够走得更远。良好的学校德育体系、途径和方法对促进学生的全面发展、保证人才培养的质量和正确方向起着决定性的作用。追求一流的德育工作实效已成为我们思考和探索的重要途径。学校倡导每个人树立高尚的德育观念，并通过培养高质量的教师队伍和提升班主任队伍整体素质来践行立德树人的根本任务。学校还组织了智慧德育实践研讨会、教师个案研究培训等推进活动。通过这些活动，我们更清晰地认识到，智慧德育需要改变传统的德育目标和内容，以开放的前瞻意识，基于学生成长规律，以学生发展为本，尊重学生个体差异，追求整体优质高效和鲜活灵动的智慧德育。

二、智慧教育德育课程的基本内容

(一)智慧教育德育课程的内涵

小学生具有很强的可塑性,每个学生都是独一无二的,其遗传因素、家庭环境和生活经验等各不相同,因此道德发展的条件也存在很大差异。小学阶段是学生社会化发展的关键时期,其道德发展在社会化过程中具有明显的独特性,这对小学德育提出了很高的要求。因此,教师需要将教育的科学和教育的艺术结合起来进行工作。

智慧德育由“智慧”和“德育”两个概念构成。它通过运用智慧进行德育工作,体现了教育的智慧。通过智慧地工作,德育效果更加明显,小学生的道德发展在智慧德育中得到显著体现。智慧德育既满足了小学生道德发展的潜在性,也符合了小学生道德发展的规律性。智慧德育是德育的一种品质,追求优质而有效的整体效果。我们学校的智慧德育研究从德育目标的制定到德育内容的选择以及德育的实施,每个环节都体现出德育的优质和高效。

(二)智慧教育德育课程的目标

学校始终坚持“立德树人”,构建校内外的德育生命共同体,形成了大德育格局。我们构建了“智慧成长”德育体系,通过“管理育人”“文化育人”“课程育人”“活动育人”“实践育人”“协同育人”六个方面的整体规划,实现了课内外的深度融合和家校社的协调发展,为学生成长奠定了坚实的思想基础。如图 1 所示。

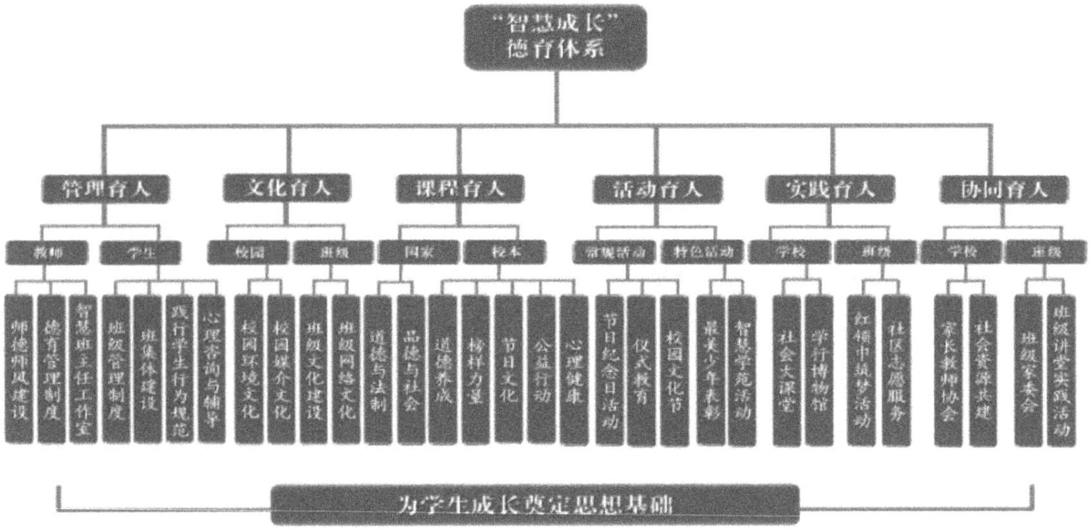

图 1 “智慧成长”德育体系

在智慧德育的实践中,我们根据学生的身心特点和品德形成规律,制定了面向全体学生的德育目标和内容,同时也制定了针对不同年级和特殊学生的阶段目标和内容,以体现智慧德育的整体性、层次性和差异性。

1. 突出整体性的学生发展目标

立德树人是智慧德育的根本,根据智慧型小学建设理论,我们坚持整体性原则,以促进学生整体发展为出发点,确定了以下 4 个学生发展整体目标。

①品行端正——具备道德素养，学会做人。

②智慧学习——具备探究能力，善于思考。

③全面发展——设定目标，勤于实践。

④健康成长——关注身心健康，掌握生活技能。

2. 体现层次性的年段学生发展目标

以学生的学习和生活为依托，根据学生的年龄和身心发展特点，围绕学校学生发展的总目标，各年级（低年级、中年级、高年级）遵循道德行为等认知规律，从“思想基础”“道德发展”“社会参与”三个方面，制定了相应年段学生发展目标。如表1所示。

表1　年段学生发展目标

目标	思想基础	道德发展	社会参与
低年段学生目标			
品行端正	掌握基本的校园、家庭、社会礼仪，懂得尊重他人	鼓励表达自己的见解，明白是非	有集体意识和自我保护意识
智慧学习	对学习有兴趣，培养良好的学习习惯	了解不同的学习方法，选择适合自己的方法	初步体验到学习的快乐
全面发展	积极参加社会实践活动，培养兴趣爱好	认识自己的优势和弱势，并尝试发展优势技能	愿意和大自然接触，亲近大自然；以自己的兴趣提高学习动力
健康成长	学习健康知识，懂得锻炼的重要性	坚持锻炼身体，微笑地生活	培养乐观向上的生活态度
中年段学生目标			
品行端正	懂得友爱、诚信、合作，学会交往	尝试用友爱、诚信、合作促进个人成长	开始形成正确的生活观念，有明辨是非的能力
智慧学习	热爱学习，有良好的学习习惯	采用收集、调查、分享等不同的方法学习、积累	感受学习之乐，培养好学精神，探索未知领域
全面发展	学会制定个人成长目标，懂得全面发展对人成长的重要性	积极参加各项特长培养活动，在实践中体验，在感悟中收获	在综合实践学习中，感受科技、艺术、体育等项目的魅力
健康成长	了解健康、安全生活的知识，树立环保意识，学习调试心态的方法	坚持锻炼身体，提高身体素质，勇于面对困难	勇于克服困难，乐观地面对每一天
高年段学生目标			
品行端正	学习客观地认识问题	能用辩证的方法思考生活中的现象	初步形成正确的人生观、价值观
智慧学习	能从自己的学习中发现问题、提出问题，学会质疑	多种途径学习，总结适合自己的方法；能进行问题探究，提出自己的意见、设想并解决问题	能用所学的知识技能去发现、解决生活中的现象和问题，并因此获得学习的快乐；有创新的意识
全面发展	学会反思，确定目标方向，不断修正自己	主动发展，形成自己的爱好和特长	能感受到自己综合素质的提高并为此感到骄傲
健康成长	掌握健康、安全生活的技能，学习生存的本领，会安排自己的业余生活	能循序渐进且深入地发展，并能及时自我调整	有丰富的生活元素，有阳光的心态

3. 注重特殊学生发展的差异化目标

智慧的教育不仅要关注整体,还要承认和善待差异,将差异视为激发学生积极能量的源泉。我们以尊重学生个性为核心,以提供多元化的学习环境为特点,以主动选择为行为准则,以培养终身学习为育人目标,积极推动特殊学生的发展。基于实际情况,我们确定了特殊学生的发展目标,以满足他们个性化的学习和成长需求。

(1)培养特长生的目标(如表2所示)。

表2 特长生培养目标

特长项目	内 容
音乐特长	在声乐、器乐、舞蹈等方面,有潜质或者有兴趣学习的学生
美术特长	在绘画、手工、编织、动漫等方面,有潜质或者有兴趣学习的学生
书法特长	在软笔书法、硬笔书法、篆刻等方面,有潜质或者有兴趣学习的学生
体育特长	在篮球、花样跳绳、武术、围棋等方面,有潜质或者有兴趣学习的学生
京剧艺术特长	培养对京剧感兴趣,愿意欣赏、学习京剧的学生为"票友"
科技创新特长	对天文、机器人、动手做、探究实践等感兴趣的学生
摄影特长	对摄影技术感兴趣、相机操作感强的学生
信息技术特长	对多媒体技术、动漫、网络操作技术等感兴趣的学生

(2)特需生培养目标(如表3所示)。

表3 特需生培养目标

特需培养项目	内 容
学习习惯特需生	培养对学习的兴趣和学习习惯,提高学习能力
行为习惯特需生	培养良好的生活习惯和个人情趣;控制情绪和行为的能力;会合理安排自己的学习与生活
心理发展特需生	构建积极、正向的情感态度价值观。培养正确认识自我的能力,树立自信心;培养倾诉的能力,知道在自己困惑的时候寻求帮助;交往能力,帮助建立个人交往圈、建立集体认同感

(三)智慧教育的德育课程基本架构

学校面向全体学生,围绕智慧德育的目标,整合教育资源,将原有的德育活动方式和教育方法纳入智慧德育课程,以此落实德育教育的基本内容和要求。我们将学生的差异作为研究的基础,努力实现教育活动与学生智力和认知发展规律相适应,通过特色教育培养具有特长的学生,并通过爱心联动支持有特殊需求的学生。为个性鲜明的学生提供发展的舞台,为每个孩子提供适合的教育。在国家新课程改革的契机下,我们将德育资源的开发、利用与学校课程建设紧密结合,有效整合各种德育要素和资源,完善课程结构,创新德育方式,营造和谐开放的育人环境。我们从基础性、实践性和开放性三个维度来构建智慧德育课程体系,包括基础性德育课程、拓展性德育课程和研究性德育课程。每个学期通过升旗仪式、班队会、主题活动和亲子活动来实践这些课程(如图2所示)。

图 2　智慧教育德育课程的基本架构

1. 开发特色德育培养课程

我们坚持以人为本，加强道德培养教育，针对学习做人、传承传统、学习先进和奉献社会四个方面进行德育课程的实施。首先，通过道德培养课程，从学校、家庭和社会三个层面推出了"板厂小学道德文明八会"，并制作了动漫短片，进行"好习惯伴随成长"的教育，以实现学习做人的目标。其次，通过节日文化课程，进行"节日文化滋润童年"的教育，引导学生认识和共度中华民族的传统节日，实现传承传统的目标。第三，通过榜样力量课程，进行"追寻崇高榜样"的教育，引导学生"寻找、学习和成为榜样"，以实现学习先进的目标。最后，通过公益行动课程，进行"献身公益充满爱心"的教育，师生们相继走进明天病房、天津福利院等十多个社会福利机构，以实现奉献社会的目标。

2. 开发三位一体特色德育课程

学校挖掘和整合学校、家庭和社会的教育资源，形成教育合力，使学校教育、家庭教育和社区教育相互作用、相互依赖、相互促进，关系更加和谐，形成了一个促进孩子健康成长的和谐教育场所。近年来，学校整合丰富的人文和自然资源，使学生走出校园，走进社区，走进实践课堂，培养学生的创新精神和实践能力。自 2013 年起，学校启动实施了"学行博物馆"课程，每学年统一组织学生至少参观四所博物馆，通过参观、听讲解和实践等形式，让学生学习生动的知识，积累实践经验，深入理解并学习社会主义核心价值观。我们通过家校合作，建立和谐教育，邀请家长成为学生的梦想伙伴，结合家长们的专业知识和特长优势，开设"家长讲堂"，让学生体验丰富多彩的课外知识；各个班级还自主开展"红领巾筑梦"行动，三元奶品厂、百工坊、故宫等成为学生们最向往的地方，每年全校参与活动的学生占比超过 95%。学校、家庭和社会的三位一体德育课程拓展致力于提升学生的社会责任感、创新精神和实践能力，培养学生崇高的道德情操和公民素养，培养他们成为社会主义建设者和接班人，在德智体美劳各个方面全面发展。

例如：德育课程与"感恩家人"主题系列活动如表 4 所示，基础性智慧德育课程与"爱心传递"主题系列活动如表 5 所示。

表 4 德育课程与"感恩家人"主题系列活动

<table>
<tr><td colspan="3">智慧德育课程</td><td colspan="2">少先队活动</td></tr>
<tr><td colspan="3">"我爱我家"</td><td>主题教育—感恩家人</td><td>做感恩家人"星星"少年</td></tr>
<tr><td>单元说明</td><td>6 课时内容</td><td>课后作业</td><td>"父亲节"—感恩家人活动</td><td>目标:会感恩家人</td></tr>
<tr><td rowspan="6">通过"我爱我家"单元教育活动,引导学生在生活中留心观察父母长辈的辛勤工作,细心感受长辈的爱,引导他们从感恩开始,"每日为父母做件事",去关爱父母长辈,努力做家庭生活中的好孩子</td><td>说说我的家里人</td><td>设计一份家庭成员关系图</td><td rowspan="6">(1)举行一次"拥抱父亲"主题升旗仪式。
(2)每位学生为自己的男性长辈设计一张节日贺卡或感恩卡。
(3)召开一次"拥抱父亲"主题班会,邀请爷爷或爸爸来参加。
(4)养成孝敬长辈的好习惯,每天能坚持为长辈做一件事</td><td rowspan="6">(1)学会尊重长辈的基本礼节和礼貌用语。
(2)知道家长的生日、爱好,做一件让他们高兴的事。
(3)放学回家后能自觉学习,不让家长操心。
(4)生活中能主动做自己力所能及的事,不任性、不撒娇</td></tr>
<tr><td>爸爸妈妈的高兴与不高兴</td><td>讲出或画出家庭中的一个小故事</td></tr>
<tr><td>这样的脾气该不该发?</td><td>设计"感恩卡",卡片内容为"爸爸妈妈,我想对您说……"</td></tr>
<tr><td>我该怎么办?</td><td>即兴情景表演</td></tr>
<tr><td>爷爷奶奶的高兴与不高兴</td><td>自编儿歌送给爷爷奶奶</td></tr>
<tr><td>爷爷奶奶笑了</td><td>星级评价</td></tr>
</table>

表 5 基础性智慧德育课程与"爱心传递"主题系列活动

<table>
<tr><td colspan="3">基础性智慧德育课程</td><td colspan="2">少先队活动</td></tr>
<tr><td colspan="3">"放我的真心在你的手心"</td><td>主题教育——爱心传递</td><td>爱心传递"星星"少年</td></tr>
<tr><td>单元说明</td><td>6 课时内容</td><td>课后作业</td><td>"三八妇女节"——寻找最美女教师活动</td><td>目标:会爱心传递</td></tr>
<tr><td rowspan="6">通过"放我的真心在你的手心"单元教育活动,说明爱是无处不在的,爱的传递是悄然进行的。我们身边时时刻刻都存在着爱,引导学生在学习与生活中发现爱、感受爱、学会爱,并能真诚地付出爱。努力做"爱心传递""星星"少年</td><td>寻找爱的感动</td><td>设计一份爱心队报</td><td rowspan="6">(1)举行一次"感动·爱心"主题升旗仪式。
(2)学生投票评选"我心中最美女教师"活动。
(3)召开一次"爱驻我家"的班会或队会。
(4)举行"手拉手爱同行——让书漂流"活动:为打工子弟学校捐赠图书。
(5)成立爱心公益社,慰问明天病房、福利院的孩子们</td><td rowspan="6">(1)从一点一滴生活小事做起,乐于助人,在别人需要的时候,能伸出援助之手。
(2)在学习与生活中能体会、理解别人的爱,懂得为他人付出,学会去爱同学、爱老师和爱自己身边的人。
(3)有爱的信念,能体验亲情、感受友情,尊重他人,爱集体、爱祖国,让"爱"驻心间</td></tr>
<tr><td>给予我帮助的人和事</td><td>讲一个爱的故事</td></tr>
<tr><td>这样的埋怨应该有</td><td>"爱心卡"朋友我想对你说……</td></tr>
<tr><td>我该怎么办?</td><td>即兴情景表演</td></tr>
<tr><td>他们会高兴吗?</td><td>赠送爱的格言</td></tr>
<tr><td>在爱中幸福成长</td><td>星级评价</td></tr>
</table>

三、智慧德育实践的过程与成效

（一）满足学生发展需求的道德细节养成

智慧德育要求从细微之处入手，贴近生活，让学生在学习和生活的实践中学习道德。真正以学生为中心的教育往往是从关注细节和小事开始，以平等、尊重的态度引领学生健全人格的培养。学校教育的每一个细节都应具备育人的力量。“细节决定成败”，对细节的关注恰恰是学生智慧成长中最重要的环节。

1. 年级统一德育行动

各年级应分析学生的具体情况，根据年级特点和道德养成目标，确定教育专题并开展实践活动。涉及的专题可以包括《从一年级开始培养良好习惯》《通过丰富的班队活动促进集体建设》《班级文化建设的实践与研究》等。在实施过程中，需要确立目标、达成共识；细化内容、分阶段实施；加强训练、注重评价。

2. 自我教育塑造品行

在智慧德育的实践中，摒弃了单一的说教式德育，倡导通过采集生活素材、创设情境，让学生在亲身经历中体验和感悟，并由此引发内心世界的价值冲突，实现知识、情感、意愿和行为的协调统一，培养健全的人格。在学校的“道德讲堂”系列活动中，各年级可以自行确定主题，推出体验式的“道德行为示范”展示。其中包括书本上的规范以及从学生生活中汲取的各种素材。在示范片中，学生可以自主采集文字和图片资料，亲自演绎。通过体验和感悟，加强道德意识，实现自我教育，引领学生形成良好的道德行为习惯。

（二）遵循学生认知发展规律的集体建设

智慧德育的研究使我们意识到学生集体教育的必要性和艰巨性。在实践中，我们根据学生的认知发展规律，将班集体视为学生最主要的活动场所，发挥班主任和学生双方的作用。通过各种活动，使班级中的每个成员团结起来，形成集体意识，提高能力，学会正确处理个人与集体关系，从认识集体到热爱和建设集体，增强集体荣誉感和责任感。

集体教育的目标在于让学生成为教育的主体。在实践中，我们以集体作为教育对象，通过集体来实现对学生个体的教育，强化集体意识，为培养具有家庭和社会责任感的合格公民打下基础。

1. 认识集体，建立集体归属感

集体归属感是指人们都有归属的需求，渴望成为某个集体的一员，并为成为这个集体的一员感到光荣和自豪。

当学生进入校园，踏入教室时，就加入了一个集体。对于一年级的新生来说，这是集体教育的起点。我们开展了“我们有了新家”“我是集体的一员”“我为集体作贡献”等教育活动，通过每个成员的自我介绍、相互熟悉、互相关心和为集体服务，让学生产生归属感和自豪感。

2. 热爱集体，培养责任意识

建立集体归属感，唤起学生对集体的热爱。我们引导学生将这种情感转化为对责任意识的培养，体现在对自己和他人、对家庭和集体、对国家和社会所负责任上。教育学生通过遵守规范、承担责任、履行义务的自觉行动，在担任小岗位的实践与坚持中，学会对自己、他人和集体负责,培养责任意识。

3. 教室文化,实现集体成长

智慧德育追求给学生留下终生难忘的教育体验,而要实现教育目标和集体成长,我们需要创造积极向上的成长氛围。在集体教育实践中,班主任老师带领全体学生并邀请家长协会成员参与班级目标的制定和规则的制定。通过与家长和学生共同讨论达成共同愿景,确保每个学生明确班级的奋斗方向,制定个人成长规划,为集体的成长共同努力。

我们特别注重培养充满活力和个性的教室文化。学校尊重班级的自主性,鼓励班级自行命名。围绕班级建设目标,确定班级文化建设的内容和外部表现形式,如自命名、班徽、班训、班规等。出现了许多班级名称,如"成长之舟班""科技先锋班""创意激情班""文化探索班"等。通过具体的命名,将抽象的数字和符号转化为一种精神意义,赋予班级生命成长的力量。

(三)面向全体,尊重差异,构建多元的成长空间

学校根据教育的发展趋势和本土特色,遵循教育教学和生命成长的规律开展了一系列道德主题教育。积极培育和践行社会主义核心价值观,弘扬中华民族的传统美德,使个人梦融入国家和民族的梦想之中。

学校坚持开展"12345"系列主题教育。具体包括每周的班队会,培养学生良好的道德行为;精心安排的开学季和毕业季活动,引导学生立志有为,培养学生的家国情怀;开展升旗仪式、入队仪式和建队日仪式,使学生树立正确的价值观;设计并实施缅怀励志行、美德感恩行、公益慰问行和环境健康行等四个微行动的主题教育,培养学生的道德情操;以校园五彩节(科技节、艺术节、体育节、劳动节、文化节)培养学生的兴趣爱好,锻炼他们的意志品质,促进学生身心的健康发展。

1."学苑"发展特长

智慧校园的育人目标是促进全体学生的全面发展,实现他们的全人发展。"板厂小学智慧学苑",包括"智慧艺术苑""智慧科技苑""智慧体育苑"和"智慧游学苑",成为促进学生发展的组织形式。学校为每个孩子提供了自主参与智慧学苑学习的机会,让他们在学习中得到个性化的发展,培养科技、艺术、体育等方面的人文素养。我们希望让孩子们走出国门,开拓视野,培养国际意识,并鼓励家长参与到这一教育过程中来。

以智慧科技学苑为例,我们的科普教育活动帮助一批对科学有兴趣的孩子脱颖而出。板厂小学的智慧学苑为每个孩子提供了发展特长的空间。我们非常高兴地看到,近年来,有上千名学生在全国、市、区科技赛事中获得了奖项,学校被评为北京市中小学生科技示范学校,荣获东城区"少年科技学院基地校"称号。

2. 助力特殊需求学生的成长

在智慧校园中,我们倡导"人人都是德育工作者"的理念,强调"德育即质量"。我们邀请副班主任和学科教师参与智慧德育研究。通过"智慧德育工作室"作为核心的"联动式"实践研究,我们在有特殊需求学生的转化工作中积累了一些经验。

在我们的研究中,我们邀请不同学科的教师一起分析学生的情况、分享辅导方法,寻找学生课堂表现的共性和问题,通过科学、理性的审视,形成共同的认知、态度、目标和教育行动,以确保每个孩子都能得到适当的关注和支持。我们通过仁爱与赏识、坚持与改变,唤醒学生内在被认可的渴望,重塑他们的自我形象。

我们强调智慧德育的核心是充分调动和挖掘学生内在的潜能,并为他们创设和谐、宽松、民主的教育环境。通过有目的、有步骤地组织学生参与各种教育活动,我们希望学生在掌握科学文化知识的基础上全面发展,成为具备生活能力、学习能力和创新能力的人才。

(四)聚焦德育评价目标,有效实施校本落实

在智慧型小学的建设中,板厂小学坚持将德育置于首位,不断探索智慧育人的模式。学校在"品德评价促进东城育人模式建设"项目的引领下,聚焦"东城区中小学生品德发展目标",结合学校的德育工作,关注学生的道德情感、道德认知和道德行为。我们提出了"自觉做人,智慧成长"的道德养成总目标,并将其细分为"自理""自立""自强"三个年段目标。通过学校、年级和班级三级推进,帮助学生形成健康的情感、态度和价值观,实现良好道德习惯的养成。

1. 智慧争章,培养全面发展的学生

学校少先队遵循少年儿童的成长认知规律和行为特点,制定了红领巾争章标准,并设立了智慧成长章和特色发展章。智慧成长章包括梦想章、立德章、健体章、劳动章和奉献章,特色发展章包括学习章和特长章。根据不同阶段、不同年级和不同激励方式的衔接,我们吸引少先队员们主动参与,不断增强他们对少先队组织的喜爱和认同。表6为智慧少年争章活动标准。

表6 智慧少年争章活动标准

项目		一二年级争章标准
智慧成长章	梦想章	(1)知道党的名称、党的生日,认识党旗、党徽;认识国旗、国徽,会唱国歌。认识校徽、知道校训和24字核心价值观内容。 (2)心有梦想,学有榜样。了解一位英雄楷模或先锋榜样。通过榜样激励,为自己的成长设立目标并付诸行动
	立德章	(1)按时到校,不缺勤。遵守校规、校纪,文明懂礼,自觉礼让排队。保持公共卫生,爱护公共财物。 (2)爱集体,爱伙伴,同学间友好交往。诚实守信、言行一致,不说谎
	健体章	(1)积极参与体育活动,养成锻炼好习惯,体育测评为优良等级。 (2)坚持一项体育技能
	劳动章	(1)学会自理,自己的事情自己做,勤俭节约,积极参加光盘行动。 (2)热爱劳动,掌握一项劳动技能
	奉献章	(1)热爱集体、关心伙伴,能为同学、集体做一件力所能及好事。 (2)在家中建立爱心岗,为家人做力所能及的服务
特色发展章	学习章	(1)热爱学习,上课专心听讲,积极参与课堂活动,作业书写规范,各学科成绩优良。 (2)热爱读书,有良好的阅读习惯。能主动分享自己的阅读体会
	特长章	(1)培养一项艺术、科技等兴趣特长。 (2)特长发展有一定成绩或在校内外进行过展示,起到一定的带动作用

续表

项目		三四年级争章标准
智慧成长章	梦想章	(1)尊敬国旗、国徽,知道其含义。热爱祖国,了解国家发展变化及成就,积极参与“童心向党”少先队活动,表现优异。 (2)能介绍一位为人民谋幸福的优秀共产党员的故事,深化对党的信任感与追随感
	立德章	(1)热爱集体、尊敬师长、关心同学、团结协作,积极为集体服务。诚实守信,勤俭节约,遵守学校和社会秩序。 (2)知道自己的优点和不足,能够接受帮助,有错及时改正。能够体谅、包容他人,保持阳光心态,积极面对困难并努力克服
	健体章	(1)积极上好体育课,体育测评为优良等级。课余时间坚持体育锻炼,至少有一项自己擅长的体育运动项目,积极参加学校运动比赛,养成锻炼好习惯。 (2)注意个人卫生,作息时间合理,保证充足睡眠,认真做眼保健操和广播体操
	劳动章	(1)热爱劳动,树立劳动最光荣的思想和劳动观。能够学习劳动模范的事迹并向其学习,能够爱护环境,在班级中至少承担1项劳动岗位并认真完成。 (2)学会自立,能够自己整理家务,能够掌握1至2项家庭劳动技能,帮助家长做好家务劳动。积极参与垃圾分类、光盘行动、节约资源等活动
	奉献章	(1)学习雷锋精神,宣讲雷锋事迹,传承奉献精神,并将雷锋精神落实到行动中。 (2)在中队里有自己的服务小岗位,并坚持为集体服务。在家长的协同下积极参与红领巾志愿服务活动
特色发展章	学习章	(1)热爱学习,会制定学习计划,合理分配学习和娱乐的时间。养成认真听讲、善于动脑,有适合的学习方法,认真完成作业、课前预习和课后检查的良好学习习惯及多渠道获取知识的能力。 (2)热爱读书,每天坚持阅读有意义的书籍,有一定的阅读量,并能进行有效积累和广泛运用。
	特长章	(1)坚持兴趣特长培养,热爱并坚持练习,克服困难,持之以恒,陶冶情操,提升综合素养。 (2)至少有一项艺术、科技、体育等兴趣特长,在校内外进行过展示,起到一定的示范和带动作用。
项目		五六年级争章标准
智慧成长章	梦想章	(1)尊敬国旗、国徽,知道其含义。热爱祖国,了解国家发展变化及成就,积极参与“童心向党”少先队活动,表现优异。 (2)了解党史国情,通过多种方式或途径,寻访一位优秀共产党员或英雄楷模,砥砺品格,心有梦想
	立德章	(1)传承中华优秀文化,积极参与“红领巾爱学习”少先队活动,发展志趣,为自己设立成长目标,并为之努力,表现优异。 (2)知道自己的优点和不足,勇于面对困难和挫折,能与家长、老师、同学建立良好的人际关系并积极沟通。时刻保持乐观心态,学会有效的自我调节不良情绪
	健体章	(1)培养运动兴趣,养成锻炼习惯,积极参与体育活动。能够根据体质健康测试结果制定自己的锻炼计划,坚持练习,体育测评为优良等级。 (2)有生活目标,合理安排作息时间,文明上网,养成良好睡眠习惯。注重个人卫生,合理饮食,学习健康知识,养成良好的卫生习惯,做好青春期准备
	劳动章	(1)热爱劳动,树立劳动最光荣的思想和劳动观。能够学习劳动模范的事迹并向其学习,主动参与班级、校园劳动,尊重他人的劳动成果,养成劳动好习惯。 (2)珍惜劳动成果,积极参与垃圾分类、光盘行动、节约资源等活动,开展志愿服务活动,增强社会责任感
	奉献章	(1)向奉献于祖国和人民的模范、榜样学习,做到心有榜样,行有方向。通过学习、宣讲,传承奉献精神。 (2)承担学校、社区爱心服务小岗位,以红领巾爱心公益小队的形式走进福利院、养老院,为他们奉献爱心

续表

项目		五六年级争章标准
特色发展章	学习章	(1)主动学习，能够保质保量完成各科作业。对学习感兴趣，学有方法，并能灵活运用所学知识解决各种问题。与同学合作交流，能独立思考，乐于科学探索，培养自主探究的意识与能力，养成良好的学习习惯。 (2)养成良好的阅读习惯，坚持阅读有益的书籍，和书交朋友，掌握适合自己的阅读方法，有一定的阅读量，学会将所学知识很好地运用
	特长章	(1)坚持兴趣特长培养，热爱并坚持练习，克服困难，持之以恒，陶冶情操，培养审美能力，提升综合素养。 (2)至少有一项艺术、科技、体育等兴趣特长，在校内外进行过展示，起到一定的示范和带动作用

新型冠状病毒疫情防控期间，学生开始居家进行线上学习。学校积极落实了“双减”政策，并将培养学生自主学习好习惯作为德育工作的重点。为了激发学生们自主管理的意识并培养他们自主管理的能力，在原有的“特色发展章”中增设了“自主管理六小榜样”的争创和评价制度。这些榜样包括合理规划时间、成为高效学习的小标兵；积极锻炼身体、成为健康身心的小健将；热爱阅读、成为酷爱阅读的小书迷；严格自律、善于自我控制手机使用的小达人；学习劳动技能、成为家务劳动小能手；培养广泛兴趣、成为兴趣发展的小明星。班主任带领学生们制定目标并积极实践，学生们纷纷将争创的成果与大家分享，每位学生均获得了1~3项小榜样的称号。这些小目标的实现助力学生们成为大家的榜样。

2.“最美”标准，引领道德行为

学校深入推进《北京市中小学生日常行为规范(2016年修订)》《北京市中小学养成教育三年行动计划》的落实。学校制定了《智慧学生评选机制》，其中包括校级的“最美少年”评选。我们将10项最美行为作为养德的标准，在学生们的心灵中播撒“求真、向善、尚美”的种子。这些行为包括勤奋求知的少年、沉浸在书海中的少年、独立自强的少年、勇于创新的科技少年、歌舞飞扬的艺术少年、强健体魄的体育少年、奉献爱心的公益少年、孝敬长辈的孝亲少年、宽容悦纳的友善少年和绿色生活的环保少年。多年来，学校的最美少年深深地影响着每一位学生，引导他们发现美、学习美、弘扬美，将社会主义核心价值观充分渗透给所有学生。

(五)智慧型教师是实践研究的基本保障

学校的智慧德育贯穿每位教师的教育工作，每位班主任以自己的德育智慧为基础，共同构建学校的智慧德育体系。因此，提升教师队伍的素质和能力显得尤为重要。

班主任的智慧表现为在教育实践中展现出的精湛、娴熟和巧妙的教育教学技艺，带有鲜明的个性化特点，是在长期教育实践过程中养成的能力。

班主任的智慧体现在善于将教育目标与学生实际发展水平相结合：精心设计和灵活把握教育活动过程，采用多样化的教育形式，能够激发学生内在的活力；妥善而巧妙地处理学生偶发事件，善于化解矛盾和冲突，提升学生的自我认知能力。班主任在教学中能够运用语言合理地肯定、鼓励、赞许、制止和批评学生的行为，使德育活动达到最佳状态，实现高质量和高效率。

智慧德育的实践研究有助于促进教师的专业成长。多年来，我校的班主任连续多次获得北京市“紫禁杯”优秀班主任奖，目前已经有 19 位班主任获得了这一荣誉称号。其中，张丽萍、韩玉、黄斌红等老师获得特等奖，张平、刘晶、白玉红、杨静、马烨、张晓娟、王燕红等老师获得一等奖。

四、智慧德育研究的思考

小学阶段是儿童身体和知识发展的重要阶段，也是塑造他们道德情操、培养心理品质和良好行为习惯的最佳时期，同时也是树立世界观、人生观和形成正确政治态度的关键时期。

当今社会正在经历复杂而深刻的变革，各种新旧思潮和改革浪潮对学校教育造成了前所未有的挑战，给学校德育教育带来了巨大压力。小学德育如何与时俱进，如何确保孩子们在德、智、体、美、劳等方面全面发展，这些问题令人深思。因此，我们进行了以下 3 点思考。

（1）继续探索“管理育人”“文化育人”“课程育人”“活动育人”“实践育人”和“协同育人”六个方面的育人机制，使德育教育贯穿学校工作的各个方面，全天候、全空间追求对生命的关爱，关注学生的当下，引导他们的未来。

（2）进一步完善智慧德育的目标实施体系和综合评价体系建设，逐步推进，实现优质高效。

（3）加强智慧班主任队伍建设，加强在“特色班级建设”“家校社协同育人”“家庭教育指导”“心理健康辅导”等方面的培训，提升教师的综合素养和专业能力。

党的二十大报告中强调，“教育、科技、人才是全面建设社会主义现代化国家的基础性、战略性支撑”，希望广大青年要坚定不移听党话、跟党走，怀抱梦想又脚踏实地，敢想敢为又善作善成，立志做有理想、敢担当、能吃苦、肯奋斗的新时代好青年。学校也将进一步智慧地开展德育工作，守正创新，奋楫笃行，培养学生健全人格，增强学生道德观念，规范学生日常行为，引导学生们用青春的能动力和创造力激荡起“奋进新征程，建功新时代”的澎湃力量。

智慧教育美育课程建设

一、智慧教育美育课程建设背景

美一直以来都是社会发展的动力，也是人类对美好生活的向往，美在教育中同样不可或缺。美育，即审美教育，是对美的感知和培养美的教育。它涉及感性、情感和心灵层面的教育，是形成价值观和人生观的有效途径。美育有助于净化人的心灵，提升人的社会责任感。在当前的时代背景下，促进学生的全面发展，包括德、智、体、美、劳等方面，美育作为其中重要的组成部分具有不可替代的重要作用。在专题活动中融入美育，创造沉浸式的审美体验，能够更好地增强学生的实际获得感，培养他们的审美素养。

党的十八大以来，教育部高度重视美育的发展，并取得了可喜的进展。美育的广度和深度得到了有效拓展。叶碧（2008）认为，与德智体教育相比，中小学美育可以从感性关怀、生存体验和人文关怀三个方面体现学生教育的根本目的。韩俐彦（2019）指出，美育对人的全面自由发展具有重要影响，美育与德育、智育、体育、劳动教育是相辅相成的。在中小学学生美育课程方面，曾繁仁等（2016）研究了中小学学生美育教学模式，即采用"第一课—跨学科教学—第二课堂"的方式。为了提高美育教学，蔡俊玲（2019）认为可以利用网络丰富课外美育教学活动，创新教学形式。

美育最重要的任务是教导孩子通过周围世界中的美和人际关系中的美，去发现高尚、善良和真诚，并在此基础上建立自身的美德品质。有效的美育活动必须在多种艺术的体验、交叉和融合中实现，引导学生通过多个角度和视点的探索和认识，使他们能够获得丰富的审美体验和精神愉悦，发展感知与体验、创造与表现等多种艺术能力，并促进不同能力之间的相互渗透和支持，让学生在愉悦的艺术学习中健康成长。

教育部于2020年10月发布了《关于全面加强和改进新时代学校美育工作的意见》，旨在进一步贯彻习近平总书记关于教育的重要论述和全国教育大会精神，进一步加强学校美育育人功能，构建德智体美劳全面培养的教育体系。基于此，板厂小学决定开展"智慧教育美育课程建设"。

二、智慧教育美育课程的基本内容

随着新课程改革的深入推进，板厂小学全面贯彻党的教育方针，扎实落实立德树人的根本任务。为促进学校美育工作和弘扬中华美育精神，学校以"以美育德、以美启智、以美健体"为共同愿景，不断推动美育与德育、智育、体育教育相融合，构建"智慧成长美育课程体系"，通过课程育美和活动育美，将美育贯穿于教育教学的全过程和各个方面。

（一）智慧教育美育课程的内涵

美育是人类文明发展的必然结果，也是人类自我建设的重要方面。美育应该通过各种艺术、自然和美的事物以及社会生活来实施。与道德教育和智力教育一样，它主要涉及人们的精神生活。关于美育的讨论在不同时期有过很多。在18世纪的德国启蒙时代,美学家在《美育》一书中指出:“从美的事物中发现美是美育的任务。”

艺术教育的本质在于美育。同样,小学音乐教育的核心是培养学生的审美能力。缺少美育,音乐教育和艺术教育将无法发展。在小学阶段,孩子们正处于身体、心理和审美发展的关键阶段。平时,他们生活和学习的环境中到处都充满美好的事物。在音乐教学中,教师可以通过音乐的旋律美、歌词的语言之美、意境之美以及表演的形体美,通过美妙的音乐演唱和演奏,培养学生丰富的情感体验,让他们感受到音乐带来的美丽。学生通过音乐教育可以培养音乐情操、丰富联想、开启智力、激发思想,帮助他们形成健康良好的审美和价值观,体现了美育在音乐教育中的重要意义。我们应该清楚地认识到,每一件艺术作品都是作者情感的表达,在注重技巧的同时也要注重对美的发现和理解。

此外,一些学者认为,在德育教育中,通过开展活动、搭建平台、运用多种媒介等方式,对学生进行潜移默化的美育教育是最直接、最有效的途径。小学阶段是学生形成正确道德观的关键时期,在教学内容、教学过程、教学方法和教学模式上,将美育与德育相融合,对于帮助小学生树立正确的人生观、价值观和世界观具有重要作用。

学校智慧美育形成了多元化的艺术教育模式,做到了课程与活动结合、课内与课外结合、普及与提高相结合。加强美育与德育的融合,鼓励并引导学生充分挖掘和运用与传统文化相关的知识和内涵,从中获得体现中华美育精神和民族审美特质的心灵美和艺术美等美育资源,树立学生正确的人生观、价值观和世界观,通过智慧美育教育使学生更加热爱党和祖国。

(二)智慧教育美育课程的目标

本研究旨在通过音乐、美术和德育的融合,提升学生的生活情趣,培养关怀、友善、合作、分享、爱国等品质,塑造健全的人格,为实现艺术能力和人文素养的综合发展奠定基础。

(三)智慧教育美育课程的基本架构

板厂小学智慧美育课程积极整合校内外优质教育资源,以国家、地方和校本三级课程整合为基础,建构各学科之间的横向联系和各学段课程的纵向衔接,同时融合多种审美感知,使文化相互融合,符合学生的认知规律和成长规律,形成了“智慧成长美育课程体系”。逐步完善“艺术基础知识和基本技能+艺术审美体验+艺术专项特长”的教学模式。在学生掌握必要的基础知识和基本技能的基础上,着重提升文化理解、审美感知、艺术表现、创意实践等核心素养,帮助学生形成艺术专项特长。智慧美育课程涵盖了道德之美、文化之美、艺术之美、身心之美、科技之美和实践之美六个方面,形成了“六位一体”的美育课程实施新格局。

课程以音乐、美术等艺术课程为主体,并与其他课程进行关联,以德育专题活动为创新点,在学习与活动中实现课程之间的有机融合和相互渗透。从多个角度、多个方面、多个维度、多个学科进行专题活动,对中小学生的美育教育全面发展产生深远影响。如图1所示。

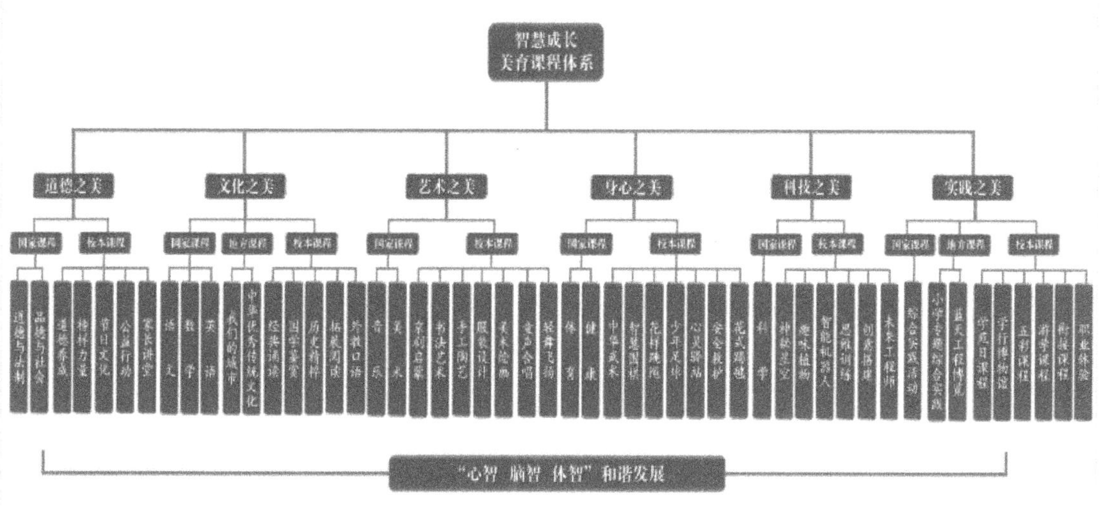

图 1　智慧成长美育课程体系

在“双减”政策下，学校注重学生的实际需求，进行了调研活动，包括“你喜欢的美育课程”和“你希望学校增加的美育课程”，并挖掘校内外资源，增加和开发了丰富的校本美育课程。例如，新增设了《少儿形体》课程，通过模仿、舞蹈、即兴表演、创编和游戏等五大版块，激发了学生的学习兴趣，培养了学生团结协作的意识和吃苦耐劳的品质。另外，《京剧启蒙》课程由本校的京剧老师开发，学生不仅欣赏和学习京剧选段，还了解京剧行当和流派，认识了具有民族气节的艺术家，激发了他们对国粹的浓厚兴趣，成为传承优秀文化的小戏迷。

三、智慧教育美育课程的建设路径

(一)音乐课程中融入美育的途径和方法

1. 感受美的专题活动：从校本活动课程到精品社团活动

常规的美育课程已经无法满足学生多样化学习艺术的需求。通过前期的调研和学校的实际情况，我们引进了丰富的校本活动课程，如京剧、形体、民乐以及交响乐赏析等，定期开展学习活动。其中，京剧活动课程对于提升学生的审美能力和传承优秀传统文化具有重要意义。我们首先培养学生对京剧的兴趣，然后以深入浅出、生动有趣的方式教授京剧知识，并带领学生观摩经典剧目，提升学生感受传统文化美的能力。在京剧社团中，进一步培养学生感受京剧魅力的能力。在后续阶段，我们将以此为标杆，进一步推进民乐、形体等活动课程，满足学生多样化的学习需求，从教师单一的讲授转变为师生互动交流，提高学生感受美的能力。

2. 鉴赏美的专题活动：进入艺术殿堂，观摩体验

美育不仅是感受美的过程，更需要培养鉴赏美的能力。学校不断开拓校外资源，带领学生参观艺术博物馆、观摩各大剧院的演出。在未来的两到三年里，学校将持续与时俱进，不断丰富京剧、戏剧、合唱、舞蹈等专题活动，让学生走出校园，进入艺术殿堂，在真实情境中提升学生的鉴赏美能力。活动结束后，学校将继续跟进，开展“我与艺术有个约会”系列活动，

让学生分享他们观摩艺术活动的收获和感受，实现全员参与，参与率达到百分之百，普遍提升学生的鉴赏美能力。

3. 表现美的专题活动

对于具有特长的学生，学校致力于为他们提供展现美的平台。校级艺术活动中的年度红五月歌咏比赛、元旦新年联欢会、六一儿童节展演、六年级毕业典礼等活动中，学生们经过排练和专业教师的指导，在大型舞台上展现出自信与魅力，呈现精彩的表演。区级的合唱、京剧、舞蹈等展演活动每两年举办一次，参赛学生首先在各社团中选拔，约有50%的学生参与。学校计划逐年增加参演人数，有计划地培养具有特长的学生，在三年内实现社团参赛学生的百分之百覆盖。同时，学校计划引进更专业的教师资源，提升排练质量，目标是市级展演取得优异成绩，提升学生的艺术综合素养。

（二）美术课程中融入美育的途径和方法

在校园内开展小学美术活动是美育教育中的重要组成部分。这些活动不仅能够丰富学生的校园生活，促进他们的全面发展，还能够让学生变得生动、活泼，并且具有自主发展的能力。丰富的小学美术课程既是学校美术教学的补充和延伸，也是实施美育教育、促进智力发展以及进行发散式教育的核心。

1. 健全普及型和精品型美术社团组织

社团除了吸纳自愿报名的同学以外，还邀请在美术方面有较高特长的学生参加。社团活动应该定期举行，每周一次。为此，我们将聘请具备资质的专业教师，精心策划、备课和授课，确保社团的深度、广度和强度。

2. 定期举办美术展览

为全体学生提供艺术展示的机会。学生们的优秀作品可以在校内外展出，最大限度地激发学生的积极性，通过美的感受来影响学生的内心，培养健康的审美观念和艺术能力。对于那些才华出众、个性鲜明的同学，我们将为他们提供机会举办联展和个展，努力培养出色的艺术人才。

3. 专题性活动教育

每年，美术教师将带领学生在儿童节、艺术节、科技节等特殊时段，或结合校园文化建设，开展主题绘画创作。专题性活动对学生在认知、思想教育和审美能力方面起到了积极的推动作用。这些美术活动不仅对课堂学习内容进行了巩固，而且根据学生的年龄段和个性特点，因材施教，融入了道德教育，培养了学生的智力和创造能力。我们旨在提升学生的审美能力、创造能力、想象力和艺术鉴赏能力，培养他们的对艺术的兴趣和追求。

4. 主题性课程活动

为庆祝端午节的到来，学校积极传承和弘扬中华优秀传统文化。美术教师充分挖掘端午节的丰富文化内涵，开展了线上主题教学活动——“粽”艺课堂，引导学生运用多种艺术方式来表现端午节的韵味。

在美术线上课程中，老师们专注于“端午”主题，结合年级教材内容，引导学生通过绘画来表达端午节的意义。他们整合了节日元素，开展了刻纸、DIY彩灯、创意服装秀、手绘标志牌等具有传统文化特色的跨学科专题教学活动。师生共同营造了幸福祥和的节日氛围，再现了端午节的文化内涵，表达了传承之美和匠心之美。

（三）德育专题活动中渗透美育的途径和方法

1. 特色集体创建活动中渗透美育的途径和方法

（1）书香集体中渗透美育的经典阅读活动。通过阅读经典书籍和吟诵古诗词，学生们可以品悟经典作品中的文化精髓，体悟语言之美和人性之美，从阅读和欣赏中形成正确的审美观，加深对中华优秀传统文化的热爱，提升文化素养和审美情趣，培养文化自信。

①小小书签，浸润书香。书签不仅仅是方便阅读的工具，更是触动心弦的钥匙。学生们亲手制作精美的书签，通过精心设计的字体和推荐词，展现出独具特色的创意和艺术美感。他们将自己亲手制作的书签送给朋友，传递着满满的心意。

②以导图促读，让思维开花。为了更好地进行读书交流，低年级学生制作了精美的读书卡，摘录原著中精彩的描写，用简洁的语言记录下读书的感受。语文老师在阅读课上指导学生利用思维导图将思维过程和阅读体验可视化。越来越多的学生在阅读中发挥想象力，结合书本的思路和故事情节，利用各种导图形式精心绘制，生动展示了阅读整本书的思维过程，呈现出精读和深思的智慧光芒，点亮了每个孩子内心的童真。

③朗读者分享会。每年的 4 月 22 日，学校举行以“我是朗读者”为主题的读书分享会。朗读者们精心挑选书中精彩内容，个个表现得自信大方，发音准确，声情并茂，将文章的韵味和自己对作品的理解完美地呈现。特别是配乐朗读，丰富的音画呈现出优美的意境，使听众仿佛身临其境。在朗读中，最大的快乐就是分享。学生们不仅把自己最喜欢的书籍读给大家听，还畅谈阅读的收获和所思所感，将从书中获得的力量传递给每一位伙伴。在思想的交流中碰撞出火花，在灵感的互通中感受经典，享受阅读的快乐。

读史使人明智，读诗使人灵秀，每一本书都是独特的风景，每一个故事都能唤起心灵的共鸣，每一位读书人都有着世间最美的容颜。在浓厚的校园阅读文化的熏陶下，“小书虫”们成长为与书籍长久为伴、与阅读终身为友的人。

（2）环保集体中渗透美育的节能减排绿色环保活动。通过开展各种环保教育活动，结合各类环境日如植树节（3 月 12 日）和地球日（4 月 22 日），引导学生感受绿色生态美和环境美，利用废旧物品创造美。

（3）引导学生在爱心公益活动中渗透美育。感受崇高的道德美，“赠人玫瑰，手有余香”。学校的“爱心公益社”组织全体师生参与“手拉手 爱同行——让书籍漂流”行动，向打工子弟送去经典书籍和购买学习用具，走进聋儿康复中心和敬老院开展慰问活动。通过这些活动，培养学生关爱他人、奉献社会的思想，传递正能量，增强社会责任感。

2. 劳动教育活动中渗透美育的途径和方法

美育与劳动教育相辅相成、相互促进。在新时代，劳动教育的最终目标也必然是培养学生的审美人格。《中共中央 国务院关于全面加强新时代大中小学劳动教育的意见》明确提出，劳动教育的目标是使学生树立起劳动最光荣、劳动最崇高、劳动最伟大、劳动最美丽的观念，深刻体会劳动对于创造美好生活的重要性。

（1）明理导行，培养热爱劳动的导向。通过班队会、劳技课、校园广播、家长会等多种渠道，在讨论互动中深入理解什么是“劳动”，怎样才能热爱劳动。对学生进行劳动最光荣的教育，强化劳动意识，增强责任意识。让学生体会到劳动是创造历史和美好生活的重要途径，同时在增强劳动意识的同时，懂得用脑、用心、用手去创造，培养诚信意识。同时争取家长的支持,使学生和父母共同努力形成良好的行为习惯。

(2)榜样激励,引导热爱劳动的理念。教师在教育工作中应以身作则,以德育人,以行导行,用爱和诚实感染学生,用言行引导学生,用自身的劳动行为影响学生。要充分利用现实生活中有关热爱劳动的典型案例、典型人物以及身边的榜样,让学生深刻感受劳动对人的成长的重要性。

(3)家校配合,营造热爱劳动的环境。通过开展校内外的劳动活动,培养学生的劳动习惯。在学校教育中渗透劳动教育,积极组织学生参与校园卫生保洁和绿化美化工作。开辟专门区域种植花草,让班级和学生认领责任区域,并予以精心呵护。开展拓展课程训练,包括"创意搭建、机器人、STEAM、木工、快乐手工制作、创意捏塑、班务整理、大扫除、书包整理"等实践活动,提高学生的动手动脑能力。广泛组织以劳动教育为主题的班队会和手工劳技展演,提升学生的劳动意识。

充分利用家庭、社区的劳动教育实践基地和综合实践基地等资源,开展社会实践活动,教育学生自己的事情自己做,帮助父母做事,弘扬优良的家风,参与孝亲、敬老、爱幼等方面的劳动。安排适量的家务劳动作为学习内容,为学生布置相关的劳动家庭作业,根据学生的年龄特点和个性差异布置他们能够完成的家务任务,如择菜、洗碗、洗衣、扫地、整理等。组织学生参与劳动实践,培养学生的服务意识,自觉增强学生对生态环境的爱护意识,让学生践行垃圾分类,为创造美好的生活环境贡献力量,在实践中实现个人成长。

让学生在劳动中发现美、欣赏美、表现美和创造美,在获得自我价值感的同时达到一种美的人生境界,真正实现"五育并举、全面发展"的目标。

3. 家校活动中渗透美育的途径和方法

苏霍姆林斯基说过:"最完备的教育是学校与家庭的结合。"以立德树人、崇德向善、以美育人为导向,加强对家庭美育的引导,充分发挥家庭和社会的育人作用,建立学校、家庭和社会多位一体的美育协同育人机制,推进美育协同创新,就要积极探索家校活动中渗透美育的途径和方法。

通过开展小手拉大手活动,走进艺术场馆,欣赏艺术之美;在亲子阅读中,体验书香之美;在亲子运动中,培养健康体魄之美等一系列主题教育,使学校、家庭和社会形成一个环形教育场,引导学生发现美、展示美、创造美和传递美。

四、智慧教育美育课程的评价体系

在美育评价中,促进学生综合素养的提升至关重要。美育评价应体现全面性、主体性、引导性、过程性、多元性和开放性等特点。对于促进学生全面发展和主动成长,教师在建立新的评价观、学生观和教育观方面发挥着重要作用。在实践中,我们学校以科学发展观为指导,结合"智慧德育"和"智慧课堂"的实践经验,制定了"板厂小学学生综合质量评价手册使用方案",并按照方案要求完成美育评价手册的工作,不断落实"智慧学习,学有兴趣、学有特长、全面发展"的培养目标,推进"建设智慧型小学"的进程,为学生的终身发展奠定基础。这也是学校"智慧育人"的又一重要方式,从而促进学生综合艺术素养的不断提升。

(一)综合评价,有效实施,促进全面智慧育人

在工作中,我们注重依据发展性原则、过程性原则、激励性原则、多元性原则和多主体参

与原则，努力做到有效使用评价手册，引导学生进行智慧学习。在教师评价、伙伴评价、家长评价和自我评价的过程中，学校注重引导学生学会自我认识和自我反思，明确自己的优势；根据自我表现和他人的评价，及时调整自己的行为，明确目前的不足之处，并确定新的努力方向。

1. 激发兴趣，展现个性，体现时效

评价手册的栏目非常丰富，包括“我的自画像”“思想道德”“学业成绩”“身体健康”“个性发展”和“我的收获”等六个部分，为学生的个性发展提供了平台。每个学生都是独特的个体，个性特点应该在综合美育评价手册上得以体现。在实际操作中，我们鼓励将日常评价、学业成就、个性发展和实践活动相结合，实现评价方式的多样化。我们强调以下三个方面：注重学生个性的发展，注重班级的特色，注重近期活动的效果，实现“导在活动前，引在活动中，评在活动后”的评价过程。这样，我们给予学生更大的自主权，让每个学生根据自己的特长和兴趣安排相关活动，挖掘自己的知识储备，展示自己的优势特点。

2. 关注过程，引导需求，跟踪肯定

学生综合美育评价不仅关注结果，更注重学生整个成长过程及其特点，使学生成长的过程成为评价的组成部分，学生在参与评价的过程中逐渐培养主体意识。评价手册特别注重过程评价，因为过程评价是面向未来的，有助于帮助学生认识自我、建立自信，并激发其内在动力，促进学生在原有水平上取得进步，实现个体价值。因此，在使用过程中，我们倡导过程性评价。对学生学习过程中的各种因素和效果进行全面、动态的观测和分析，使评价贯穿始终。在使用过程中，教师要关注每个学生在每一阶段的实践、成长和发展情况，并持续关注学生的表现和成长经历。对于表现出色的学生，适当给予表扬；对于还未找准目标的学生，要及时给予帮助和指导，不吝赞赏之词。除了阶段性的鼓励，还要给予持续性的肯定。

3. 展示成果，提倡多元，激励成长

多元智能理论认为，每个人都具有多元智能，都有自己的智力优势和学习风格。评价手册中对于“我的收获”的记录为学生积极地自我分析提供了帮助。因此，在使用评价手册的过程中，我们非常重视展示成果这个环节。成果展示可以调动全体学生的参与热情，让每个学生展示自己的成功。一方面，这是分享学习收获、共享学习成果的机会；另一方面，它也引导学生认识成功的多元性。我们从学生参加活动时的态度、情感以及展现出的能力、行为等多个方面对学生进行综合评价，尊重和保护学生的自主性和积极性，对孩子的成长起到激励的作用。

在实践中，学生的收获成果既有校内的，也有校外的；既有学科的，也有德育的；既有文艺社团的，也有班级、小组的。每个学生在收获的一栏中，都有令自己骄傲的奖状或成果。

（二）学科评价，科学细致，促进美育素养综合提升

为了发挥评价的激励和导向作用，提高学生学习的兴趣和效果，我们通过过程性评价（学习态度与能力）和终结性评价（平时和期末的学习效果评价）来激发学生学习的积极性，并增强他们的自信心。在关注学习效果的同时，我们更加重视学生的学习过程、习惯和态度。我们增加了美育学科的综合实践评价，突出学科素养。例如，在音乐学科中，我们从视唱、音基、欣赏和演唱四个方面评价学生的平时成绩；劳动学科通过参与家庭和学校的实践劳动活动对学生进行评价；而舞蹈课和京剧课的评价更加注重学生平时课堂学习的兴趣、态度、情感以及合作和交流能力。

教师评价学生的作业不仅仅使用等级或简单的“好”“不好”，而是采用客观、发展性、全面性和肯定性的语言进行评价。在评价过程中，我们让学生发现自己的闪光点，感受到同学之间的友善、建议以及老师对他们的关注、期望、鼓励和帮助，并以此激发他们不断进步的动力。例如，在美术学科中，我们关注造型表现、设计应用、欣赏和综合实践，并设计了针对不同年级段的绘本艺术档案册。这不仅有助于教师对学生的可持续发展进行掌控，也有利于学生对自己的美术成长进行纵向比较。学生作业成果的绘本艺术档案册包括资料袋、本学期对自己的小期望、学生作品展示、资料收集、学生自我评价以及他们提出的有意义的问题等多个内容。

（三）全面评价，家校共育，引领家长智慧育子

家长是学校工作中重要的参与者和不可或缺的合作伙伴。任何工作的开展都必须得到家长的支持，才能取得事半功倍的成效。我们学校通过指导家长参与并使用美育评价手册，引导家长形成正确的人才观和质量观，提升家长在智慧育人方面的意识。这使得家长明确了评价的重要性、评价的形式和方法，为学生的“智慧学习，学有兴趣，学有特长，全面发展”提供了支持和家庭育人环境的保障。

学校引导家长认真对待他们在家中与孩子的互动。他们既要给予孩子真诚而科学的肯定，也要指出孩子需要在学习中改进的地方。家长们情不自禁地写下了这样的话，“看到你取得的点滴进步，爸爸妈妈真开心！”“你很努力！你又长大了！我们为你感到自豪！”……同时，家长们也认真查看孩子的每一次评价结果，有针对性地提出孩子今后需要努力的目标，不断地给孩子加油打气！他们说：“只要努力，你就能成功！”“我们相信你会成为一个全面发展的好少年！”

这样的综合美育评价向家长展现了活生生、立体的孩子形象，给他们带来了惊喜。家长们对孩子的了解不再停留在一组组枯燥的数字上，他们不仅看到了孩子点滴进步的方方面面，还更全面地了解了自己的孩子。同时，家长们也将给予孩子最大的帮助和引导，并开始反思和检查自己的教育方法。

学校还会通过班级和学校活动来展示评价的成果，表扬那些做得好的班级和学生，提出建设性的意见。

在智慧型小学的建设中，学校坚持以德育为先，以美育人，追求全体学生全面、和谐、个性化的成长。我们努力为每个孩子提供适合他们的美的教育，让他们的童年充满成功和幸福的记忆。

参考文献

[1] 叶碧. 大学美育功能的独特性评析[J]. 大学：研究与评价，2008（Z1）：87-91.

[2] 韩俐彦. 新时代高校大学生特色美育体系的现代化构建研究[J]. 北京教育：高教，2019（Z1）：131-133.

[3] 蔡峻岭. 互联网时代高校美育教学工作的现实问题及对策研究[J]. 智库时代，2019（24）：152-153.

[4] 王宏燕. 新美育时代下小学美育工作的转型途径[J]. 天天爱科学：教学研究，2022（10）：

60-62.
[5] 赖香恒. 以美育人，培养个性化创新人才：以安乐小学“七彩舞台”特色课程建设为例[J]. 教育观察，2021，10(07)：7-9.
[6] 陈晨. 以美育人：小学美育课程实施的路径[J]. 天津教育，2022，(31)：135-137.

智慧教育《趣味植物》特色课程探索

将学生真实的学习需求放在课程研发的首要位置一直是板厂小学进行课改实践的重点,也是学校探索适合不同年级学生发展课程的宗旨。对于刚走进校园的小学生来说,新鲜感、好奇心、爱玩和乐动是他们的天性,也正是培养科学探究意识的最佳时机。在“以智取质,构建智慧型校园”的特色理念引领下,学校注重丰富课程供给,创新教学形式,关注学生的全面发展。我们秉承“满足学生发展所需,建设适合学生的课程”的宗旨,坚持全面性、实效性、发展性和互补性原则,进行课程设置、研发和实施。从2014年开始研发的校本课程《植物世界》(后更名为《趣味植物》)充分利用学校资源和社会资源,与国家课程整合,与地方和校本课程融合,结合校园种植活动。通过实物展示,调动学生的积极性;通过实验,培养他们的探究精神;通过教师与学生以及学生与学生的互动,培养质疑能力……这样的课程设计帮助学生从多个角度、多个层次、多个渠道认识植物的进化过程、各部分的名称与作用、用途与价值,强化了他们的植物知识和劳动技能。让学生能够主动参与,激发潜能,培养科学精神。

一、《趣味植物》课程研发背景

(一)人与自然方面:基于培养学生热爱并尊重自然的意识

党的十九大报告中强调,“坚持人与自然和谐共生,建设生态文明是中华民族永续发展的千年大计。”二十大报告中继续提出:“推动绿色发展,尊重自然、顺应自然、保护自然,促进人与自然和谐共生。”《趣味植物》校本课程在让学生认识自然的基础上,培养学生主动热爱并尊重自然的意识。该课程将绿色生活方式和可持续发展的社会责任感融入学习中,让学生更加深刻地感受到我们的生活来源于自然。他们了解到构成人类基本生存所需的一切物质资料都源于自然界的馈赠,而自然对于人类来说是无法替代的。

(二)核心素养方面:基于培养学生敢于质疑、勇于探究的科学精神

社会的发展需要具备科学精神的高素质人才。因此,新课程改革提出并强调在各个学科中渗透科学精神的培养。在学生的学习过程中,逐步形成适应个人终身发展和社会发展所需要的正确价值观、必备品格和关键能力。新时代的学生长期生活在城市中,接触和观察各种植物及其生长发育的机会非常少。特别是对于刚入学的一年级新生来说,他们对植物的描述仅限于颜色、高矮和味道。在教学中,教师也有这样的体会,即学生不知道花生长在哪里,不知道花期有早有晚,无法准确描述一种植物的样貌,比如叶子的形状、生长环境等等。核心素养要求发展学生的理性思维,培养学生批判质疑和勇于探究的能力。我校的校本课程《趣味植物》以激发学生对各种植物的兴趣和培养学生勇于探究的能力为出发点和目标。通过观察、实践、讨论、质疑、尝试等方法,使学生对植物有基本的认识,充分感受植物世界的魅力。除了使学生掌握简单的知识外,更重要的是培养学生的科学精神,为学生更好地认识自然奠定基础。

(三)学校整体课程建设方面:基于智慧成长特色课程建设的需要

课程是学校全面育人的直接载体,学校的课程决定了学校的特色。近年来,学校不断拓展资源、丰富课程、创新形式,深化改革,积极整合校内外优质教育资源。以国家、地方和校本三级课程为基础,我们建构了适应各学科横向融通、各学段纵向衔接、多种文化融合、符合学生认知和成长规律的"智慧成长课程体系"。该体系涵盖道德与公益、传统与文化、艺术与审美、体育与健康、科技与创新、综合与实践六大方面,形成了"六位一体"的课程实施新格局。通过这种体系,我们增强了教师的课程理念,扎实地培养学生未来发展所需的必备品格和关键能力,努力促进每位学生的主动、生动地成长,提升教育教学质量。《趣味植物》校本课程属于科技与创新板块,是学校"智慧成长课程体系"中的一个突出亮点。通过观察种子发芽和生长过程,了解植物果实的特点,感受自然界的神奇,将让孩子的潜能得到最大的释放。这也正是学校"以智取质"特色育人所追求的目标。学校的特色课程需要《趣味植物》来助力学生成长。如图1所示。

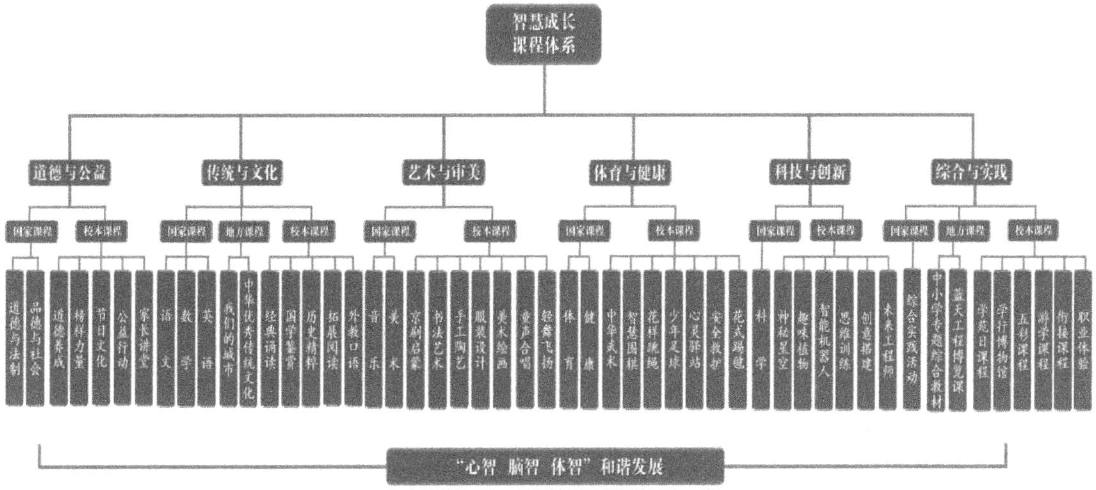

图1 智慧成长课程体系

(四)师资队伍方面:基于打造智慧教师的需要

经师易得,人师难求。一个人一生中遇到好的老师是一种幸运;一个学校拥有优秀的老师是一种荣耀;一个民族拥有优秀教师是这个民族发展的根本依靠。面对新时代、新形势对教育提出的更高要求,以及建设社会主义现代化强国对教师队伍能力和水平的更高要求,我们每位教师都必须从战略高度认识自身肩负的责任和义务。校本课程《趣味植物》为教师提供了提高自身扎实学识的平台,引领教师在读懂学生、研究内容、设计活动、实践课堂、探索教法与学法等方面不断反思,提升关键能力,成为学生的引路人。

二、《趣味植物》课程整体设计

(一)确定课程目标

(1)进行前期调研,明确课程定位。在与一年级300多名学生的交流过程中,他们谈到了很多关于植物的认识。有的说:"公园里有很多花花草草,让我们的生活环境看起来很漂亮。”有的说：“我吹过蒲公英，特别好玩。”还有的说：“我在书上看到过吃人的花，它真的存在吗？”学生们的问题各不相同，98%的学生对植物有着浓厚的兴趣，表示希望进一步了解植物是如何出现在地球上的，以及它们是如何演变成如此众多的种类的。

（2）对学生生活和学习环境进行分析，自然环境是我们赖以生存的家园。目前来看，生活在城市中的孩子没有太多时间和机会接触自然。虽然学生每年都有参加综合社会实践的机会，可以参观各大博物馆，比如自然博物馆和花卉大观园，有时还会进行植物种植和采摘等活动，但时间有限，学生对植物世界的了解非常有限。为了让学生更深入地了解植物、认识自然，帮助他们系统地学习科学研究的方法，《趣味植物》校本课程应运而生。

（3）团队进行了研讨，确定了课程目标。作为面向小学一年级的《趣味植物》课程，从一开始就将培养学生敢于质疑和勇于探究的科学精神作为重要目标。在课堂上，通过多种教学方法调动学生主动参与的积极性，注重在知识学习的基础上，通过观察、实践和探究等形式培养学生的好奇心和想象力，提高他们运用科学思维认识事物的能力。通过实地观察和种植植物，让学生感受生物的多样性，培养他们的劳动意识，激发他们对大自然的热爱，使他们更好地认识人与自然的关系。

（二）确定课程内容

最初，《趣味植物》课程的内容包括4个方面。一是植物的起源。二是植物的进化，包括世界奇异植物和植物的防御机制。三是认识植物器官，包括植物的“身体”、叶子的奥秘、花朵的奥秘、茎的奥秘、根的奥秘以及植物的果实等。四是认识不同地区的植物，包括热带雨林的自然奇观、荒漠植物、海洋植物等。

从2015年9月至2017年7月，在初步实践的基础上，根据学生的实际情况和教学效果，我们的教师对课程内容进行了调整和丰富，增加了兴趣类和实践类的内容，培养学生大胆尝试和多角度分析问题的能力，同时也培养学生的创新意识。在内容上，对部分课程章节的标题进行了修改，最终确定了课程内容，如图2所示。

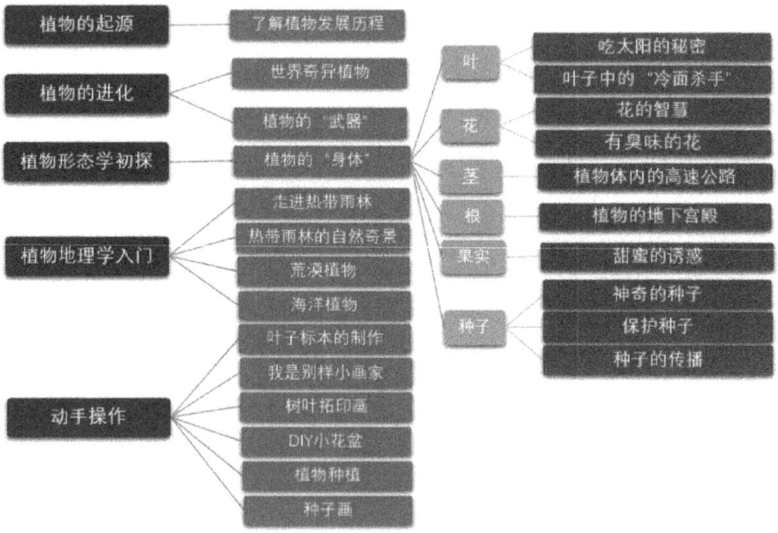

图2 《趣味植物》课程内容

2017年7月,教育部发布了新的课程计划,要求小学从一年级开始引入《科学》课程,并建议与学校校本课程结合进行教学。我校及时修改了课程计划,并经过教育干部和教师们的深入研讨,确定了将国家课程《科学》与校本课程《趣味植物》结合的方案,及时整合并完善了课程内容。具体安排如图3所示。

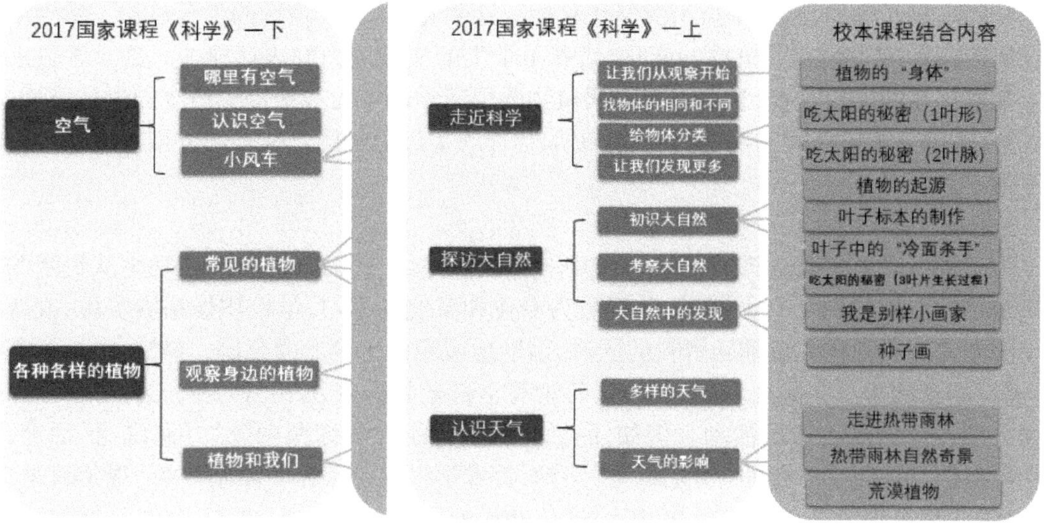

图3 《科学》课程内容

三、《趣味植物》课程研发过程

(一)与国家课程整合,注重学生实际收获

1.《趣味植物》促进《科学》课程学习

在2017年9月,新的课程计划要求从一年级开始引入科学课程,其中有很大一部分内容与植物相关。根据学校的课程设置方案,教师对教学内容和进度进行了适当的调整、补充和整合。例如,在《认识天气》这一课中,教学内容不仅限于天气对人类生产生活的影响,还包括对动物和植物的影响。我们提及了植物的年轮,它们由一圈圈宽窄不一、有疏有密的年轮组成,忠实地记录了降水、温度等信息。我们还引用了常见的植物,如含羞草和蒲公英,首先与学生一起讨论它们各自具有的特点,然后将它们置于不同的环境中,例如在含羞草叶子上浇水,模拟下雨的情景;用扇子制造风,模拟自然界的刮风情景。通过这些活动,学生能够更直观地感受到天气对植物的影响。

在《给物体分类》课程中,我们以学生常见的树叶为例,引导学生认识叶子的结构组成,植物叶片的形态特征和描述方法,并尝试从叶形、叶缘、叶脉等方面对植物进行分类。我们将植物的相关内容融入科学课程中。同时,我们还让学生发挥想象,利用植物叶子等物品进行粘贴画设计,打开学生对科学的热爱和学习的兴趣,锻炼学生的动手能力,提高学生的科学素养,为更好地实施科学课程提供了保障。

2. 校内多学科互促,提升学习力

学生对植物的学习不仅局限于《趣味植物》课堂,还延伸到其他学科的学习中。在语文课中,涉及植物的内容如《植物妈妈有办法》;在数学课中,设计涉及植物的学习内容;在道德与法治课上,进行种植实验;而国学经典读物中也包含了植物相关的内容。这些为学生提供了学习、展示和提升的平台,促进了学生的成长。此外,学科教师还积极指导学生进行科学实验和观察。例如,语文学科组织学生种植豆芽和花生,观察植物的生长过程。学生结合植物课程所学内容描述了植物的变化,培养了学生的实践能力和表达能力。数学学科组织学生观察豆芽的生长过程,学生可以根据植物课程所学内容为豆芽提供适宜的生长环境,全面观察,准确分析各器官的功能,并制作更加合理的生长趋势图。从不同方面提升了学生的学习力。

3. 校外多学科联动,培养创新能力

为了进一步落实新的课程设置方案中关于校内外综合实践的要求,让学生从封闭的小校园走进没有围墙的社会大课堂,获得更为专业和系统的学习,学校积极拓展资源,改变教与学的方式。教师在大量翻阅资料的同时,借助地域资源来到龙潭公园,与植物进行亲密接触,进行创新教学。在品社、书法、美术、科学等学科老师的带领下,学生们参与了一系列与龙潭公园相关的课程体验活动。例如,品社学科组织了在龙潭园中的"寻龙说龙"活动,书法学科组织了在龙字石林的"赏龙写龙"活动,美术学科组织了在龙潭湖畔的"观龙画龙"活动,科学学科组织了在甬道边寻找叶片、辨认叶形的实地观察活动,并利用收集的树叶进行了"贴龙"创作。通过这些跨学科的与"龙"有关的活动,学生的学习、理解和运用知识的能力得到了提高。在龙文化的熏陶中,学生拓宽了视野,掌握了技能,培养了创新能力。

(二)与博物馆课程融合,提升学生综合能力

在学校的课程体系中,作为学校特色校本课程,《趣味植物》在科技与创新方面并非孤立存在。在实施过程中,学校注重打破学科壁垒,与国家课程相互联动,并关注学校综合与实践方面的学行博物馆课程和课后活动。通过挖掘、共享和拓展资源,这些课程相互促进,助力学生智慧成长。在"学行博物馆"系列课程中,学生通过在课堂上学习植物知识,能够在参观时辨认出已学过的植物,并描述其特点。同时,借助专业讲解员的解说以及学习卡的使用,学生对所观察到的植物有了更全面、深入的认识,激发了学习的兴趣,对大自然产生了更多好奇之心。通过多学科合作和跨学科实施,采用与不同人员和相关课程内容相适应的教学策略,打破了学科壁垒,改变了传统的学习方式。这使得学生能够将知识的学习从课堂延伸到课外,调动了学生的探究热情,拓宽了学生的视野,促进了学生综合能力的提升。

四、《趣味植物》课程实施方式

(一)智慧课堂,将学生置于中心位置

1. 丰富教材,调动学生的学习积极性和主动性

兴趣是人们认识事物和追求结果的重要动力。在做任何事情时,兴趣都是基础。学生对感兴趣的事情会认真、投入地去做,相反,对不感兴趣的事情则会应付、消极对待。对于学生而言,只有让他们在学习中产生浓厚的兴趣,才能激发强烈的求知欲望,最大限度地促进他们的思维和想象力,使教师和学生都能获得成功的快乐。

在植物课堂中，一年级的孩子年龄还很小，他们喜欢与大自然接触，喜欢提出一些奇怪古怪的问题，喜欢看得见、摸得着的事物，也喜欢新奇的动植物。在这个年龄阶段，简单的图片已经不能完全满足他们的好奇心。因此，教师们每节课都准备了各种有趣的教具：化石、种子、叶片等等。不仅如此，教师还以学生的兴趣为基础进行授课。如果男孩子喜欢恐龙，就可以从一个游戏“如果我有一只恐龙宠物”开始，引导学生为恐龙提供食物，了解植物是生态系统的基础，通过化石上的植物痕迹探究恐龙时代的植物，从恐龙灭绝的陨石撞击假设引导学生发现植物生长所需的条件。而如果女孩子喜欢花朵，可以从讲述世界上第一朵花开始，探讨植物为什么会开花、美丽的花朵对谁有吸引力、花朵所蕴含的智慧等。由于学生的兴趣浓厚，他们在学习过程中非常投入。

在《叶子中的“冷面杀手”》的课程中，教师通过丰富的图片和视频向学生展示了各种食虫植物的捕食能力。如猪笼草的捕虫囊、茅膏菜的诱人“蜜汁”、捕蝇草的致命陷阱等。这些展示让学生目不转睛，有些学生甚至在课后追着教师问，“我在哪里可以买到它们？”“它们能帮我捉蚊子吗？这样夏天我就不会被蚊子咬了。”

2. 实验探索，培养学生探究和实践的科学精神

兴趣是激发灵感、获取知识和开拓视野的重要推动力，而探索则是学生满足求知欲望、获取新知识的重要途径。通过用眼睛观察、头脑思考、双手实践、口头表达等方式进行探索，学生能够更好地满足他们的求知欲望。例如，在《种子的旅行》这节课中，教师以学生们熟悉的植物——蒲公英为起点，让他们描述平时是如何玩蒲公英的。基于这些描述，教师提出了问题：蒲公英的种子是如何旅行的？学生会根据蒲公英的特点进行猜测，但真相究竟如何呢？仅凭猜测显然不够，教师准备了实物，让学生亲自动手进行实验以找到答案。单一的种子并不能支撑整个课堂，教师鼓励学生寻找生活中类似于蒲公英的植物，了解它们的传播方式。此外，教师还提供了具有不同特点的植物种子，如木蝴蝶、柳絮、灯台花和鸟笼草，引导学生观察这些物体的结构特点，猜测它们各自的传播方式，进行搜索证据、实践尝试。最后，通过纪录片让学生观看这些植物在大自然中的传播状态，让学生使用纸张、黏土等材料仿制能飞的种子或果实。通过这一系列的探究过程，学生能够在原有水平的基础上获得发展和进步，并体验到探究的乐趣。

（二）结合校园种植活动，体悟科学知识的价值

《趣味植物》作为学校特色校本课程，根据教学目标、专业特点和学生实际情况，精选和整合了有效的教学资源，充实了教学内容，并与日常生活紧密联系，架起了生活、教科书和学科知识之间的桥梁。通过资源的共享与融合，为学生创造了一个快乐且高效的智慧课堂，使他们能够更好地学习科学知识。

学生的学习不仅仅局限在课堂内，课堂外更是一个充满知识的广阔天地。授课教师利用学校角落的一块土地，首先简要介绍植物栽培的知识给学生，然后让他们亲自体验种植的乐趣，并引导学生进行科学观察和记录。学生们从四月中旬开始忙碌于蔬菜基地，首先平整土地，挑除石头并利用工具松土。然后他们借来一根长水管，将土地充分浇水。接下来，他们挖出一条条小沟，将小油菜的种子撒播其中，并轻轻地覆盖一层薄土。在接下来的几周里，学生们每天都去观察小油菜的生长变化，大约一周左右，他们发现植物已经发芽。每周，他们都用小水桶为植物浇水，一个月后，迎来了丰收的季节。这个过程让学生逐步提高了他

们的劳动意识和劳动技能。

(三)与名师专家对话,丰富知识储备

课程是学生发展的舞台,其目的不在于让学生掌握多少学科知识,而是开拓视野,培养素质。为了让学生得到更专业系统的学习,教师在广泛查阅资料的同时,邀请了北京植物园等专家进行有关植物方面的讲座。王康老师带来了“动植物大战”的讲座,从学生熟悉的游戏《植物大战僵尸》开始,学生们纷纷描述自己喜欢的角色,“我喜欢豌豆射手,它能发射豌豆子弹。”“南瓜也很厉害,一下子就能打败僵尸。”“大王花厉害,一口吃掉一只僵尸。”此外,教师还运用精彩的故事紧紧抓住学生的注意力,例如长颈鹿和驼刺合欢树之间的竞争让学生了解到动植物演化的原因是为了适应不断变化的环境。通过这种激发学生兴趣的教学方法,大大增加了学生的知识储备。

(四)融合现代信息手段,创新教学模式

1. 游戏软件资源

我校教师注重挖掘和有效运用资源,以服务自己的教学。例如,刘天宇老师在实施中将当下流行的游戏《旅行青蛙》引入课堂。小青蛙家门口的白车轴草原来就是孩子们喜爱的“幸运三叶草”;旅行途中休憩的草丛让孩子们联想到自己在夏季常见的“狗尾巴草”;房子上爬满的绿绿苍苍的薜荔,其果实原来可以用来做凉粉。学生跟随青蛙一起旅行,一起认识植物,增加了趣味性。

2. 硬件设备资源

随着学校硬件设备——智慧教室的逐步完善,我校教师结合新型多媒体资源,在教学过程中有效使用 VR 设备。这种方法解决了教师在授课过程中的许多难题。例如,当无法进行实物展示时,可以利用 VR 设备为学生提供更多可观察的物种;学生仿佛置身于真实情境中,更近距离地进行观察。这种方式能让学生以多维度体验植物世界的奥秘,沉浸式的动态学习也使课堂变得更生动有趣。

学校教师还利用交互一体机和 3D 资源解析学生难以观察到的植物内部结构,使神秘抽象的植物内部变得立体直观,深入学习植物器官。通过综合利用信息资源,培养学生适应“互联网+”信息化发展趋势的能力。

(五)多元评价,助力师生智慧成长

新课程下的评价方式是面向未来、发展和动态的,是一个长期不断提升的过程。为了巩固《趣味植物》校本课程的研究成果,学校积极探索课程评价机制,一是对教师实施教学的多先评价,二是对学生学习效果的创新评价,三是对家长建议的多方面了解。

1. 对教师实施教学的多元评价

学校坚持自我评价制度,使教师通过对校本课程目标、内容和结构的科学性和实效性进行系列反思。教师能够发现、调整和改进课程实施中的不足,激发自我发展的内驱力,提高责任感和进取心。学校还坚持学年末的教师量化评价制度,主管干部根据学校的管理制度,通过备课检查、听课、实践作业等形式与教师进行诊断和分析,以评价和反馈教师,并提出建议,从而提高《趣味植物》校本课程的实施效果。对于教师的课堂教学评价,依据学校的课堂教学评价量表进行评估。此外,在学校每学期的“评教评学”活动中,许多学生也对《趣味植物》校本课程给予了充分的肯定。一些学生写道,“通过植物课,我了解了食虫植物是如何捕虫的”，还有一些学生写道，“我学会了种植的小技巧，开的花儿真漂亮”，还有学生写道，“我对植物的生长过程有了更深入的了解”……调查显示学生们乐意参与这门课程，并能将所学知识应用到实际生活中。

2. 对学生学习效果的创新评价

学校高度重视学生在《趣味植物》课程学习中的体验。除了对学生的日常学习进行评价，如常规习惯和实践作业等方面，我们更加注重对学生在学习过程中的个性化评价。例如，学生在学习过程中展现出有价值的质疑和学科实践方面的优秀作品，都有机会获得加分，以鼓励学生发展自己的特长。

3. 对家长建议的多方面了解

学校非常重视倾听家长的声音。每年的家长会上，我们通过问卷的形式了解家长对学校课程的意见。此外，我们还通过家长座谈会和校园课程展示等活动征求家长的建议。《趣味植物》校本课程的实施得到了超过90%家长的认可。

（六）加强管理，保障课程实施

1. 学校重视，细化职责——制度保障

学校高度重视课程建设。为确保《趣味植物》校本课程的科学有效实施，学校成立了领导小组，由校长担任组长，教学干部担任副组长，负责统筹规划和管理校本课程的建设与实施工作。学校逐步完善了相关制度，如校本课程实施方案、校本课程研发制度、课程管理制度、教师备课和上课制度等，以确保工作的顺利进行和细致落实。

2. 教师主动，团队协作——师资保障

教师的专业发展是学校可持续发展的不竭动力。学校成立了《趣味植物》校本课程研发团队，借助专家和专业力量，丰富和完善课程内容。领导和教师负责《趣味植物》校本课程的不定期研讨，共同探讨课程内容和实施中遇到的问题和困难，分享智慧，确保课程的有效落实。科学教研组教师团队高度积极，具有很强的凝聚力，积累了大量《趣味植物》课程的素材和教学经验，为课程进一步深入研究提供了保障。

3. 按需投入，注重效果——经费保障

校长对《趣味植物》校本课程的研发和实施给予了支持，并提供了专门的课程改革经费。学校邀请专家和名师到校举办讲座、听课和研讨，培训教师；为教师购买书籍和资料，并提供外出学习和交流的机会，拓宽教师的视野，丰富知识储备；为学生准备所需的课程学具和资料，全面保障学生学习效果的实现。

五、《趣味植物》课程实施效果

（一）学生的科学精神得到培养

1. 学生主动观察和思考的意识不断提高

课堂上，学生能够提出许多问题，例如，具有香味的花朵可以吸引昆虫来帮助授粉，那散发出臭味的花怎么处理？植物像人类一样有血液吗？它们有血型吗？蘑菇算是植物吗？有些学生甚至带来自己在路边捡到的种子和叶片，让老师进行讲解。还有些学生用相机记录下旅行中见到的奇特景象，例如一年级三班的学生带来了一张仙人掌的照片。虽然仙人掌并不稀奇，但他们觉得奇怪的是，这种通常在恶劣环境下生长的植物居然出现在环境优美的海边。每当这时，学生们都会积极参与讨论，这种思维碰撞能够拓宽他们的视野，不断提高他们的认知水平。

2. 学生的表达与展示能力不断提升

在《趣味植物》校本课程中，学生对植物的起源、食肉植物、植物的防御武器等内容有了更深入的了解。学生们总是觉得时间过得很快，对课上的内容意犹未尽，下课后仍聚在一起继续讨论。之前，当教师讲述了荒漠植物能够在体内储存大量水分后，一些孩子在下课时分享了他们之前观看的求生类节目，主人公在没有水源的情况下寻找植物来解决饮水问题的故事。学校组织的实践活动中，学生能够识别他们学过的植物，并描述其特点，一些学生还扮演讲解员的角色。在一次实践活动中，他们看到了课上提到的“喷瓜”，一开始只是对它产生了神奇的印象，但见到实物后，学生们更加兴奋，纷纷开始相互介绍它的特点和用途。

3. 学生的劳动技能不断提高

通过《趣味植物》的学习，学生愿意将所学知识应用到生活中。他们在家中培养生菜根、白菜花、各种小种子、豆芽等，坚持观察它们的生长变化，体验植物的成长过程。一年级一班的一位同学还用照片记录下了自己浸泡的枇杷果种子发芽的过程，并向同学们展示。在校园的种植活动中，他们积极参与，不怕脏、不怕累，平整土地、浇水、除草，这锻炼和提升了他们的合作意识和劳动技能。在实践活动中，他们与伙伴们一起培土、移植苗木，用自己培养的绿植美化生活环境，感受劳动带来的乐趣。同时，他们提高了劳动意识，理解了植物的生命意义，形成了热爱并尊重自然的意识。

（二）教师的关键能力不断提升

《趣味植物》校本课程的开发与实施过程中，不仅增强了学生各方面的能力，同时也不断提升了我校教师的自我学习和反思能力，以及课程意识，激发了教师的创造力。

1. 教师跨学科、超学科的意识逐步提高

随着校本课程研发的不断深入，我们意识到校本课程不能仅限于学科领域，还应具备跨学科和超学科的意识。在专家名师的指导下，在校长的引领和同伴的互助带动下，我校干部和教师的自我学习和反思能力不断提升。他们不仅更新了育人理念和课程理念，还开发了课程资源，管理课堂教学等方面做出了努力，干部和教师的整体课程意识逐步增强。教师不仅关注自己学科的教学，还关注学科间的互通、互融、互促资源，不仅关注课堂教学，还关注校内学生活动、校外实践基地以及学生的课余生活等。这些都成为教师丰富课程内容、创新教学方式的有益素材，为培养学生的科学精神提供了有力支持。刘帅老师的教学设计已被收录于2016年4月出版的《点亮智慧课堂》教案集一书中。

2. 教师研发、实施课程的能力逐步增强

学校非常重视课程建设，每学期都组织召开教学研讨会，让教师能够智慧分享他们在工作中的典型案例和教学经验，并鼓励他们进行课程实践。作为一位青年教师，刘帅在2016年参加了学校为新入职教师举办的培训会，与新教师分享了她在课程方面的思考、实践和心得，给予了新教师很大的鼓舞。此外，她还在2018年9月举办的“以课程为引领，提升学校办学品质”课程建设交流培训会上以“《趣味植物》校本课程开阔学生视野”为主题发表了讲话，与其他教师分享了她在实践中取得的成绩，启发了其他教师的智慧。另外一位青年教师刘天宇在加入该课程实施团队时，刚开始对这门课程及其内容感到新奇甚至有些陌生，但通过不断学习和实践，她逐渐摸索出该课程与科学相关领域的共通点，并且通过《趣味植物》课程的实施，促进了科学课的教学，取得了很好的教学效果。例如，她利用学生喜爱的游戏和与植物相关的情景创新教学，结合科学课程与植物课程，开展了创意小制作活动等，使得课程的实施能力和课堂教学能力不断提高。

3. 教师创新教学设计的能力得到教研员的肯定

《趣味植物》校本课程具有高度趣味性，易于学生理解和接受，每年都作为幼小衔接课程进行展示，吸引了周边幼儿园小朋友的参观，同时也在家长开放日和接待等活动中多次受到好评。

2018 年在幼小衔接课程中，刘帅老师为来自五幼的小朋友们展示了《植物的伪装》一课，让学生了解到角蜂眉兰能够伪装成雌蜂以吸引雄蜂，从而实现授粉的目的；眼镜草则能够伪装成眼镜蛇以吓退食草动物……为育翔幼儿园的小朋友带来了《叶子的秘密》一课，通过小实验让学生了解树叶的颜色为什么会随着季节发生变化，给幼儿园的师生留下了深刻的印象。

此外，刘帅老师还将《趣味植物》校本课程带入了我校与朝阳区合作办学的深度联盟校——北京汇文实验小学朝阳学校。在两校的课程成果展示活动中，刘帅老师进行了《种子的旅行》一课的展示，通过大量的实物——种子，让学生进行了亲身体验，从中了解到风可以帮助种子传播，得到了与会家长的一致认可。在接待来我校挂职锻炼的干部和教师时，她展示了自己在课程实施中的成果和思考，受到了与会人员的一致好评。

4. 教师整合资源的能力逐步增强

除了利用现代化信息手段，我校的教师还注重利用自然生活资源。进入新时代，环保意识、劳动技能、创新精神等成为未来人才培养的重点。我校的教师将学生日常生活中的用品和自然界中的素材引入学生的学习中，并与美术课程结合，开展创意纸张活动。学生们将采集到的植物进行处理，制作出独一无二的艺术作品。

（三）学校智慧育人的特色得到彰显

我校注重课程改革，以《趣味植物》校本课程为特色，致力于变革教与学方式，彰显了“以质取智、构建智慧校园”的特色。我们的育人目标是实现“学生德行品质优秀、教育教学质量高、家长育子素质好，和谐教育共同发展”，并不断推动课程内容的丰富和课程形式的创新。

2017 年 11 月 9 日上午，国家主席习近平夫人彭丽媛与美国总统特朗普夫人梅拉尼娅女士共同参观了我们的学校。在烘焙教室，她们与同学们一起制作了中国点心艾窝窝和美国甜品苹果派，互动愉快。学生们的大方交流和主动呈现赢得了两位夫人的连连赞叹，也受到了外交部工作人员的一致好评。

在学校参与的市区联动活动《智启未来 慧心育人》中，市级教研员对刘帅老师执教的科学课《动物世界》给予了高度肯定。北京基教研中心的领导在讲话中用“静水深流”一词赞扬了板厂小学在教育综合改革方面所取得的成就，高度认可了学校将国家课程与校本课程、文化内涵与学生健康成长、社会主义核心价值观与课堂教学有效结合的做法。学校以“教书育人”为统领，以“学生的智慧成长”为核心构建课程体系，关注以学生为中心的学习方式研究，扎实而深远地推动了课堂教学改革。

随着智慧成长课程建设与实施的逐步深入，我校形成的治学严谨、智慧育人、全体发展的理念得到了全面落实，智慧特色已深入人心，影响着板厂小学每一位教师，成为学校发展的强大动力和有力支撑。同时，这也带动了深度联盟校的发展，让朝阳区的学生也分享了课程成果。学校连续四年在北京市东城区中小学生社会大课堂学习成果评选活动中荣获优秀组织奖，并在2018年的北京市中小学智力运动会上获得团体一等奖。学校撰写的《智慧教育，涵养智慧人生》课程总结已在《北京教育》杂志上发表。

六、《趣味植物》课程特色与创新

（一）创新教学方式促进学生深度学习

在课堂上，教师提供丰富的素材，调动学生学习的积极性和主动性；设计多样的实验活动，培养学生的探究和实践精神；与科学课程结合，通过教学与学生以及学生与学生互动，培养学生的质疑能力；创新评价方式，鼓励学生发现问题、解决问题，培养科学思维能力。

（二）整合资源、打破学科壁垒培养科学精神

在课程实施中，教师打破了分科教学的固定模式，与语文、数学、美术、品德社会等多学科进行整合，延伸课堂，走进博物馆、龙潭湖公园等地，开展校园种植活动，并与植物园专家互动交流。借助游戏资源、硬件资源和自然资源，共同实现教学融通共享的目标。

（三）形成学校、家庭、社会的教育共同体

在校园中，教师引领学生走进植物世界；在家庭中，家长鼓励并支持孩子参与种植活动；资源单位和实践基地为学生提供锻炼机会，解答疑惑，并共同陪伴学生成长。这种学校、家庭和社会的教育共同体的形成，为学生提供了丰富的教育资源和支持。

七、《趣味植物》课程的思考与展望

《趣味植物》校本课程虽然还处于实践探索阶段，但在学生全面发展的过程中发挥了3方面的推动作用。

（1）在不断完善的过程中，我们考虑到一年级学生的认知发展水平和特点，更多地设计了一些趣味性的游戏、动手画图、制作和创作设计等活动内容，丰富了学生的学习体验，巩固所学知识，增进理解与运用，提升素养。

（2）课程中设置了种植类的动手操作活动，让学生能观察植物的生长过程，并以研究报告的形式记录下来，提高了学生各方面的能力。

（3）本课程与高年级校区的儿童厨房结合起来，学生将亲手种植、采摘的果实进行处理。在这一系列的活动中，学生体验到学习中的生活乐趣，将生活与教育结合起来。这不仅增加了学生的阅历，锻炼了他们的能力，还培养了学生的科学探究精神。在活动中，学生提高了提出问题、分析问题、解决问题的能力。

我们深知学校课程建设永远在路上。今后，《趣味植物》课程还需不断规范、整合，使其更加系统、有趣，逐步建立有效的学习模式，给学生展现具有开放性、前瞻性的植物世界，以满足学生真实的课程需求，让学生真正、真实地参与学习的全过程。这是我们不变的追求。

智慧教育《历史精粹》特色课程探索

板厂小学坚持以办人民满意的教育为宗旨，走内涵式发展之路。在冯雅男校长"以智取质，构建智慧型校园"的特色理念引领下，学校注重丰富课程供给，创新教学形式，关注学生的全面发展，努力孕育有利于激发学生潜能、引领学生全面成长的教育氛围。通过全覆盖和多维度的方式，营造适合学生教育的着陆点，不断提高智慧育人的品质。

学校一直秉承"满足学生发展所需，建设适合学生的课程"的宗旨，坚持全面性、实效性、发展性和互补性的原则，设计、研发和实施校本课程。在课程研发方面，我们注重质量而不是数量，注重课程的适应性，以满足学生发展的需求。随着教育综合改革的不断深入，学校专注于学生核心价值观的形成和核心素养的培育。自 2014 年初开始，我们研发了《历史精粹》校本课程，使用立体、全方位、全过程的教学方式助力学生成长。

一、课程研发背景

（一）基于教育根本任务的价值引领

中华民族源远流长的历史与文化是我们共同的根和魂，也是促进民族与国家进步的不懈动力和源泉。教育作为文化传承的途径和有效方式，学习优秀传统文化、传承中华文明、弘扬民族精神是基础教育的重要任务之一。因此，学校需要加强课程建设，研发适合学生成长的多元校本课程，以促进学生持续成长。

（二）基于学生核心素养的培育

2016 年，《中国学生发展核心素养》研究成果在北京发布。作为落实立德树人根本任务的重要途径，该体系从文化基础、自主发展和社会参与三个维度提出了培养适应未来社会"全面发展的人"的基本素养框架。其中，文化基础被赋予了极其重要的位置，成为学校《历史精粹》校本课程研发与实践的助推器。新的义务教育课程标准以核心素养为纲，对教学提出了新的要求和新的挑战。鉴于国家认同和自我成长的需求，每位学生都应该了解自己国家的历史。因此，这为我们教育者提出了新的要求：必须丰富课程供给，为学生提供适合的课程，培养学生的家国情怀。

（三）基于弘扬中华优秀传统文化的需要

优秀传统文化是一个国家和民族发展的根和魂，也是促进民族与国家进步的动力和源泉。教育作为文化传承的途径和有效方式，学习传统文化、传承中华文明、弘扬民族精神是基础教育的重要任务之一。《中华优秀传统文化进中小学课程教材指南》指出：将中华优秀传统文化纳入中小学课程教材，是加强中华优秀传统文化的铸魂育人功能，贯彻中华优秀传统文化中涵养社会主义核心价值观的要求，实现中华优秀传统文化传承发展的系统化、长效化和制度化的重要举措。如何从众多历史典籍中汲取精华，传承经典，需要为学生提供适合他们的课程资源，在阅读、学习和思考中让我国优秀传统文化渗透到学生中，培养他们的素质并提升能力。

（四）基于板厂小学智慧成长校本课程体系的整体设计

近年来，板厂小学结合学校办学特色积极探索与实践，不断拓展资源、丰富课程、创新形式，深化改革，将国家课程、地方课程、校本课程、课后活动和综合实践有机融合。从道德与公益、传统与文化、艺术与审美、体育与健康、科技与创新、综合与实践六个方面进行整体规划，构建了六位一体的“智慧成长课程体系”。这样的设计增强了教师的课程理念，努力促进每位学生的主动和生动成长，提升教育教学质量，助力学生美好未来。各学科之间横向融通，各学段之间纵向衔接，多种文化融合，符合学生的认知规律。《历史精粹》校本课程就是“智慧成长课程体系”中的一个突出亮点。如图1所示。

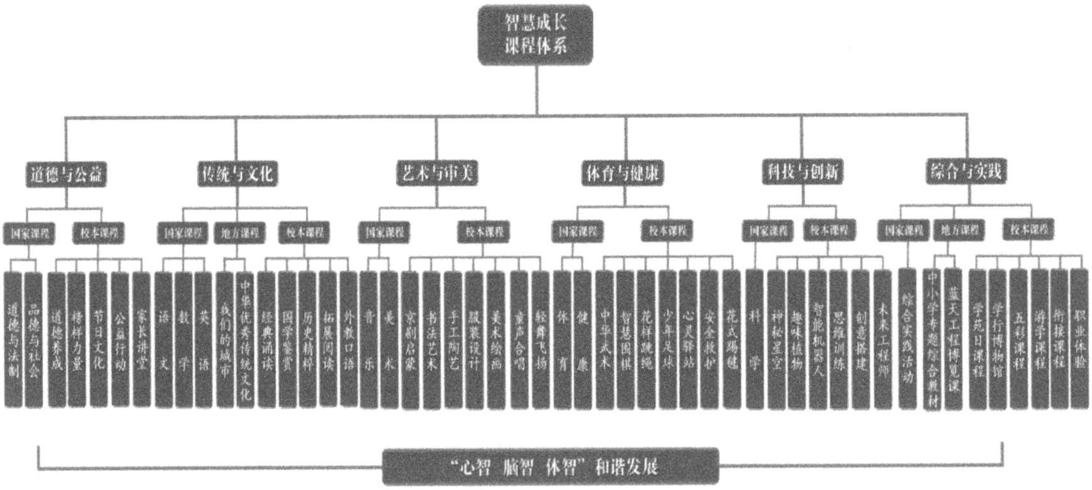

图1　智慧成长课程体系

二、课程整体设计

（一）课程目标

（1）激发学生对中华历史与文化的学习兴趣。中华历史与文化是每位中华儿女的文化根基。培养坚实的文化根基不能仅仅依靠有限的课堂教学。只有激发学生对历史学习的兴趣，他们才有可能将课堂学习延伸到课外，广泛自主地阅读与中国古代历史与文化相关的知识。因此，激发兴趣是我们的首要目标。

（2）培养学生的历史思维能力，提升历史学科的核心素养。通过课堂教学，使学生理解历史的时空特性，以求真、求实的精神客观、辩证、全面地认识历史，分析历史，评价历史。

（3）使学生初步了解和掌握中国古代历史与文化的基本知识。学生对中国古代朝代顺序、重大历史事件、重要历史人物、经济现象和文化现象有初步的了解，为将来初中历史学习打下一定的基础。

（4）借助中华历史与文化的精华陶冶学生的心灵，提升学生的智慧，增加学生的审美能力，使他们能够将历史与现实联系起来，并通过历史的映衬来理解现实生活，为学生的未来生活奠定坚实的人文基础。

（二）课程内容

《历史精粹》作为学校核心校本课程，在学校课程体系中的“传统与文化”板块，并非独立存在。学校的道德与法治教研组在实施《历史精粹》校本课程的过程中，不仅注重与本学科的联系，还尝试打破学科壁垒，与语文、数学、美术、劳动与技术等学科进行联动。同时，关注综合与实践方面的学行博物馆课程、课后活动等内容，挖掘资源、共享资源、拓展资源，相互促进，助力学生的成长。如图 2 所示。

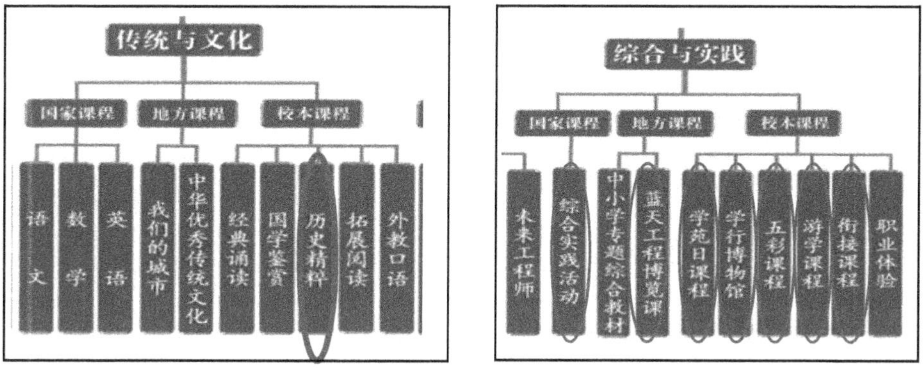

图 2 《历史精粹》

2014 年 12 月 21 日，学校全体四年级学生参观了中国国家博物馆，开启了“学行博物馆”系列课程之旅。在古代中国陈列馆，他们观赏了一件件精美的作品，聆听了专业讲解员和学校“博物馆讲解员”社团的小讲解员详细介绍。随后，借助学习卡，他们有的放矢地运用了在历史精粹课上学到的方法进行研究。学生们再次感受到了中华民族从远古时期到清末的漫长历史进程，领悟到中华文明的延绵不绝，增强了民族的自信心和自豪感。此外，通过史料解读、小组实践、参与体验等活动，教师们还将《历史精粹》与学校的《传统文化与两岸故宫》课程联系起来，帮助学生进一步学习和理解。通过多学科合作、跨学科实施，采用不同人员和相关课程内容的教学策略，打破学科壁垒，改变传统的学习方式，让学生从多个角度、多个层次、多个渠道强化学科知识与技能，将知识的学习从课堂延伸到课外，调动学生的探究热情，拓宽了学生的视野关注点，促进了学生综合能力和核心素养的提升。

三、课程研发过程

（一）专家研讨，确定课程意义、目标及内容

一次参观活动让我校冯雅男校长深刻感受到“从小重视学生对本民族历史、文化的学习，非常重要”，激发了冯校长开发《历史》校本课程的想法。回到学校后，她与汇文中学的领导和历史教师共同研究后，开始了《历史》校本课程的研发。新课改理念以培养学生核心素养为目标，突出创新精神和实践能力的培养，而学生提取信息、分析比较、批判性思维能力的高低直接反映了创新精神和实践能力的水平。历史故事和前人的经验智慧为学生思维发展提供了这样的可能性，因此孕育了《历史精粹》校本课程。

随后，学校组建了专门的团队，以课程为载体，加强对学生中华民族历史和传统文化的教育。以板厂小学品社教研组的全体教师为核心，与汇文中学的历史特级教师段明艳为首

的核心团队展开深入合作。团队召开了研讨会,进行多次探索和碰撞,统一了思想,并联合了高层次、高质量的历史教育资源,共同确立了课程的目标、内容和形式,并开始着手研发和实施一系列校本课程。

作为面向小学高年级的《历史精粹》课程,在开发初期就将贯彻新课程理念作为重要目标。除了注重知识学习外,还注重培养学生初步的信息提取、分析比较等思维能力,关注立德树人和核心价值观的培养。课程内容主要以历史事件和人物为主线,整合和融通历史知识。在课堂上,采用多种教学手段来激发学生的主动性和积极性。我们确定了以下主要思路和方法。

①以朝代为序,历史人物为线。

②浅层讲解为主,内容阶梯过渡。

③图文影像结合,调动探究兴趣。

④古今结合设疑,引导独立思考。

⑤宏观微观映射,培养历史感知。

⑥增设活动课堂,学生主动参与。

⑦课前温故知新,加强习惯养成。

(二)调研先行,将学生置于核心位置

在开设历史课程之前,学校进行了前期调查,了解到学生对祖国历史的了解仅限于动画片和书籍。因此,学生的历史知识是不连贯的。他们知道一些历史故事,听说过一些历史上有名的人物,但往往只局限于故事中对人物的片面认识,对于历史上国家兴衰及其原因的了解不足。此外,小学生的年龄特点决定了他们对人物事件的认知主要源于对人物的情感,他们对事物的判断易受影响,情绪化。学生对祖国发展历程中历史人物的情感与观看其他国家故事、动画所产生的情感没有明显差别。

《历史精粹》校本历史课程主要针对4~6年级的学生开设。四年级学生是儿童成长的关键时期,处于儿童期后期阶段,大脑发育正处在内部结构和功能完善的关键时期。在小学教育中,四年级正处于从低年级向高年级的过渡期,生理和心理变化明显,是培养学习能力、情绪能力、意志能力和学习习惯的最佳时期。孩子已经从被动学习转变为主动学习。根据前期调查结果显示,92.5%的四年级学生对历史比较感兴趣,因此四年级学生具备学习历史的心理基础。然而,他们对历史的了解和学习主要通过故事书、连环画、电视剧等途径,可见他们缺乏系统获取历史知识的途径和方法,因此需要课程引领。

五年级学生正处于自我意识发展阶段,独立能力增强,喜欢自发组成小团体。他们不轻易相信吹捧,自我控制能力逐步增强。然而,面对复杂的自然和社会问题,他们很难理解其内涵。通过前期调查,我们也发现,与四年级学生相比,五年级学生已经了解更多的历史人物和事件,但对这些事件的原因和影响大多不太了解,因此需要课程的铺垫。

六年级学生开始进入青春早期,这是少年向成年过渡的阶段。学生的自主意识逐渐增强,喜欢用批判的眼光看待事物,但情绪不够稳定。记忆力增强,注意力容易集中且敏锐,特别是由于抽象思维和逻辑思维能力的加强,他们的自我意识、评价能力和教育能力也得到了充分发展,初步形成了个人的性格和人生观。然而,意志力仍不够坚定,问题分析能力还在发展中。通过调查显示,六年级学生对社会现实和历史问题的认识容易出现偏激的现象,尤其是52.4%的男生集中出现这种问题。他们缺乏历史眼光,倾向于用发展的观点看待问题,这也呼吁我们创设相应的课程。

（三）与汇文中学达成合作，正式启动课程

课程是学生进步的阶梯，其目的不在于让学生掌握多少学科知识，而是开阔他们的视野，培养一种素质。为了让学生得到更为专业和系统的学习，我们聘请了汇文中学的历史老师来研发教材并向学生授课，同时也对我校教师进行培训。培训方式主要包括跟班听课、撰写反思、参与翻版课程和研讨交流，以保证课程的质量。2014 年 9 月，学校正式在四年级开展了《历史精粹》校本课程的实验。学生在学习中通过判断和辨析，在相互交流和思想碰撞中体悟历史学科的思维方法，增强了民族自豪感和自信心，培养了社会主义核心价值观。

（四）再次修订课程目标，并积极实施

经过五年的实践探索，我们从激发兴趣、培养思维能力、中小学衔接、持续发展四个方面对课程目标进行了重新修订。

（五）整合资源，强化管理

为了确保《历史精粹》校本课程的科学有效实施，学校成立了一个领导小组，由校长担任组长，道德与法治教研组长担任副组长，负责统筹规划和管理校本课程的建设和实施工作。学校逐步完善了相关制度，如校本课程实施方案、校本课程研发制度、课程管理制度、教师备课和上课制度等，以确保校本课程的有效落实。负责《历史精粹》校本课程的领导和教师会定期进行课程研讨，讨论课程内容、实施中遇到的实际问题和困难等，共同交流并分享经验和智慧。

（六）补充师资，有效落实

教师的专业发展是学校可持续发展的核心。学校将培养高素质、专业化和创新型教师队伍作为自己的使命，提升教师的关键能力。对于校本课程的教师来说也不例外，我们采取了多种措施，包括外聘专业历史教师进行授课、培训本校教师，还招聘了历史学科研究生加入校本课程团队，以有效落实课程。

学校的第一轮课程实践是在 2014 年 9 月开始的。我们采取了“走班”教学的形式，并采用选修的模式，让四年级学生自主选择课程进行学习。具体的安排如表 1 所示。

表 1　2014-2015 学年第一学期四年级历史校本课程安排

<table>
<tr><td colspan="7">2014-2015 学年第一学期四年级历史校本课程安排</td></tr>
<tr><td colspan="7">开课时间：2014 年 9 月 12 日星期五</td></tr>
<tr><td colspan="7">具体安排</td></tr>
<tr><td>课程名称</td><td>历史 1</td><td>历史 2</td><td>历史 3</td><td>书法</td><td>音乐</td><td>历史 4</td></tr>
<tr><td>授课教师</td><td>段明艳</td><td>苗路青</td><td>王海云</td><td>李盛厚</td><td>李宏（音）</td><td>苗路青</td></tr>
<tr><td>上课地点</td><td>四 1 班</td><td>礼堂</td><td>四 3 班</td><td>四 4 班</td><td>四 5 班</td><td>礼堂</td></tr>
<tr><td>学生人数
及组成</td><td>31（1）
12（5）</td><td>25（2）
35（4）</td><td>28（3）
12（5）</td><td>20
（1~5 班）</td><td>33
（1~5 班）</td><td>29（汇文四 1）
28（汇文四 2）</td></tr>
<tr><td>总人数</td><td>43</td><td>60</td><td>40</td><td>20</td><td>33</td><td>57</td></tr>
<tr><td>负责教师</td><td>张顺丹</td><td>高音</td><td>汝斌</td><td>毛维华</td><td>张晓娟</td><td>郭艳巍
李春艳</td></tr>
<tr><td>上课节次、
时间</td><td colspan="5">第四节
11：00—11：40</td><td>第三节
10：10—10：50</td></tr>
</table>

开始实施时，学校聘请了中学历史老师来授课，一方面引领学生学习，另一方面培训本校教师。本着文史不分家的原则，我们让学生在日常学习中提高综合素质，包括判断和辨析能力。现在，我们的教师已经逐步走上讲台，独立承担起教学任务，为学生成长提供有力支持。

经过一年的实践，大多数学生对《历史精粹》校本课程表现出了较高的热情。于是在2015年9月，学校以自然班级为单位，在四五年级同时开设了《历史精粹》校本课程的必修课。考虑到我校教师的实际情况，我们继续聘请了汇文中学的历史教师来校授课，并继续指导我校的授课教师。我们进行课前沟通和课后反思研讨，共同修改和完善教学内容，推进课程实验。

随着改革的深入，学校的办学规模不断扩大，现有的教师已经不能满足学校课程的需要。因此，于2017年7月，学校特意招聘了历史学专业研究生芦妍来负责《历史精粹》课程的研发和实施工作。学校为她创造了条件，安排她深入课程和课堂交流学习，为新学期走上讲台做好充分准备。在此之后，我们还聘请了汇文中学的历史学科特级教师段明艳担任指导老师，进行面对面的磨课、听课和指导，以确保《历史精粹》校本课程的实施质量。

（七）出版教材，固化成果

《中国古代历史精粹》教材的编写是课程开发的重要内容。在教材编写过程中，学校注重在众多历史典籍中汲取精华，传承经典，既满足学生课堂学习的需求，也满足他们拓展阅读的需要，提供了适合他们课后阅读、学习和思考的内容。在领导和专家的支持下，学校坚持科学性、趣味性、基础性和思想性原则，经过三年的精心编写，完成了4~6年级的三册教材。这套教材在教育教学实践中受到了学生们的喜爱。

《历史精粹》校本教材共计3册，每册包含32课时。第1册内容涵盖中国古代的政治事件和政治人物，第2册介绍中国古代的经济生活，第3册探讨中国古代的思想和文化。

每一课的下方都附有一幅图表，图下有相应的文字说明，并设计了一个导读思考题。在正文中，根据不同的内容特点，分别设计了“说一说”“议一议”等栏目，引导学生深入思考，并促进课堂讨论。每节课的最后还有一个“读一读”栏目，既补充了相关知识，也提供了相应的思考问题，这些内容对于正文的拓展和深化非常重要，旨在为学生开拓视野和促使深入思考。

四、课程实施方式

长期以来受到“学科本位”和“知识本位”的影响，课堂教学容易陷入过于注重知识传授和单向灌输的误区，授课方式局限于我说你听、我教你学、我指导你实施。在《历史精粹》课程实施中，我们基于学生核心素养的培养，不断推动课堂教学模式的转变，梳理、总结出六种教学模式。

（一）典故探究法

典故探究法是通过引导学生从熟知的成语、歇后语等入手，探究其背后的历史典故，从而展开学习。教师在教学中引入“完璧归赵”“围魏救赵”“退避三舍”“负荆请罪”“司马昭之心，路人皆知”等成语和歇后语，借助其中蕴含的历史故事和事件，引导学生学习这一时期的历史。例如，在讲述“西晋的统一和衰亡”一课时，老师并没有一开始就告诉学生西晋和魏朝的关系，而是通过这个歇后语帮助学生思考它们之间的联系。

（二）文物鉴赏法

文物是历史的记录者和保存者，同时也代表着一个国家、一个民族的历史和文化精髓。文物蕴含着丰富的历史信息，它们是能够述说历史的存在。通过对文物的探究，学生可以感受到文物背后所隐藏的历史时期的奥秘。例如，在教授“东汉的建立和灭亡”一课时，教师一开始就向学生展示了马踏飞燕、东汉铜车马和东汉错银铜牛尊这三件文物。通过播放三段3分钟的文物介绍视频，帮助学生理解东汉时期的特点。马踏飞燕凸显了东汉器物制作的精美，东汉铜车马展示了东汉社会的崇高姿态，而东汉错银铜牛尊则展示了东汉科技繁荣的一面。采用文物鉴赏的方法使得同学们对学习非常感兴趣。

（三）对比归类法

单个历史知识虽然能够给学生提供丰富的信息，但当多个历史知识按照某种历史脉络呈现在学生面前时，就展现了历史背后朴素的规律。通过引导学生对同一历史主题下的多个信息进行自主探究，让学生在历史发展脉络中发现其所蕴含的规律。例如，在《文字的演变》一课中，教师引导学生从刻画符号、最早的成熟文字——甲骨文，到青铜器上的金文、小篆、隶书、楷书、行书的系列演变，让他们感受人类文明从简单到抽象的发展过程。对比归类法教学模式引导学生通过对多个事物进行对比分析，以发现社会的进步。这也符合了学生从简单到抽象思维层次的培养，帮助他们以历史的眼光看待问题，培养家国情怀和社会责任感。

（四）角色扮演法

在教学中，学生通过模拟表演展开自主探究的学习过程。历史与现在的学生生活相隔较远，学生理解起来可能会有困难，尤其是对于一些复杂多变的朝代。教师鼓励学生先自主查阅相关资料，包括在网上搜索一些纪录片或电视剧的片段，然后小组合作编写剧本，在课堂上呈现出来，将学生带回历史情境，帮助他们理解历史问题。例如，在《春秋大国争霸》一课中，当讲到齐桓公称霸时，让同学们以小组为单位查阅相关资料，在课堂上扮演历史角色并演绎历史剧，帮助学生理解周朝末期周王室日渐衰微，周天子已无力掌控全局，各个诸侯国奋发图强，选拔贤才，努力实现自己的霸业。这样一方面让学生能够感受到乱世中英雄的崛起，另一方面也引发学生一种对历史的惋惜之情。

（五）史料探究法

史料也是历史的记录者和保存者，更代表着一个国家、一个民族历史与文化的精华。虽然相比文物，史料可能会显得有些枯燥，但它却蕴含着丰富的历史信息。对于学生来说，对史料的合理分析也是历史思维的重要表现之一。因此，《历史精粹》课程在实施时也充分培养学生对史料的分析和处理能力。同时，对史料的分析和处理也融入了学生语文基本素养的运用，体现了跨学科知识的整合。

例如，在《选官制度》一课中涉及政治制度，内容相当复杂，包含了许多历史概念。为了应对这种情况，教师采取了小组史料探究的方法，让学生阅读三段相关史料，并找出关键问题：察举制注重的是什么？与九品中正制相比，察举制有哪些保留之处？有哪些改进之处？科举制在哪些方面取得了进步？解决这些问题需要运用历史分析能力，小组讨论十分热烈，相互之间互补长短，将复杂的问题变得易于理解。

(六)结构图分析法

事物之间存在着相互联系,而历史的联系尤为错综复杂,尤其在历史动荡时期,各种关系交织在一起,一个细微的变化可能带来全面的影响。在这些错综复杂的关系背后隐藏着历史的规律。因此,我们需要按照历史的脉络一步一步进行梳理。在《历史精粹》的课堂上,引入数学学科中的关系图,引导学生绘制历史关系图,帮助学生理清历史的发展过程。

此外,我们还在努力探索多元评价,以促进学生的全面发展。新课程下的评价机制是面向未来的,发展的,动态的,是一个长期的,不断提升的评价体系。为了巩固《中国古代历史精粹》校本课程的建设成果,学校积极探索课程评价机制,包括对教师实施校本课程的评价和对学生学习效果的创新评价。

1. 对教师实施校本课程的评价

学校坚持自评制度,让教师通过对校本课程目标、内容和结构的科学性和实效性进行系列反思。这有助于发现、调整和改进课程实施中存在的不足,并激发教师的自我发展动力,提高责任感和进取心。学校还坚持在学年末进行教师量化评价制度,主管干部根据学校的管理制度,通过备课检查、听课、实践作业等形式,与教师一起进行诊断和分析,对教师进行评价和反馈,并提出建议,以提高《中国古代历史精粹》校本课程的实施效果。对于教师课堂教学的评价,我们依据学校智慧课堂教学评价量表进行评估。如表2所示。

表2　板厂小学智慧课堂教学评价量表(教师)

<table>
<tr><td colspan="2">学科</td><td></td><td>时间</td><td></td><td>听课人</td><td></td></tr>
<tr><td colspan="2">班级</td><td></td><td>授课
教师</td><td></td><td>授课
内容</td><td></td></tr>
<tr><td colspan="4" rowspan="2">评　价　内　容</td><td colspan="3">等　级</td></tr>
<tr><td>A</td><td>B</td><td>C</td></tr>
<tr><td rowspan="5">教
师</td><td>1</td><td colspan="2">准确把握教学目标、重难点,合理使用教材,有创意</td><td></td><td></td><td></td></tr>
<tr><td>2</td><td colspan="2">教学设计有创新,教学方法灵活</td><td></td><td></td><td></td></tr>
<tr><td>3</td><td colspan="2">教学环节注重衔接,自然流畅</td><td></td><td></td><td></td></tr>
<tr><td>4</td><td colspan="2">善于捕捉课堂生成,引导适时、适度,体现教学机制</td><td></td><td></td><td></td></tr>
<tr><td>5</td><td colspan="2">教师教学评价语言准确、丰富,具有鼓励性,指导性</td><td></td><td></td><td></td></tr>
<tr><td rowspan="3">学
生</td><td>1</td><td colspan="2">拥有良好的学习习惯</td><td></td><td></td><td></td></tr>
<tr><td>2</td><td colspan="2">善于发现问题,提出问题,乐于表达个人见解</td><td></td><td></td><td></td></tr>
<tr><td>3</td><td colspan="2">积极参与学习,思维活跃,参与度高,兴趣浓厚</td><td></td><td></td><td></td></tr>
<tr><td rowspan="2">教学
效果</td><td>1</td><td colspan="2">把握学科特点,遵循学科教学规律,师生共同完成了预定的教学目标,学生学有发展</td><td></td><td></td><td></td></tr>
<tr><td>2</td><td colspan="2">教师教学有特色,创新意识强</td><td></td><td></td><td></td></tr>
<tr><td>智
言
慧
语</td><td colspan="6">本节课授课教师在哪些方面体现出教学智慧?并举出具体实例简要说明</td></tr>
</table>

2. 对学生学习效果的创新评价

学校非常重视学生在《中国古代历史精粹》课程学习中的体验。除了对学生的日常学习习惯、课堂笔记、实践作业等方面进行评价外,我们更加注重对学生在学习过程中个性化的评价。例如,我们会评估学生在学习过程中提出有价值的质疑、在学科实践中展现出的优秀作品、展示特长和才艺以及友好交流等方面的出色表现,并为此提供加分的机会,以鼓励学生发展自己的特长和优势。以下是具体的评价方案。如表3所示.

表3　板厂小学《中国古代历史精粹》校本课程教学评价量表(学生)

项目	评价内容	等级
学习态度	课堂习惯和学习用具的准备	★★★
学习结果	课堂参与情况和课堂笔记	★★★
	创新实践作业	★★★
综合评价	平时总评成绩=课堂参与情况和笔记	优秀、良好、合格、待合格
	期末成绩=学习态度+平时总评	优秀、良好、合格、待合格
	学期成绩=学习态度+期末成绩	优秀、良好、合格、待合格

利用寒暑假及节假日,我校教师注重将学习与实践相结合,创造性地安排实践作业,鼓励学生走出校园、超越课本,走向社会大课堂,开展阅读、旅行、观察、思考等活动。这些举措旨在激发学生的潜能,培养他们的家国情怀、民族精神、创新思维和实践能力等。如图3所示。

《历史精粹》校本课程创新实践作业

说　明

同学们,你们学习校本历史学科课程已经有一段时间了,你们喜欢这门课吗?你们对老师在课上讲的哪些历史人物或者历史事件印象比较深刻,想要继续学习和探讨呢?你们通过阅读或者游玩了解到了哪些丰富的历史信息呢?开动脑筋,与我们分享一下吧!

作业要求

1.题目:《我知道的□□□》

2.主题:任何一个你知道的与历史有关的人物、事件、场景、名胜等。

3.形式:不限,可以是历史手抄报、历史宣传单、历史研究报告、历史读后感等等。力求多样,图文并茂。文字内容至少包括相关内容说明和感受,配图可以手绘、可以剪贴,也可以制作相应的手工模型,但是文字内容必须手写,不得打印。作品最后全部呈现在A4纸上。

4.时间:请同学们利用假期时间做好相关的资料收集、整理、版面设计和模型制作等工作,周一上交。学校将以年级为单位进行相应的评比。

图3　《历史精粹》校本课程创新实践作业

五、课程实施效果

(一)学生综合素养的提升

在《历史精粹》校本课程中,通过学习远古神话、早期国家、春秋战国等内容,学生们对历史知识有了系统的了解。他们总是感觉时间过得很快,意犹未尽,经常聚在一起继续讨论课堂上的人物和事件,分享彼此的想法。例如,在学完秦始皇后,老师提出了一个问题:“有人说秦始皇功劳很大,有人说他是暴君,你怎么看?”学生们积极从正反两个方面表达自己的理解,不仅简单地用好与不好来评价,还尝试用辩证的观点看待问题。在听完老师讲述楚汉争雄的历史故事后,学生们纷纷发表观点,有的认为刘邦善良,因为他没有杀死子婴,有的认为项羽有决心和气魄,率领全部楚军渡过河水,破釜沉舟。他们积极参与讨论,就像小讲师一样。

《历史精粹》校本课程以历史人物为主线,引入了生动的故事、诗歌、文物和名胜古迹,让学生了解民族进程和文化,树立起爱国主义情怀。通过传统文化的学习,促进学生现代学习的发展,培养他们用辩证客观的视角看待、思考和分析问题的能力。通过学习著名的战役、盛世与治世、条款与协定以及历史上的国家兴衰等内容,学生逐渐学会对事件进行判断和辨析,在相互交流和思想碰撞中体会学科的思维方法。这不仅增强了学生的民族自豪感和自信心,还培养了他们的社会主义核心价值观。

2017 年 1 月,学校对六年级学生进行了《历史精粹》校本课程的问卷调查。在调查的 216 人中,有 210 人表示喜欢这门课程,占比达到了 97.2%。调查结果显示, 61.5%的学生喜欢在教师的引导下进行自主思考,并通过全班交流的学习方式。有学生表示:“这门课程让我们了解了古代历史,让我们学会了用历史的眼光看待问题。”还有学生表示:“通过这门课程,我对历史更加感兴趣,课后还会主动阅读相关的历史材料。”还有同学说:“通过学习校本的历史课程,我对中华民族悠久的历史有了正确的认识,作为中国人更加自豪和骄傲。”调查反映出大多数学生乐于参与,敢于表达自己的见解,他们的思辨能力在不断提高,并形成了正确的价值观。

上学期末,通过对学生进行的问卷调查,我们发现 82.2%的四年级学生、91%的五年级学生和 89.2%的六年级学生表示喜欢《历史精粹》这本历史读本。很多同学表示,这门课程使他们认识了许多历史人物,了解了很多历史故事,并且他们会积极地与父母分享他们在课堂上学到的知识。他们还表示在课下更加积极地查阅历史书籍、观看历史纪录片,整个学校弥漫着学习历史的浓厚氛围。

(二)教师的课程意识进一步增强

在《历史精粹》校本课程的开发与实施过程中,受到历史专家和市区教研员的指导和帮助,我校教师的自我学习和反思能力以及课程意识不断增强。他们敢于将所学知识运用于教育教学中,激发了创造性思维,提高了课程研发的能力。其中,李宏老师执教的《历史精粹》校本课程中的《古桥》一课被发表在《点亮智慧课堂——小学智慧课堂研究案例与分析》一书中。

学校的教师将品社课程、《历史精粹》校本课程以及学校的学行博物馆综合实践课程有机整合,撰写的《学行博物馆》综合实践活动课程方案获得了北京市中小学社会大课堂学习成果评选的二等奖，并且荣获北京市东城区中小学社会大课堂学习成果教师方案的一等奖。

《历史精粹》课程的成功实施关键在于教师课程观念的转变。学校坚持打破单一学科的限制，不仅利用国家课程，还结合社团课程，并在时空上超越了教材、课堂和学校的边界，走向博物馆，实现了课程的开放性和综合性。教师们跨越了学科边界，开始从多角度、多维度、多层次地思考与实践课程，创新学科综合实践作业。丰富的课程内容激发了学生的创新精神。他们精选中国古代历史的精华，从政治、经济和文化三个方面出发，运用文字、图画、小制作等方式表达了对民族精神、民族信仰、民族尊严、民族智慧和民族艺术的理解。在教师和学生的相互学习中，共同提升，实现了教学相长的效果。

（三）校本课程教材研讨会影响广泛

2017 年 12 月 27 日，板厂小学成功举办了“传承历史精粹，启迪智慧人生”的校本课程教材研讨会。参与本次研讨会的有北京教育科学研究院基础教育研究中心、课程教材发展研究中心、东城区教委、教师研修中心、教育研修学院、北师大历史学院、文化研究院交流部、北京汇文中学的领导、教授，以及东城区道德与法治教师、手拉手学校梨园镇中心小学代表等领导、专家和教师们。

在研讨会上，学校书记兼校长、教材主编冯雅男介绍了教材编写的背景与意义，强调《历史精粹》教材编写是课程开发的重要组成部分。编委教师们注重从众多的历史典籍中汲取精华、传承经典，既满足学生课堂学习的需求，又满足学生拓展阅读的需要。经过四年的精心打磨，形成了完整的三册教材，供学生学习、思考和交流，深受学生们喜爱。

北京汇文中学历史特级教师、教材副主编段明艳对教材进行了介绍，从教材内容、课文结构和编写原则三个方面与大家进行了交流。她希望通过这套读本向孩子们生动、真实地呈现多彩的历史，让历史悄悄扎根于孩子的心中，产生潜移默化的影响，融入做人处事的伦理坐标，培养社会主义核心价值观。

接着，学校青年教师芦妍以《孔子》为课题为大家呈现了一堂现场课。

专家点评环节，对我校《历史精粹》校本课程给予了充分肯定，他们讲到，“历史是昨天的社会，学校准确地找到了历史、品德与社会课程的融合点，以时间为脉络编写了《历史精粹》校本教材。内容设计富有新意，有利于学生学习，与学生的生活贴近。”

“尽管在有限的课时安排下，学校仍然给予了《历史精粹》校本课程足够的保障，这充分展示了学校对社会主义核心价值观和中华民族悠久历史的尊重和重视。学校在‘小学六年，奠基一生’的理念方面做出了有益的探索。”

“在小学开设历史校本课程是有意义且具有价值的，《历史精粹》校本教材具有三个鲜明特点：目标决定方向，结构决定功能，文化孕育成长。它将文化的基因深深地印刻在学生的心中。”

“祝贺学校校本教材研讨会的顺利召开及取得的喜人成果。在年终岁末的时刻，通过课堂教学，我们看到学校在引导学生思维方式变革方面所做出的努力。学校通过校本历史课程将学生个体与社会有机地连接起来，将历史与现代有机地连接起来，将学习与日常生活有机地连接起来。我们期待以此校本教材为契机，共同努力用优秀的传统文化滋养和塑造新时代青少年的民族气质！”

专家的肯定和领导的鼓励为我校全体干部教师在课程改革方面增添了信心。我们必将再接再厉，为助力学生持续发展和提升教育质量而不断努力！

（四）学校智慧育人的办学特色得以彰显

党提出了文化自信的概念，明确指出："我们要坚持道路自信、理论自信、制度自信，文化自信。思想文化是一个国家、一个民族的灵魂。无论哪个国家、哪个民族，如果不珍惜自己的思想文化，丢掉了思想文化这个灵魂，这个国家、这个民族是立不起来的。"只有坚持从历史走向未来，从延续民族文化血脉中开拓前进，我们才能做好今天的事业。

面对这一挑战，板厂小学的《历史精粹》校本课程聚焦课程改革，注重学科间知识的联系、整合、互补、融通，彰显了"以质取智、构建智慧校园"的特色，以实现"面向全体、智慧学习、个性发展"的育人目标。学校不断推动课程内容的丰富和课程形态的变革。在 2017 年 11 月 14 日举行的《智启未来慧心育人》市区联动活动中，市级教研员对我校芦妍老师执教的《圣贤孔子》校本课程给予了高度肯定。北京基教研中心的领导在讲话中用"静水深流"一词赞誉了板厂小学在深化教育综合改革方面取得的成就，高度肯定了学校将国家课程与校本课程、文化内涵与学生健康成长、社会主义核心价值观与课堂教学有效地连接起来。学校以"教书育人"为统领，以"学生的智慧成长"为核心构建了课程体系，并关注着以"以生为本"的学习方式研究，课堂教学改革的落实扎实而且影响深远。

六、创新与特色

（一）优秀传统文化的育人功能得到落实

中华民族的悠久历史是我们必须珍惜的宝贵财富，中华民族的优秀文化是维系民族团结和国家统一的牢固纽带，需要每个中国人共同创造和传承。《历史精粹》校本课程的研发与实施充分发挥了优秀传统文化的教育价值，进一步落实了东城区"文化·传承 2030 工程"提出的"六个一"目标，培育了学生的社会主义核心价值观。

（二）课程改革的"瓶颈"得以突破

我国基础教育课程改革的基本目标中提到："改变课程过于重视知识传授的倾向……改变课程结构过于强调学科本位……改变过于重视书本知识的现状……"在《历史精粹》校本课程的研发与实施中，我们重新构思学习目标、重组学习内容、重塑学习方式，变革了教与学的方式，培养了学生的核心素养。

（三）《历史精粹》校本教材出版问世

《历史精粹》校本课程读本从政治生活、经济生活、文化生活三个维度学习历史，在深化教育改革的进程中填补了小学阶段历史学习的空白，为广大品德与社会学科教师提供了丰富的教学资源。学校成功举办的"传承历史精粹启迪智慧人生"《中国古代历史精粹》校本课程教材研讨会受到了高校教授、市、区专家领导的一致赞誉，并得到了全区品德与社会学科教师的一致好评。

七、思考与展望

《历史精粹》校本课程目前仍处于实践探索阶段，我们也认识到在教材研发和课程实施过程中存在以下 3 点不足之处。

（1）通过实践和反思，我们将逐步修改和完善《历史精粹》校本课程读本的内容，以更好地满足学生的学习需求和教师的教学要求。

（2）考虑到小学阶段学生的认知发展水平和特点，我们将编写《历史精粹》校本课程的学习辅助材料，通过有趣的游戏、绘图、制作、创作设计、辩论赛等活动，丰富学生的学习体验，巩固所学知识，提升理解和应用能力，促进素养的提高。

（3）我们将在新课程标准的指导下，更好地探索国家课程和校本课程的有机融合，推动《历史精粹》校本课程的可持续发展。

参考文献

[1] 蔡娟，杨兰. 四个认同：强化新时代党的理论武装的重要维度[J]. 学习论坛，2021（03）：33-40.

[2] 彭张力，冯文全，夏茂林. 立德树人视角下对基础教育新课程实施问题的思考[J]. 现代教育科学，2018（05）：99-105.

智慧教育《故宫文化》特色课程探索

板厂小学坚持以满足人民教育需求为宗旨,秉承内涵式发展的道路。在冯雅男校长提出的“以智取质,构建智慧型校园”特色理念的引领下,学校注重丰富课程供给,创新教学形式,关注学生全面发展,致力于构建有助于激发学生潜能、引导学生全面成长的教育氛围。通过全覆盖和多维度的方式,营造适合学生教育的环境,不断提高智慧育人的质量。学校一直秉持“满足学生发展需求,建设适合学生的课程”的宗旨,坚持全面性、实效性、发展性和互补性原则,进行校本课程的设置、研发和实施。课程的研发并不在于数量的多少,而在于精心设计,适应学生的需求。随着教育综合改革的不断深入,学校聚焦于学生核心价值观的形成和核心素养的培养。在2012年初,学校开始研发“学行博物馆”学科综合实践活动的校本课程,通过立体、全方位和全过程的教育教学方式来助力学生成长。

学科综合实践活动课程是一门跳出课本、教室和传统知识传授方式的课程。它在课程结构上赋予学校、教师和学生最大的自由度,最广阔的空间和最灵活的实施方式,使学生在成长的道路上能够跳得更高、走得更远。其中,“探寻故宫文化”是学行博物馆课程的典型主题。通过将传统的课堂搬到博物馆,学生能够开阔视野,充分利用故宫这个承载着明清两代皇家宫殿的宝库,传播丰富而广泛的中华文化精髓。通过独特而有趣的建筑和珍贵的文物,以直观而互动的方式激发小学生的学习兴趣。每学年,六年级学生都会前往故宫博物院,参与学科综合实践活动课程,学习生动的知识和技能,探索故宫的魅力,提升学生的核心素养。

一、“探寻故宫文化”课程的研发背景

(一)基于教育根本任务的价值引领

要全面贯彻党的教育方针,实施立德树人的根本任务,培养德智体美全面发展的人。这不仅是教育工作的根本任务,也是教育现代化的方向目标。中华民族悠久的历史与文化是我们共同的根基和灵魂,是促进民族与国家进步的不竭动力和源泉。教育是传承文化的途径和有效方式,学习优秀的传统文化、传承中华文明、弘扬民族精神是基础教育的重要任务之一。故宫线能展现古城的魅力,学生能够从多个维度体验中华传统文化的美。

(二)基于学生核心素养的培养

2016年,《中国学生发展核心素养》研究成果在北京发布。作为实施立德树人根本任务的重要途径,该体系从文化基础、自主发展和社会参与三个维度提出了培养适应未来社会“全面发展的人”的基本素养框架,特别是将文化基础置于极其重要的位置,这也成为我们《探寻故宫文化》研发与实践的推动力。党的二十大报告明确提出,教育、科技、人才是全面建设社会主义现代化国家的基础性、战略性的支撑,科技是第一生产力,人才是第一资源,创新是第一动力。教育是国之大计、党之大计,要坚持教育优先发展,建设教育强国,坚持为党育人,为国育才,全面提高人才自主培养质量。着力造就拔尖创新人才,聚天下英才而用之。

明确指出了教育在社会主义现代化强国建设和中华民族伟大复兴征程中的重要使命。习近平总书记要求把服务中华民族伟大复兴作为教育的重要使命，指出“两个一百年”奋斗目标的实现、中华民族伟大复兴中国梦的实现，归根到底靠人才、靠教育，强调“我国教育是能够培养出大师来的，我们要有这个自信。”

核心素养本身就是人身上真实且持续可见的素质，它的形成本质上是通过实践的过程实现的。只有通过行动、创造、体验和感悟，而非仅仅依靠记忆、背诵、理解和思维，核心素养才能够形成。只有通过实践，才能将书本知识与学生的身心有机地结合起来，让外在的知识转变为学生内在的能力和品格。以核心素养为导向的新课程和新教学标准对教学提出了新的要求和挑战。在培养人的过程中，核心素养导向的新课程和新教学标准需要新的育人方式。我们如何找到一个支点，解决这个问题，提倡并重建全新的育人方式？我们通过持续的讨论和探索，逐渐达成了一个重要共识，即必须强化“实践意识”，确立学科实践在培养学生中的重要甚至核心地位。同时，我们还探索如何以实践为抓手，突破传统学科领域，构建实践导向的育人方式。我们将实践和认识有机地融合起来，使认识在基于实践、通过实践、为了实践的过程中得以巩固、纠正、批判、提高、深化、构建和创新。只有这样的认识才能更好地引领实践、指导实践、推动实践，从而实现两者的共生共长。《探寻故宫文化》学科综合实践活动课程与核心素养相契合，在开发和实施过程中，突出了实践性和探究性，通过参观、调研、制作等形式，鼓励学生走进故宫博物院，拓宽学生的视野关注点，改变教学方式，提升学生的认识，逐步形成综合学科和跨学科的多层次系列课程，促进学生健康、持续、全面的发展，奠定文化基础，提升核心素养，并通过实践反哺教育。

（三）基于弘扬中华优秀传统文化的需要

在漫长的历史进程中，中华民族创造了伟大的民族精神和优秀的传统文化。这些是中华民族生生不息、蓬勃发展的文化基因，也是实现中华民族伟大复兴的精神力量，我们要结合新的实际，继续发扬光大。《中华优秀传统文化进中小学课程教材指南》指出，将中华优秀传统文化纳入中小学课程教材，是强化中华优秀传统文化的育人功能，贯彻中华优秀传统文化对社会主义核心价值观的涵养，实现中华优秀传统文化传承和发展的重要举措。教育是传承文化的途径和有效方式，学习传统文化、传承中华文明、弘扬民族精神是基础教育的重要任务之一。历史教育的目标是让学生认同伟大祖国、中华民族、中华文化、中国共产党以及中国特色社会主义道路。《探寻故宫文化》学科综合实践活动课程让学生通过亲身体验，感受中华文化的魅力。通过发挥区域文化资源的优势，通过参观、学习和思考，让我国优秀传统文化渗透到学生中，培养他们的素质和能力。

（四）基于板厂小学智慧成长课程体系的整体设计

板厂小学树立以学生发展为本的课程观，注重打造特色品牌。从三级课程融合入手，确定了六个领域的课程结构，完善了多层次的课程架构，创新多样化的实施方式，构建了升级版的3.0智慧成长课程体系，实现了学校课程价值体系的系统建构，提高了课程的育人效果。学校积极推进课程改革，建立了结构创新、学科融合和思维拓展的智慧成长课程体系，拓展资源，打破学科壁垒，促进共享，引导学生主动深入地思考，培养他们的实践能力和创新精神。学校还创新了多种类型的课程实施方式，将道法、语文、美术等课程与综合实践活动有机地结合起来，促进学生知行合一，构建智慧课堂，优化教与学的方式，不断培养学科素养和人文素养,努力提升智慧育人的质量。《探寻故宫线》学科综合实践活动课程是智慧成长课程体系中的一个亮点。这门课程秉承了学校的特色育人理念,让学生在参观学习中全方位地实践社会主义核心价值观,感悟中华优秀传统文化的魅力。如图 1 所示。

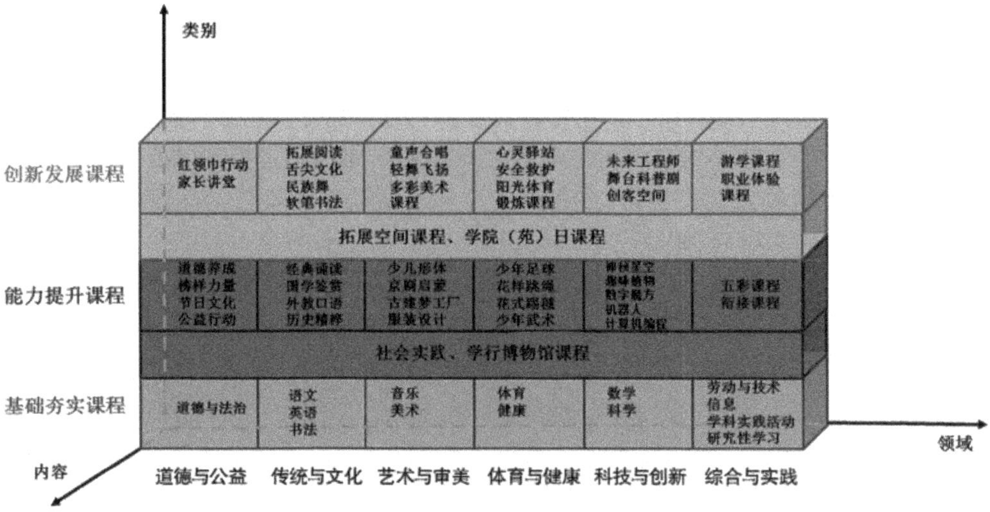

图 1　板厂小学智慧成长课程体系

二、"探寻故宫文化"课程的整体设计

经过前期调研和探索,确定了综合实践活动课程的场馆以及课程目标和内容。

(一)确定课程目标

(1)通过参观、调查、采访等方式,增进对故宫博物院的了解,挖掘资源,开阔视野,提升学生的信息收集和整理能力,增强社会交往能力、实践能力、合作精神和创新潜能,感悟故宫优秀传统文化的内涵和魅力,提升学习力。

(2)在故宫博物院的空间和内容框架下,实现道德与法治、语文以及其他学科的综合渗透,不断发掘学生的综合课程能力。

(3)不断提升课程开发的推动力。

(二)确定课程内容

学生将走进故宫博物院,以"智慧成长学习体验卡"为主线,分成小组进行学习,了解故宫的情况,并运用自己的思维进行综合、关联和多角度的分析和思考,建立新的认知结构,完善每个人的"智慧成长卡"。同时,学生将参与与故宫文化相关的文创活动实践,对于有兴趣的同学,还可以通过演讲比赛的方式来表达对故宫的认识。

以下是 4 个文创实践活动的例子。

①<朝珠>DIY 制作。发现清代服饰配件中的朝珠文化,从佩戴者、佩戴场合、种类及构造等方面认识朝珠,进行特色朝珠 DIY 产品手工制作,探究古代服饰文化内涵。

②<宫中好乘凉>手工制作风扇。结合历史图片、文献资料,观察故宫相关典藏文物,让学生能够直观了解古代宫廷中的纳凉方式,进而拓宽学生对古人避暑的理解与认识,感受古

人的智慧。

③ <瓷上摹古>瓷杯上绘制古代花纹。观察陶瓷器装饰图案的过程中，了解不同时期、朝代陶瓷典型花纹、器形、釉色的发展演变，发现陶瓷装饰纹样的分类及装饰规则，借助陶瓷纹样卡，装饰白胎瓷器，感悟瓷器装饰艺术之美。

④ <窗棂>制作窗棂台灯。了解中国古建筑——窗的出现与发展、种类与功能，以故宫里的窗为例子介绍中国古代窗的分类及窗棂的寓意，并带领大家制作精美的窗棂台灯。

三、"探寻故宫文化"课程的研发过程

学科综合实践活动课程注重学生多样化的实践性学习方式，转变学生单一以知识传授为基本方式、以获得知识为目的的学习活动，强调多样化的实践性学习。该课程融合了语文、美术、道德与法治、劳动技术等课程内容。我校的实践过程是设计学科实践活动。

学科综合实践活动课程通过探究、调查、访问、考察和劳动实践等方式，让学生在课程中亲身经历，获得丰富的知识。研发过程分为确定活动对象、设计课程方案和设计学习体验卡3个部分。

（一）前期调查，确定活动对象

为了提高学生的学习兴趣和时效性，使课程成为学生需求和学生发展的有效途径，前期，道德与法治教研组根据不同年级学生的特点设计了问卷，对全校师生进行了深入调查，挖掘适合学生学习的资源并研发课程。最终确定了以故宫为主题的活动。对于六年级学生而言，在语文课中已学习过《故宫》这篇课文，因此将该课程与语文学科进行融合。

北京故宫线是指自元大都、明清北京城以来北京城市东西对称布局建筑物的对称轴，许多其他建筑物也位于该轴线上。从故宫的故宫线一直往内部延伸，贯穿整个故宫，而故宫又位于北京城的故宫线上。三大殿、后三宫和御花园都位于故宫线上。在故宫宫殿两侧，还对称分布着许多宏伟华丽的殿宇。这些宫殿可分为外朝和内廷两个主要部分。外朝以太和殿、中和殿和保和殿为中心，文华殿和武英殿为两侧翼。内廷以乾清宫、交泰殿和坤宁宫为中心，东西六宫为两侧翼，布局严谨有序。故宫的四个城角都有精巧玲珑的角楼，建筑工艺精巧美观。宫城周围环绕着一道高 10 m、长 3 400 m 的宫墙，外面还有一条 52 m 宽的护城河。同时，欣赏故宫内的雕梁画栋，能够体验到古代工匠巧妙的技艺。考虑到学生的年龄特点和学习基础，我们将以故宫作为活动的对象。

（二）实地考察和设计课程方案

为了确保实践活动的安全性，学校组织相关教师利用周六日的休息时间，前往故宫博物院进行实地考察，获取第一手资料，以便更好地策划活动方案，并制定安全预案。通过考察和实际情况，我们将研究对象细化为故宫线的整体参观和具体项目制作。在实施过程中，为确保活动顺利进行，学校多次与故宫博物院工作人员进行沟通，修改方案，并在必要时再次走进博物院完善安全预案。最终形成了课程方案 1.0。如图 2 所示。

课程设计

（1）学习内容。全体同学参观故宫线。根据六年级教师提供的语文课文，由工作人员带领学生参观故宫线，边讲解边学习。

（2）班级动手实践。选择以下四门课程之一开展动手实践活动。

①<朝珠>DIY制作。发现清代服饰配件中的朝珠文化，从佩戴者、佩戴场合、种类及构造等方面认识朝珠，进行特色朝珠DIY产品手工制作，探究古代服饰文化内涵。

②<宫中好乘凉>手工制作风扇。结合历史图片、文献资料，观察故宫相关典藏文物，让学生能够直观了解古代宫廷中的纳凉方式，进而拓宽学生对古人避暑的理解与认识，感受古人的智慧。

③<瓷上摹古>瓷杯上绘制古代花纹。观察陶瓷器装饰图案的过程中，了解不同时期、朝代陶瓷典型花纹、器形、釉色的发展演变，发现陶瓷装饰纹样的分类及装饰规则，借助陶瓷纹样卡，装饰白胎瓷器，感悟瓷器装饰艺术之美。

④<窗棂>制作窗棂台灯。了解中国古建筑——窗的出现与发展、种类与功能，以故宫里的窗为例子介绍中国古代窗的分类及窗棂的寓意，并带领大家制作精美的窗棂台灯。

图2　课程方案1.0

（三）服务学生，设计学习体验卡

为了让学生能够以多视角、多维度进行学习和思考，我们设计的学习体验卡不仅结合了道德与法治学科的内容，还整合了英语、科学、数学、语文以及校本课程等学科的相关问题。将这些问题汇总，我们为六年级学生参观故宫活动精心设计了“智慧成长”学习体验卡1.0，通过该体验卡，学生可以丰富和发展自己的经验、情感、能力和知识，加深对自我、他人和社会的认识和理解，并在此基础上培养良好的习惯，提升学习能力。

四、“探寻故宫文化”课程的实施方式

（一）实施学科实践活动课程

实施学科实践活动课程包括正式启动、课后反思和学习效果评价3个阶段。

1. *学科实践活动课正式启动*

（1）在实践活动课开始之前，教师引导学生了解《学行博物馆》学习卡，通过学习卡了解实践活动的地点、参观顺序和目的。大多数学生在学习卡中找到了自己感兴趣的内容，将参观视为一次寻宝活动，为参观增添了乐趣，突出了参观的重点。

（2）考虑到参观博物馆的活动特点，采用小组合作学习的方式，让学生能够近距离、充分地参观。学生在小组长的引领下共同参观，相互交流，并分享参观的成果。

（3）参观活动中，专业人员的讲解是不可或缺的，因为学生的年龄较小，对于一些问题的理解可能还不够深入。

（4）参观活动是每个人有不同体验和感受的经历。尽管参观的路线和内容相似，但每个学生的收获和感受都是有差异的。充分的交流不仅可以培养学生的思维能力和语言表达能力，还能提高学生的合作意识，使参观活动更加完整，提升参观的意义。

（5）学生在参观和交流的基础上完成学习卡，学生可以采用多种方法，如查找展览内容、询问讲解员、相互讨论交流等。学科综合实践活动课程融合了道德与法治课上学习并应

用过的调查、观察和交流等学习方式，在实践课程中进行学习。学习卡帮助学生以综合、关联、多角度的方式进行分析和思考，形成新的认知结构。

2. 课后反思调整方案及智慧成长“学习体验卡”

课后，道德与法治学科教师收回了“智慧成长卡”，逐班查阅，仔细翻阅每一张，及时了解学生及家长反馈的信息，为下一次实施学科实践活动课总结经验。“智慧成长卡”的设计与完成融合了美术学科，学生可以用自己喜欢的方式记录学习成果，用画笔表达学习感受。通过一次实践和逐张查看“智慧成长卡”的反馈，我们发现有些同学在“智慧成长卡”中记录的内容比较详细和深入，而有些同学的记录内容比较浅。经过深思熟虑，我们决定在第二次实践活动课中对“智慧成长卡”的设计内容进行合理调整，完成“学习体验卡”2.0 版本。如图 3 所示。

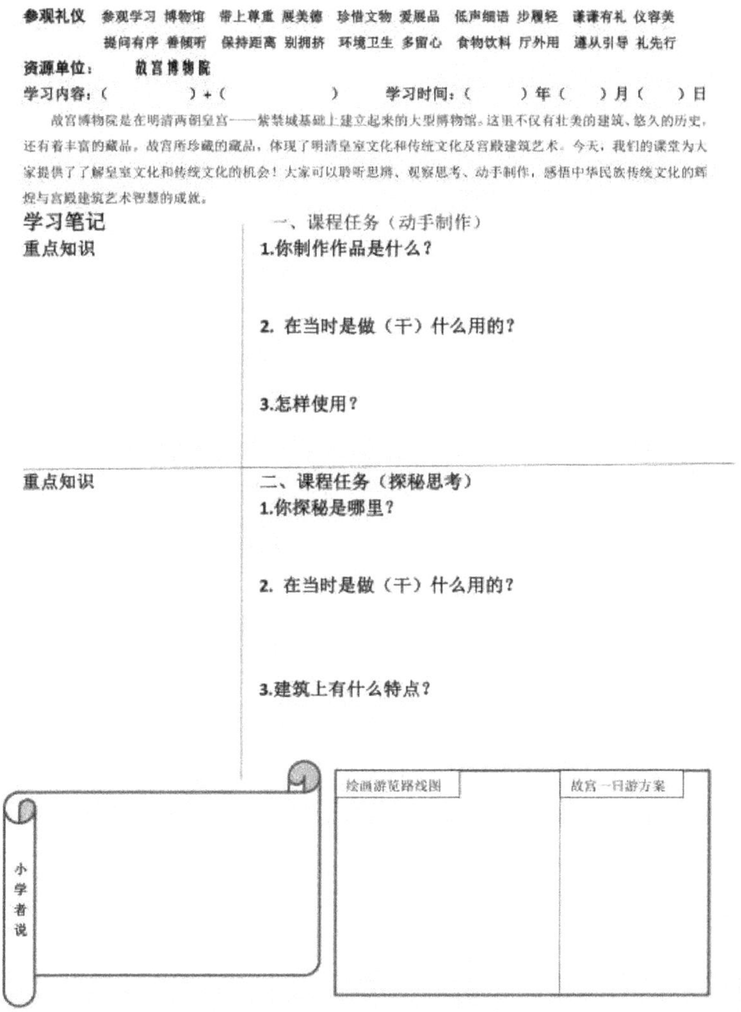
参观礼仪　参观学习 博物馆　带上尊重 展美德　珍惜文物 爱展品　低声细语 步履轻　谦谦有礼 仪容美
提问有序 善倾听　保持距离 别拥挤　环境卫生 多留心　食物饮料 厅外用　遵从引导 礼先行

资源单位：　故宫博物院

学习内容：（　　　）+（　　　）　学习时间：（　　）年（　　）月（　　）日

故宫博物院是在明清两朝皇宫——紫禁城基础上建立起来的大型博物馆。这里不仅有壮美的建筑、悠久的历史，还有着丰富的藏品。故宫所珍藏的藏品，体现了明清皇室文化和传统文化及宫殿建筑艺术。今天，我们的课堂为大家提供了了解皇室文化和传统文化的机会！大家可以聆听思辨、观察思考、动手制作，感悟中华民族传统文化的辉煌与宫殿建筑艺术智慧的成就。

学习笔记

重点知识

一、课程任务（动手制作）

1.你制作作品是什么？

2. 在当时是做（干）什么用的？

3.怎样使用？

重点知识

二、课程任务（探秘思考）

1.你探秘是哪里？

2. 在当时是做（干）什么用的？

3.建筑上有什么特点？

小学者说

绘画游览路线图

故宫一日游方案

图 3　学习体验卡 2.0 版本

"学科实践活动课程"具有实践性、综合性和开放性三个典型特征。在前两轮的学科实践活动课中,我们以"学行博物馆"为主题,将易于融合的美术、科学、体育、语文、校本课程等学科知识点串联起来,例如制作串糖葫芦,并将这些知识点记录在"智慧成长卡"上。随后,在第三轮学科实践活动课中,我们与数学和英语学科教师进行了沟通,进一步融合了数学和英语学科,打造了一个全学科融合的学科实践活动课程,形成了课程方案 2.0。如图 4 所示。

课程设计

(1)学习内容。全体同学参观故宫线。根据六年级语文第二单元《故宫》一课,由工作人员带领学生参观太和门—太和殿—中和殿—保和殿—乾清门—乾清宫等故宫线及一些传说故事,学生边听讲解边互动学习。

(2)班级动手实践。课程实施安全预案及管理,课程实施前筹备、召开教师推进会;课程实施前学生学习要求,安全教育。

①时间。9 月 29 日中午,六年级各班进行活动主旨教育以及安全教育,各班记录在校会记录本上。

②道法老师在前一周的道法课上进行活动相关内容、活动中的学习卡的使用、活动目的以及要求的具体指导。

③语文老师活动前上好《故宫》一课。

④作为语文学科的 5%的综合实践活动一项,全体六年级的学生都要写好学习体验的演讲稿,班级内可以开展小组推选,最终每班从中挑选 2 名优秀的学生参加年级的演讲比赛。

⑤活动当日安全教育内容。学生乘车、行进、动手操作安全;带简餐、水、书包、笔、学行卡;穿着校服。

图 4 课程方案 2.0

本次综合实践活动课结束后,六年级各班以班级为单位制作展板,将学生的学习成果进行全校范围内的交流展示。

3. 学生学习效果评价

学习体验卡是学生参观学习的一种工具,其主要目的是促进学生观察、分析、思辨、判断、总结和概括等能力的发展。在本次活动中,我们使用了"学行博物馆 智慧成长卡"作为学生的作品展示。这张成长卡从多个角度和多个维度对学生进行评价,以道德与法治学科的知识为主线,并融入了美术、科学、体育、语文、英语、数学等全学科的知识。

这样的综合评价不仅能够从道德与法治学科的角度评估学生,还能通过学生的回答从语文、数学、英语等学科的角度评估学生。这种多学科综合评价的方法既完善了学业综合评价,又激发了学生对学科综合实践活动课程的积极性,并提高了学习的自信心。

(二)提升学科实践活动课

"探寻故宫文化"学科综合实践活动的每个环节都融合了各学科的知识和核心素养,全方位促进学生核心素养的提升。

课程活动地点的选择基于学生以往的学习经验。学生带着已有的知识来博物馆学习新知识,这是实践课程核心的具体体现。对学生来说,课程涵盖了通过讲解、实践、参观等环节进行学习,全面、立体地调动已有知识并学习新知识,并在过程中提升情感体验,进一步深化人文底蕴、学会学习和国家认同等核心素养。综合实践课程与各学科相辅相成,形成育人合力。

五、"探寻故宫文化"课程的实践效果

学科综合实践活动课程的开展使学生、教师和学校都收获显著成果。

（一）学生的综合素养得到提升

在参观学习中，学生有了自己的参观思路，懂得参观礼仪，学会了博物馆参观的方法，并在参观后获得一些感悟。博物馆对于学生来说是不可或缺的社会学习资源，我们学校充分利用社会资源，扩展学生的学习视野，全面提升学生的核心素养。

同学们参加课程后有了很多感受。有的同学感受到了故宫的美，说道："美究竟意味着什么？现在我有了答案，美是可以流传千古的。它承载着人民的梦想和美好寓意，供一代代人回味和欣赏。就像故宫博物院一样，它完整地保留了明清两大王朝的美。"有的同学感受到了岁月的永恒，文化的代代相传，写道："故宫历经沧桑，见证了中国社会从封建帝制到人民民主共和国的演变。帝王将相只是过客，鼎盛王朝也不能永存，然而这座宫殿所承载的文化却延续至今，代代相传。"还有的同学感受到了作为一个中国人的骄傲和自豪——故宫是古代无数工匠的智慧结晶，是世界上无与伦比的杰作，更是人类历史上的一个伟大奇迹！今天，故宫成为我们学习历史的课堂，也是我们研究中国五千年博大精深文化的"活"教材，我为自己是中国人感到骄傲和自豪。

从学生参与活动后的感受可以看出，学科综合实践活动课程对学生的影响直接而深刻。由于学习场域的改变，学生主动改变学习方式，学习效果得到提升，情感体验得到发展。

（二）教师的课程意识进一步增强

对教师而言，学科综合实践活动课程激发了教师的内驱力。教师通过这样的活动不断探索可以在各自学科内利用的社会资源，并灵活运用到教育教学工作中。教师的课程意识增强，开发和设计课程的能力不断提升。在 2015 年 12 月的北京市中小学社会大课堂学习成果中，李宏和王海云获得了教师方案二等奖。同时，李宏和王海云也获得了北京市东城区中小学社会大课堂学习成果教师方案一等奖。

（三）学校的课程开发内驱力在不断增强

我们学校的学科综合实践活动课有效地带动了教师的研究意识，越来越多的教师不断提升业务能力，开发和整合教学资源。在 2015 年北京市东城区中小学生社会大课堂学习成果评选活动中，我们荣获了优秀组织奖和北京市东城区青少年课外活动指导服务中心的优秀组织奖。2019-2020 学年，我们的学校被评为北京市课改先进校。

学科综合实践活动结合了学生已有的知识和生活，促进学生自主、开放、综合地学习知识，为学生的成长积蓄了动力。对于教师而言，在课程开发和实施的过程中与学生共同成长，促进了教师的专业发展。对学校而言，带动了更多教师参与研究，将自身的教育教学与研究结合起来，形成了浓厚的研究氛围。因此，我们学校开展学科综合实践活动是非常必要的。

六、《探寻故宫文化》综合实践活动课程的成果特色与创新

（一）核心素养导向，改变学习方式

以核心素养为导向的学科实践活动课程，以活动为主要形式，以综合性为特征，注重实践和课题研究，以社会考察和体验性学习为主要方式进行。学生通过社会考察、讨论分析等社交活动方式，对主题进行探究和发现，通过从不同角度对社会问题和科学现象进行研究，自行发现问题并得出结论。通过学科实践活动课程，增加学生亲身体验的机会，体验各种活

动中的感受，锻炼学生的创造意志，培养学生的创造性个性品质，发展学生的创造性思维。在学科实践活动的过程中，教师引导学生了解《学行博物馆》的参观地点、顺序和目的，找到学习的兴趣点，将参观视为寻宝的过程，增添参观的乐趣，突出参观的重点。为了获取更多知识，我们将学生分组，并由小组长带领，共同参观，相互交流，共享参观的成果。让每个学生都在学科实践活动的过程中亲身体验探究的过程，提高学生的合作意识，体验成功的乐趣。

学生参观学习后，将亲自动手制作文创作品，进一步体验和感受中华文化中蕴含的魅力，领悟传统文化的魅力。

（二）打破学科壁垒，实现多学科融合

在充分考虑道德与法治学科性质和任务的基础上，我们尊重学生的兴趣爱好，超越学科的限制，鼓励动手实践和注重体验参与，倡导合作探究。我们设计和实施的学科综合实践活动课程以道德与法治教学内容为主线。结合综合实践活动的理念，我们通过主题贯穿活动，提升活动的深度，增加充满时代气息的内容，注重学生的主动策划和参与，加强活动的探究性，并对活动进行评价。根据这一理念，在前两轮的学科实践活动课中，教师围绕道德与法治课程，融合美术、科学、体育、语文和校本课程等多学科，设计了学习体验卡，让学生从多学科、多角度去思考问题，进行开放式的学习，使每个学生都得到深层次的学习体验。

通过"学行博物馆"的实践，教师看到了综合学科实践活动的优势，因此在第三轮的学科实践活动课程中，一些学科教师主动找到我们，并建议将他们的学科融入我们的学科实践活动课程中。经过沟通后，我们成功地融合了数学和英语学科，打造了多学科融合的学科实践活动课程。打破学科壁垒，实现学科的融合，拓宽了学生的视野关注点，培养了学生的思辨能力，促进了核心素养的提升。

（三）后续活动跟进，强化学生的学习效果

课程结束后，学校召开了课程体验成果展示会，同学们通过演讲进一步提升跨学科综合实践学习的核心素养，加深对中华优秀传统文化的理解，培养爱国情怀（如图 8 所示）。演讲结束后，评委们从演讲内容、技巧、舞台表现等方面对同学们的表现进行了精彩的点评。评委们赞赏了同学们对故宫实践的真实观察和真实感悟，角度多样且新颖，演讲内容集中，结构合理。许多同学还通过丰富的艺术表达方式展示了自己的观点。同学们在实践中不断成长，在分享中相互启发，形成了连贯的学习链条，多学科交融。演讲比赛巩固了同学们的学习成果，同时提升了学生的语文素养和演讲能力。

七、"探寻故宫文化"课程的反思与展望

（一）进一步发挥评价作用，激发学生广泛学习的动力

在参加故宫博物院的探秘故宫文化主题实践活动时，学生首先应了解参观礼仪。参观博物馆时，我们要爱护展品，不随意触摸展品，不使用闪光灯拍照，并且要爱护博物馆内的展台和照明设施。其次，我们要制定行为要求。小组学习时不应在展厅内追逐打闹，不应大声喧哗，与展柜保持一定距离，不要趴压展柜。明确这些行为的评价内容和具体指标，我们可以根据这些行为评价的方向引导学生，在小组内互相评价，促进学生在评价中的发展和进步。

学科实践课程的评价内容很丰富，但一学期中的次数是有限的。教师需要思考如何在有限的学科实践课程中有效地实施自主评价。

（二）让学行博物馆“智慧成长学习体验卡”见证学生的成长历程

目前，学校将收回并保存学生每一次的《学行博物馆智慧成长》学习体验卡。这样做的原因是一方面，卡内的一些内容可以在后续的学习中再次利用；另一方面，当学生毕业时，学校将把这12张智慧成长卡制作成册，作为纪念，供学生翻看，回忆和见证自己的成长历程。

（三）进一步扩展活动主题，完善课程体系

学校将继续按照分段式、渐进式的原则，遵循文化自信提升的“致知、激情、诚意、力行”的实践逻辑，进一步拓展场馆式学习、项目式学习等多种学习路径，形成故宫课程群。课程群可以引导学生沿着“故宫之学、故宫之问、故宫之思、故宫之辨、故宫之行”的学习路线，走向“知情意行”的和谐统一，最终将文化自信内化于心，外化于行，成为具有文化自信的中国人。

专题三　智慧教育教学探索

导师评析

研究题目为《构建小学“四维三性”智慧课堂互动模式的行动研究》，方向明确，主题鲜明，结合学术研究趋势，可以发现具有一定的学科前沿性和新颖性。在研究过程中，选择所在小学作为具体实施地点并收集了有效的数据成果，结合建构主义理论、加德纳的多元智能理论等，实现了理论与实践的深度融合，并搭建了较为清晰的实施模式框架，充分反映了现阶段学校内部的现实需求，具有较强的理论价值和现实指导意义。

从整体架构来看，全文结构安排合理，内容较为完整，紧扣“智慧课堂”这一主题。在研究过程中，以学生、教师、家长等多重视角，采用访谈法、问卷调查法等方法对前期课堂教学现状进行了考察，并通过骨干引领、专家讲座和教学大赛的举办来落实具体实施过程并形成完整的研究链。总体而言，研究观点明确，论据充分，访谈提纲设计及方法选取合理，内容深入且逻辑严谨，体现出较高的研究效度与信度。

在研究方法方面，采用行动研究的方式对“智慧课堂互动模式”的具体过程进行了深入的分析，运用较为扎实的理论素养和系统专业的知识掌握，提出了相关的可实践、可推广的实施策略，体现出较强的解决问题能力。

在学术规范方面，研究具备较好的学术规范，引用他人成果有具体说明，书写、图表、文字、附件和文献的引用符合规范；行文脉络流畅，语言表达精炼，逻辑层次清晰分明，具备较好的研究学养。

当然，研究还可以在以下三个方面进行完善。在核心概念界定部分，需要深入阐释本研究所特指的概念，并详细阐述其在本研究中的界定；研究对象和研究方法需要展开说明，详细结合本文具体实施过程阐释“研究对象如何选取、资料如何收集、资料如何分析”，并补充访谈法和问卷调查法进入研究方法；研究结果与讨论部分缺乏一定的理论深度，建议增加与现有研究的对话与讨论，并建立起研究结果和观点之间的联系。

指导教师　康晓伟

构建小学“四维三性”智慧课堂互动模式的行动研究

一、选题缘由

随着加拿大阿尔伯特大学教育学教授马克斯·范梅南的著作《教学机智——教育智慧的意蕴》在中国大陆的热销,追求智慧、建构智慧课堂已成为许多学校和教师力求达成的理想境界,也成为我国教育理论界与实践界的热门话题。因此,关于“智慧课堂”“智慧教学”“智慧型教师”的研究层出不穷。

笔者以“智慧课堂”为关键词,查阅其学术关注度。发现有关“智慧课堂”的研究在2012年到2014年并未引起足够的关注,但从2015年至2020年逐年增长。虽然在2021年稍有下降,但对智慧课堂的研究关注度明显提升。如图1所示。

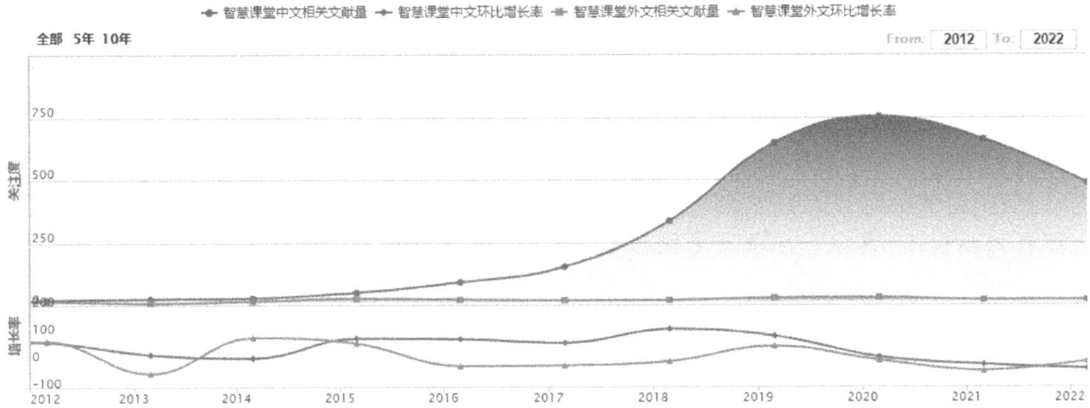

图1　“智慧课堂”学术关注度

智慧教育的核心理念需要通过构建智慧课堂来实现,而目前的智慧学习环境也提出了学习的新需求。(庞敬文等,2015)因此,本研究的关注重点是如何构建智慧课堂,在小学阶段如何实施,以提升学生的核心素养。

二、研究意义

(一)理论意义

本研究在前人文献研究的基础上,发展了智慧型课堂的基本理论模式,即智慧型课堂在教师的教学、学生的学习、智慧课程和课堂环境建设等四个维度上体现,同时表现在主观能动性、价值共善性和实践性三个层次。主观能动性和价值共善性是人类追求智慧的本质特点,也是千百年来智慧对个体精神发展和素养的基本要素。实践性是教师参与智慧型课堂建设的重要特征,也是智慧在教学中得以体现的直接桥梁。智慧课堂建设的四个维度和三种特征相互交织、互相影响,共同融合成多元丰富的“智慧型”课堂互动模式。在理论建构的基础上,我们可以打造智慧型课堂,优化课程结构,促进教师教育观念的更新,转变教学方式,提升专业素质,全面关注学生的人格完善和生命成长,学习方法和智慧生成,个性发展和能力提升,不断发现、开发和发展学生的智慧,使每个学生的智慧才华得到不同程度的发展。

(二)实践意义

以研究"智慧课堂互动模式的建设"为课题,通过实施智慧型教育,实现"智慧型教师的培养"和"智慧型学生的培养"。在研究过程中促进课堂文化和校园文化的发展,并通过行动研究案例的推广,使学校教育朝向内涵发展之路、科研强校之路迈进,整体提高基础教育的办学水平、质量和效益。

(三)研究假设

课堂要素可以归纳为教师、学生、课程和课堂环境这四个主要维度。结合现有研究,实践性、价值性和主体性是智慧的主要特征。本研究假设课堂要素的四个维度与智慧的三个主要特征可以结合,并且它们的互动融合对我们学校智慧课堂的建设将起到积极的推动作用。如图 2 所示。

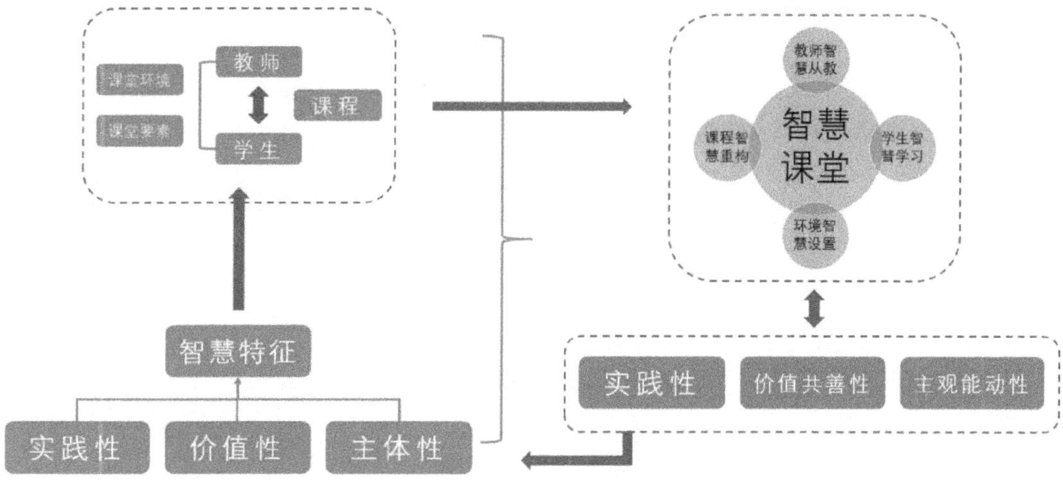

图 2　"四维三性"智慧课堂研究框架

三、文献综述

(一)智慧课堂的理论基础

在理论基础方面,哲学中的建构主义和现象学理论、心理学中的多元智能理论、伦理学中关于"善"与"美"的理解,都成为智慧课堂研究的直接理论来源。建构主义强调知识的解释性、情境化和变动性,因此,智慧课堂的重要特征之一是学生学习的自主建构性,在教师适当引导下,在非线性的课堂模式中强调培养学生的知识理解、融合和更新等思维能力。思考和解决问题成为"智慧课堂"教学关注的核心。现象学指导下的解释学派以教育知识为媒介,致力于研究学校课堂中的微观社会过程,强调教学实践对生活经验的回归。因此,在"智慧课堂"中,教学不再只是知识的传授和应用,而是师生共同在微观环境中演绎生活事件,进行实践过程,课堂教学也成为特定情境中不可逆的教学事件。关注课堂动态生成过程链，从过程中寻找链条间节点的联系，是现象学理论下“智慧课堂”研究的核心。

在心理学方面，加德纳的多元智能理论强调课堂教学场景的多样化，多元智能代表了不同的认知模式，包括逻辑-数学智能、语言-言语智能、自我认知智能、人际交往智能、空间智能、音乐智能、运动智能和自然智能等。智能的发展受到不同的文化、环境和基因条件的影响，因此，在课堂教学中，需要设计多样化的教学，呈现不同的教学场景，引导学生发展不同的智能，从而构建基于智能多元化的智慧课堂。

在伦理学方面，“智慧课堂”的教学强调人的生命和内在智慧的成长，即尊重生命的内在需求，挖掘个体的生命潜能，尊重生命的自由、独立和多元性，课程和教学实施更应关注涉及价值判断的问题，如“为什么”。智慧本身具有伦理的意义，不仅包含知识，也涉及具体事物的价值判断。“智慧课堂”教学本身基于“善”的伦理基础，师生是生活的共同创造者，体现教育的公平和平等，从而促进人们不断追求善、向善和扬善，实现生命的价值和智慧的培养。

（二）智慧课堂相关研究成果

自20世纪中期以来，西方学者不再局限于自身优势，而是开始关注东方课程和教学中的精华，尤其是对课程和课堂的研究。其中，马克思·范梅南是智慧课堂研究的主要代表人物。他的代表作《教学机智——教育智慧的意蕴》从现象学的角度研究解释教育的真正意义，以及如何在教学中运用智慧。

随着教育改革和课程改革的深入推进，课堂也需要发生变革，成尚荣（2009）指出，我们应从知识课堂转向智慧课堂，为学生的智慧成长而教。他进一步指出，智慧课堂的建设在于创新，智慧是创新的内在动力和条件，而创新则是智慧的表现和结果。学校的工作是以教学中心为核心。只有学生的学习观念和行为发生了变化，课堂才会发生变化，学校才会发生变化，教育改革才能实现。这实际上指向了“智慧课堂”的第一个维度——学生的智慧学习。

胡文兰（2016）着重论述了合作学习对学生智慧学习的积极作用，特别是合作学习为学生提供了充分的自主合作空间和时间，鼓励不同层次的学生积极参与学习过程。通过相互启发，学生的思维由集中转向发散，再由发散转向集中，在集体中个体的思维得以展现，并在集体智慧的互动中得到发展。这种智慧学习方式使得不同层次的学生在数学学习中具备了一定的广度和深度，促进了他们在不同层次上的发展。

史远（2016）设计了基于项目式学习的智慧学习环境模型，从学习空间、学习资源、学习方式、学习行为以及学习评价五个方面阐述了其优势。他创建了基于项目式学习的智慧课堂模型，并通过对小学五年级信息技术智慧课堂中使用项目式学习的教学效果进行案例分析，总结出了基于项目式学习的学生学习方式变革的特点。

“智慧课堂”与“智慧型教师”密切相关，可以说没有智慧型教师就不会有智慧课堂。这实际上指向了智慧课堂的第二个主要维度——教师的智慧。

杜新建（2016）从语文学科的角度出发，认为教师需要引导学生进行智慧学习。以学生写作为例，指出虽然学生每天都身处生活中，但缺乏真正的体验、感悟和思考，导致写作素材仍然匮乏。因此，强调语文教师应在阅读、生活和写作之间搭建桥梁，成为学生智慧学习的引导者。

教师的智慧从教首先表现为对课堂知识的处理，不再局限于陈述性知识和程序性知识的传授,而是要在已有知识和经验的基础上,通过将知识系统化、综合化,为学生智慧学习提供支持,帮助学生深入理解深层知识。教师对知识的深度挖掘是促使学生有效思维的最基本措施,能够促进学生进行深度思考。

上海市浦东新区明珠小学(2014)构建了包括基础型课程、拓展型课程和探究型课程在内的课程体系,实现了"为智慧的生长而教"的课程理念。这指向了"智慧课堂"的第三个维度——课程智慧重构。

不仅如此,江苏宜兴市第二实验小学(2016)计划重构智慧课程体系,将国家课程与校本课程融合、重组,形成基础性智慧课程、拓展性智慧课程和实践性智慧课程。其中,基础性智慧课程涉及国家规定必修的语文、数学、英语、音乐、体育、美术、品德、科学等学科的基础知识、基本原理和基本能力的学习与训练;拓展性智慧课程是对国家课程的必要延伸,通过开展与其密切相关、有助于体验深化和实践运用的阅读、实验、观察、写作等前溯或后延活动来拓展学生的学习;实践性智慧课程则是根据学校特色建设和学生综合发展的需求,具有特定主题目标,独立实施规划,并拥有从启动到考核的完整过程。

智慧学习环境主要包括学习资源、智能工具、学习社群和教学社群四个要素构成,并且学习社群与教学社群之间存在相互关联。同时,智慧学习环境需要考虑学习者的学习方式和教师(设计者)的教学方式。换句话说,智慧学习环境的建构应与具体的教学方式和学习方式相关联,而不是存在统一的、笼统的智慧学习环境。智慧学习环境被视为"智慧课堂"的第四个维度,其技术支持与组成要素的关系。如图3所示。

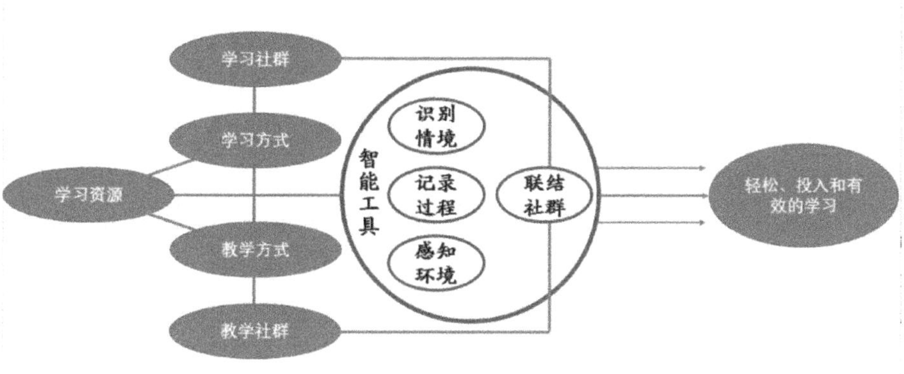

图3 智慧学习环境的技术支撑与组成要素关系

四、核心概念界定

(一)智慧学习

邵平(2015)认为,"智慧学习"指具有积极主动、科学高效学习的愿望、热情和行动能力;善于更新学习观念,创新学习策略和方法;善于反思、调节学习行为,具备较强的元认知能力;具有敏捷、广博、深刻的思维品质和能力,能够灵活、创造性地解决问题。

谈到智慧学习的意义,学者们普遍认可其有助于培养学生的创新能力。学习实质上是学生的一项创新性活动,人类的学习既要传承文明,又要开拓创新,才能推动社会不断向前发展。培养学生智慧学习,引导学生积极创新学习策略和方法,可以不断促进学生开发学习潜能,发展多元思维能力,使学习真正成为培养学生创造力的过程。

(二)智慧型教师

著名教育学者叶澜(1998)在论述智慧型教师时认为,智慧型教师具备把握实际情境并及时做出决策和选择、调节教育行为的魄力,以及使学生积极投入学校生活、热爱学习和创造,并愿意与他人进行心灵对话的魅力。吴永军(2008)梳理了智慧型教师的主要特征。首先,智慧型教师对教育的本质意义有深刻的理解、洞察和体验;其次,智慧型教师拥有对儿童的爱与关心的素质;再次,智慧型教师善于反思,对具体教育情境中的每个孩子具有敏感性,并在处理问题时表现出教育机智。

(三)智慧学习环境

智慧学习环境指的是一种能够感知学习情境、识别学习者特征、提供合适的学习资源和便利的互动工具,自动记录学习过程和评估学习成果,以促进学习者有效学习的学习场所或活动空间。智慧学习环境能够实现物理环境与虚拟环境的融合,更好地提供适应学习者个性特征的学习支持和服务(黄荣怀等,2012)。智慧学习环境的技术特征主要体现在记录过程、识别情境、连接社群、感知环境等四个方面,其目的是促进学习者轻松、投入和有效地学习。

(四)智慧课堂

智慧课堂的概述可以从两个角度进行分析和理解。从心理与教育视角来看,智慧课堂是一种突出课堂,以"聪明"和"谋略"为基础。在实际教学中,它不受传统教学模式和知识传授的限制,通过强调学生在知识探究中的主体地位,旨在唤醒学生的知识探究能动性。它通过师生之间的情感互动、沟通和交流,同时更好地挖掘智慧,促进学生各方面智慧的发展。它使学生能够在愉快、欢乐的氛围中提高综合能力,培养核心素养,实现全方位的发展。这种方式能够弥补传统知识教学的缺陷,实现素质教育的实际要求。从信息化角度来看,智慧课堂主要是为了充分体现当前时代发展的现代化教育技术水平以及智能化、信息化的课堂教学模式。通过为学生创造良好的教学氛围,改善传统教学方式的不足。因此,不论从哪个角度构建智慧课堂,其核心理念都是提高学生的核心素养和学习能力,最终实现综合性的学习提高,具有重要的意义。

五、研究设计

(一)研究目标

本研究计划在学校开展行动研究,以科研引领教师进行课题教学研究和实践。调查学校课堂教学现状,结合"智慧课堂"相关理论,提出构建"智慧课堂"的要求,从中寻找课堂的独特性和可推广性,使其具有实践价值。

(二)研究内容

进入课堂,通过多种研究方法,了解课堂四个维度(教师的教学、学生的学习、课程设置和环境设置)下智慧课堂的三个特点(主观能动性、价值共善性和实践性)的现状,关注智慧课堂的内涵特点,从四个维度和三个特点的互动角度推行智慧课堂的研究与实践。

（三）研究对象

将智慧课堂研究的四个要素和三个特征相互结合，构建立体化、多元化的智慧课堂，提升课堂教学的实效。

（四）研究方法

1. 行动研究

（1）制定计划。制定切实可行的计划，涵盖智慧教学、智慧学习、智慧课程和智慧学习环境的研究内容、对象、过程、时间和成果形成等方面。

（2）实施行动。按照计划开展研究工作，并注意收集相关资料。

（3）反馈与调整。对收集的资料进行总结，及时反馈并调整计划和内容。

2. 案例研究

围绕重点问题开展案例研究，积累成功的案例。

六、研究过程

（一）多元调研，了解课堂教学现状

通过多种研究方法，了解课堂四个维度（教师的教学、学生的学习、课程设置和环境设置）下智慧课堂的三个特点（主观能动性、价值共善性和实践性）的现状，这是本研究的第一项内容，也是基础工作之一。

1. 以人为本，进行学生访谈

在研究前期，科研部坚持以人为本的原则，从学生需求出发，编制了《四个维度智慧课堂学生访谈提纲》，并随机选取学生代表进行一对一访谈。如表 1 所示。

表 1　访谈学生信息统计表

访谈对象	性别	年龄	民族	班级	担任学生干部情况
W 学生	女	11	汉	4（1）	语文课代表
L 学生	女	12	汉	4（6）	无
J 学生	男	9	回	5（2）	数学课代表
Y 学生	女	9	汉	5（3）	宣传委员
Z 学生	男	9	汉	6（4）	卫生委员

学生们普遍反映喜欢参与度高的课堂。W 学生说：“上课的时候，老师会让我们做汇报，分小组做，我很喜欢，我希望每节课都能多做几次汇报。”在汇报和交流的过程中，学生之间会产生交流甚至质疑。W 学生表示：“为了回答其他同学的问题，我经常特别认真地准备汇报，从中学到了很多课外知识。”Y 学生说：“美术课最有意思，有时候老师会拿来小玩具，让我们照着画。”J 学生也说：“有很多活动的课，大家都喜欢上，如果老师只是一个人讲课，我们就不太喜欢听。”

学生们纷纷表达了他们对当前课堂教学的感受，希望能够更多地参与课堂。L 学生说：“我喜欢体育课，因为每个人都可以参加。有时候在语文课和数学课上，只有某某和某某某

回答问题比较多,我也想回答更多的问题。”同样,Z 学生也表示:“当遇到困难题目时,我觉得我也能回答对,但是老师不太叫我回答。”

2. 反思课堂,与教师访谈

同样在研究前期,科研部根据智慧课堂的四个维度和三个特点,编制了《智慧课堂教师访谈提纲》,并随机选取教师代表进行一对一访谈。如表 2 所示。

表 2 访谈教师信息统计表

访谈对象	性别	年龄	教龄 任教年级	任教学科
R 教师	女	48	28 四年级	语文
S 教师	女	42	22 六年级	数学
L 教师	女	29	7 五年级	英语
Z 教师	男	28	3 一年级	体育

老师们结合自身教学普遍认为推行“四维三性”智慧课堂非常重要。R 教师谈道:“我认为‘四维三性’中的一项就是要重视培养学生的思维能力。在小学这个基础教育阶段,我们必须培养学生的创新意识,点燃他们内心的创新火花,从而逐步培养学生的创新能力。”Z 教师说道:“我觉得智慧课堂非常重要,我们要全方位地培养孩子们,让他们在愉快学习和锻炼中成长。特别是要培养学生的问题意识,提出问题非常重要。我希望我的学生能善于思考、敢于质疑、勇于探究,这样的孩子对于祖国高科技的发展将非常重要。”

在认识到智慧课堂重要性的基础上,老师们也希望获得指导,以便更好地推行“四维三性”智慧课堂。S 教师谈道:“实际上,小学数学课不仅仅是教给孩子们数学知识,我们还应更关注学生的道德和价值观。这需要指导的支持......”L 教师也认为:“虽然我们教授英语课,但学生们在外语学习中需要增强对自己国家的热爱,这实际上是价值观教育。作为外语教师,我知道这一点非常重要,并有意识地进行着。希望能够得到科学的指导。”

3. 家校携手,进行家长调查问卷

两所学校在三个校区都举办了主题为“家校协同,智慧育人”的开放日活动。活动中,首先邀请家长观看了 2017 年《智启未来》的精彩回顾。短片全面、多角度地展示了学校的管理和师生的精神风貌,使家长对学校一年来举办的各种活动、取得的成果以及办学理念有了更深入的了解。其次,学校进行了教育教学总结与交流,重点介绍了学校的课程建设和智慧课堂的构建。最后,学校的书记兼校长冯雅男与家长们一同进入教室,近距离观摩课堂教学。课程涵盖了语文、数学、英语、音乐、美术、体育等 10 个学科,既有国家课程也有校本课程。家长们反馈智慧课堂教学生动有趣,师生互动频繁,学生们之间的讨论热烈,充满智慧和乐趣。家长们普遍对活动的组织非常满意,对学校的教育教学工作和取得的丰硕成果给予了高度评价,并对老师们的辛勤付出表示了由衷的感谢。

在与家长的沟通中,很多家长都提到:“学校的老师非常好,特别关心孩子,上课时特别鼓励内向和胆小的孩子积极发言。”研究中我们发现:老师们高度认可智慧课堂首先是一个充满关爱的课堂,在课堂教学中,老师经常通过主动关心和细心提醒等方式与学生建立情感联系，鼓励他们积极参与课堂发言和小组活动。

学校进一步整理了家长问卷的反馈结果，发现“教师注重价值观引领”这一项相对于其他几项较弱。语文和品社学科可能具有在教育价值观方面的优势，但是现在提倡全学科培养人、全方位培养人，教师仍然需要结合自己学科教学的特点以及班级学生的实际情况进行培养。如表3所示。

表3 家长问卷信息统计表

项目	内容	百分比
课堂教学	①面向全体，师生关系融洽	93.4%
	②教法新颖，倡导学生自主学习、探究学习、合作学习和动手实践体验	91.4%
	③信息技术使用熟练，辅助教学效果好	88.4%
	④教学活动丰富，体现师生、生生互动	93.9%
	⑤注重课堂评价，有鼓励，有指导	89.9%
	⑥教师注重价值观引领	72.0%

综合而言，学生们普遍反映喜欢参与性强的课堂，希望能更多地参与课堂。老师们结合自身的教学经验，在认识到智慧课堂的重要性的基础上，也希望获得指导，以更好地推行“四维三性”智慧课堂。家长对智慧课堂教学给予了积极的反馈，认为课堂生动有趣，师生互动频繁，学生之间讨论热烈，同时也感受到了老师对学生的关爱，对学校在教育教学方面的工作和取得的成果给予了高度评价。

（二）骨干引领，示范智慧课堂教学

为充分发挥学校骨干教师的示范、引领和辐射作用，全面提升教师的专业素养，学校开展了主题为“深耕智慧课堂，提升关键能力”的骨干教师示范课系列活动。

我们关注了“智慧课堂”的内涵特点，从“四维三性”互动的角度构建了“智慧课堂”，探索了课堂要素之间的特征及其互动效应，并基于此提出了构建“智慧课堂”的合理化路径。

1. 骨干教师科研培训

2018年4月10日，学校的19位骨干教师聚集在学校低部。教学副校长王晓霞详细介绍了本次骨干教师示范课活动的指导思想、活动目的、活动主题、参与人员和时间安排，并鼓励大家聚焦核心素养培育，提升科研能力，强调前瞻性的学习、研究和实践，以展示学校的办学理念。科研教师王玉玲结合学校的课题——构建小学“四维三性”智慧课堂互动模式的行动研究——为骨干教师进行了科研培训，以语文、数学、英语和美术课为例，详细说明了如何将课堂教学与科研相融合，为教师的专业成长提供支持。

教师的专业化发展是学校可持续发展的核心，而骨干教师是学校教师队伍建设的中坚力量。通过这一系列活动，以骨干教师为引领，促进全体教师的成长，改变教学和学习方式，提升师生的关键能力，落实立德树人的根本任务。

2. 骨干教师研究课展示

从2018年5月8日至11日，学校的语文、数学、音乐、体育、美术和德育学科的区域学科带头人和骨干教师相继进行了研究课展示。

骨干教师围绕学校的科研课题——构建小学"四维三性"智慧课堂互动模式的行动研究,聚焦核心素养培育,通过研究课的形式,向所有教师展示他们在学习、研究和实践中的思考和收获。多位特级教师和教研员走进骨干教师的课堂,进行听课和评课,教师们结合教学中的困惑和关键问题展开研讨和交流。专家们提供高站位、层次分明、可操作性强的专业指导,真正引领学校教师的专业成长,促进学生全面发展。在培训中,学校的科研教师结合之前对学生、教师和家长的访谈,总结出智慧课堂的两个重要特点,即"关爱"和"质疑",并介绍了在教学实践中运用的实例,受到了教师们的高度认可。在此基础上,科研教师通过观察教师在面对不同年级学生时所展示的不同课堂设置,进一步总结出"智慧课堂要遵循学生发展规律"这一重要特点。

骨干教师研究课展示活动是学校坚持科研引领、改革教与学方式的生动实践,为全体教师提供了研究和反思的平台,提升了教师和学生的关键能力。如表 3-4 所示。

表 4　部分骨干教师信息统计表

骨干教师	性别	任教年级	任教学科
L 教师	女	四年级	数学
S 教师	女	六年级	语文
R 教师	女	四年级	语文
W 教师	女	五年级	美术
Y 教师	女	四年级	体育
Z 老师	女	一年级	心理
B 老师	女	三年级	心理

结合前期调研,L 老师了解到学生期待更多地参与课堂。在反思研究课时,他提到了满足低年级学生需求、发挥学生主观能动性的具体做法:"课程开始时,我利用学生喜欢玩的特点,引入了猜谜语的游戏。通过谜底,让学生根据提示说出三角形的特征和性质。然后我提出了一个问题:你对三角形还了解哪些内容?学生们的思维瞬间开放起来,纷纷表达出对三角形的理解,整个课堂变得活跃起来。当激发了学生思维后,我要求他们通过游戏的方式进行学习。学生们兴趣更加浓厚,使用小棒拼摆三角形,并在我指导下进行自主探究。通过自主探究,每个学生亲身经历了三角形的生成过程,认识到三根小棒可以围成三角形,也有无法围成的情况。这引发了学生的新思考,提出了本节课的核心问题:三条边之间的关系。学生大胆猜想后展开了合作学习,验证猜想。经过大量的求证,他们得出了结论:任意两条边之和大于第三边。同时,他们也得出了无法围成三角形的两种情况。学生们亲身经历了得出结论的全过程,积累了数学活动的经验,学会了合作,并享受了成功的快乐。"

无独有偶,S 老师也在反思中写道:"在学校的'建构小学阶段四维三性智慧课堂互动模式的行动研究'课题研究下,我也在教学中努力打造自己的智慧课堂。下面,我结合《真理诞生于一百个问号之后》一课谈谈自己在教学中的体会。小学高年级的学生年龄相对较大,心理也更加成熟,他们喜欢有自己的见解,求知欲和好奇心强烈,富有理想,热爱生活。"

经过多年的语文学习,他们已经能够通过各种形式读懂课文,并常常有自己独到的见解。新课标指出:“阅读是学生个性化的行为,不应以教师的分析来代替学生的阅读实践。”《真理诞生于一百个问号之后》这篇议论文是他们接触到的一种新的文体,议论的也是他们喜欢的科学话题。因此,本课采用个性化的教学手段,以学生原有的知识经验和生活经验为基础展开教学,力求实现以学生为中心、顺应学生而引导的教学方式,激发学生对学习的兴趣。同时,通过文本激发学生对科学研究的兴趣,从而让他们感受和领悟到微观中的重要性,培养独立思考、锲而不舍、不断探索的科学精神。

L 和 S 两位教师都是区级骨干教师。当被进一步问及他们课堂教学的设置时,他们都不约而同地强调了“不同年级的孩子的认知水平不同,因此在课堂教学中必须考虑到孩子年级的差异”。这也从课堂实践中突出了遵循规律的重要性,并间接证明了“遵循规律”是智慧课堂建设的重要特征之一。

R 老师注重培养学生的创新意识,她认为:“‘四维三性’智慧课堂中的一个关键点就是要重视培养学生的思维能力。在小学这个基础教育阶段,我们必须培养学生的创新意识,点燃学生内心的创新火花,从而逐步培养他们的创新能力。”在教授《生命生命》一课时,她注重发展学生的求异思维,有意识地培养学生的思维能力。

《画家徐悲鸿》是五年级下册的一节欣赏评述课。在前期调研中,家长们希望在课堂教学中加强对学生价值观的引领。美术 W 老师在课堂设计时,通过了解徐悲鸿的艺术成就、艺术生涯、艺术特色等,引导学生运用美术语言描述自己喜欢的作品并表达自己的感受,同时激发学生对“欣赏·评述”活动的兴趣,并培养学生对民族传统艺术的爱国主义情感。

体育 Y 老师根据我校“四维三性智慧课堂”的理念设计了课堂教学,以四年级上册的步掷远一课为例进行说明。为了解决教学内容中投掷臂经下向后引臂的知识重点和难点以及身体右转时动作协调的问题,她采用了儿歌讲授、游戏贯穿和合作体验的教学方法,让学生在“玩中学,学中玩”的过程中感受到学习的快乐。

Z 老师以孩子们喜欢的动画片《三个和尚》为起点,激发了孩子们的学习兴趣,并让他们认识到团结合作的重要性。接着,她运用了孩子们喜欢的故事《天鹅、鱼儿和螃蟹》,让孩子们明白合作需要目标一致,大家齐心协力才能取得成功。在此基础上,她回归生活,选择了孩子们学习生活中的点滴事例,探索合作成功的秘诀和合作失败的教训。她组织小组讨论合作方法,让孩子们深刻感受到合作的重要性。

B 老师在课堂上运用了心理投射技术,通过为蝴蝶涂色的活动,帮助学生表达个人心理情绪。心理投射是一种专业技术,可以通过音乐、绘画、涂鸦等方式真实地表达个人的体验和情感。老师要求学生回忆最近一个月中常出现的情绪,并用脸谱的形式将这些情绪绘画出来,选择最能表达情绪的颜色来给脸谱上色。学生还要谈谈在什么情况下经常出现这种情绪,并进行小结。这个环节帮助学生了解自己的情绪,培养了他们的自我意识。

第三部分是专家讲座和理论指导课堂研究。学校邀请了北京师范大学教育学部部长朱旭东教授,为全体一线教师带来了题为“深耕智慧课堂,提升关键能力”的讲座。朱教授指出,智慧课堂必须建立在“善”的基础上,教师要以爱心和耐心陪伴学生成长,强调师德建设的首要性。他鼓励老师们坚持学习,不断提升关键能力,特别是学习脑科学和认知科学的最新成果,科学了解儿童大脑发育的条件和不同阶段,关注学生的情感发展和交往需求,合理利用人工智能来服务教育教学，培养学生的创新意识和能力。通过专家讲座，老师们进一步明确了践行智慧课堂的重要性，纷纷表示要加强学习，不断提升专业素养和关键能力，从而更好地促进学生的全面发展。

（三）专家讲座，理论指导课堂研究

学校邀请北京师范大学教育学部部长朱旭东教授，为全体一线教师带来主题为“深耕智慧课堂 提升关键能力”的讲座。

朱教授指出智慧课堂要建立在“善”的基础上，教师要以爱心、耐心陪伴学生成长，强调师德建设的首要性。鼓励老师们坚持学习，不断提升关键能力，特别是学习脑科学和认知科学的最新成果，科学认识儿童大脑发育的条件与不同阶段，关注学生的情感发展与交往需求，合理利用人工智能服务教育教学，培养学生的创新意识与能力。

通过专家讲座，老师们进一步明确了践行智慧课堂的重要性，纷纷表示要加强学习，不断提升专业素养和关键能力，从而更好地促进学生的全面发展。

（四）教学大赛，新一轮实践落实

学校举办了以“深耕智慧课堂，提升教学质量”为主题的青年杯教学大赛。从 2018 年 10 月 11 日开始，科学和品社学科的比赛前培训正式拉开了序幕。历经近一个多月的比赛，顺利地结束了。本次大赛共有 9 个学科的 85 名教师参赛，其中包括 55 位青年教师、20 位邀请教师和 10 位骨干教师。如表 3-5 所示。

表 5 “深耕智慧课堂 提升教学质量”教学大赛统计表

学科	语文	数学	英语	音乐	体育	美术	品社	科学	劳动	合计
赛前培训（专家讲座）	1	2	1	1	1	1	1	1		9 场
赛后总结（教研员和干部）	2	2	2	1	1	1	1	1	1	12 场
参赛教师	28	22	10	7	5	6	3	3	1	85 人
五年以下青年教师	14	4	1	1	4	3	1	1		29 人
邀请教师	5	11	1	2			1			20 人

通过课堂教学展示，可以看出参赛教师和所有教研组团队高度重视，并做了充分准备。在“思维三性”智慧课堂理念的引领下，教师的教学观念得到了进一步提升，已经开始将学生放在课堂的中心，从学生的视角思考自己的教学行为。许多青年教师也在学校科研活动中获得成长，并得到了教研员老师的认可。

七、研究结果与启示

智慧的课堂是关爱学生的课堂。陶行知曾说：“真正的教育是一种心心相印的活动，只有真心尊重学生，才能换来学生的尊重和爱戴。”在智慧课堂上，应该处处体现教师对学生的关爱。创设愉悦的教学情境，真诚地鼓励、耐心等待和理解包容学生，让学生享受成功的喜悦，赢得自信，获得快乐，智慧闪现。多元的评价语言发挥着鼓励和指导的作用，体现对学生的尊重和认同。教师的表扬和赞美评价会让学生获得成功，树立自信，而合理的建议和指导则使学生掌握知识，掌握学习方法，探索规律。

智慧的课堂遵循规律。特别是对于小学生，尤其是低年级的小学生来说，他们缺乏生活经验，知识水平相对较低，主要以形象思维为主。因此，教师必须创设与他们生活经验贴近、符合他们认知水平并且能引起他们兴趣的情境来开展教学活动（郑捷生，2019）。学生的学习是一个感知、领悟、积累、运用和形成的过程。智慧的课堂应该从学生的认知规律、年龄特点和学科特点出发，寻求科学的教学方式。只有树立“规律意识”，尊重规律，探索规律，掌握规律，运用规律，才能真正做到以学生为主体，让智慧课堂成为学生发展的舞台。

智慧的课堂要培养质疑的精神。质疑能力是培养创新人才的关键素质，在课堂教学中发展学生的质疑能力，培养学生的创新人格和创新思维，已经成为基础教育必须深入研究的新时代课题（尹兆青，2022）。学习源于思考，思考源于质疑。只有学会提问，才能真正学会。学习的过程是从“有问题”到“没有问题”再到“有新问题”的求知过程，学习的目标不是“没有问题”，而是能够产生“新问题”。智慧的课堂应该培养学生有效提问和质疑的能力，让学生在探索和寻求答案的过程中开拓思维，增长智慧。因此，教师需要改变观念，为学生在课堂上提问和质疑创造条件，培养学生敢于提问、善于提问和敢于质疑的习惯和能力，让学生在积极思考、大胆讨论、积极交流和深入探究中带着问题前进。

智慧的课堂也是全人教育的课堂。在新课程背景下的课堂教学中，课堂教学的终极意义指向了人，指向了人的全面发展。这种转变是新课程改革的一大亮点，是新课程改革最富有生命力的精髓，也是实现“全人发展”目标的有效途径。张军（2022）明确指出：智慧教育的发展与应用将显著提升教育教学在时间、空间、知识等多个维度的深度融合，加速教育数据挖掘、知识增值和创新，实现数据共享、知识互联、群智协同、教育智学，为全人化人才培养注入新的动力，支撑中国特色世界一流大学全面发展的新范式。我们需要改变目前教育中以任务为中心，只关注知识和技术的半人教育的现状，倡导以培养人为核心，强调开发人的理性、情感、身心、审美、创造力和精神潜能为教育目标的全人教育，让课堂教学的终极意义指向了人，指向了人的全面发展。这样的课堂必然是智慧的全人教育的课堂。

与传统的课堂相比，智慧课堂要求真正实现“教”与“学”的统一。教师需要关注学生的个性，注重每个学生独特的差异性，最大限度地激发学生对知识探究的热情。面对不同的学生，教师需要采用不同的教学方式，并尽可能让每个学生积极参与交流和实践，以实现知识的学习和内化。教师的教学方法、教学目标、教学内容、教学策略等都需要与学生的实际学习和发展相统一。同时，教师也需要充分了解学生的个体差异性，准确把握不同学生的个性发展特点和需求，为学生营造良好的课堂氛围，促使学生的个性得到良好的发展。

在智慧课堂的教学中，教育也需要与时俱进，立足于信息时代的信息技术，促进教学资源的有效整合和运用。通过交互、共享、协作等形式，确保将科学化传统化的教学保留下来，同时将更先进和科学的教育思想和教学方法结合起来，实现智能化课堂的构建。同时，在智慧课堂的教学中，需要搜集整理学生的实际学情和学习能力，注重量化分析，设计科学的教学方案。在实际的智慧课堂教学中，师生之间实现高效便捷的沟通和交流，不仅能够呈现给学生多元化的教学资源，还能促进学生的思维拓展，使他们获得更广阔的视野来进行知识探究。

参考文献

[1] 庞敬文，王梦雪，唐烨伟，等. 电子书包环境下小学英语智慧课堂构建及案例研究[J]. 中国电化教育，2015，344（09）：63-70.
[2] 成尚荣. 为智慧的生长而教[J]. 今日教育，2009（01）：52-54.
[3] 胡文兰. 调整课堂教学策略，促进学生智慧学习[J]. 科学大众：科学教育，2016（07）：73.
[4] 史远. 基于项目式学习的学习方式变革研究：以小学信息技术智慧课堂为例[J]. 中国现代教育装备，2023（06）：36-38.
[5] 杜新建. 教师需引导学生智慧学习[J]. 江苏教育，2016（23）：62.
[6] 邵平. 培养学生智慧学习，推进学校教育改革[J]. 新教育，2015（24）：80-81.
[7] 叶澜. 新世纪教师专业素养初探[J]. 教育研究与实验，1998（01）：41-46.
[8] 吴永军. 关于智慧课堂的再思考[J]. 新课程研究：基础教育，2008（04）：5-7.
[9] 黄荣怀，陈桄，郤红艳. 建设北京数字学校，打造北京智慧学习环境[J]. 基础教育参考，2012，141（21）：8-10.
[10] 郑捷生. 遵循认知规律 提升思维境界：第七届"新课堂·新教师"海峡两岸基础教育交流研讨活动：数学专场综述[J]. 新教师，2019，96（12）：7-8.
[11] 张军. 智慧教育视域下的全人化人才培养[J]. 中国高教研究，2022（07）：19-21.
[12] 倪中华，秦瑛. 立足课程理念 创生智慧课程[J]. 现代教学，2014（17）：20-21.
[13] 吕建国，谈爱清. "智慧课程"：促进学生整合发展的教育行动：指向核心素养培育的课程重建[J]. 生活教育，2016（13）：35-38.
[14] 卞金金，徐福荫. 基于智慧课堂的学习模式设计与效果研究[J]. 中国电化教育，2016（02）：64-68.
[15] 张少明. 转识成智：智慧课堂及其生成策略研究[D]. 福州：福建师范大学，2013.
[16] 吴晓静，傅岩. 智慧课堂教学的基本理念[J]. 教育探索，2009，09：11-13.
[17] 李丽娟，郑晓丹. 基于智慧课堂的学生高级思维能力发展策略研究[J]. 数字教育，2015（04）：40-48.
[18] 顾晓梅. 智慧课堂的意义建构[J]. 江苏教育研究，2010（05）：16-19.
[19] 邓光强. "智慧课堂"中的学生个性化学习[J]. 教育信息技术，2013（12）：11-13.
[20] 周仕龙，石泰. 试述智慧和幸福的后现代建构："智慧课堂与幸福教育研究"的课题实践[J]. 上海教育科研，2011（09）：64-66.
[21] 沈从举. 例说智慧课堂[J]. 教育实践与研究，2014（02）：20-22.
[22] 刘明成. 智慧课堂的价值追求及实施策略[J]. 当代教育科学，2014（08）：49-50.
[23] 许宝忠. 语文智慧课堂呼唤有效提问[J]. 语文教学之友，2012（02）：14-16.
[24] 赵婷婷. 例谈小学语文智慧课堂的实践探索[J]. 新课程研究：上旬刊，2016（02）：63-65.
[25] 尹兆青. 质疑能力培养：课堂教学深度改革的切入点和落脚点[J]. 基础教育论坛，2022，431（33）：59-60.
[26] 张军. 智慧教育视域下的全人化人才培养[J]. 中国高教研究，2022（07）：26-29.

导师评析

这几篇论文选取的研究话题都非常有意思，很具有实践意义和研究价值，可以看出老师们对日常教学工作的关注和思考。做得比较好的方面有以下3点。

（1）依托于新课程改革背景，审视教学实践中的真实问题。研究关注到了“双减”、区域基础教育均衡发展、大观念教学等新理念下学科教学所面临的转变、困境以及应用与实践。在开始研究前做了一定的准备工作，能够在深度解读课程标准的基础上，将教学实践与理论进行充分对话。

（2）注重以研究指导实践，推动核心素养培育的实际实施。研究旨在明确指导学科教学工作的目的，在研究过程中充分联系真实教学情境进行课例分析和方法研讨，对课程教学的设计与实施进行了较为详尽的论述。例如构建图形直观想象，丰富学生感性体验；构建双师课堂模式，形成更高效的课堂互动；整合教学资源，将生活情景融入教学环境等。这些教学活动对培育核心素养提供了有力的实践支持。

（3）能够在剖析现有研究的基础上构建新框架，寻求解决问题的新突破口。研究选取了适当的理论作为支撑，使研究具备一定的学理性；有较为明确的研究思路，为研究的顺利开展奠定了基础。面对教学实践中的困境，提出了切实可行的教学建议。例如针对学生几何直观教学落实不到位的问题，论述了不同教学方法的选择策略；结合双师同堂教学模式的运用现状，探求其特点和优化路径；以接力课实践为契机，改变传统课堂教学模式，让学生成为课堂的主导者。这些新的尝试和突破能够为一线教师提供有力的实践经验和方法启示。

虽然这几篇论文有很突出的优点，但也存在一些不足之处。例如在提出研究问题时，可以更广泛地阅读相关文献，了解该话题的历史发展和最新研究成果，以确立研究的起点。此外，需要选取最为贴切的理论作为研究强有力的支撑，并阐明理论与本研究之间的契合点。总的来说，能够看到这些研究所付出的许多努力，希望能够在话题上更加聚焦、在逻辑上更加严谨、在表达上更加深入。

指导教师　康晓伟

语文学科双师课堂互动模式行动研究

一、前言

《教育部关于加强“三个课堂”应用的指导意见》于2020年3月发布，强调通过专递课堂、名师课堂和名校网络课堂的应用模式，创新教育教学模式，支持构建“互联网+教育”新生态，发展更加公平而高质量的教育。在基础教育领域从“基本均衡”迈向“优质均衡”发展的背景下，东城区作为国家首批智慧教育示范区，根据市委、市政府关于推进“互联网+基础教育”教育建设目标和要求，深入推广“互联网+”教与学的新模式，全面构建区域智慧教育的新生态。双师课堂与这一指导思想不谋而合，旨在借助网络直播平台将优秀师资下沉至基层区域，采用“主讲骨干教师”+“助讲教师”的协同育人机制，从而实现促进优质教育资源共享的总目标。

东城区板厂小学拥有75年的历史，凭借深厚的文化底蕴和先进的办学理念，一直以来肩负着培养国家栋梁的历史使命。汇文实验小学朝阳学校位于朝阳地区，与板厂小学深度联盟一体化发展，是一所完全小学。两所学校秉承均衡教育理念，在一长两校的管理下，教育教学研究同频共振，智慧教育理念与优质教育资源共享，共同打造语文学科双师课堂，让更多的学生和教师享受优质教育资源。

基于以上背景，板厂小学语文学科以互动为出发点，构建了全方位的双师课堂互动实践模式。该模式区别于传统课堂中师生在同一课堂空间内的互动，由于其特殊的信息传递方式，给双师和师生之间的有效互动带来了更多的影响和挑战。本研究将结合目前小学语文学科双师同堂教学模式的应用状况，并试图从中探索双师和师生互动的特点及其影响因素，分析存在的问题，并提出相应的优化策略，以期为实现更高效的互动提供借鉴。

二、双师课堂内涵和意义

笔者在中国知网（CNKI）上检索了关于双师课堂的文献，共找到了1 240篇，其中包括学术期刊文章540篇和学位论文335篇。通过对这些文献按年份进行可视化分析（如图1所示），可以发现国内学者对于双师课堂的研究呈现上升趋势，说明我国的双师课堂发展蓬勃向前。

在概念上，也勇等人认为双师协作是一种依托网络平台的教学模式，通过创新整合城区优质师资资源。在这种模式下，优秀教师利用远程授课任务，农村学校的任课教师辅助与城区教师和班级学生进行协作，在课前、课中和课后提供辅助工作。杨俊峰认为，在城乡同步课堂中的双师协作是以学习者的身份进行交互，促进城区教师与农村教师之间的交流，旨在优化农村教师的教学方法，并促进优质教师资源的共享。

在理论研究方面，针对双师协作也取得了许多不同的成果。贺宇虹基于共享发展理论，以长沙某所帮扶学校为例，针对农村教师发展动力不足、教师负担增重等发展困境，提出了更新管理主体理念、加强参与主体活力，并为主辅教师提供多元评价方式和协作形式。

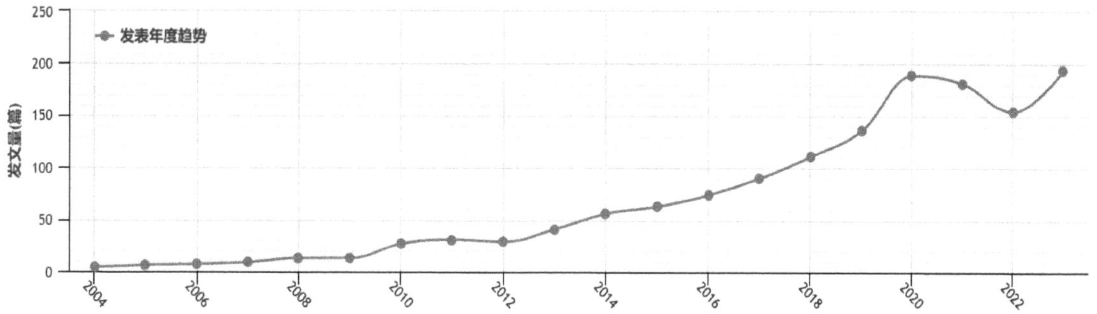

图1　研究双师课堂文章数量总体趋势

在实践应用研究方面，汪学均等人以湖北省恩施市龙凤镇为试点，开展了“同步课堂”的实践。在这个项目中，主辅教师通过翻转课堂、跨文化教学等具有特色且适宜本土学校的校本资源，无形中帮助主辅教师打破地理位置和文化认同的限制，形成良好的伙伴关系。也勇基于共同体理论构建了“3T-2S-1E”的双师、双生、专家等多方力量的相互协作模式。这一模式包括专家顶层设计课程、双师课前协同备课、双师课中协作教学和双师课后评价反馈，并在当地学校进行实践取得了良好的效果。

通过对文献的梳理和分析，学者们肯定了双师课堂的意义，丰富了双师课堂的教学实践形式。然而，总体上他们将视角集中在顶层设计和整体运作流程的构建上，缺乏对教学过程中各方互动模式的探索。

（一）双师课堂的内涵

秦志林等人在《Team teaching 师范生实习模式研究》中对双师课堂的解释为：“通过师生互动、师师互动、生生互动，创设良好的教学情境，活跃课堂气氛，培养学生创新精神的课堂”。在具体教学过程中，双师课堂表现为两名教师（线上教师、线下教师）共同参与，线上教师依据自身丰富的教学经验，设计优质教学资源，并实时在线传输给另一所学校。线下教师配合线上教师，负责课堂互动、课堂管理、课堂辅助等多方面的教学衔接工作，充当孩子与线上教师之间的桥梁和纽带。线上教师、线下教师和教育平台三方共同协作，助力促进学校的教育公平。本文采用此定义。

（二）双师课堂的意义

从理论角度来看，本研究有助于丰富对双师同堂教学模式的理论研究。总体而言，关于双师同堂教学模式的相关研究相对较少，而且可供参考的教学实践理论研究也相对不足，尤其是针对小学语文学科的研究较为匮乏。通过本研究，有助于深化对双师同堂教学模式的理论研究。同时，目前关于小学语文学科教学理论的研究主要建立在教师单独授课模式的前提下，对于双师同堂教学模式在小学语文学科教学理论中的研究只是偶尔出现，很多教师持观望态度。因此，本研究有助于为小学语文学科教学理论的发展提供对双师同堂教学模式的理论支持。

从实践角度来看，本研究有助于探索小学语文教师合作的新方式，实现教师之间的优势互补。对于教师而言,双师同堂教学模式不仅能促使团队教师在教学组织形式、教学内容设计、教学方法选择和教学策略运用等各个方面相互合作和共同进步,而且双师同堂教学模式的合作性、互补性和突破性特点还能促进教师在合作中快速成长,丰富教学经验。对学生而言,在小学语文课中采用双师合作方式可以为学生展示语言操作和行为操作上的合作样例,有助于潜移默化地树立合作意识,培养合作技能,并帮助学生学会理性对待教师的教学权威,培养学生质疑常规、提问疑点、批判错误和进行论辩的能力。

在我们学校的语文学科双师课堂研究中,强调教学模式中各个要素之间的高度连结性,并构建了一个平台、教师和学生之间的良性循环体,实现了全方位的双向交流互动。通过研究,我们将双师课堂的概念界定为板厂小学语文学科市区学科带头人和骨干教师作为课堂主讲,借助网络直播平台,为汇文实验小学朝阳学校的师生提供优质教育资源,使两校同年级的两班学生可以同步上课,实现师生之间的远程线上交流互动。同时,汇文实验小学朝阳学校的教师作为助讲,主要负责与主讲教师进行课前协同备课,在课堂中组织本班学生参与学习活动,并在课后提供作业指导和学习情况反馈,协助主讲教师共同完成教学任务,最终实现促进学生成就和教师成长的重要目标。该模式在尝试中取得了良好的成效,并为实现区域内优质教育均衡发展提供了强大的支持。

三、双师课堂前期准备

(一)研究对象

板厂小学与汇文实验小学朝阳学校深度联盟一体化发展,选择两校二至六年级各班学生作为实验对象。板厂小学语文教师团队师资力量雄厚,骨干教师占教师总数的20%,注重培养学生的语文核心素养,致力于探索教学模式的创新。

参与研究的教师包括以孙铮和汝斌为代表的板厂小学语文学科的10位市区级骨干主讲教师,以及汇文实验小学朝阳学校的青年助讲教师。孙铮目前是一位高级教师,也是北京市语文学科的骨干教师。他专注于阅读教学、诗词教学以及阅读教学促进写作的研究。他多次获得市区级教学设计大赛的特等奖和一等奖,多次参与市区级教学展示课的录制。他还编写了多部儿童阅读文集、教材和相关辅导丛书。在担任学校的“薪火工程”和智慧教师工作室导师后,他培养了许多优秀的青年教师,拥有丰富的教学研究和师带徒的经验。汝斌老师从教近30年,积极探索行之有效的教学方法和模式,主动进行研究,逐步形成了清新、自然、简约的教学风格。作为区学科带头人,他积极组织老师开展教研活动,主动与其他教师交流,在互动研究中提升教师的专业素养,并主动指导本校和外校的青年教师,具有丰富的一线实践经验。

(二)研究方法

1. 文献分析法

本论文运用文献研究的方法对国内外双师课堂研究现状和教育公平理论等方面的文献进行梳理和分析,以了解国内外的研究现状,总结当前双师课堂在中小学教育中应用的不足和挑战,并进一步确定研究问题和研究思路。

2. 实验法

本研究采用实验法,选择汇文实验小学朝阳学校的两个平行班级作为研究对象,其中A

班作为实验班，B 班作为对照班。在实验班（A 班）中，教师采用双师教学模式进行语文课堂干预，而对照班（B 班）则继续采用常规的教学模式。在实验过程中，A 班和 B 班在教学计划、教材使用和教学进度上基本保持一致。学期结束后，对两个班级进行语文水平测试，并对数据变化进行对比分析，以检验应用双师课堂教学模式对学生语文水平的影响效果。

3. 问卷调查法

本研究针对三至六年级学生的语文学习情况进行了问卷调查。问卷内容分为主观题和客观题两部分，从学生的学习兴趣、学习主动性和学习态度三个维度进行调查，以进一步详细深入地探讨双师课堂对学生的影响。在学期初和学期末分别对学生进行语文水平测试，以测查实施双师课堂后学生语文水平是否发生变化。前后测试卷的试题并非相同，但难度系数相同。所选试题主要基于《课程标准》中学生需要掌握的知识目标进行设计。

（三）研究思路（如图 2 所示）

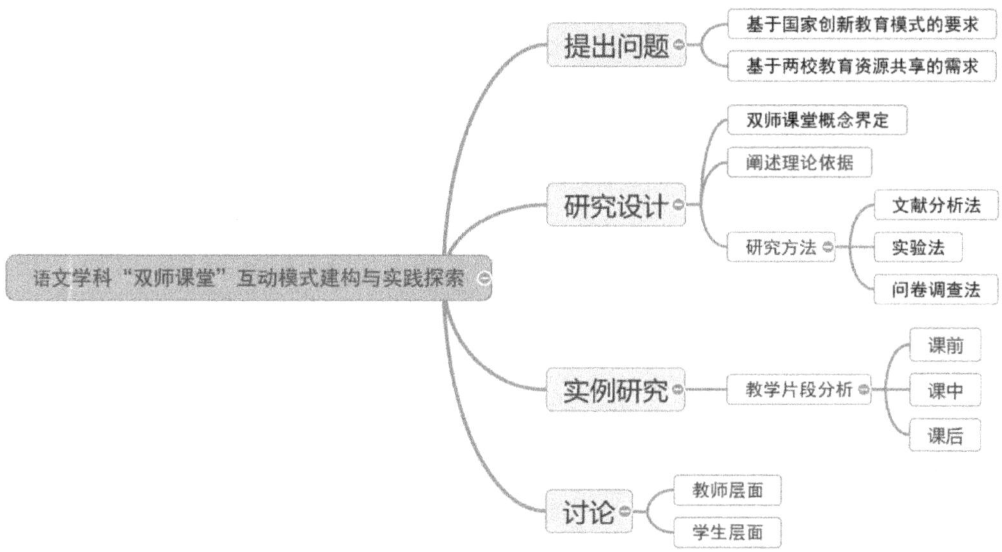

图 2　研究思路

四、双师课堂实例分析

（一）加强主讲、助讲教师互动，有效构建教研共同体

课前研究阶段，主讲教师与助讲教师进行协同备课，对教材内容进行整体把握与分析，同时综合双方学生情况确定教学方法，制定符合学生特点的课程方案、教学计划和设计等。

例如，在教学《玲玲的画》这节课前，板厂小学的主讲教师芦莹和汇文实验小学朝阳学校的助讲教师郭江鑫开展了以“基于大单元学习任务的学习活动设计”为主题的教研活动。作为骨干教师，芦莹提出在大单元背景下，学习《玲玲的画》最主要的目标任务是讲好这个“智慧故事”。就像课后题所要求的那样，通过使用“得意、伤心、满意”这三个词语，引导学生讲述故事，以这三个关键词为抓手，有条理地把握故事情节和内容，讲好故事。在明确教学目标的基础上,引导助讲教师深入解读文本,思考学生在讲好这个故事时需要经历怎样的学习过程和体验。

两位教师共同梳理了一至六年级各册教材中与此相关的语文要素,了解本课在学生长期学习过程中应发挥的作用,交流各自班级学生对讲故事这一语文要素的掌握程度。针对学生的问题和不足,他们共同研究并制定了创设情境开展教学的具体策略,包括创设图片情境以提高识字效率,创设语言情境以帮助学生初步理解课文内容,创设角色体验情境以促进学生体会人物的感情,以及创设语言情境以帮助学生深入理解课文内容。

通过充分的课前教研,他们创设了有情之境、自然之境、睿思之境和审美之境,使学生能够在参与和体验中理解知识,让语文课堂充满生机与活力。

课后反思阶段,主讲教师与助讲教师进行学生学习情况的交流与总结,完成课堂教学的反思和改进。他们结合课堂反馈和作业情况,制定或修改下一步的教学计划和方案。此外,在双师课堂的不同阶段,教师还要参考专家团队的指导意见,对课程内容进行细化和完善。

例如,作为主讲教师,芦莹同时为板厂小学二年级 2 班和汇文实验小学朝阳学校二年级 3 班的学生讲授完《玲玲的画》后,带领助讲教师共同进行课后反思,研究单元中后续两课的教学目标和教学设计。助讲教师郭江鑫通过听班级学生复述《玲玲的画》的故事,发现班级中 85%的学生能够以人物情绪变化为脉络,用与情绪相关的词作为关键词,并用“得意、伤心、满意”这三个词来讲述故事,但是 37%的学生复述故事时表现过于平淡,缺乏表现力。

因此,在主讲教师的帮助下,助讲教师分析了学生的问题,并将后续两篇课文的学习重点确定为有感情地朗读。在读好的基础上,再引导学生有感情地复述故事。助讲教师认识到,《一封信》中对话较多,要读出妈妈和露西的不同语气,还要注意前后两封信中露西情感的变化。朗读第一封信时,学生可以联系生活经验,体会爸爸和妈妈不在家时的心情;在提取第二封信内容后,可以通过师生分角色朗读的方式感悟。老师以愉快的语气带动学生朗读,也让学生体会露西遇到生活中好事情时的快乐心情。

在《妈妈睡了》中,有许多以“的”字开头的短语,要注意读得轻快。朗读时要使用轻柔的语气,表达妈妈熟睡中的模样,声音不能太大,要带着爱意,轻柔地朗读,感受妈妈的美丽和温柔,同时也感受妈妈的辛苦和劳累。

(二)拓展辅师现有角色职能,填补双师课堂互动空白

1. 课前互动

课前互动主要是引导学生进行预习。在语文科目中,预习包括对文章背景的了解、对作者的背景和写作风格的了解,以及对作者本人的了解和认知。这些能够帮助学生更好地理解文章内容,进而加深对语文学科的认知和兴趣。通过自主探索,学生能够对接下来老师在课堂上讲解的知识有所准备,知道自己已经了解的知识和还不了解的知识,从而能够勇敢地提出问题,并在课堂上有针对性地听讲。及早了解学生的学情,有助于主讲教师在指导学生学习时快速抓住学习的重点和难点,减少无效的指导,提高课堂教学效率。尤其对于助讲教师的班级来说,如果学生没有进行课前预习,进入陌生的骨干教师同步直播课堂,他们可能会感到应接不暇,因为各种新知识会一下子涌现出来。因此,助讲教师引导学生有计划地进行课前预习,可以为课堂学习打下基础,提高双师课堂的学习效率。

鲁迅写作的时代是从文言文过渡到白话文的时期,词语的使用还没有严格区分,例如

“的”“得”“地”以及“他”“它”“她”。还有一些字的用法还没有规范，例如“带”、“阿”、“希”。由于时代相隔较长，很多词语对学生来说可能比较陌生，例如“忙月”。为了尊重原著，《少年闰土》在选入六年级上册教材时保留了原貌，学生阅读时可能会感到困惑和困难。为此，主讲教师张平设计了预习单，引导学生在课前了解鲁迅的生平及创作背景，关注鲁迅特殊的语言表达方式。如图 3 所示。

《少年闰土》预习单

1. 我通过查找资料知道，鲁迅____

____

2. 多音字“____”在文中读_______，因为______________________________

3. 课文中有一些字、词和现在的习惯用法不太一样，初读课文后我找到了这些字、词。

字：	词：

图 3　预习单

两个班的学生在预习单的引导下有序地开展课前预习，助讲教师将本班学生的预习情况反馈给主讲教师，让主讲教师在双师课堂上重点讲解学生预习中发现的问题，以提高同步直播教学的准确性和效率。

2. 课中互动

课堂教学活动是情感互动的重要桥梁，在双师课堂中，教学活动往往局限于主讲教师的班级，呈现出本地班级“热火朝天”，而远端助讲教师班级则显得“冷冷清清”。为了消除本地和远端教学活动之间的隔阂，需要充分发挥双师课堂中“双师共教”的特点，进一步激发、拓展和优化助讲教师的职能，使其在远端和本地课堂之间充当情感互动的桥梁的角色。

在课堂实践中，助讲教师主要通过讨论环节优化自己的职能。助讲教师在与主讲教师的集体备课中，精确设计每次讨论的时机，并提前预设学生的答案。在讨论环节中，助讲教师走近本班学生，深入到学生个体和学习小组中，聆听学生的发言，了解他们的思考过程。当主讲教师组织学生发言和反馈时，助讲教师与主讲教师适时沟通，推荐本班学生发言，促进两个班级学生之间的互动，最终实现“双线并问、智慧碰撞、情感促进、思维提升”的理想模式。

【双师课堂教学片段】

主讲教师（汝斌）：我们今天学习《猎人海力布》，除了要了解民间故事的一些特点，还要能够以创造性的方式复述这个故事。你们认为如何才能以创造性的方式复述故事呢？请同学们打开课本第 45 页，默读“交流平台”的内容，将你们学到的创造性复述故事的方法写下来,然后与同桌交流,看看你们都学到了哪些方法。

(主讲教师和助讲教师分别参与到本班学生的小组讨论中,学生交流完毕后进行汇报。)

主讲教师班学生:以创造性的方式复述故事可以将自己想象成故事中的角色来叙述,也就是改变角色,用故事中人物的口吻来复述。

主讲教师班学生:还可以大胆地想象,为故事增加合理的情节。

主讲教师(汝斌):还有其他同学有新的发现吗?

助讲教师(张亚娇):我们请**同学来分享他的发现。

助讲教师班学生:还可以改变情节的顺序,例如先讲结局,设置一些悬念来吸引读者。

主讲教师(汝斌):那接下来我们就来试试,用这几招来复述海力布的故事。由于故事比较长,我们可以选择一个片段来复述,比如“救小白蛇”“得到宝石”“得知洪水要来”“变成了石头”等等。

(学生选择一个片段进行练习,大约四分钟后进行汇报和交流。)

助讲教师班学生:在内蒙古草原深处,有一块人形的石头,人们称之为海力布。关于这块石头的来历,还有一个动人的传说!从前……

主讲教师(汝斌):同学们,你们听出来了吗?他用了哪几招创造性地复述故事?

主讲教师班学生:他改变了情节的顺序,先讲故事的结局,激发了听故事者的兴趣,然后再从头开始讲述。

……

主讲教师(汝斌):刚才的两位同学一个使用了改变情节顺序的方法,另一个使用了改变角色的方法,他们都非常精彩地做到了创造性复述。谁能发挥合理的想象力,与同学或老师合作来讲述这个故事?

(两位教师分别组织本班学生扮演故事中的角色,练习创造性地讲述故事。师生合作练习后,一同展示。)

助讲教师(张亚娇):同学们,你们在通过角色转换和情节变化创造性地复述故事方面已经做得不错了,但在增加情节方面还有改进的空间。我给大家提个醒,一个好的故事往往有三个重要桥段。现在我们来一起演绎一段龙王为海力布挑选珍宝的片段。我扮演龙王,你扮演海力布。开始吧!海力布,你救了我的小女儿,我要好好感谢你。现在我带你去我的宝库,你可以自由选择你喜欢的珍宝。

助讲教师班学生:非常感谢龙王!

助讲教师(张亚娇):海力布,你看,这把银枪如何?它闪闪发光,是我收藏了五百年的宝物。拥有它,你狩猎就能百发百中,任何猎物都逃不过你的银枪。

助讲教师班学生摇了摇头。

助讲教师(张亚娇):看来你对这把银枪不感兴趣。那这个金葫芦呢?它金光闪闪,是我收藏了五千年的宝物。拥有它,只需你心中想到的东西,对着葫芦吹一口气,它就会立刻从葫芦中出现。

助讲教师班学生仍然摇了摇头。

助讲教师(张亚娇):海力布,那你希望得到什么呢?

助讲教师班学生：尊贵的龙王，如果您真的想给我一件纪念品，请将您嘴里含着的那颗宝石赠予我吧。

在课堂教学阶段，尽管主讲教师负责引导和组织两个班的教学活动，但助讲教师与学生同时学习，并积极参与教学环节。他们会适时地指导和解答学生的问题，并在必要时向主讲教师反馈学生的情况，促进双师、师生和学生之间的互动，实现高质量的教育资源共享和共生。

3. 课后互动

课后互动主要包括作业布置、批改和弥补学习不足。在双师课堂中，课后巩固非常重要，助讲教师会引导本班学生进行线下学习，主要方式是根据教学主题布置作业，并及时批改学生的作业。根据学生作业的完成情况，及时给予点评和解答疑惑，帮助学生巩固概念认知和提高应用技能。

【双师课堂作业设计】

在完成《观潮》一课的双师课堂教学后，主教师张晓娟与助教师刘璐共同设计了本课的分层作业，以满足两个班级学生不同的学习需求。如表 1 所示。

表 1　分层作业表

<table>
<tr><th>基础作业</th><th>发展性作业（三选一）</th><th>探究性作业（自愿选择）</th></tr>
<tr><td>1. 词语挑战（2 选 1）
A. 抄写本课词语，准备词语默写挑战
B. 用自己喜欢的方式准备词语默写挑战</td><td rowspan="3">A. 选择自己感兴趣的资料认真阅读，试着用自己的话把资料袋中的内容介绍给同学们听

B. 自己搜集资料，深入了解钱塘江潮，介绍给同学

C. 结合资料和课文内容，做小导游，向同学详细介绍钱塘江潮壮观景象及形成原因</td><td rowspan="3">走进龙潭湖或其它公园，参观三至四个景点，绘制游览路线图，并将所见、所闻、所想简单记录到游览路线图上</td></tr>
<tr><td>2. 语言表达（2 选 1）
A. 积累两句优美语句，并三言两语说说为什么喜欢这句话。
B. 仿照课文写法，从声音和样子两个角度描写观察过的“雨、瀑布”等景象</td></tr>
<tr><td>3. 背诵积累（弹性）
在本周内练习背诵课文三、四自然段，老师检查后获得背诵之星奖章</td></tr>
</table>

以往，在助讲教师的班级中，学生对于完成发展性和探究性作业存在畏难情绪，超过 70%的学生只选择完成基础作业。然而，在参与双师课堂学习之后，通过课前和课中的互动，激发了学生的学习兴趣和主动性。助讲教师对于本班学生的作业选择和完成情况进行了统计反馈。

汇文实验小学朝阳学校四年级 2 班共有 40 名学生。在基础作业中的词语挑战环节，选择抄写词语的学生有 17 人，选择用自己喜欢的方式参与挑战的有 23 人。在挑战的结果中，有 28 人全部正确，10 人出现了 1~2 个错误，仅有 2 人出现了 2 个以上的错误。由此可见，在主讲教师和助讲教师合作创设展示和竞赛平台之后，学生更愿意接受挑战，以达到积累词语的目的，并且完成质量较高。

在语言表达这一项中，有 33 人选择了仿写，仅有 7 人选择了摘抄。可以看出，在课堂学习取得较好效果、建立了一定学习基础之后，学生更喜欢有创新和可拓展性的作业形式。

而在弹性作业的背诵积累中,有8个人挑战当堂背诵,在助讲教师的检查和帮助下,其他学生都在第二天高质量地完成了这项作业,远远超出了预期的一周时间。

在发展性作业中,绝大多数同学选择了B和C选项。学生更喜欢挑战自己,他们搜集资料后结合资料和课文内容,向本班和主讲教师班的学生做了钱塘江潮壮观景象及形成原因的展示。

在探究性作业中,很多同学选择在周末前往附近的龙潭湖公园,按照自行设计的游览路线,去寻访身边的美景。助讲教师还鼓励学生结合假期中的某次游览经历,绘制路线图,并在课堂上与同学分享他们的感受。

基于以上作业反馈,我们感受到通过主讲教师负责"教",助讲教师负责"学",让小学语文双师课堂回归提升教学效果的本质,真正发挥出双师课堂模式的优势,并让高昂的教学设备和现代化教育技术投入发挥出应有的教学辅助价值。

五、讨论

教师合作在实践中也得以应用,OECD经合组织在研究教师变革中提到,教师合作有利于推动学校的发展与变革。对于学校系统来说,教师在整个职业生涯中继续学习至关重要,支持教师刷新、发展和扩大他们的知识。因此,鼓励教师参与持续的专业学习活动,并与其他机构建立伙伴关系,共同发展其学校的教育项目并参与自我评估。板厂小学和汇文实验小学朝阳学校积极搭建了平台,为语文教师们的研究和沟通提供了良好的条件。语文学科教师积极开展双师课堂的教学实践,并根据学科特点和学生情况制定相应的双师课堂方案。经过多轮试讲和磨课,取得了良好的教学效果,并形成了一系列优质的课程资源。在一个学年的双师课堂教学实践中,教师与学生已经逐渐适应了这种新型的教学模式。经过多次双师课堂的教学实践,师生也提供了大量的反馈信息,有助于两校语文教师团队对其进行更全面而深入的认识。

王忠华、张鸽子等人认为主辅教师不仅要关注课前沟通、课中配合,而且要重视课后的交流和反思。在教师层面,对于教学经验丰富的骨干教师而言,双师课堂的使用充分发挥名师的辐射作用,使其优秀的教学方法与理念影响更多的学生和青年教师,提升学校整体的教学质量。在与多个班级的学生进行交互的过程中,学生的多样思维互相碰撞,激发出课堂的活力,更新教师对学生的认识。对于缺乏教学经验的新手教师而言,与经验丰富的骨干教师合作开展双师课堂,能够更快速地进入"教学者"这一角色,在课堂中积极学习,切身体会。在协同教学的过程中,新手教师在骨干教师的带领下,在教学理念、教学模式、教学活动设置等方面都能够受益,加速完成从一名新手教师向成熟教师的成长。学生真正学习、理解、相信和应用所学知识,也体现出对双师同堂教学的需求。通过解读教材、分析课程内容的需要,在理论性、综合性和实践性较强的课程内容中,双师同堂教学模式有更广阔的发挥空间。这类课程内容还需要在实际中进行具体细分,以进一步明确所需的协同对象。其次,选择协同教师时,中学思想政治课教师需要加强对周边环境的了解和经营。教师选择协同教师时,还必须广泛了解身边实际可供的、可获取的和可追寻的师资来源,包括校内资源和校外资源。校内资源包括本校或其他学校的教师、校优秀学生和家长代表等。

张苗苗从学生认知水平层面出发,就如何让学生有效吸收双师主导的课堂知识的问题,结合对话理论和最近发展区理论提出，双师应根据学生实际情况开展课堂教学，基于学情开展教研活动，重视培养学生的思维能力等。在学生层面，鉴于当前学校的师资情况，不是所有班级的学生都能够拥有优秀的教师资源，而双师课堂的使用能够缓解师资分配上的不足，尤其是师资力量相对薄弱的学校的学生有机会听取优秀教师的课程，这对学生来说是难得的学习平台。在双师课堂中，他们可以向经验丰富的教师提出问题，弥补当前学业上的不足，谋求进步。另外，双师课堂实现了多个教室间的交互，学生会感到新奇，面对新鲜的学习伙伴，学生们会更积极主动地表达自己的观点，更好地融入课堂，提高学习的兴趣和效率。学生树立学习主体意识，增强教学参与性的第二步是在双师同堂教学课上积极参与互动，解决课前预留的疑难问题。首先，在双师同堂教学课堂上要保持情绪高昂和智力振奋的内心状态。高昂的情绪和敏锐的智力是学生树立学习主体意识的前提。没有情感的脑力劳动容易带来机械和疲惫，没有愉悦的心情听课学习就会成为沉重的义务和负担。其次，在高强度、快节奏的双师同堂教学课堂中，耳听、面动、眼观、手记、脑想、口说、心感，一个都不能掉队，它们都是学生全身心参与课堂、跟上教学节奏、实现互动、发挥主体作用的表现方式。学生通过自我管理，做到耳听、面动、眼观、手记、脑想、口说、心感，就能增强课堂参与积极性，实现全身心沉浸于课堂，充分发挥主体意识，提高学习效率和学习质量。

参考文献

[1] 乜勇，闫慧聪，穆萍．“双师教学”：一种促进基础教育优质资源均衡发展的新模态[J]. 数字教育，2020，6(01)：15-20.

[2] 杨俊峰. 创新课堂教学模式培养学生国际视野：跨文化混合同步网络课堂的实证研究[J]. 电化教育研究，2015(10)：33-38.

[3] 贺宇虹. 共享发展理念下双师课堂模式的实施状况研究：以长沙市 Y 学校及其帮扶学校为例[D]. 长沙：湖南师范大学，2020.

[4] 汪学均，靖国平，文付才. 农村小规模学校同步课堂观察与思考[J]. 中国教育信息化，2017(08)：64-68.

[5] 也勇，高红英，叶鑫．“双师教学”共同体模式构建：要素与结构关系分析研究[J]. 电化教育研究，2020(12)：65-69.

[6] 秦志林，杨建华，孙丽明，等. 基于 Team teaching 的师范生实习模式研究[J]. 扬州大学学报：高教研究版，2009(4)：61-63

[7] 王忠华，张鸽子，马方. 咸安“1+2”同步课堂互动问题与对策研究[J]. 现代教育技术，2017，27(02)：59-64.

[8] 张苗苗. 同步互动课堂中教师提问对学生认知参与水平的影响研究[D]. 武汉：华中师范大学，2020.

核心素养培育下的小学几何直观教学行动研究

一、绪论

（一）选题缘由与问题提出

小学教育是面向儿童的，教育者必须正确理解儿童，认识儿童的发展规律和需求，从而为培养小学生的核心素养奠定认识论基础。《中国学生发展核心素养（征求意见稿）》早已发布，但其在实践教育教学中的落实仍然有限。

几何是数学教学中不可或缺的重要内容，而学生是否能够学好几何知识与其“几何直观能力”密切相关。根据义务教育阶段小学数学课程标准，小学数学教学中要重视培养学生的几何直观能力。然而，对于小学生而言，他们的生理和心理都处于一个尚未发展成熟的阶段，知识和思维理解力都有限。因此，在小学阶段的教学中，当涉及可见、有形的物体时，不仅要通过观察和触摸来感知相关知识，还要有效地引导学生展开想象，进而在建立的立体结构上开展数学理论教学、运算教学、分析教学和推理教学等。这样不仅可以提高学习效率、丰富学习形式、增强学生的学习兴趣，还可以提高学生的空间想象能力、思维能力和数形结合能力，实现全面发展。

本文着重探讨了在实践教育教学中推行几何直观教学的重要性和可行性，并以课例的形式提出了几何直观教学的建议形式。

（二）研究意义与创新

本研究充分借鉴已发表的研究成果，特别是分析已经形成的核心素养与几何直观教学的研究框架，遵循学生发展规律，为培育小学生核心素养奠定坚实的理论基础，具有相应的理论意义。另一方面，本研究以数学学科为突破口，将几何直观能力的培养落地于教学实践，探讨培育学生几何直观能力的具体策略，具有实践意义突出。

（三）文献综述

近年来，许多专家学者和一线教师积极展开研究与讨论，探讨学生几何直观的培养和核心素养的培养。所涉及的方面也较全面。在几何直观的理论论述方面，宋乃庆、张奠宙等从小学数学课堂教学和小学数学教育的发展改革等方面进行了论述，重点涉及了小学几何教学作为小学数学教学的重要组成部分。代钦、李春兰等从问题解决的逻辑基础和策略两个方面举例并逐一分析，对初等几何中的知识和做题方法进行了归类总结。秦玉霞指出数学素养是通过数学学习建立起来的认识、理解和处理周围事物的品质，并提供了在计算教学、平面几何教学、问题解决教学中培养学生核心素养的方向。

在几何直观的课堂实施和培养策略方面，张堂认为在课前的整体架构中应以图认数、理解数的概念；以图明理、理解运算法则；以图促思、理清数量关系，帮助学生快速理解数的概念、明确运算法则、澄清数量问题，从而培养学生以图学习数学知识、解决数学问题的能力。在授课环节中，徐学萍等人从教学中的问题解决角度论述了小学阶段应如何学好数学，特别是学好几何知识，强调教师在教学过程中应提出适当难度和实用性的问题来引导启发学生学习，引导学生展开想象，提高学生数形结合的能力，从而提高学生的几何直观能力。在教学方法的设计中，雍康山、陈海霞、杨雅钰等人也指出情景教学、亲身实践和多媒体技术是培养学生思维能力和实践能力的重要课堂方法。我们在课堂实践中也深有认同。

（四）研究问题

1. 研究假设

（1）小学数学学科对学生核心素养的培育将起到正向推动作用。

（2）不同学段或不同领域的学生在核心素养要求上的表现特点和水平存在差异。

（3）融合核心素养的小学数学学科课程标准将有助于指导并改革教学实践。

2. 研究问题

（1）如何在几何直观能力的培养中扎根生发？

（2）如何选择适合的教学方法来培养几何直观能力？

二、研究设计

（一）概念界定

1. 几何直观

数学家克莱因曾说："数学的直观是对概念和证明的直接把握。"直观能力大多被解释为直接观察和动手操作的能力。关于几何直观素养的定义，我们可以将其拆分为"几何"和"直观"两个方面。其中，"几何"代表图形，"直观"代表外观性质。几何直观指的是人们通过对图形的观察所产生的对数量关系的感知能力。当人们具备几何直观素养后，几何直观能力通过引导学生利用图形、符号等较为直观的方式来解读数学抽象概念，并逐渐深入理解和学习数学的本质。因此，在培养几何直观能力时需要注重两个方面。首先是培养学生透过现象看本质的能力。例如，在二维世界中，通过一张纸可以联想到长方形，通过光束可以联想到射线等；在三维世界中，通过足球、篮球可以联想到球体，通过木箱、桌板可以联想到长方体，通过茶叶桶、水杯可以联想到圆柱体等。其次是引导学生观察不同事物之间的关联。例如，十字路口可以看作是两条直线相交，教室的墙角是线与面或面与面的垂直关系等。通过这个过程，数学可以建立在实际生活中，激发学生的学习需求和兴趣，自然而然地引发孩子们对动手操作的兴趣。通过折叠、剪切、拼接等活动，孩子们可以在脑海中形象地创造出物体。这样就将数学问题转化为图形问题，利用图形相关的知识进行直观化的解答。通过对几何图形的平移、旋转、对称等操作，实现图形的再创造、逻辑推理和数学运算，从而更加直观地解释所涉及的数学对象和问题，培养学生的数学能力。

2. 素养

埃劳特是英国著名的专业知识与素养研究专家，他从三种学术传统的角度界定了"素养"的概念。首先是行为主义心理学传统，提供了详细的素养行为清单，关注任务分析的技术过程；其次是素养的发生学取向，旨在结合工作表现的优秀程度来确定行为的总体质量，关注素养行为；最后是素养的认知建构，源自认知心理学传统，关注素养及其建构所需的认知结构和规则。

"素养"在英文中对应的词是"competency"和"competence"，最初并非教育概念，而是哲学、心理学、社会学、政治学和经济学领域中常用的术语。从教育学的视角来界定“素养”一词,可以追溯到20世纪90年代。在1997年底,经合组织和瑞士联邦统计署资助了一个国际性的跨学科项目,即“素养的定义与选择:理论和概念的基础”,该项目组由来自教育学、心理学、社会学、哲学和经济学等不同领域的21位专家学者组成。该项目组发布的研究报告明确提出素养是在特定情境中,通过利用和调动心理社会资源以满足复杂需求的能力。

3. 核心素养

人们普遍认识到,适应不同情境所需的素养种类繁多且难以穷尽。为了实用的目的,选择并确定最基本、最关键的素养,就是所谓的“核心素养”(key competencies)。每个核心素养必须满足三个条件:①对社会和个体产生有价值的结果;②帮助个体在多样化情境中满足重要需求;③不仅对学科专家重要,而且对所有人都重要。基于这一点,确定了三类核心素养:①交互使用工具的能力,具体包括:交互使用语言、符号和文本的能力;交互使用知识和信息的能力;交互使用技术的能力;②在异质群体中有效互动的能力,具体包括:与他人建立良好关系的能力;合作能力;管理并解决冲突的能力;③自主行动能力,具体包括:适应复杂情境的行动能力;形成并执行人生规划和个人项目的能力;维护权利、兴趣、范围和需求的能力。这三类核心素养的内在逻辑是人与工具、人与社会、人与自我的关系。这三类核心素养既不是彼此孤立的,也不是机械的组合。相反,它们之间有机地联系、互动和整合,构成了一个适应不同情境、不断变化的动态结构。

(二)理论依据

1. 夸美纽斯的直观性教学原则

在西方教育史上,许多教育家如拉伯雷、伊拉斯莫·莫尔等都提到了直观性原则,但大多只涉及其在日常生活中的应用。夸美纽斯首次从理论上对直观性原则进行了论证,指出在认识事物之前,事物本身已经存在于现实中,对事物的认识就是对其存在的反映。他是第一位对直观性原则进行理论证明的教育家。夸美纽斯认为,只有学生自身感受到的知识才是真实的知识,而从书本和教师那里获得的知识是不可靠的。

因此,在小学阶段的几何教学中,教学设计必须充分运用直观性教学原则,借助动画演示、实物模型等方式进行充分展示,帮助孩子们先建立形象概念。然后通过动手操作、数学游戏等方式将抽象转化为直观,进而展开一系列探究活动。

2. 范希尔的几何思维发展阶段理论

范希尔的几何思维发展阶段理论已广泛应用于图形与几何教学领域,用于描述学生的几何思维水平,在数学教育领域产生了深远的影响。该理论将儿童的思维水平分为信息阶段、定向指导阶段、解释阶段、自由定向阶段和整合阶段,共五个层次。

范希尔认为几何思维水平的发展是有序的,只有大部分掌握前一水平后,才能进入后一水平。各个水平之间的转变并不是随着年龄和心理成熟而提升的,而是与教学的组织和方法以及教材的选择和使用密切相关。合理运用范希尔理论有助于教师为学生组织有效的教学活动,提高教学效率,促进几何思维的发展。学生在教师的引导下通过上述五个阶段,就有可能从已有水平上升到下一水平。因此,范希尔的几何思维发展阶段理论对于教师组织设计几何方面的教学具有很强的指导意义。

（三）研究方法

1. 研究目标

以小学数学学科为切入点，将核心素养融入具体学科，并指导教学实践，探讨培养学生核心素养特别是几何直观能力的具体策略，并提出几何直观能力培养的具体策略，使其具有可操作性和推广性。

2. 研究对象

将核心素养与学科教学紧密结合，探索基于核心素养教学的不同学段或不同学科领域中，发展学生几何直观能力的模式。

3. 研究方法

（1）文献研究法。本研究通过搜集、整理与小学几何直观教学相关的专著、文献资料和教材，进行分析、总结和研究，分析小学几何的各个专题内容的教学情况。并结合《小学数学课程标准》，将小学数学核心素养与小学数学几何直观能力结合起来，探索小学数学核心素养在具体内容中的实施原则、思想和路径。

（2）经验总结法。借助一线教学经验，在教学过程中根据具体情况总结遇到的问题，并进行本校教师调研，根据本校教师的实际需求，采取不同的教学方法和手段来解决问题，并总结教学效果良好的方法。

（3）调研分析法。设计调查问卷，从本校教师的实际情况和需求出发，调查教师对几何直观教学的了解情况。

（4）教材研究法。成立了课题研究中心组，认真梳理几何直观在人教版小学数学教材中的体现情况、几何直观的分类以及核心素养的体现要点。进而更好地把握教材中几何直观的体现要点、核心素养的培养要点以及教学策略。

（四）研究思路及框架

如图1所示。

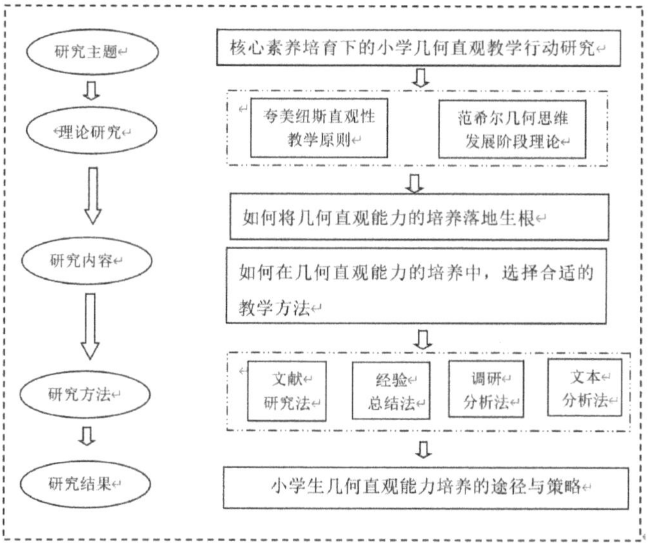

图1　研究思路框架

三、行动研究过程

自课题成立以来，课题组成员不断加强学习，对于“几何直观能力在小学数学教学中的培养”进行了深入的学习与思考，为课题的开展打下了基础。

（一）问卷调研，明确问题

为了调查学校教师对几何直观教学的了解情况，我们针对本校的25位数学教师进行了《几何直观教学调查问卷》的调查，如图2所示。调查结果如下。

关于“几何直观”教师调查问卷

选择：请在合适的答案后面画“√”

（1）您对“几何直观”这个概念了解程度是：

很了解（　　）　有一定了解（　　）　不了解（　　）

（2）以前参与其他课题研究情况是：

经常参与研究（　　）　很少去研究（　）　从来不研究（　　）

（3）教学中借助几何直观开展教学情况是：

经常有（　　）　偶尔有（　　）　没有（　　）

（4）认为小学数学教学是否有必要采用几何直观进行教学情况：

有必要（　　）　可有可无（　　）　没必要（　　）

（5）创造性处理教材，重组教材情况：

经常有（　）　偶尔有（　）　没有（　　）

（6）认为借助几何直观进行教学有没有好处：

有（　　）　没有（　　）

（7）您认为学生没有使用几何直观进行解题原因是：

不知道用（　　）　不善用（　　）　不会用（　　）

（8）认为几何直观对数学教学的影响情况是：

有很大影响（　　）　有一定影响（　　）　没有影响（　　）

图2　几何直观教学调查问卷

95%的教师对“几何直观”这个概念有一定了解，5%的教师表示根本不了解。20%的教师以前参与过其他课题研究，70%的教师很少参与研究，10%的教师从未参与过研究。45%的教师在教学中经常借助几何直观进行教学，50%的教师偶尔借助，5%的教师没有借助。100%的教师认为采用几何直观进行教学是必要的。25%的教师经常创造性地使用教材，

75%的教师偶尔创造性地使用教材。100%的教师认为借助几何直观进行教学有好处。

90%的教师认为学生在解题时不使用几何直观思维的原因是不熟练使用，5%的教师认为学生不会使用,另外5%的教师认为学生不了解如何使用。50%的教师认为几何直观对数学教学有很大影响,另外50%的教师认为有一定影响。

从数据分析来看,教师100%认为采用几何直观进行教学是必要的,但是也有90%的教师存在不熟练使用、不了解如何运用等问题。在教学过程中,只有50%的教师偶尔使用几何直观。同时,由于缺乏参与课题研究的经验,只有20%的教师曾参与过课题研究,也很少主动参与课堂研究和反思。

在多次的讨论中,课题组的主要成员教师认识到核心素养包含了数学学科的多个领域,意识到在短时间内难以对多个要素进行深入研究。因此,本次研究将首先集中关注核心素养中的“几何直观”培养,希望通过研究来推动对其他领域的认知。

基于上述实际情况,本课题将几何直观中的核心素养培育作为主要的研究方向。一方面,我们将进一步细化研究内容;另一方面,力求在数学的四大领域中,先集中研究一个领域,以起到带动其他领域的效果。

(二)专家引领,提升素养

核心素养的培育离不开课堂,而教师是关键。为了提升教师的专业能力,我校近年来邀请了多位专家进校园,通过示范课和专题讲座等形式,促进学科素养的深入实践。

2017年4月11日,我校邀请到北京教育科学研究院数学教研员、特级教师刘延革老师进行示范课展示和专题讲座。通过《几何形体的体积》一课,老师们对几何教学中贴近生活的情境引入、巧妙的环节设计、立体直观的课件演示、诙谐幽默的评价语和和谐的师生关系等方面有了新的认识。在《几何≠计算》的专题讲座中,刘老师从教材中图形与几何的呈现入手,深入浅出地分析了教材中给出的教学内容以及教材背后蕴含的数学思想。他向教师们阐释了计算应作为几何教学的辅助内容而非重点内容。通过这次讲座,我校教师积极进行自我总结和反思,进一步分析现有教材、回顾现有课堂教学中存在的问题,如过度侧重几何中的计算而忽略几何思想培养、有时将计算思想贯穿于几何课堂等。他们重新认识教材,思考教材背后蕴含的数学思想,进一步理解了以学生为本、关注学生实际获得和根本发展的教学原则。

2018年11月14日,学校邀请了东城区研修中心小学研修部的王彦伟老师,以《思想改变课堂——做一个有教学策略的好老师》为题与教师们分享。王老师首先肯定了教师在学科课程中的决定性作用,并通过三个引言引发了教师们的思考:我们到底应该教给孩子什么?如何引导学生通过数学学习形成正确的价值观?如何提升必备的品格和关键能力,以树立学科育人的理念?在讨论如何提高教师专业素养时,王老师从如何理解教材、如何理解学生、如何制定教学目标、如何进行活动设计等四个方面进行了深入解读。课后,教师们各抒己见,明确指出部分课时的教学中有时存在学生学情不一致但讲授方法相同、过于注重知识本身而忽略价值观和人生观培养等问题,并针对存在的问题明确了改进方向。

2019年10月11日,我校特邀北京基础教育研究中心的刘延革老师以《“大观念”统领下的单元教学》为主题进行了交流研讨。刘老师通过丰富的课例对比展示了“单一知识点备课”和“单元整体备课”,引发了教师们的思考,让他们深刻感受到了在“大观念”统领下进行单元教学改革的必要性。刘老师以《平行四边形的面积》一课为例,详细阐述了"大观念"的内涵和本质,并进行了深入解读。活动结束后,教师们以教研组为单位,结合各年级学情和现行教材,从图形认识、图形特性、图形面积等方面明确了备课时应抓住哪些核心知识,以及如何自上而下地整体建构多个零散知识点,从而使接下来的课堂更加有针对性,力图将核心素养的培养落实到实际教学中。

(三)教材梳理,明确素养培养的落脚点

我校成立了课题研究中心组,先后召开了动员会、研究内容讨论会、课题进展分析会,结合专家讲座和我校教师的自我思考,畅所欲言,对各年级核心素养的培育方式和研究内容进行了充分的讨论。随后,中心组成员依托教材,按年级将几何直观在教材中的体现、几何直观的分类以及核心素养的体现点进行了梳理。下图是六年级数学教师对教材中几何直观体现点的梳理示例。如图3所示。

小学运用几何直观教学教材梳理表
六年级上册

领域	单元	知识点	例题	直观分类	核心素养培养点
数与代数	一	求一个数的几分之几是多少	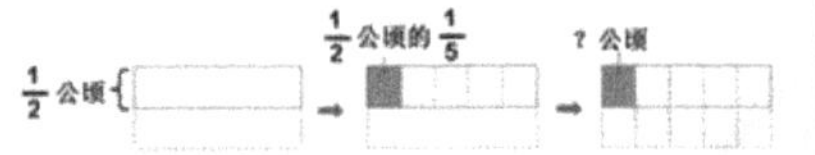	图片直观	通过图片直观操作使同学们在列乘法计算的基础上联想到除法，培养学生的数感，激发解决问题的兴趣和热情
	一	求一个数的几分之几是多少的实际问题	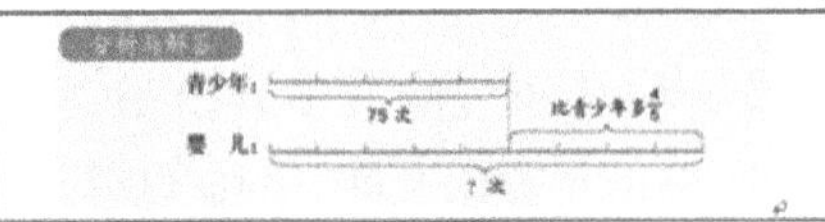	线段图直观	借助线段图，使学生直观地看到两个数量之间的关系，对学生能理解题意、选择解决方法起到了关键性的作用，教学中建议教师辅导学生画线段图，培养学生解决问题的关键能力
	三	除法意义	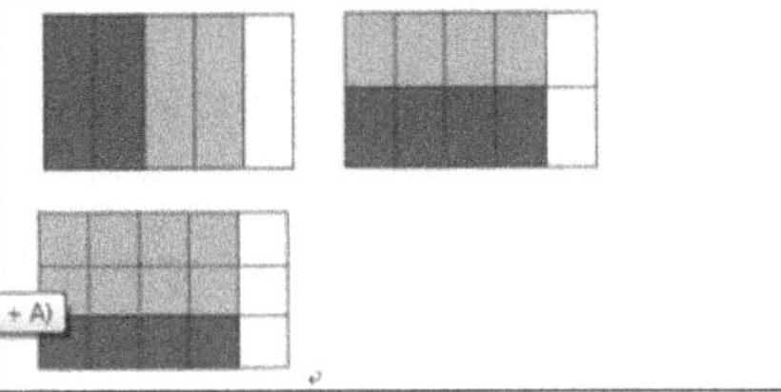	替代物直观	例题借助数形结合的方法，帮助学生理解分数除以整数的算理，在依托简捷的直观图形基础上，还需要学生用语言表达出除法算式的含义
	三	解决实际问题	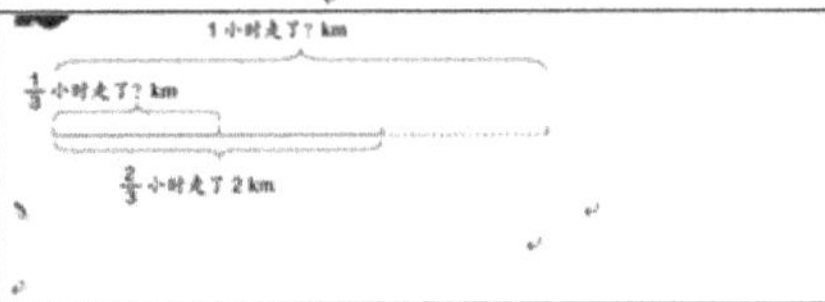	线段图直观	通过线段图，帮助学生对算理深入理解，使学生直观地看到由除到乘的过程，这一过程提高血红色呢个推理能力、培养探究精神、体会几何直观思想、形成问题解决能力培养的最佳机会

图3 六年级数学教师梳理的几何直观教材中的体现点

核心组成员目前已完成了1~12册几何直观教材的梳理表整理,这个过程也是老师们一起思考、研讨、不断完善和提升的过程。通过梳理发现,小学数学教材中的几何直观是具体而非虚无的。教材中的图形和几何承载着培养学生几何直观能力的重要任务,几何直观是学好数学的重要手段。因此,老师们不仅在理解和掌握图形几何内容时要重视几何直观,也在整个教材的理解和把握上都应该注重几何直观,将培养学生几何直观能力贯穿于小学数学课堂教学的始终。

(四)骨干示范课 专家点评剖析问题

2018年5月8日至11日,学校以"深耕智慧课堂,提升关键能力"为主题,开展了学科带头人和区骨干教师的展示课。邀请骨干教师率先向全体学科教师展示他们在日常教学中的研究成果和收获,起到示范和引领的作用,聚焦核心素养的培育。同时,邀请市级专家刘延革老师进行现场点评。专家通过高层次、有层次、实际操作性强的专业指导,真实地引领教师的专业发展,助力学生全面发展。

(五)家长开放日 倾听家长反馈

2018年3月30日,高部校区成功举办了家长开放日活动。此次开放日共涉及22个班级,36位教师现场授课共44节,吸引了408位家长观摩。家长们在百忙之中纷纷走进课堂,积极参与开放日活动,也参与到孩子们的课堂中,认真聆听老师的授课。有的家长甚至拿出纸笔记录教学过程,将自己当年的小学生活与现在的教学进行对比,深有感触,感慨万分,难以言表。课后,家长们认真填写了反馈表,对学校的教育教学工作给予了充分肯定。他们一致认为学校的办学理念先进,教师素质高,学生得到了全面发展。对自己孩子在学校取得的点滴进步感到非常满意,尤其对老师的辛勤劳动表示由衷的感谢。家长们特别提出,教师的教学方法选择有利于学生核心素养和综合能力的培养。

四、讨论与建议

(一)注重数学与生活的联系,引导学生感知生活中的数学

《课标(2022版)》中指出,几何直观主要是指运用图表描述和分析问题的意识与习惯。借助几何直观,可以将复杂的数学问题变得简明形象,有助于探索解决问题的思路和预测结果。几何直观在整个数学学习过程中发挥着重要的作用,可以帮助学生直观地理解数学。教师在教学过程中可以帮助学生利用图形进行数学思考和想象,培养学生通过图形展开的想象能力。由于小学生的知识和能力有限,他们在学习过程中应充分利用自身的生活经验来学习物体的特征和性质。在教学实践中,教师应结合学生的年龄特点和生活实际,创设一定的情境,积极鼓励学生根据自己的“数学现实”探索情境,发现数学内在的美,从而培养智慧。

修改下列文本的文字和语法错误:毛向熠老师在《圆的周长和面积》一课中,通过“蚂蚁跑步”的生活情景向学生说明了平面教学的应用。这个情景可以帮助学生通过观察,将问题的解决转化为周长问题,为教学创造一个和谐的起点。胡秀兰老师在《圆柱的表面积》一课中,以现实生活中的通风管为例展开教学。周艳军老师和白正府老师指出,小学生在几何学习过程中存在一些问题,包括对几何图形特征的理解停留在表面、没有准确理解各种平面图形的本质属性,容易在面积计算中出错;对立体图形的空间想象能力较弱,容易混淆立体图形的表面积和空间体积的计算;思维转化能力也较弱。他们还提到了学生很难在两种不同的图形之间发现相似点,缺乏举一反三的能力。

受到这些启发,我们在《立体图形复习》一课中增加了更贴近生活的情景,通过思考、对比和延申来完成整个学习过程。我们引导学生拓展思维,剖析问题的本质,理解图形的本质属性。我们为学生创造了一个设计饮料外包装的饮料厂情景,并引导学生思考在装有相等量的饮料的情况下,哪种饮料的包装更环保。在学生进行初步思考和讨论后,他们明确了用料更少的包装更环保,然后我们将重点放在各种立体图形的表面积大小上进行探讨。通过小组讨论,学生一致认为在体积相等的情况下,圆柱体的表面积较小,因此更环保。在解决问题后,我们进一步引导学生拓展思维,联想到超市中大多数饮料的包装都是圆柱体形状的,这是有一定数学道理的,也说明商家很聪明。在整个探索过程中,学生将已学过的立体图形的体积和表面积作为已有的知识经验,应用于解决实际问题,并实现了复习旧知识的目标。同时,他们将数学知识与实际问题解决相关联,充分体验数学知识的实用性和广泛性。

在选择教学情景时,需要注意选择学生身边感兴趣的事物,为学生提供在生活中探索新知识的依据,使他们学会借助生活经验思考和探索问题,激发学习需求。为了解决问题,孩子们在书本中寻求知识,在课堂上寻求合作。通过这个学习和思考的过程,学生不仅完成了问题的解决,还体会到了知识的重要性,并更加深刻地体验到了数学知识的魅力。课堂引入是一个问题情境,它能够激发学生从多个角度思考,多个感官参与,多种形式对比,让学生在自主的环境中进行主动探究,大胆猜测、勇敢探索、勇于创新,从而不仅仅学会了知识,还培养了智慧和综合能力的发展。

(二)设计不同层次的数学活动,深刻感受数学的内在本质

数学是一门逻辑性极强的学科。在以知识传授为目的的课堂中,很容易出现教师讲授为主的情景,这对学生的学习和发展不利。通过丰富、层次不同的数学活动,能够调动学生的学习积极性和主动性,让他们感受到数学学习的乐趣,从而爱上数学并享受数学。

数学活动可以种类丰富且多样化。以陈海霞老师的例子来说,在平均分的学习中,可以通过分割蛋糕的方式进行动手实践,帮助学生理解概念。可见,动手实践是学生学习的有效方式,也是常用的教学方法之一。在实际教学中,可以设计多种形式、层次不同、多种方式共同表达的数学活动。以雍康山老师的《小数的加减法》为例,通过自主提问、自主计算、体验运算过程以及拓宽运算方法的数学活动,学生在层次性的问题猜测中去体验、思考和理解数学问题。这样的活动不仅培养学生的数学应用意识,还有效促进了他们的数学运算能力和推理能力的发展。孙新宇等人指出,实践和探究性的数学活动能够有效激发学生的求知欲望,在问题探究中提升推理能力,有效改善学生推理能力不足的现状,并有效促进学生的情感体验、动作经验和观察经验的发展。

基于此,我们在王建利老师所授的《探索图形》一课中,通过魔方等实物激发兴趣,采用2阶、3阶、4阶例题的图形实物展示以及课件的直观演示等方式,将抽象的染色问题图形化、直观化。在本课中,学生的活动过程可以归纳为三次探索:第一次探索,教师引导学生寻找解决问题的基本方法,给予学生想象的空间,初步感知基础知识;第二次探索,给予学生更长的时间,让他们将规律用算式表达出来,这是提升学生抽象能力的最佳机会;第三次探索,让学生用符号表达算式的规律,培养他们的符号意识,以及锻炼抽象概括能力。通过这节示范课,老师们进一步明白如何借助教材上的内容,理清知识之间的关系,设计不同层次的数学活动,让孩子们在活动中学习数学知识,并深刻领悟数学内在本质。

(三)丰富感性经验,构建几何图形的直观想象

图形学习是培养学生几何直观能力的重要部分。因此,在本部分的教学中,不仅要完成知识内容的学习,更重要的是培养学生形成几何学习能力。薛生林指出,在图形部分的教学中,应让学生通过观察操作、整理交流、归纳概括等方式提出问题,如利用图形特征贯穿分类思想、利用图形性质体会几何思想、通过图形对比运用类比思想,从而体会数学中的并列、包含、相关等关系,强化数学思维。然而,图形的学习分布在各个年级,知识的分散容易造成学生对几何基本性质的认知割裂。詹锦秀指出,在图形学习中要渗透“变中有不变”的数学思想,抓住几何体的关键特征和普遍特征,培养学生的数学学习能力。但对小学生来说,建立直观想象和数学思维比较困难,单纯的文字描述很难引起学生的兴趣。例如,在二维图形中,王慧指出,二年级下册教材中,直接提问有几个角?直角有多少个?线段有多少条?这种单纯的文字表述难以形成普遍的认知。因此,可以借助排水沟等实例参考,让学生先对图形有直观感知,然后进行系统学习。在三维图形的学习中,学生已经具备一定的学习基础,因此要建立学习内容之间的联系。胡秀兰指出,在学习正方体、长方体、圆锥和圆柱时,教师可以为学生准备纸片和剪刀,让他们在动手的过程中理解几何图形的构成过程,在感知之后,学生自然而然地掌握各类几何体之间的基本联系。

由此可见,小学数学教材中知识与知识之间的联系并不是理论化、复杂化的,所蕴含的几何直观是具体的,承载着培养学生几何直观能力的重要任务,几何直观是学好数学的重要手段。通过深入分析教材,我们发现教材的几何图形部分主要分为认识图形和图形计算两部分,应将培养学生几何直观能力贯穿于小学数学课堂教学的始终。

在认识图形部分,教材关注了学生基本的生活经验和经历,呈现的方式也是将生活中对物体形状的感受与图形建立联系,先直观地认识物体的形状,然后将形状进行描述,直观地认识数学上的图形,并归纳出图形的特征,进一步进行思考和想象。例如,一年级学生可以通过生活中的实物和实际问题来认识立体图形和角的概念,四年级学生可以学习平行和垂直的概念,以及后续学习中对平面图形和立体图形的认识。通过将生活中的实物和实际问题数学化,让学生直观地感受图形与图形之间的关系,并进一步认识图形的名称和特征,将学生的认知从直观走向深入。

图形的计算主要涉及图形的周长、面积和体积的计算,这些计算过程往往是抽象的。在抽象知识形成的过程中,可以通过观察和思考,直观地帮助学生理解和想象,并建立模型。例如,在教学平行四边形面积的过程中,教师可以借助学生在三年级学习长方形面积计算的基础上,通过数方格的方式进一步加强对面积计算是计数面积单位个数的本质理解。然后通过让学生探究、将新问题转化为旧知识,并通过沟通和联系得出面积的计算公式,解决平行四边形面积的新问题。这样,在学习新知识的同时,建立新旧知识之间的联系,建立好本部分的数学学习框架。

(四)结合教学需求,选择合适的教学方法

教学内容中体现出的不同类型的核心素养有着不同的表现形式,教师应根据核心素养的特点以及其与教学内容之间的关系,选择合适的教学方法。杨雅珏 20 指出,在数学教学过程中,常常出现学生掌握了基础理论知识,但在实践中无法灵活运用的问题,并提到了数形结合和画图法在课堂中的具体应用。通过多年的一线教学经验,我们发现选择不同的教学方法会在课堂中达到不同的目标。同时,教师在课堂中适时灵活运用各类教学方法确实可以帮助学生将复杂问题简化、直观化,让学生通过直观感知、动手操作和深入探究来理解数学知识的本质。在确保基础知识的基础上,这有助于促进不同层次学生的发展和提高。接下来,以《数与形练习》为例,说明教学方法的选择策略。

1. 演示法——赋予数学学习丰富内涵

演示可以直观且清晰地展现所学知识及学习过程。例如,在人教版六年级上册练习二十二习题(1)中，教师进行了一次课堂演示。原题如图4所示。

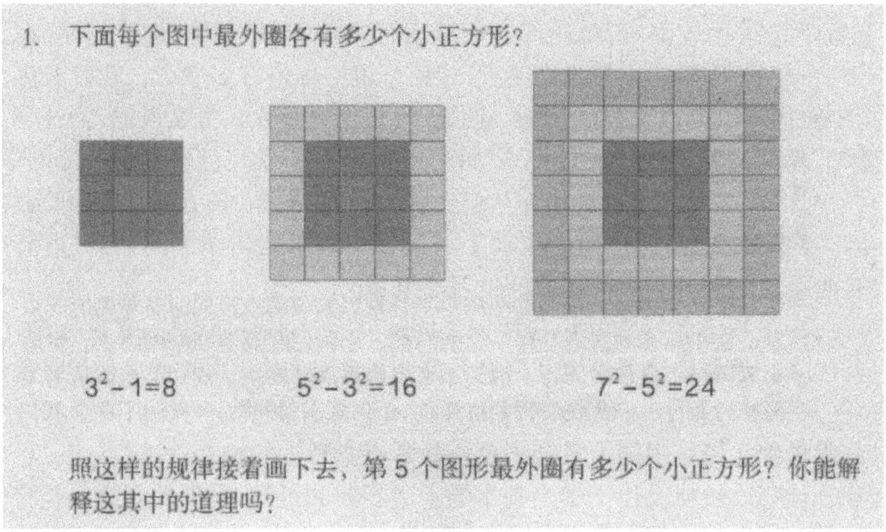

图4　课堂演示

在教师的引导下，学生采用了以下几种方式进行解答，以5×5的正方形为例，每种策略的结论都在其他图形中进行了验证。如图5所示.

1.外圈的小正方形个数： 4×4=16	2. 外圈的小正方形个数： 3×4+4=16 或 5×4－4=16	3. 外圈的小正方形个数 $5^2-3^2=16$
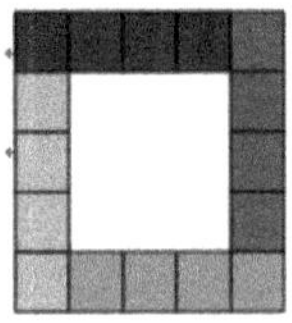	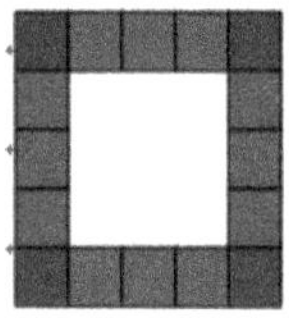	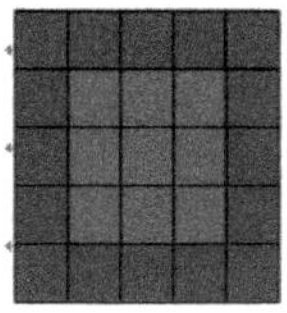

图5 课堂验证

教师通过让学生进行直观演示，发挥学生的主观能动性，并通过演示和交流培养学生多策略解题的能力。

2. 操作法——追求数学的本质

数与形这部分的学习，往往借助直观形象的图形来抽象出数学知识，然而，抽象知识的获取过程却是多样化的。操作法能够让小学生在实际操作中深入理解所学知识，亲身体验如何“做数学”，实现数学的再创造，从中感受到数学的力量，促进数学的学习。这样的学习过程才能让学生真正体会到数学的趣味性。

当学生在交流中提到了平方差公式时，教师可以进一步追问：“你能利用图形帮助我理解你的思考过程吗?”之后，提供适当的学习材料，给予学生操作的时间和空间，在交流中沟通数学内在的本质。如图6所示。

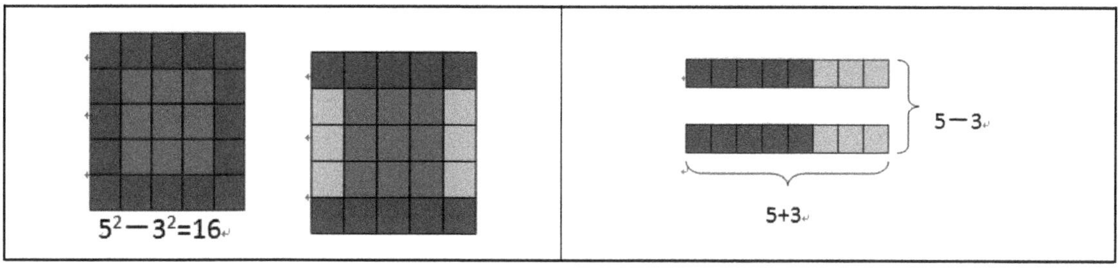

图 6　图形帮助理解思考过程

3. 问题探究法——促进不同层次学生的发展

当学生展示出不同的解题策略时，教师通过课件的展示进一步帮助学生加深了他们的理解。对于学生来说，切割、平移拼凑的数学方法显得新颖；而视野更加开阔的同学则发现可以通过大正方形的个数减去小正方形的个数来得到外圈的个数；学有余力的同学则借助了数形结合的思路，利用图形解释平方差公式。接着，教师可以提出更高的学习目标，引导对此感兴趣的同学在课下寻找其他解释平方差公式的方法，并在第二天进行互动交流。通过学生的自主探索，他们找到了如下图所示的方法，即利用两个完全相同的长方形摆成 L 形。在这样的智慧碰撞中，学生的思维品质和创新精神得到了发展。如图 7 所示。

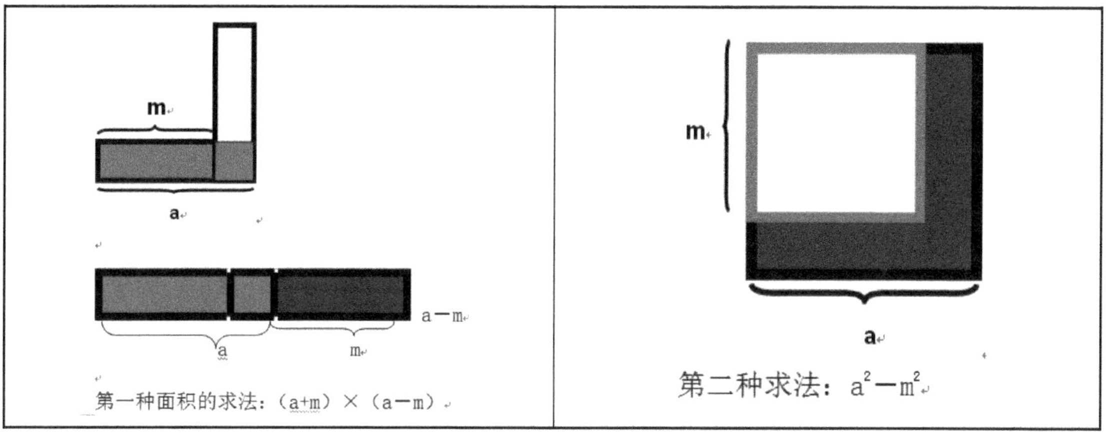

图 7　学生的解题方法

因为两种求法的面积相同，所以 $a^2-m^2=(a+m)(a-m)$。

在实际课堂教学中，教学方法的选择也会影响教学效果，因此教师应在遵循情境模型应用的规律中，让学生充分感受到数学具有简明、抽象、清晰、准确等特点，逐步培养学生良好的认知，提升学生综合素养的同时，为学生的后续学习打下坚实的基础。

(五)行动研究的反思

本文在教材梳理、课堂教学策略等方面提供了一些路径和经验。然而，学生核心素养的培养任重而道远。作为一线教师，我们还需要不断学习、不断反思，才能不断进步。在注重知识和技能学习的同时，更要注重培养学生的数学思维、数学逻辑和几何直观想象等数学素养，使学生能够充分理解所学知识，促进学生全面、可持续的发展。同时，就数学而言，几何直观只是其中很小的一个内容，在今后的教学中我们可以积累更多经验，丰富核心素养的内涵。通过课堂教学和教师的反思，注重积累实践研究中的思考和想法，并加强反思，力争带动更多一线教师主动参与实践研究。

参考文献

[1] 宋乃庆，张奠宙. 小学数学教育概论[M]. 北京：高等教育出版社，2008.
[2] 代钦，李春兰. 初等几何问题解决教学研究[M]. 西安：陕西师范大学出版社，2010.
[3] 秦玉霞. 小学数学教学中如何培养学生的核心素养[J]. 新课程，2020（43）：196.
[4] 张堂. 以图认数、以图明理、以图促思：小学数学教学中培养学生几何观运用意识[J]. 考试与评价，2021（03）：90.
[5] 徐学萍. 小学数学教学中学生几何直观能力的培养[J]. 中国教师，2018（S2）：137.
[6] 雍康山. 新形势下小学高年级学生数学核心素养培育策略[J]. 新课程导学，2019（25）：66.
[7] 陈海霞. 小学数学教学中渗透“几何直观”的教学策略分析[J]. 华夏教师，2019（30）：59
[8] 杨雅珏. 小学数学教学中如何培养学生几何直观素养[J]. 学周刊，2021（33）：79-80.
[9] 蔡水华. 借几何直观促问题解决[J]. 教学月刊小学版：数学，2012（10）：45.
[10] 毛向熠. 小学平面几何教学中图形直观的正确使用[J]. 考试周刊，2017（86）：129.
[11] 胡秀兰. 如何在小学数学教学中培养学生的直观想象素养[J]. 数学学习与研究，2019（17）：71.
[12] 周艳军，白正府. 基于思维认知谈小学几何教学方法的优化[J]. 广东第二师范学院学报，2021，41（05）：83-91.
[13] 陈海霞. 小学数学教学中渗透“几何直观”的教学策略分析[J]. 华夏教师，2019（30）：59.
[14] 雍康山. 新形势下小学高年级学生数学核心素养培育策略[J]. 新课程导学，2019（25）：66.
[15] 孙新宇，吴秀君，郭梦媛，等. 积累基本活动经验的图形与几何教学策略研究[J]. 教学与管理，2022（33）：93-95.
[16] 薛生林. 图形与几何教学中数学基本思想的渗透[J]. 教学与管理，2020（02）：28-30.
[17] 詹锦秀. 在小学几何教学中渗透“变中有不变”的思想方法[J]. 福建教育学院学报，2021，22（05）：94-96.
[18] 王慧. 浅析小学数学低年级几何教学方法[J]. 农家参谋，2020（06）：248.
[19] 胡秀兰. 如何在小学数学教学中培养学生的直观想象素养[J]. 数学学习与研究，2019（17）：71.
[20] 杨雅珏. 小学数学教学中如何培养学生几何直观素养[J]. 学周刊，2021（33）：79-80.

小学英语大观念教学设计与实施策略的研究与实践

一、研究背景

(一)大观念的提出

Big Ideas 或 Big Concepts 通常被翻译为“大观念”“大概念”或“核心概念”。大观念的提出最早可以追溯到 1902 年,杜威认为教师应该将学科知识“心理学化”,从而形成大观念,摆脱传统教学中的事实和观念。Whitehead(1929)倡导“大观念”,他指出在儿童教育中应引入少而精的主要思想,并尽可能地将它们相互关联起来。Phenix(1964)也强调课程设计应聚焦于对学科“代表性概念”的深入理解,以有效提升学习的效能和效率。

从杜威提出大观念的概念,到 Whitehead 和 Phenix 倡导大观念在教育领域的应用,我们可以看出,大观念教学有助于提升学生的学习效能。

2010 年,以 Harlen 为代表的探究式科学教育专家委员会正式从宏观的学科教育层面探讨大观念,明确提出基础教育阶段的 14 项科学大观念,以大观念的理念重构科学教育体系,有机渗透在内容、方法和评估之中,围绕有联系的、有结构的科学核心概念和模型进行科学教育。

《普通高中英语课程标准》(2017 版)首次使用了“大概念”一词(等同于本文的大观念),明确要求要“重视以学科大概念为核心,使课程内容结构化,以主题为引领,使课程内容情境化,促进学科核心素养的落实”,这就要求教师要从知识点学习转向对内容和方法的学习,从碎片化转向整合关联的、结构化的学习。大观念成为教师选取和组织教学内容、落实核心素养培养目标的重要抓手。

近年来,学者和教师对于在英语课程中培养学生学科核心素养的重要性越来越重视。然而,在我国,关于大观念的相关研究还处于起步阶段,教师对于大观念的内涵和价值了解甚少。英语学科对于大观念的教学实践研究从 2020 年开始逐渐兴起。在 2020 年 11 月发表的《基于大观念的英语学科教学设计探析》一文中,王蔷、周密、蒋京丽和闫赤冰等教师在整理相关文献的基础上,提炼出了我国外语学科课程中的大观念及其构成,并探讨了如何基于大观念进行有效的英语教学设计,推动了以学科大观念为核心的综合性教学理念。

通过这些研究可以看出,大观念教学可以使课程内容更加结构化和情境化,从而促进学生英语核心素养的实现。在梳理中可以发现,大观念教学在初中和高中阶段的研究比较多,但在小学阶段的研究相对较少。那么对于小学英语教学而言,大观念教学是否也能发挥同样的作用呢? 在实际的教学中,我们发现在北京版小学英语教材中,每个单元只有一个单元标题(tittle),而没有明确的单元主题(theme)。教师在教学过程中发现,有些单元课之间存在一些联系,如果想要将这些联系串联起来,通常需要教师自己提炼单元主题,甚至重新构建单元结构。而最新修订的《义务教育英语课程标准(2022 年版)》中给出了教师的教学建议:“要推动实施单元整体教学。教师要注重素养立意,围绕单元主题,充分挖掘育人价值。

同时要根据单元育人蓝图实施教学，使学生逐步建构对单元主题的完整认知，促进正确态度和价值观的形成。”

（二）大观念的本质内容

大观念可以被看作是一种重要的学问。从学科培养的角度来看，它是对人的一生产生深远影响的价值观念，能够持续深入地影响学生的性格、品性和行为表现。在英语学科中，大观念是连接课程内容和核心素养的纽带和桥梁，是学生完成单元学习后形成的对特定主题相对完整的认知、态度和价值判断。大观念的形成对学生的品格、品性和行为选择具有持续的影响，是实现核心素养培养目标的重要保障。（王蔷，2021）

自 2022 年 4 月 21 日正式颁布的《义务教育英语课程标准（2022 年版）》以来，各界专家和学者对于英语学科中实施大观念教学实践进行了不同层面、不同角度的分析。吕立杰老师提出要强调单元整体教学设计的理念，以核心素养目标为教学视点，统筹安排单元的教学目标、内容结构、学习方式、资源体系、作业系统以及评价方式。（吕立杰，2022）

这与 2022 版《义务教育英语课程标准》中的要求不谋而合。北京市教育科学研究院蒋京丽老师提出，在教学中应根据课程标准，分析单元内容，提炼各语篇的主题意义，并将单元学习内容和语篇主题意义联系起来，构建单元的大观念。

王蔷教授在借鉴了国外大观念理论研究的基础上，构建了英语学科的大观念。英语学科的大观念是主题大观念和语言大观念的有机融合体，二者相互依存、互为补充。（王蔷，2021）

从以上各位学者和专家的观点来看，在小学英语课程中实施大观念教学势在必行，也是非常必要的。大观念教学是学科培养中最有价值的知识，它统领着课程内容的组织、教学活动的设计以及学业评价的方式，体现了单元整体教学的完整性和关联性。因此，大观念教学能够推动学科核心素养和学科培养目标在课堂中的实现。

（三）我校课程建设的背景

课程是学校教育的核心，也是实现核心素养的重要工具。我校坚持以学生发展为中心的课程理念，注重打造独特的品牌课程。从三级课程融合入手，确定了六个领域的课程结构，完善了多层级的课程架构，创新多样化的实施方式，构建了升级版的“智慧成长课程体系 3.0”，系统地构建了学校课程的价值体系，提升了课程在学生培养中的实际效果。如图 1，图 2 所示。

而英语学科在我校属于基础夯实课程的层级之一，涵盖了传统与文化领域的课程。在学校的课程建设中，英语学科的课程一直在进行不断的改革与创新。在强调核心素养培养的时代背景下，对于中国学生的整体素养和英语学科素养都提出了更高的要求。

然而，在过去的教学中，教师的教学内容呈现碎片化，教学过程零散而缺乏逻辑关联，评价活动与教学目标没有关联性。通常注重形式而忽视实效。例如，在五年级上使用的北京版英语教材中，第一个单元的标题是“Which do you like better?”，从标题中无法体现出该单元的大观念和主题意义。而在这个单元的三个课时中，第一课时主要学习食物和饮料的词汇（如 sandwich、juice 等），第二课时学习课程科目的词汇（如 calligraphy、science 等），第三课时学习兴趣爱好的词组表达（如 jump rope、keep birds 等）。这三个课时之间缺乏逻辑关联。因此，如果教师只注重教授词汇，那么这个单元的知识将变得零散。因此，教师需要建立这三个课时之间的联系，并提炼出单元的主题意义。

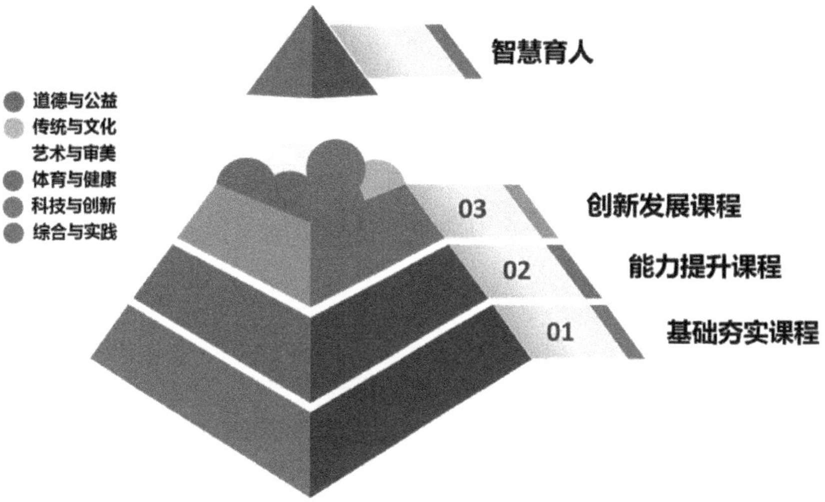

图 1　板厂小学“六领域三层级”课程框架

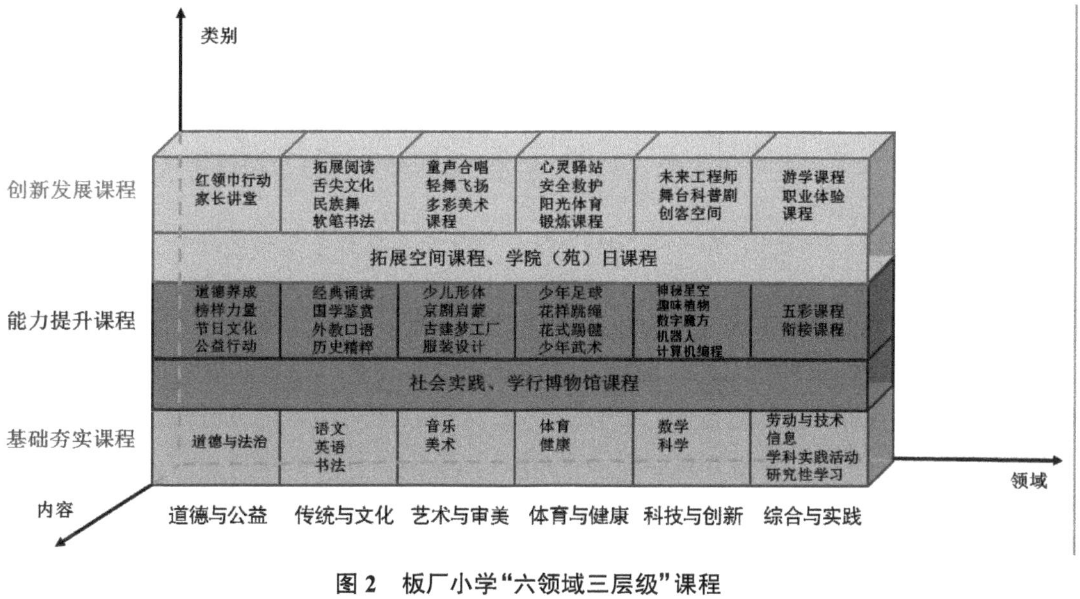

图 2　板厂小学“六领域三层级”课程

因此，教师需要重新构思课程目标和课程体系，逐步将教学任务围绕“立德树人”和“学科素养”展开。所有教学内容和活动设计都应该指向培养“核心素养”，以扎实培养学生未来发展所需的必备品格和关键能力。

那么在小学英语教学中如何实施大观念教学呢？《义务教育英语课程标准（2022 年版）》于 2022 年 4 月 21 日正式颁布。2022 年版课标提出了课程内容的组织原则，即“以主题为引领，以不同类型的语篇为基础，融入语言知识、文化知识、语言技能和学习策略等要求,以单元的形式呈现”。同时,倡导以单元为教学组织单位,实施整体教学。整体教学以系统论为指导,强调知识的建构过程,对教学单元进行整体性设计。而整体教学要秉持素养立意的宗旨,以单元形式呈现内容,由多个具有内在联系的课时组成,并且每个课时之间相互补充和基础。根据《义务教育英语课程标准(2022 年版)》的要求,教师应根据核心素养和学段目标,挖掘单元内各语篇蕴含的育人价值,分析语篇之间的意义关联,分析各语篇主题意义与单元主题之间的关系,构建单元的大观念,从而使教学更具系统性和整体性。我校的英语教研团队也在学校“以智取质”的教学理念和所提供的平台下,不断改变教学方式,逐步尝试整体教学的方法,力求实现英语课堂的开放性,让学生真正成为课堂的主人,以促进学生英语核心素养的发展。

二、行动研究的设计

(一)市级研究课中,初次探索单元整体备课模式

在 2020 年 11 月 3 日,北京教科院基础教育研究中心和东城区教师研修中心的专家来到我校进行市级督导课调研。我校的李平和杨莉老师分别执教了四年级上的 Unit 5 Which kind would you like? Lesson 15 和六年级上的 Unit 5 When did the ancient Olympic Games begin? Lesson 17。在备课的过程中,英语教研组初次尝试在大观念的背景下,采用单元整体备课模式。经过教研员江萍老师和王伟老师的精心指导和改进,他们分别确定了单元主题为 Happy Shopping 和 Great Olympics Inspire Us,力求引导学生树立正确和合理的购物观,认识并了解北京奥运会的宏伟壮观,体会奥运精神,并引导学生积极向上,努力拼搏的生活态度。两位老师在最终的实践中,在展示课上都获得了好评。其中,杨莉老师的这节课还在东城区六年级的英语教研会上进行了再次的展示,同时她所撰写的教学设计也获得了东城区优秀教学设计二等奖。

通过这次尝试,老师们了解了如何在大观念的背景下进行单元整体教学,并提高了教师对课堂知识融合的能力。

(二)“典型课例研究”中,单元整体备课模式初见成效

2021 年 1 月初,我校在冯校长的带领下,开始了“典型教学设计的课例研究”。英语组的老师们率先垂范,以我校举办的“青年杯”四年级英语展示课为例,进行了分析。在这个课例中,我校的林媛媛老师结合自己的思考,并结合电子学习设备 iPad 进行了教学设计,探索在大单元的背景下,让学生独立自主地学习,逐步开放英语课堂。随后,四年级英语教师团队的三位老师以 Unit 7 What is nature? Lesson 23、Lesson 24、Lesson 25 连续三节课为例,展开了联合备课。在大观念的背景下,他们共同教研,确立了单元主题为“Human and nature are the community of life”(人与自然是生命共同体),引导学生尊重自然,顺应自然,保护自然。这三节课在“青年杯”上也获得了校长和教研员的好评。随后,高年级英语教研组的老师以这三节课为契机,撰写了题为《基于单元整体教学设计的小学情感态度培养的研究——以四年级 Unit 7 What is nature? 为例》的论文,并在学校的“学习平台”上刊登。

随后,学校以“典型教学设计的课例研究”为基础,在 2021 年 4 月到 5 月展开了校内的“接力课”活动。四年级英语教师团队以四年级下册的 Unit 5 Is May Day a Holiday? 为例,进行了“接力课”教学,并确定了单元主题为“Special days and meaningful activities”。他们

通过探索节日背后的意义以及节日与活动之间的关系，帮助学生树立正确的节日观念，并引导学生制定有意义的节日计划。

在学校搭建的平台中，英语教师团队的单元整体备课模式初见成效。在备课的过程中，老师们逐步形成了单元整体备课的意识，注重挖掘不同课时之间的内在联系，将它们串联起来，提炼出单元主题。同时，在这一过程中，他们也不断尝试在大观念背景下将育人要素融入课堂教学，逐步培养学生的文化意识和思维品质，使核心素养得到贯彻实施。

（三）借助校内的“青年杯”平台，实现单元整体备课的校本化实施

在2021年10月，我校迎来了第二十七届“青年杯”教师教学展示活动。在“双减”政策出台后，如何真正将其落实到课堂教学中成为每位英语教师值得思考的问题。经过教研，我们英语教研组将本次教学展示的重点确定为在大观念和“双减”背景下，如何设计分层且高效的作业，实现教学与评价的一体化。在联合备课的基础上，老师们设计了学生学习任务单，并将学生评价融入任务单中。这种任务单的使用不仅能够促使学生在学习过程中进行自我评价，同时也实现了教学、学习和评价的一体化，提升了教师的课程整合和课程设计能力。

通过这一系列的努力，我们成功实现了在大观念背景下的单元整体备课模式的校本化课程实施。

三、行动研究的发现

（一）教师的课堂教学以主题意义为引领，更加结构化

1. 深度分析，深度解读课文情境

要备好一节课，文本分析是非常重要的。而文本分析的深度决定了课堂教学的质量，因此教师需要不断提升对教材文本的分析能力，并从中体现主题意义。

在我校第二十六届“青年杯”教学展示中，我校的三位四年级英语教师进行了以环境为主题的三节连续课时教学。在进行教学设计之前，三位教师对文本进行了细致的分析。这一单元是《义务教育教科书 小学英语 四年级上》的第七单元，主要讨论人们身边的自然现象和人与自然的关系。教材中的Lesson 23涉及冰、雪、雨、水的变化以及各地的天气情况，主要目标是引导学生初步认识自然；Lesson 24讨论周末活动的安排以及人与动物的栖息地，教师要引导学生热爱大自然、亲近大自然；Lesson 25通过探究自然问题，呈现重点句型“We / ... can’t ... without ...”，表达人与自然密不可分的亲密关系，进一步培养学生尊重自然、保护自然的意识。这三节课在主题上由初识自然、顺应自然到尊重自然，呈递递进的关系，因此教师在进行教学设计时需要考虑教学内容的联系和递进。

在Lesson 24中，课文主题图的前后顺序是Mike和Sara先在校门口谈论周末的活动，然后再呈现Mike和Sara在教室内谈论Mike的叔叔的工作地点和职业。在进行了文本分析之后，教师调换了这两幅图的先后顺序，并设计了Mike和Sara先在美术教室上课的情景，谈论Mike’s uncle的工作地点，随后下课铃声响起，Mike和Sara下课后在校园外谈论周末生活，同时也展现了亲近大自然的一幕。这样的设计在深度分析文本后，巧妙地调整了文本的顺序，使得课堂教学设计更加符合情理。

2. 以课文情景为基础，设置真实的语言环境

在Lesson 25中，Baobao和Sara讨论了什么是自然的问题，并最终得出结论：“一切都

是自然的——空气、水和树木，没有这些东西我们无法生存。”随后，窗外的小鸟也发出了语言表达：“没有水和空气，我们无法生存。”这是课文的主题情景。然而，在现实生活中，小鸟并不能说话。那么我们该如何让课文的情景更加合理呢？因此，在深思熟虑后，教师在教学设计中提出了一个设想——如果小鸟能说话，它们会说些什么呢？学生经过思考后自然而然地提出了本课的语言功能句：“我们没有______就无法______。”我们聆听了小鸟的声音，那么大自然还有哪些声音呢？有小鸟的歌声、风声、雨声等等。为了抓住这个机会，教师设计了一个名为“为大自然发声”的活动，让学生为大自然发声，说出大自然想要告诉人类的事情。通过以课文情景为基础，延伸情境并设置真实的语言环境，学生能够运用语言功能句进行表达。

3. 以学生兴趣为依托，整合语言学习资源

我们常说兴趣是最好的老师，因此不论是低年级还是中高年级的英语教学，教师都应该从学生的兴趣出发，整合语言学习资源，设计符合学生兴趣的教学活动，以使学生更有效地参与课堂。

仍以 Unit 7 What is nature? Lesson 25 为例，课文中的主人公 Sara 和 Baobao 对什么是自然一无所知，于是选择通过网络搜索答案，“让我们上网找一找。”这是课文中的情景。作为四年级的学生，当他们阅读到这个故事情景时，一定也会想通过网络自己去搜索答案。因此，为何不给予学生这个机会，打开英语课堂，让他们自己去探索这个问题，将课文主人公的体验转化为学生的真实体验，从而得到答案。

教师将利用 iPad，将信息技术与课堂教学相融合，将语言学习材料转化为二维码，并通过“扫一扫”这一活动来辅助教学。

考虑到四年级学生的认知水平，他们在进行自主上网学习时可能会受到一些客观因素的影响，例如非正规网站信息的误导或网站广告的干扰等。为此，教师提前查阅了资料，并从 Cambridge Dictionary 这个专业网站（http://dictionary.cambridge.org/）上找到了“nature（自然）”的专业解释。然后，我使用了一个二维码生成器应用程序，将该网页转化为二维码。通过这种方式，学生只需“扫一扫”二维码，就能准确获取该网址，并快速有效地获取答案，而不会受到其他客观因素的干扰。如图 3，图 4 所示。

图 3　二维码生成器 APP

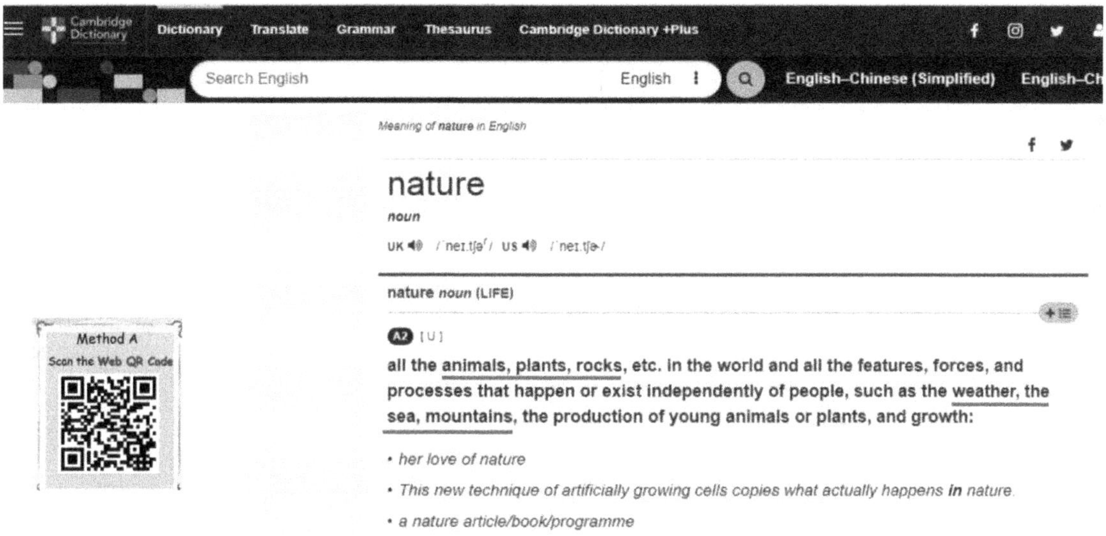

图 4　转化后的 the Web QR Code(网址二维码)

4. 多角度完善评价方式,教-学-评一体化

所谓的教学评一体化发展,指的是教、学、评三者的目标和方向一致,内容大体吻合,相互促进,协调发展,从而实现教学效益的最大化。以本次教学内容北京版教材四年级上册 Unit 6 May I take your order? Lesson 20 为例,本课以西餐场景下的点餐话题为主线,以学习任务单为依托,将教师的课堂教学、学生的课上学习操练以及学生的课后作业评价相融合,形成具有层次性、递进性和连贯性的评价机制,充分反映学生的学习情况,检测教学目标的达成。

教学评一体化需要教师将评价贯穿于教与学之中。除了教师针对学生的课堂表现给予即时性的评价和反馈外,本课时还设计了学生的自我评价环节。作为学习的主体,学生在教师的指导下能够适当准确地对自己的学习情况进行自评。因此,本课时的任务单在第一部分和第二部分分别设定了学生自评和小组互评的两种评价机制,用于检验教学目标的实现,即是否准确理解课文内容以及是否能够在具体点餐情景下使用恰当的语言进行交流。同时,学生也可以借此机会,在教师的指导下评估自己的学习情况,判断对本节课的知识掌握程度。任务单的最后一部分设置了弹性作业,为教师的教学提供了延伸和补充,也为学生的学习提供了更多的指导和可能性。同时,最后一部分评价机制的设定可以帮助学生进行形成性的自我评价,系统且可视化地检验本节课的学习效果。总而言之,教、学、评是一个有机的整体,三者之间存在密切的联系,三者的统一和融合可以增强教学质量并提高效果。如图 5 所示。

5. 将德育教育融入英语课堂

在我校举办的“典型教学设计接力课”展示中,我校的英语教师执教了四年级下册 Unit 5 Is May Day a Holiday? Lesson 15 这一课。经过对教材和其他教学资源的深入解读、分析和整合,结合学生的需求,制定了单元主题以及三个语篇的子主题,旨在引导学生通过学习和提炼各个语篇的小观念,逐步构建基于该单元主题的大观念。通过探究节日背后的意义以及节日与活动之间的关系,帮助学生树立正确的节日观念,并引导学生制定有意义的节日计划。

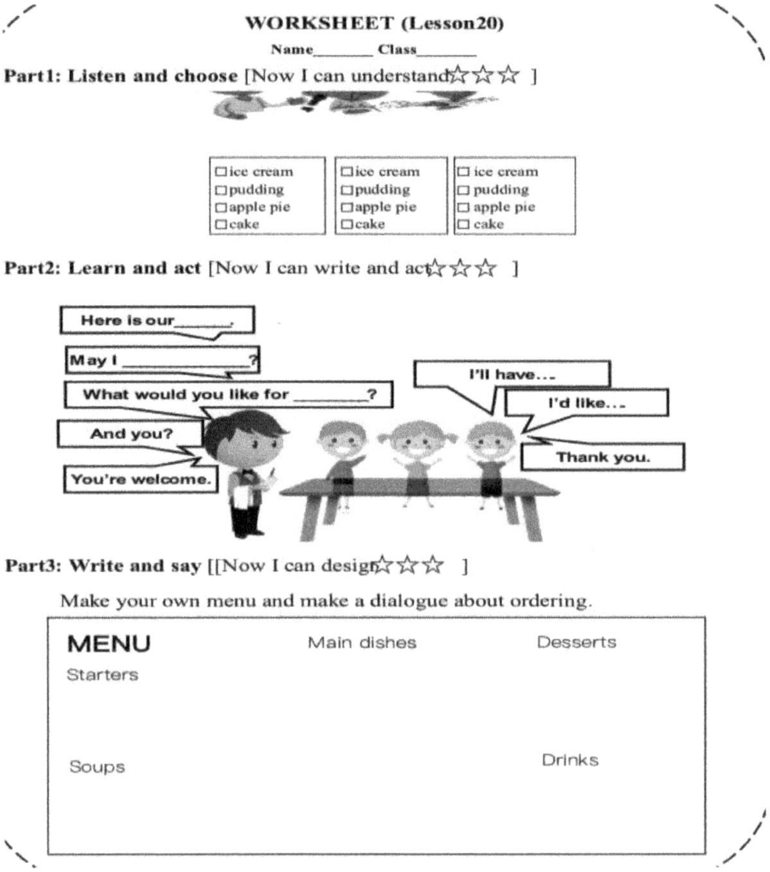

图5　教师设计的学生学习任务单

同时,劳动教育也是新时代的幸福哲学。通过列举国家五一劳动奖章的获得者,如时传祥、许燕妮、石殿春的例子,深化了对五一劳动节的理解。同时,引导学生回顾五一劳动节前我校升旗仪式上学生亲手为身边的劳动者(如老师、清洁工阿姨、保安叔叔、食堂工作人员)送上奖状的场景,让学生体会到任何一个职业都具有重要的价值,进一步感受到劳动的光荣。这样,德育教育被有机地融入课堂中。

(二)学生的综合语言运用能力有所提高

1. 学生的英语学习兴趣增强了

当教师的课堂教学发生改变时,受益最多的必然是学生。我校的学生对英语的学习兴趣明显增强了。由于教师在探索的过程中逐步开放了英语课堂,学生的实际参与度也有所提高。因此,整堂课结束时,学生获得了丰富的实际收获。尤其是在"双减"背景下,教师整合资源、构建单元结构、提炼单元主题,使学生在有限的时间内获得了最大的收益。

2. 学生的英语口语表达能力有所提高

英语学科具有工具性和人文性的特点,而我们学校将英语学科教学纳入了传统与文化的课程领域中。因此，在实际的英语教学中，我们非常重视学生的英语口语表达能力，努力让学生在学习英语的同时，不仅能够了解中外文化的差异，还能够用英语传播中国文化。

自 2011 年以来，我们学校成功举办了六届的“魅力英语 智慧飞扬”英语口语展示活动。2021 年 12 月举办的第六届口语展示活动以“热爱运动 相约冬奥 我是小小宣讲员”为主题。一至六年级的学生们积极踊跃地报名参与，几乎实现了全员参与。学生们用英语介绍冬奥项目、冬奥健儿、冬奥场馆、冬奥吉祥物等，通过流利的英文演讲表达了对冬奥的期待和激动之情，同时展现了热爱运动、积极向上的生活方式和态度，也传播了中国精神。在本次英语展示中，学生们还用英语演唱了《You are the miracle》这首冬奥宣传歌。不论是英文演讲还是英文歌曲演唱，都受到了学生和家长的喜爱，同时也得到了评委和专家的赞许。作为英语教师，我们更为欣喜地看到学生们能够自信、大方地站在舞台上，勇敢地用流利的英语传承中国精神。

与此同时，我们学校的学生还积极参加了市区举办的一系列活动，如“冬奥小记者”“用英语讲中国故事”“科技英语”“细润心灵——英语戏剧展演”等。他们在这些活动中取得了优异的成绩。在第四届“用英语讲中国故事之我心中的英雄”活动中，我们英语教研组提交了 6 个个人演讲作品和 1 个团队作品。同学们用真情实感地用英语讲述着一个个感人肺腑的英雄故事，激情洋溢地赞美一代又一代不懈奋斗的楷模，展示了中国智慧。在提交的作品中，有 3 个个人作品在“东教印象”公众号上展播，专家对其中一位学生的点评是“发音地道、流畅，具备播音员的素质”。在提交的 6 个个人作品中，我们学校有 3 名学生获得特等奖，3 名学生获得一等奖，团队作品获得了二等奖的优异成绩。

四、讨论与建议

（一）教师的教育思想得到转变，由课堂主导者变为引导者

通过学校的“接力课”这一机会，我们发现英语教师的角色正在发生改变。过去，我们常常不愿意放手，也不敢让学生自主学习，总是担心学生无法回答问题或者跟不上教师的提问。然而，通过接力课的实践，教师通过三个层次的设计，从带领学生一起学习，到学生半自主学习，再到学生开放式探索学习，逐渐减少了教师的介入。与此同时，学生的学习深度不断增加，从理解学习过渡到应用实践，再到最终的迁移创新。这使得英语课堂的学习活动逐步落实，教师由课堂的主导者转变为引导者。

（二）有效运用“互联网+”等资源，使英语课堂更加开放

随着互联网+时代的到来，如果教师只是简单地按照课本传授知识，那样的英语课堂一定会变得枯燥无味。那么我们如何突破这个难题呢？我们的英语教研组借助丰富的多媒体资源来辅助教学。例如，在学校的“青年杯”比赛中，教师利用温度计让学生感受室内外的冬季温度；利用 iPad 让学生自主探索什么是自然；使用原版阅读材料让学生了解钟南山的事迹，感受中国的力量；通过小巨蛋麦克风让低年级学生成为课堂的小主人；使用电子白板进行互动式学习。总之，现在的英语课堂已经不再局限于简单地按照教材教授知识，而变得更加开放。

信息技术，尤其是 iPad 和二维码扫一扫等工具在课堂上的运用，让学生可以通过独立、自主的方式进行学习，这些方式对学生来说是熟悉且感兴趣的。学生不仅通过自己的探索

找到了“What is nature?”这个问题的答案,同时还从选择二维码学习方式中体验到了自主学习的乐趣。有些学生甚至选择同时扫描网页二维码和视频二维码,这是学生自主选择的结果。这种尝试让学生感受到了自己是课堂学习的主人,而小组合作学习的方式也让学生在互相帮助和合作的氛围中体验到了自主学习的乐趣。

(三)在“双减”背景下,通过分层次的作业设计促进学生的全面发展

例如,在以生肖与文化为主题进行作业单设计时,中间可以使用一个生肖转盘,让学生能够更直观地了解十二年的循环。然后使用特殊疑问词“What”、“How often”等来引导学生,提炼出功能性的语句,帮助学生内化语言知识。通过这个活动,教师和学生一起整理学习任务单,使生肖的循环变成了一个直观的转盘,并形成了一张思维导图,实现了学生思维的可视化。最终完成的任务单设计将贯穿整个教学过程,让学生更真实地理解文本内容,并能够使用作业单来评价自己在学习过程中达到的不同层次。这样可以实现阅读、复述和运用语言介绍生肖的三个层次。如图6所示。

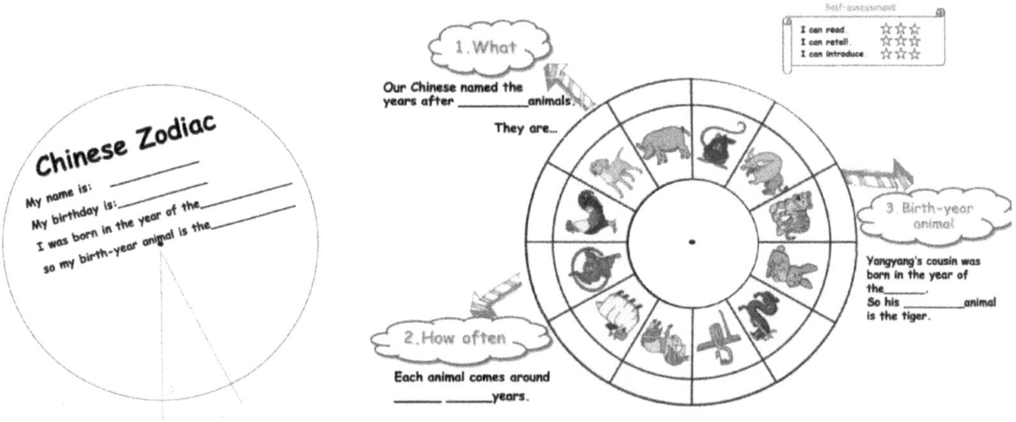

图6　教师设计的学生作业单

(四)团队教研,整体提升教师团队的素质

在课程教学的变革与创新过程中,我们学校的英语教师团队在学科主管和英语教研组长的带领下,发挥了团队合作的作用。他们共同研究并备课一堂课,打造出优质的英语课程。此外,我们学校提供了一个平台,其中有14位英语教师,其中包括2位青年区级骨干教师,还有多位教师担任东城区英语学科的兼职教研员。在2021年的东城区小学英语教学设计征集中,有3位教师的教学设计获得了一等奖,1位教师的教学设计获得了二等奖。英语教研团队还在学校的支持下进行深度学习和研究。在2020年的学校“典型教学设计案例”活动中,他们进行了“接力课”展示,并撰写了3篇教育论文(《基于单元整体教学设计的小学情感态度培养研究——以四年级Unit 7 What is nature?为例》《基于单元整体教学的小学英语合作学习方法研究》《文化意识在小学英语课堂教学中的运用》)。在这个过程中,他们不断提升了教师的教育科研能力和水平。

总之,在板厂小学智慧课程体系的支持下,通过教师的不懈努力,从形成了“典型教学设计的课例研究”论文,到实践中的“接力课”课堂,英语课堂的教与学都发生了变化。教师们的尝试在新课改理念下，有效地将学习的选择权还给了学生，这是一次重要的实践。他们逐渐开放了中高年级的英语课堂，并选择相信学生，从而培养学生独立自主的学习能力，使英语课堂的学习变得更加高效。教师们还会不断尝试在大观念教学背景下整合教育资源，进行单元整体备课，将碎片化的教学转化为有结构、有联系的教学。最终，他们会创新教学方式，努力让英语课堂中的变革悄然发生，让学生成为课堂的主人，全面培养学生的英语核心素养。

参考文献

[1] 梅德明. 普通高中英语课程标准解读：2017 年版[M]. 北京：高等教育出版社，2018.

[2] 王蔷，周密，蒋京丽，等. 基于大观念的英语学科教学设计探析[J]. 课程教材教法，2020，40（11）：16-18.

[3] 王蔷，钱小芳，周敏. 英语教学中语篇研读的意义与方法[J]. 外语教育研究前沿，2019（09）：23-25.

专题四　智慧教育课堂教学策略探索

导师评析

优秀的教师需要智慧，教育与教学智慧是解决教育难题的关键，也是帮助教师解决课堂教学实际问题的能力。然而，在现实中，许多教师缺乏教育与教学智慧，忽视了课堂教学过程中教师智慧的独特价值。针对这一现实问题，板厂小学展开了智慧课堂教学的学科探索行动。

本专题选取的文献反映了教师以智慧的方式处理课堂问题，通过教师分析问题、设定目标和行动研究，找到解决课堂教学问题的途径。板厂小学从不同学科的视角，探索了智慧教育的课堂教学策略。具体包括在数学学科中，教师通过培养学生的问题解决能力来促进深度学习；在语文学科中，通过比较法促进学生批判性思维能力的培养，在理解诗词过程中应用此能力；在道德与法治课程中，通过课前调查的行动研究，提升学生良好信息素养的能力；在美术学科中，通过跨学科的课堂教学尝试，培养学生的跨学科素养和综合实践能力；在体育学科中，基于自主探究式教学模式的变革，激发学生的学习主动性。板厂小学智慧教育的学科教学行动为践行新课程改革提供了有益的尝试和探索。

指导教师　许芳杰

语文学科诗词教学策略:巧用比较学诗词

明代的薛网有诗曰:“我爱幽兰异众芳,不将颜色媚春阳。西风寒露深林下,任是无人也自香。”这首诗赞美了兰花高洁的品格,将其比喻为语文教学中独特的淡雅之香,十分贴切。引导学生在文学的花海中徜徉,品味文字的芬芳,这也是古诗词教学的魅力所在。

一、古诗词在语文教学中的价值

打开统编版语文教材,传统文化元素跃然纸上,包括古诗文、古典名著、蒙学读物、古代寓言、古代神话、民间传说、历史人物故事以及汉字文化、节日礼俗、名言警句、对联俗语等内容,它们被有机地编排在课文、积累活动、综合学习、写作提示、阅读链接等板块中,为学生提供了丰富的传统文化滋养。其中,古诗词无疑是最重要、最具代表性的部分。统编教材不仅收录了《2022 版新课程标准》推荐的 75 首古诗词,还额外选入了 37 首,共计 112 首古诗词。这些作品具有独特的特点和价值,相关的教学策略也值得教师深入思考。

作为中华优秀传统文化的重要组成部分,诗词是学生语文学习的重中之重。在大语文时代,学生在学习古诗词的过程中,除了背诵积累,了解古诗词背后的故事和体现的文化也非常重要。此外,通过传统文化和其他语文课程的学习,学生能够建立文化自信,培养文化自豪感。因此,诗词教学所蕴含的中国传统文化内涵非常丰富和宝贵,不仅是小学阅读教学中的重要组成部分,更是弘扬中国传统文化、传承中华优秀文脉的必要之举。从培养学生的语文核心素养来看,在六年的小学学习生涯中,学生需要学习并积累大量的诗词,这对于学生的语言建构与运用、思维发展与提升、审美鉴赏与创造、文化传承与理解都起到非常重要的作用。

二、古诗词教学的现实问题

目前小学语文古诗词教学还存在许多问题。教师们往往过于注重古诗词相关的基础知识学习,而忽视了古诗词中所流露出的诗人思想和情感,忽视了培养学生人文精神,不利于提升学生的文化底蕴、审美情趣和鉴赏能力。同时,语文是一门实践性很强的课程,学习古诗词通常需要通过大量丰富多彩的语文实践活动来实现。然而,许多教师仍缺乏开拓传统文化资源的意识,忽视了引导学生在阅读中感悟古诗词的精妙和趣味。因此,在实际教学工作中,与其他文体相比,诗词教学更具难度,需要教师巧妙的方法和智慧的教学来引导学生真正理解诗词,走入古典文学的殿堂。对于诗词教学的有效策略,教师在实践中应特别重视思考和实践。

以讲授毛泽东的《清平乐·六盘山》为例。这首词创作于 1935 年 8 月,是毛泽东主席翻越六盘山时的抒怀之作,不仅回顾了万里长征的旅程,表达了红军战士们勇往直前的钢铁意志和抗战必胜的坚定信念。它是一首在战斗中前进的胜利曲,是一篇振奋人心、激发斗志的宣言书。然而,由于这首词的历史背景与学生较为疏远,相对于其他诗词来说更具难度,以往很少有教师涉及。因此，在深入解读教材的基础上，可以将"比较"的方法应用到课文的教学中，引导学生真正理解诗词，不仅走入古典文学的殿堂，还能更深入地理解诗人毛泽东，感悟英雄的情怀。

三、比较法在古诗词教学策略中的意义及应用

（一）比较法在古诗词教学策略中的意义

2022 年版课标对思辨性阅读与表达任务群提出了以下要求："本学习任务群旨在引导学生在语文实践活动中，通过阅读、比较、推断、质疑、讨论等方式，整理观点、事实、材料之间的关系；辨析态度和立场，区分是非、善恶、美丑，保持好奇心和求知欲，养成勤学好问的习惯；负责任、有中心、有条理地表达，培养理性思维和理性精神。"由此可见，阅读是学生通过文本这一媒介与作者平等对话的过程，而对话的前提是对文本所表述的内容和观点有着细致的了解和全面的把握。

从这首词的内容来看，它所涉及的历史背景对小学生来说较为陌生，由于他们的生活经历和积累有限，因此对于"词境"和"词情"的理解不够深入。因此，如何充分挖掘教材，引导学生主动参与、乐于探究，真正走进诗人毛泽东，体会毛主席诗词中所蕴含的丰富内涵就成为教学中最重要的思考。

实际上，教材是一种范例，它是用于促进学生发展的"文化中介"，是教学过程中师生对话的一种"话题"，也是特定的范例。在课堂上，教师应该利用教材作为"中介"，通过巧妙而符合学生认知特点的教学方法，来培养学生的情感、态度和价值观，以提升学生的语文核心素养。因此，本节课教学的重点不应只是完成教材内容，而是要"以人为本"，真正关注学生的学习态度、习惯、方法和思维方式等方面的培养和训练。因为思维的发展和提升是学生语文核心素养的重要组成部分，也是学生语文素养形成和发展的重要表征之一。因此，这样的学习需要引导学生在教学过程中最大限度地参与，引领学生在阅读与鉴赏、表达与交流、整理与探究的活动中运用联想和想象，丰富对诗词内容的感受与理解，丰富自己的经验和语言表达，提高语言运用能力以及思维的深刻性、灵活性和独创性，只有这样才能使学生从能学会转变为能够学习。而"比较法"则是学生思维发展的重要途径，因为"比较阅读"可以帮助学生巩固、归纳知识，提高鉴赏能力，并实现知识之间的迁移。

（二）比较法在古诗词教学中的应用及教学反思

在学生自主、合作、探究的基础上，教师采取适当的讲授方式，并根据课文的特点，以"比较"为主线，引导学生进行"四次比较"。

1. 以"四次比较"作为教学的主要思路

（1）教师引导学生进行"资料的比较"。在课堂开始时，先展示学生课前收集的三份关于毛泽东的资料，然后请同学们阅读，并比较哪份资料对他们学习本课更有帮助。根据《课标》的要求，我们要重视培养学生搜集、处理信息的能力。作为六年级的学生，他们已经具备了较强的信息搜集能力，但往往不知道如何进行筛选，找出对自己学习有用的信息。因此，开课时引导学生进行"资料选择的比较"，通过比较，学生不仅对毛泽东在文学上的造诣有了进一步的认识，同时也意识到信息需要经过甄别和筛选才能真正发挥其价值。

（2）教师引导学生比较的是"诗与词的特点"。同时展示《长征》和《清平乐》这两首作

品,引导学生比较,毛泽东的这两首作品有哪些相同和不同之处?学生接触到的较多的是"诗"这种文学体裁,对其特点比较了解。而"词"则是学生较新接触的一种文学体裁。因此,有意识地引导学生在相同时间段内比较诗人的两首不同作品,通过认真阅读,逐步总结出其形式或内容上的特点。通过比较,直观地发现了诗和词这两种文学体裁在形式上的不同之处。然后,逐步整理相关的"词"知识,使学生对这种新学习的文学体裁有了一定的了解,从而激发学生的学习兴趣。

(3)教师引导学生对词进行"上下阕内容的比较"。通过比较,体会到上、下阕都运用的"象征"和"借景抒情"的写作方法。《课标》在阅读教学要求的学段目标中强调:高年级学生要初步领悟文章的基本表达方法,这使得阅读与写作有机地结合起来,也体现了与初中知识的衔接。同时,对学生的思维也是一种很好的启发。

(4)教师指导学生进行书法作品的比较。先展示三幅不同字体的《清平乐·六盘山》,问学生:如果要选择一幅挂在家中,你会选哪一幅?为什么?绝大部分学生都会选择毛主席的手迹。在这部分的教学设计中,教师采用了求异比较的方法,因为求异思维具有不拘泥于常规俗见、追求新颖独到的特点,是创造性思维的核心。让学生选择自己喜欢的作品,就是引导学生在欣赏作品中形成独特的审美体验,感受到毛主席诗词和书法作品的雄伟气势,正如"文如其人,字如其人"。同时,通过这样的比较,也旨在引导学生体会到语文学习的丰富之美。并且能通过毛主席的书法作品初步感悟到我国诗词和书法这些艺术形式的博大精深,培养学生对学习的兴趣,为其终身学习奠定基础。

在教学设计中,四次"比较"是教学的主要思路,也确实在实际教学中取得了不错的效果。开课时引导学生进行"资料选择的比较",旨在教会学生在搜集处理信息的过程中,也要学会有效地筛选。在"诗与词形式的比较"中,引导学生自己发现诗与词形式的特点,并顺势引导,教授与"词"相关的知识。在"上下阕内容的比较"中,引导学生整体理解词的内容,同时体会到"象征"和"借景抒情"这些写作方法的作用。而在"书法作品的比较"中,引导学生在欣赏作品中感受毛泽东诗词和书法作品的雄伟气势,"字如其人,文如其人",从而体会到语文学习的丰富之美。通过引导学生在几次不同的比较中学习,力求让学生深入文本,帮助学生体会词的意境。

2. 基于"四次比较"的古诗词教学反思

在小学阶段的古诗词教学中,以往通常从诗文入手,感知作者的写作意图,深入体会诗的意境,与诗文产生共鸣,重视联句和译说的训练,以及对灵活多变的写作技巧进行赏析。这种教学方法适用于小学低、中年段学习的较为简单的古诗。然而,进入高年级阶段后,教材中开始编排了一部分的词,诗与词是两种不同的文学体裁,它们既有不同之处,又存在密切的联系。对于小学生来说,如果仍然停留在简单地理解诗意、感悟诗情的层面,就显得有些单薄,无法激发他们对古文进一步学习的兴趣。对于小学高年级的学生来说,几年的语文学习使他们对古诗有了一定的了解,但是接触"词"这种新的文学体裁还是第一次。同时,毛泽东是一位杰出的领袖,在他的行军作战中,在他的诗词歌赋中,在他的书法作品中,他的大气磅礴、豪情万丈、博大胸襟都得到了充分展现。然而,伟人毛泽东与现在的学生确实有一定的距离感。因此,在诗词教学方法上,教师应采用多种形式的比较法,不仅可以将新旧知识、事物关系进行沟通和组织,而且能够在课堂学习中"以生为本"。通过引入新知识,唤起学生已有的认知，引导学生在积极地自主、合作、探究性学习中，真正理解诗与词在形式、内容、写作方法上的异同。这样的教学方法可以促使学生主动探索、主动发现，并对所学知识进行主动建构，不仅培养学生对学习的兴趣，活跃学生的思维，还能创造良好的教学氛围和秩序，更好地引领学生一同通过文字走进诗人毛泽东，领略他的雄伟文采和博大胸怀。

语言文字是文化的载体，同时也是文化的重要组成部分。学习语言文字的过程也是获取文化知识的过程。通过对诗词的学习，实现文化的传承与理解成为语文核心素养的重要组成部分，也是学生语文素养形成和发展的重要表征之一。诗词以其独特的文学形式在我国丰富多彩的优秀文化中闪耀着灿烂的光芒。借助诗词中的语言文字，引导学生体会中华文化的博大精深、源远流长，进而继承中华优秀传统文化，理解并认同中华文化，培养对中华文化的热爱之情，提高道德修养，增强文化自信。同时，这也有助于学生树立积极向上的人生理想，增强为民族振兴而努力的使命感和社会责任感。

在不断的教学尝试中，教师深刻体会到诗词教学应该考虑学生的身心特点，灵活而科学地掌握教学节奏和方法，让学生在热爱古诗的同时去欣赏和学习它。作为语文教师，努力在课堂教学中注重培养学生的语文核心素养，打破传统教育中单一、教条的教学模式，构建以人为本、多元发展的新型教学模式。在诗词教学中运用更多优秀的方法和策略，让学生从古诗中汲取智慧的泉源，培养崇高的品德，立下奋发向上的志向，为未来的学习奠定坚实基础。

以问题引领促进学生数学深度学习

数学是锻炼思维的体操,数学学习就是要引领学生建立数学思维,使学生“愿想问题,会想问题”,学会思考、发展思维。那么,什么是深度学习呢?许多学者对深度学习的内涵和特征进行了研究和界定。马云鹏教授认为深度学习是围绕学科核心知识展开一系列探究式学习活动的过程,通过这些活动培养学生的学科核心素养和高阶思维,提高他们解决实际问题的能力。朱德江老师指出:深度学习是学生积极地投入和参与到学习中的一种方式;它是主动的、探究式的、有意义的学习过程;学生能够深刻理解学习内容的核心和联系,能够将所学知识应用到其他领域,实现知识的深层加工、深刻理解和长期保持。尽管不同的学者从不同的角度对深度学习的概念进行了界定,但在本质上,深度学习指的是学生深度参与和经历学习过程,以促进知识整体构建、高阶思维发展和真实问题解决能力的提升。

数学学习并不只是掌握一个知识点、解答一道题,而是提升学生的数学思维方式,培养他们提出和解决问题的能力。对于数学学科而言,有效的深度学习可以使学生通过自主学习加深记忆,并对现有的知识体系有更深入的认识;同时,学生可以通过反复思考来有效地发展自己。只有让学生领悟数学知识的本质,理解数学的思维方法,才能让他们的数学核心素养扎根生长。数学课堂中的“问题”是教师根据知识本质、立足学生视角,专注于教学重点和难点,面对学生认知冲突精心设计的“核心议题”,也是实现学习共同体对话和交流的媒介。好的问题可以塑造出好的课堂氛围,那么如何通过问题驱动来促进学生在数学课堂上的深度学习呢?

一、从学会提问,到形成问题驱动

现代教育家陶行知先生曾说过:“创造始于问题,只有问题才会引发思考,而思考才能找到解决问题的方法,才有可能形成独立思考的能力。”刚开始工作的时候,我没有真正理解其中的含义,也没有意识到让学生敢于提问和善于提问的重要性,而更多地将教学重点放在让学生掌握解决问题的方法和策略上。

我仍然记得最初进行人教版教材中关于“解决问题”的教学时,只考虑如何帮助学生“找方法和答案”,而忽略了教授“解决问题”的三个基本步骤,学生因此没有很好地体会到“发现问题、提出问题、分析问题、解决问题”这个获取知识和积累经验的一般过程。后来,通过不断的教学实践,我逐渐意识到了这个过程,尤其是“提出问题”的意义和重要性。

特级教师曹培英老师也指出:提出问题往往比解决问题更为重要。然而,在现今的课堂上,学生主动提问和质疑的声音越来越少。在学习数学的过程中,学生发现问题和提出问题的环节相对薄弱,即使有提问,也多是一些幼稚和常识性的问题,而缺乏数学性和探索性的问题。那么,如何引导学生敢于提问、善于提问、自主提问呢?

(一)借助熟悉的事物促进“思考”和“提问”

兴趣是最好的老师。在教学人教版教材二年级上册《搭配》一课时,我设计了一个以

"寻宝"为主线的教学情境,让学生在这个情境下进行研究学习。二年级的孩子年龄小,好动,注意力不集中,控制能力较弱等特点。通过以他们喜欢的情境和内容作为切入点,能够消除他们对数学知识的陌生感,激发他们的好奇心和学习欲望,调动他们的积极性。

当我向孩子们介绍要到数学城堡里寻宝,并请出了他们熟悉的三个动画人物——"喜羊羊"、"美羊羊"、"小灰灰"时,孩子们通过表情和语言表达了内心的喜悦。而接下来的环节,如"解开密码锁打开城堡大门"、"组成正确的数字解除藏宝图封印"、"解决问题找到宝藏位置"、"帮助三位好朋友排列位置"等,这些熟悉的情景和人物不断激发孩子们继续探索的动力,孩子们产生了"想"和"问"的欲望,他们纷纷表达出自己的思考和疑问,课堂学习的热情不断增加,学习效果也逐渐提高,孩子们也感受到学习的轻松和愉快。

通过创设情境,让一些问题自然浮现,并引导学生在情境的指引下发现并提出问题,使学生的主体性得到突显,深度学习逐渐发生。

(二)积极引导,成为学生提问的引路人

我们常常说孩子们不会思考、不会提问,但我们给予孩子思考和提问的时间和机会了吗?实际上,每个孩子天生都充满了好奇心,有着无尽的"为什么",对一切事物都充满好奇。然而,当一些学生提出独特的想法时,往往会得到老师回应的是"这是规定的"、"下节课我们再讨论"、"老师已经解释过了"等类似的话语,这大大降低了学生进一步提问的热情,让他们不敢再有新的想法和问题。因此,当学生在课堂上提出自己的见解时,教师应该鼓励学生,并给予积极引导,不要让学生独特的想法和疑问被扼杀在摇篮里。

作为年轻教师,常常担心学生提出的问题会超出我们的预设,打乱我们事先安排好的教学节奏。然而,提问才是学生学习的源泉,学生会遇到困难,教师应该鼓励学生勇敢表达自己的困难,这就是提问的过程。学生遇到的所有问题实际上都是改进教学的起点。教师要试着从学生的角度看待问题,以更高的立场、更广的视野对待学生在教学中提出的每一个问题。

学生自主提问可以了解学生真正的内心需求。问题源于学生,能更好地激发学生的思维,有利于学生获取知识。从学会提问到形成问题驱动,也是学生自我理解的表现,有助于思维的整理和优化,以形成策略性的认知,这是深度学习的过程。

二、以问题驱动,推动问题解决

从知识的角度来看,深度学习能够让学生将所学知识应用于实际问题的解决上,实现"学以致用"。其中最常见的就是运用所学知识进行"问题解决"。那么,什么是"问题解决"呢?通常我们认为"问题解决"和"解决问题"是含义相同、可以互换使用的两个词语,但实际上并非如此。"问题解决"更应该理解为"问题及其解决的过程和方法"。问题从哪里来?它源于对问题的发现和提出;如何解决问题?通过问题的分析和解决。换句话说,学生所经历的是发现问题、提出问题,分析解决问题,甚至检验和反思的整个过程。而"解决问题"则是以解决问题为目标的策略使用,是"问题解决"中的一个重要步骤。那么,如何以问题驱动推动问题解决呢?

(一)把握核心问题,准确而全面地预设

教师在备课过程中精心设计的预设性问题应该具备全面性和核心性。好的预设性问题既能体现教学的计划性和目标性,又能激发学生的学习兴趣,调动学生多种感官的参与,唤醒学生的潜力和创造力,促进学生深度参与和思考。

例如,在教授人教版教材《有余数的除法》一课时,我首先创设了同学们在家中做客分草莓的情景,通过这个趣味情境复习表内除法。然后,我展示了七个草莓,并引发了学生的思考:“草莓的数量发生变化,但分法不变,结果会如何变化?”将问题作为目标和途径,引导学生的学习发展和深度。

再例如,在教授人教版教材《租车问题》一课时,我在出示题目后让学生进行自主探究和交流汇报。这时,同学们的观点出现了分歧,“到底是五条船还是六条船?哪里出现了问题?”然后,我让同学们讨论问题的关键,并得出正确的结论。通过核心问题引发学生产生激烈的认知冲突,让学生对有争议的概念进行深入思考,加深学生对知识的正确理解。

在设计核心问题时,教师应该以学生的需求为出发点,既要考虑学生自身的需求,也要考虑学生发展的需求。在了解学生的前提下,利用好问题引导学生思考、探究、讨论和交流,努力让深度学习真正发生。

(二)借助课堂生成,准确启发思考

在日常的课堂教学过程中,师生的互动往往会产生很多生成性问题,充满不确定性。这样的问题既不能取代学生的思考,又不能离题太远,否则就会打乱学生的思维。

在教授人教版教材《有余数的除法》一课时,当让学生探究余数和除数的关系时,我问到“观察算式中的余数,你们发现了什么?”不同的学生产生了各种不同的答案,超出了我最初的预期。这时,我感到有些无措,不知如何正确而恰当地引导学生,结果打乱了我的正常教学进程。我的引导一“乱”,学生的思维自然也“乱”了,他们原本举起的手也放了下来,课堂的学习氛围变得冷漠,因此教学变得更加困难。

此外,在设计教学环节时,我提出的启发性生成问题过于具体,不够开放,在一定程度上限制了学生的思维发展。例如,当让学生对比“表内除法”和“有余数的除法”时,我将问题分成了两部分,让学生去思考;再例如,当让学生探究余数和除数的关系时,我通过一系列问题如“观察余数,你们有什么发现?”、“4 在算式中代表什么?”、“余数与什么有关?”、“它们之间有什么关系?”等来帮助学生得出结论。虽然在这样的引导下,学生很快找到了答案,但实际上他们的思维都受到了我设定的框架的限制,没有得到很好的发展。

通过对这节课的教学反思,我逐渐意识到自己没有真正地贯彻“以问题引领促进学生发展”的要求,明显地受到了“引导”的影响,没有真正抓住学生的生成性,没有将课堂的主导权还给学生,没有实施开放性教学。

当学生提出一个问题时,作为教师应该先对问题进行“定性”,然后紧密结合知识的特点,关注学生的思考和探究,直面教学中的矛盾和冲突,这样才能形成好的学习性问题。

三、以问题解决促进深度学习

“问题解决”不仅是深度学习的重要目标,也是实现深度学习的重要途径。学生在解决数学问题的过程中,能够扩展知识结构,加深对数学知识的理解。对学生而言,问题解决过程就是一次创造性的过程。同时,成功解决问题的经验能够增强学生对数学学习的积极性。因此,我们可以通过问题解决来实现学生的深度学习,使学习活动从问题出发。

学生的数学素养不是一蹴而就的，需要通过积累和发展逐步形成。仅仅依靠教师的讲解是不够的，学生必须亲身经历和感悟，逐渐积累活动经验，促进数学素养的逐步提升。因此，在课堂上，我会尽量给予学生充分的时间和空间，提供充足的学习资源，让学生独立思考并形成自己的想法，然后进行充分的交流，激发学生之间的共鸣和质疑，使他们在思维碰撞中不断产生新的问题，然后进行问题解决，促进深度学习的发生。

例如，在教学人教版教材《有余数的除法》这一课中，我引导学生进行了两次操作活动，让他们思考和猜测。第二次活动中，通过进行"剩下 1 个不够分"的操作，让学生意识到在平均分配中可能会出现"剩余"的情况，初步建立了有余数的除法的概念。接着，我提问："你能用算式来表示这个操作过程和结果吗？"这样学生结合操作过程，独立探究如何用算式（符号）表达。当学生将列出的算式与操作过程进行对比时，通过追问和质疑，学生会产生不同的思考和问题。在问题解决的整个过程中，深度学习也在发生着。

还记得教育部国培专家俞正强老师以自己考驾照时，严格按照教练教的技巧操作，拿到驾照却不敢开车上路的真实经历，告诉我们："大人喜欢把自己吃过的苦，走的弯路全部省略，只教给孩子最直接的技巧。这样做的结果是孩子的知识变成了碎片，淹没在套路中。"例如植树问题，我们经常只告诉学生要使用公式，而忽略了让学生探究其中真正的"理"——平均分的重要性，而探究的过程才是学生真正获取知识、迁移运用的关键。套路和技巧往往会省略学生获取知识的过程，使得孩子的学习没有真实地发生，当孩子在实际运用时找不到老师教的套路，自然是一片茫然。

四、结语

学生独立思考的过程也是一个发现、提出、分析、解决问题的过程。但必须在问题驱动下将活动进行整合，避免由于活动的分散导致学生的思维碎片化、无法连贯。作为教师，我们肩负重任；作为教师，我们更应该时刻问自己：数学学习给孩子们留下了什么？课堂中发生了怎样的学习？更要时刻铭记：我们教的"会"与学会的"会"是不同的，学习的获得也是不同的。

问题是活动和思考的源泉，要让学生进行深入探究，就必须在问题引导下激发学生的学习动力。因此，每一位数学教师都应该不断实践和反思，在问题引导下设计出能够让学生持续思考和行动的核心活动，促进学生深入学习！

参考文献

[1] 邓金莲. 问题情境创设引领下的小学数学教学探讨[J]. 学周刊，2018（12）：10-13.

[2] 宁俊玲. 基于深度学习探讨小学数学问题教学[J]. 新课程研究：上旬刊，2019（01）：33-34.

[3] 马云鹏. 深度学习视域下的课堂变革[J]. 全球教育展望，2018（10）：52-63.

[4] 朱德江."深度学习"的内涵意蕴与学导策略[J]. 教育视界，2018（20）：37-39.

[5] 李洋洋. 知识视角下的深度学习：意涵阐释、现实阻隔与进阶之路[J]. 中国远程教育，2022（11）：58-64.

在数学实践活动课中培养学生问题解决能力

目前,在数学课堂教学中存在三个问题:首先,教师忽视学生问题解决能力的培养。一些教师仅仅依赖教材,在课堂上只讲述教材中的内容,而忽视了课外的知识。其次,教师忽视学生思维能力的培养。某些教师过于功利,为了名誉追求,采用快速的教学方法教授知识,只关注学生解题的能力,对于一些难以记忆的公式和定义,要求学生死记硬背。这种方法可能在短期内取得好的成绩,让学生取得优异的成绩。然而,这种方法的弊端会逐渐显现在后续的学习中。再次,学生缺乏运用数学解决问题的思维能力。由于小学生年龄较小,他们不具备主动运用数学解决问题的思维方式。他们的知识学习仅限于课本上的内容,无法将所学知识与生活联系起来。

因此,在数学实践活动课中培养学生的问题解决能力是数学学习的重要组成部分。这要求我们强调从学生身边的行为和自身活动出发,激发学生对活动的参与热情和学习兴趣,通过体验生活中的数学,拓宽学生对数学的认识领域,实现数学的应用价值,培养学生的创新、实践能力以及团队精神和合作意识。在数学实践活动中培养学生的问题解决能力,主要可以从以下三个方面入手。

一、创设"生活数学"情境,培养学生的问题意识

问题是数学的核心,问题是思维的起点。正如美国教育家布鲁巴克所说:"最高级的教学艺术就是鼓励学生提出问题并自主学习。"数学实践活动课的目标是培养学生对周围事物产生好奇心,激发探究兴趣,学会发现问题,培养学生的问题意识。通过创设生活数学情境,有助于激发学生的学习兴趣,唤起他们的问题意识。以板厂小学宋晶老师教授的《里约奥运会那些事——选择合适的统计图》为例,2016年里约夏季奥运会是备受关注的重要事件。教师以睿智的眼光捕捉到这个值得研究的生活素材,创设了"生活数学情境",提出了探究的大问题:"你在里约奥运会中最关注哪件事?"学生在小组讨论和独立探究后,提出了各种问题:你知道中国在不同年度获得的金银铜牌数量吗?有哪些途径可以分享竞彩赛事?你了解里约奥运会的TOP是什么吗?里约奥运会有哪些观看设备?……教师激发了学生的问题意识,为他们的思维开辟了空间,问题意识让学生的思维在数学的领域中自由飞翔。

此外,以板厂小学魏晨鹏老师教授的《饮料中的学问》一课为例。在这堂课中,魏老师创设了主要问题:"饮料中有哪些学问?"学生经过独立思考和小组讨论后,以小组为单位提出了许多问题:我们应该拒绝饮料吗?你知道饮料的发展历史吗?你知道有多少种饮料吗?你知道饮料是如何制作的吗?一瓶饮料的生命周期你了解吗?你知道一些你不知道的饮料吗?这些问题具有价值。教师创设了富有趣味的"生活数学"情境,让学生愿意提问,敢于提问,学生也逐渐达到了能够提问和善于提问的水平。

以《欢乐北京五日游》一课为例,随着人们生活水平的提高,旅游成了当前的热点问题。

教师创设了"暑假欢乐北京五日游"的生活情境，并提出了问题："设计一个旅游方案。"学生经过思考和研究后，确定了要研究六个方面的问题，分别是"衣、食、住、行、游、购"，并且进行了分组，六个小组分别研究一个方面的问题，提出了以下问题，"如何准备衣物？""如何节约饮食费用？""住宿有哪些经济实惠的选择？""如何选择交通工具？""如何合理安排游览景点？""购买门票有哪些技巧？""在哪里购买北京特产最便宜？"。

学生以小组为单位，共同合作。通过利用网络、图书、向家长咨询以及采访旅游公司等多种方式，查询与旅游相关的信息。例如，扮演"小导游"的角色去北京著名景点采集介绍和游览路线图；在网上查询北京夏季的气温变化情况，制作折线统计图以进行说明，为游客提供穿衣指南；采访旅游公司，了解团体旅游和散客拼团的费用情况，编写旅游费用小攻略；前往不同星级酒店询问住宿价格，设计出自由行住宿的省钱小技巧；利用分段计价的知识编写门票购买策略；最后，还向游客介绍了北京的特产种类和购买最便宜的地方。当这些问题都得到解决后，再次分工合作，绘制出了《欢乐北京五日游》的旅游宣传海报。

这些与现实相关的生活问题让学生积极参与研究，他们主动提出问题，获取知识并解决问题，这个过程最终提升了学生的数学思维能力。数学实践活动课与学生的日常生活紧密联系，设计的活动旨在解决学习和生活中相关的问题，涉及大家共同关注的问题，以及学习和生活中感兴趣的问题，激发了学生的探索欲望，培养了他们发现问题和提出问题的能力，让学生学习到"有用"的数学知识。

二、搭建"探究数学"的平台，培养学生的研究意识

数学课程标准要求教师应为学生提供充分参与数学活动的机会，帮助他们通过自主探索和合作交流真正理解和掌握基本的数学知识、技能、思想和方法，获得广泛的数学实践经验。探究式学习主要包括应用型探究活动和训练型探究活动。这些活动主要采用实验法、类推法和归纳法，用于验证和归纳一些数学问题，以及优化设计策略和方案，培养学生逻辑思考和科学解决问题的能力。

第斯多惠曾说过，要给予儿童真正的知识，更要引导他们主动追求真知。探究是人类的一种本能，儿童天生就是探究者。当儿童进入学校后，他们的探究实践不应该被禁止或中断，而应在教师的支持、鼓励、帮助和指导下继续进行。探究过程本身可以最好地锻炼学生的思维，不仅有助于培养学生解决问题的能力，而且也是培养数学思维和方法的主要途径。搭建"探究数学"的平台，培养学生的研究意识。

例如，在教学《新教室的方砖问题》一课中，学生经历了以下探究过程。教师提出了两个问题："你们见过铺地砖吗？你知道铺地砖需要考虑哪些情况？"学生根据他们的生活经验，了解到铺地砖需要考虑方砖的图案、价格等因素，还要知道教室地面的面积以及一块方砖的面积。接下来，学生以小组为单位测量教室的面积。最后，根据教师提供的方砖面积和价格，设计了方案。如表1所示。

表 1　方案汇总表

教室面积			
地砖规格	普通地砖	花岗岩地砖	木地板地砖
地砖块数（块）			
所需金额（元）			
你最喜欢的方案			

小组进行交流，设计方案，并检查其正确性。学生汇报他们的答案。

学生汇报完他们的方案后，教师提供了一份市场调查表，进一步引导学生探究有关教室铺设方砖的问题。如表 2 所示。

表 2　市场调查表

地砖规格	普通地砖	花岗岩木板	木地板地砖
使用年限	10 年	15 年	20 年
质量情况	不耐踩	耐踩	耐踩
外观	较美观	美观	很美观
价格	5 元 / 块	20 元/块	125 元/块
规格	20 cm × 20 cm	40 cm × 40 cm	100 cm × 100 cm

教师：通过这些材料，你对地砖的选取又有了什么意见呢？你认为哪种地砖最合适？请用文字或数学式子来阐述你的原因。（小组讨论并进行汇报）

[学生汇报]

（1）从质量和外观上考虑，我们选择木地板地砖，因为它美观耐用，使用寿命长。

（2）从每年花费的角度来看。

①普通地砖。560 000 ÷（20 × 20）× 5 ÷ 10 = 700（元）；

②花岗岩地砖。560 000 ÷（40 × 40）× 20 ÷ 15 = 467（元）；

③木地板地砖。560 000 ÷（100 × 100）× 150 ÷ 20 = 420（元）。

木地板地砖的花费最低，因此我们选择了木地板地砖。

（3）从总费用来看：

①普通地砖：560 000 ÷（20 × 20）× 5 = 7 000（元）；

②花岗岩地砖：560 000 ÷（40 × 40）× 20 = 7 000（元）；

③木地板地砖：560 000 ÷（100 × 100）× 150 = 8 400（元）。

普通地砖和花岗岩地砖的价格相同，可根据个人偏好做出选择。

…………

学生在整个过程中充满自信地学习数学，平等、主动地交流各自对数学的理解，相互合作解决所面临的问题，也使学生的主体性、能动性和独立性得到了不断的展现、发展和提升，数学素养明显提高。

引导学生联系生活，对问题进行分析和解决，数学教学的最终目的是学以致用，并且在课堂教学过程中引导学生对数学知识进行探究，也是为了促进他们在实际生活和学习过程中能够运用所学知识解决实际问题。因此，教师在教学过程中需要注重数学知识与生活实际的联系。

例如，在综合与实践的《数学与生活的对话》活动课中，学生根据自己感兴趣的身边事物经历了一次自主探究过程。他们经历了自主确定研究问题、收集整理数据、分析数据并得出结论的过程。针对一个问题，学生运用了统计、几何、数与代数等多个数学领域的知识，增强了学生的研究意识，让学生学习必要的数学知识。在探究活动中，学生不仅会思考数学，而且会以数学的方式思考。数学既有用又有趣，因为那些现实而有趣的研究性活动为他们提供了思考、探索、合作、实践和创新的机会。只有通过探究学习，让学生主动探索、发现和体验，进行自主建构的学习过程，才能真正将学习的自由、权利、空间和欢乐还给学生。

三、铺设实践数学的道路，提升学生的应用意识

在学科课程的知识教学中，小学生往往觉得数学知识很抽象，学起来很枯燥。数学实践活动课则侧重于指导学生运用所学到的数学知识解决实际问题，提高学生理论联系实际的能力。这种活动应尽可能反映现实的需求，使其成为日常生活中具体运用所学数学知识的一种尝试或模拟。数学活动课要结合学科课程的教学内容，引导学生在已有知识和经验的基础上，从数与形的角度观察周围事物，认识生活中常见的数量关系，学会发现问题、分析问题和解决问题。因此，要有目的、有计划地组织学生参加社会实践活动，深入自然、深入社会。铺设实践数学的道路，提升学生的应用意识。

例如，六年级数学活动课《美丽的图案》。这节课的知识基础是关于圆的知识，学生在独立观察和小组合作交流后发现，利用圆心确定圆的位置和半径可以决定图案的大小，而圆与各种平面图形的关系可以设计出美丽的图案。随后，学生展开了自己的想象，利用所学的知识创作了美丽的图案。学生在设计的过程中，理解了“一中同圆”的原理，体会了圆与其他平面图形组合时对称轴的作用，并将美术课中色彩的魅力融入其中。他们真正体验到了创造的美。

另一个例子是六年级数学活动课《吸烟的危害》。这节课让学生运用扇形统计图和百分数的相关知识来阐述吸烟的危害。学生查阅资料、收集数据、分析数据、得出结论并提出建议，经历了完整的统计过程，并最终以小报的形式呈现结果。培养学生发现问题的习惯，引导学生进入问题情境，让学生自己去发现问题。鼓励学生将生活中遇到的问题与数学问题相结合，加强生活与数学之间的联系。经常为学生设计与生活相关的数学问题，以潜移默化的方式培养学生解决数学问题的意识。鼓励学生积极探索未知的生活和学习领域。

再举一个例子是四年级数学活动课《营养午餐》。这节课让学生运用平均数的知识设计一份营养午餐。学生在进行了大量的调查和研究后，以端午节吃粽子为主题，为自己设计了一份营养午餐。此外，他们还访问了家中营养不良的成员，找出了原因并提出了有益的建议。通过设计营养午餐，让学生进一步了解数学知识在现实生活中的广泛应用，纠正了一些学生偏食和挑食的习惯。同时，传承了祖国的优秀文化，培养了学生从数学的角度看待问题、运用数学思维思考问题的能力。这样的实践活动促使学生培养运用数学知识和理论解

决现实问题的能力和意识。

学习的目的就是应用，因此，教师应善于将数学知识与实际问题联系起来，培养学生运用数学知识解决现实问题的能力和意识。数学实践活动要求学生掌握的方法主要包括各种知识和能力的整合，课内外学习的结合，书本学习与实践活动的结合，以及数学课程与其他课程的沟通。在观察、操作、实验、调查和研究等实践活动中，学生可以获得数学实践经验，通过实践来体验和掌握方法，从而提升应用意识。

总之，数学实践活动课通过操作体验数学，通过观察发现数学，通过探索感悟数学，通过运用理解数学。通过这样的实践活动，培养学生解决问题的能力，让他们能够用数学的视角发现问题、提出问题，用数学的思维分析问题，用数学的方法解决问题。通过真实的体验，学生能够体会到数学学习的趣味和实用性，领会研究性学习的方法，并体验与他人合作和沟通的过程。

参考文献

[1] 张凤义. 小学数学教学中学生问题解决能力培养探析[J]. 考试周刊，2017(87)：113.
[2] 虢治侠. 小学数学问题解决能力培养的研究[J]. 读与写：教育教学刊，2017，14(07)：181.

道德与法治课程培养学生信息素养的有效策略

随着人类社会进入信息时代，信息素养越来越受到全球的广泛关注，并逐渐成为评价人才综合素质的重要指标，纳入了从小学到大学的教育目标和评价体系中。毫无疑问，21 世纪的现代信息社会需要青少年具备良好的信息素养。

一、信息素养的内涵

信息素养（Information Literacy）的概念起源于图书检索技能，并迅速从图书情报界扩展到教育界以及其他社会领域。1998 年，美国教育传播与技术协会提交的《关于信息素养的总结报告》中提出："具有信息素养的人必须能够判断何时需要信息，能够评估和使用所需信息，并有效地利用它们；具有信息素养的人知道如何学习，即如何组织知识、如何查找相关信息，并且知道如何充分利用信息。"

针对我国教育的实际情况，学生的信息素养培养主要包括以下五个方面内容。首先，培养对生活的热爱，具备主动从生活实践中不断探索和获取新信息的意愿。其次，具备基本的科学和文化常识，能够较为熟练地对获得的信息进行辨别、分析和正确评估。第三，具备灵活运用信息的能力，善于选择和拒绝信息。第四，能够有效地利用信息，表达个人思想和观念，并愿意与他人分享不同的见解或信息。第五，无论面对何种情境，能够自信地运用各类信息解决问题，具备较强的创新意识和进取精神。

二、培养学生信息素养的价值

新课标指出，要改变过于强调接受学习、死记硬背和机械训练的现状，提倡学生的主动参与、乐于探究和勤于动手，培养学生搜集处理信息、获取新知识、分析和解决问题以及交流与合作的能力。可以看出，培养学生的信息素养是基础教育阶段的一项重要任务。同时，新课程也关注学生如何掌握和获取知识的过程和方法。学生搜集处理信息的过程实际上是学生全程参与学习的过程，在这个过程中，学生的搜集处理信息能力、问题分析与解决能力以及交流与合作能力都得到了锻炼和提高。因此，在道德与法治课程中培养学生信息素养的过程也是学生学习方式的改变过程。作为小学阶段的专门德育学科，小学道德与法治课在培养学生信息素养的过程中，学生通过对信息内容的批判和理解形成正确的世界观和人生观。

道德与法治课教学的课前调查是有意识地培养信息素养的一部分。例如，鼓励学生查找资料，在深化教材观点时选择课外典型事例等。然而，在实际的教学中，我们经常发现一些学生对于收集信息不知从何处着手，即使一些学生查找到了资料，也不知道哪些是对自己有用的，哪些是无关的；在课堂回答问题时，常常看到学生机械地照本宣读他们找到的资料，却无法表达自己的理解...... 这种单向的交流和报告缺乏对话、思维碰撞和情感体验，导致课堂效率低下。

三、板厂小学经验:通过道德与法治课课前调查,培养学生信息素养的行动研究

(一)研究问题

本研究主要涉及3个问题。

(1)在道德与法治教学中,探索培养学生信息意识和信息素养的途径和方法。

(2)在道德与法治课程教学中,构建培养学生信息素养的教学模式。

(3)通过培养学生信息能力和信息道德,促进学生健全人格的发展,提高他们的创新精神和实践能力。

(二)研究目标

培养学生的"信息素养",促进学生整体素质的全面和谐发展,为学生的终身学习奠定基础。本研究主要有两个目标:

(1)提升对信息和信息社会的认识、态度和参与度。重视培养学生主动、积极参与信息社会的态度,不仅要接受信息,还要培养学生主动进行信息加工和创造,能够自主、创造性地解决问题。

(2)提升信息应用的实践能力。培养学生在给定的课题、目的和问题下,能够合理运用一定的信息手段,独立或与他人协作进行信息收集、分析、加工等,并能与他人共享自己的研究成果,进而能够自主进行命题作业。

(三)现状调查

本研究主要选择了四年级的四个班级的学生作为研究对象,根据学生完成任务的情况分为四种类型,具体如表1所示。

表1 课前调查任务完成情况统计表

班级	项目				
	人数	主动完成	在老师要求下完成	自己查资料	选择性收集资料
四(1)班	39人	9人	30人	39人	29人
四(2)班	37人	19人	18人	26人	20人
四(3)班	40人	11人	29人	18人	26人
四(4)班	38人	22人	16人	17人	24人
总计人数	155人	61人	93人	100人	99人

以上调查结果显示,学生对课前调查缺乏兴趣,但在老师的要求下也能主动完成。因此,他们对课前调查并不陌生,并且具备独立收集资料的能力。多数学生能够选择与主题研究相关的资料,大部分学生初步具备信息意识和信息素养。

表 2　资料收集途径统计表

班级	项目				
	人数	网络	书　报	采访调查	电视
四(1)班	39 人	30 人	8 人	16 人	20 人
四(2)班	37 人	28 人	10 人	20 人	8 人
四(3)班	40 人	32 人	10 人	17 人	9 人
四(4)班	38 人	35 人	3 人	14 人	7 人
总计人数	154 人	125 人	31 人	67 人	44 人

本次调查结果显示(表 2),学生收集资料的途径多样,但大多数学生选择网络作为省时、快捷的收集资料方式。这说明学生获取信息的途径相对单一,完成任务的目的性较强,但对所收集的资料缺乏自主思考和甄别能力,缺乏通过日常生活观察和积累信息的意识。

(四)行动改进

基于前期的现状调查,板厂小学进行了相应的行动研究。具体来说,在道德与法治课程中培养学生的信息素养,将课前调查作为主要实施手段。经过一个学期的教学工作中的行动改进,总结出通过道德与法治课课前调查培养学生信息素养的行动策略,具体如下。

1. 加强方法指导,让学生掌握收集资料的途径和方法

课前让学生提前介入所学内容,因为学生往往无法根据教材内容判断需要收集哪些资料,容易陷入资料的海洋而不知如何取舍。因此,课前调查的成功开展取决于学生是否知道要调查什么,以及如何进行调查。

(1)将调查内容问题化。将调查的内容设计成具体、可感知、有联系的小问题,使学生的调查有据可依、有序可循。例如,在《富起来,强起来》这一课前,我们可以让学生调查北京发生的变化。如果笼统地要求学生调查北京的变化,学生可能会感到茫然。我们可以以问题的形式引导学生发现调查的内容:和我们日常生活密切相关的是什么?(衣食住行)你的衣食住行发生过哪些变化?这些变化与改革开放有什么关系?通过一系列问题,让学生的调查贴近生活,有了明确的内容。改革开放以来,北京发生了巨大的变化,想知道这些变化有多大吗?去问问你们的家长吧!这两个问题突出了课前调查的目的,由“发散”到“收敛”,指导学生根据现有资料与目的进行对照,以便在选择中加以取舍。同时,指导了本次调查的途径和方法的选择。对于不同的调查内容,学生应选择适合的途径和方法。以本次调查为例,采访家人是非常适用的方法,因为家人本身就是信息资源。在本次课前调查的汇报中,由于学生收集的信息主要来自家人,所以汇报更亲切自然,易引发听众共鸣,学生的感悟也更自然流露。同时,这也加深了家人之间的沟通,并引起了家长对课前调查的重视。

(2)将调查内容规范化。老师将要调查的内容设计成表格的形式,具有简化烦琐、明确清晰的效果。在学习《合理消费》这一课前,布置学生调查不同购物场所中物品的价格,我们可以与学生一起讨论并设计一张操作性较强的表格。如表 3 所示。

表 3　我是小小调查员

物品	地点			
	大型商场	小商店	超市	批发市场
中华牌铅笔（每盒价格）				
5 号南孚电池（每节电池）				
我的发现：				

例如，在学习《家乡物产养育我》这节课中，可以布置学生使用表格进行课前调查，这有助于学生对材料进行分类，使他们在整理资料时不再只关注“数量”，而更注重“质量”。通过这样的方式，可以培养学生围绕主题整理资料和培养他们学习有条理的能力。如表 4 所示。

表 4　调查表

物产名称称	我家喜爱它的人	特色	你还知道它的哪些故事

表格清晰地呈现了调查内容，使其条理有序、一目了然。学生们觉得调查变得并不困难，自然而然地愿意坚持下去。此外，我们还应该根据具体的内容指导调查的过程和方法，让学生明确先做什么再做什么，预见到调查中可能遇到的困难并提供解决办法，从而使调查不再让他们感到无从下手。

2. 训练和培养学生自觉积累各种资料和信息的良好习惯

（1）任务早布置，材料早搜集。《道德与法治》学科每册的教材内容并不是很多。在学期初，我有意与学生一起仔细阅读每一课的学习内容，共同发现需要扩展和准备的教学材料，以便在课前准备时明确搜集的方向。同时，对于需要较长时间积累或实践的内容，我们可以提前安排充足的时间和空间。我还利用寒暑假期，通过提前备课熟悉教材，将每个学期要求学生搜集的资料和大致完成时间制作成一张表格，并向每位学生提供活动方式的建议。例如，针对《家乡交通的发展》，我向学生推荐了汽车博物馆和公交博物馆；而对于《我生活的地方》，我推荐了电视节目《这里是北京》……这样有助于学生自主安排和调控搜集资料的时间，并鼓励他们在日常生活中多留意相关信息，及时摘录，避免流失。

学生首先在老师的指导下发现了生活中无处不在的信息和丰富的资料，从而对课前调查产生了亲近感。然后，他们逐渐培养出善于观察生活并主动挖掘资料的良好习惯。

（2）及时评价，多元评价。及时评价能够起到引领、导向和促进的作用，因此每次学生完成课前调查后，教师应给予他们及时、恰当的评价，以激发他们积极搜集信息的热情。评价不仅要关注资料的质量，还要关注学生参与调查的态度。具体包括以下几个方面。

①评价主体多元化。鼓励学生自我评价、互相评价和小组共同评价，鼓励教师和家长一

同参与评价过程。

②评价方式多样化。可以使用打分、画五角星、绘制学生喜欢的图案,撰写激励性的教师评语。在课堂上,当学生进行交流时,可以通过点头、微笑、竖起大拇指等动作来鼓励他们。

③搭建展示平台。在学校楼道中设置"道法小窗口,智慧大世界"的道德与法治小报展板,学生可以将自己收集到的有价值资料制作成道德与法治小报,并以班级为单位或挑选优秀作品进行展示,供全校同学参观、阅读和欣赏。这样,学生不仅能共享资源、拓宽视野,还能从中获得巨大的鼓舞,从而在下次的调查活动中表现得更出色。我还创建了学科微博,学生的作品也可以在微博上展示,方便家长了解学习情况,并得到家长的支持。这样在家里,孩子也能及时获得鼓励。

(五)研究结果与结论

在进行了一个学期的道德与法治课前调查和学生信息素养培养的实践研究后,我们再次对学生进行了调查分析,得出以下结果。如表5所示:

表5 道德与法治课课前调查情况完成表

班级	项目				
	人数	主动完成	在老师要求下完成	自己查资料	选择性收集资料
四(1)班	39人	32人	39人	39人	39人
四(2)班	37人	31人	37人	31人	37人
四(3)班	40人	37人	40人	37人	40人
四(4)班	38人	34人	38人	36人	38人
总计人数	154人	134人	154人	143人	154人

与初次调查相比较,结果显示100%的学生参与了课前调查,学生的主动性明显提高,独立收集信息的学生数量增加了,能够有选择性地收集资料的学生比例提高了35.7%,这表明学生对课前调查的目的有了更明确的认识。信息意识和信息素养也有所提高。如表6所示:

表6 道德与法治课调查方式统计表

班级	项目				
	人数	网络	书 报	采访调查	电视
四(1)班	39人	36人	15人	37人	20人
四(2)班	37人	34人	19人	37人	17人
四(3)班	40人	37人	12人	40人	23人
四(4)班	38人	35人	13人	33人	21人
总计人数	154人	142人	59人	144人	71人

与初次调查相比较,本次调查结果显示使用网络收集信息的学生增加了 52.6%,同时使用其他途径收集信息的学生人数也有不同程度的提高,这说明学生的信息收集途径更加多样化,他们知道根据调查内容选择适合的途径来搜集信息。更令人欣喜的是,全年级还有 23 名学生能够及时记录下他们从日常阅读、观看电视和听广播中发现的有价值信息,虽然人数不多,但可以看出学生在日常生活中善于观察和积累信息的意识在增强。

学生信息素养的提高在课前调查活动和课堂汇报交流中得以体现。学生在交流汇报中表现出更高的积极性,自发地展开辩论,而辩论又促进了学生对信息的辨析能力,培养了他们解决问题的能力。

信息素养的培养涉及学生的思维和认知、情感和动机,以及行为方面。通过在道德与法治课的课前调查中培养学生的信息素养,我们实现了从静态到动态的转变,使得天涯之间的距离变得近如咫尺。这不仅真正体现了学生的主体性,激发了他们的主动性,丰富了感性认识,启发了思维,还提高了课堂的效率。更重要的是,在信息的搜集和处理过程中,加强了书本知识与现实生活的联系,开阔了学生的视野,对于他们终身学习和形成正确的人生观和价值观起到了积极的作用。

跨学科理念下小学美术课堂教学策略研究

一、跨学科理念下小学美术课堂教学的内涵

跨学科教育在同等意义上也可称为交叉学科、多学科、综合学科或复杂学科，它基于本位学科与其他学科的对话与交融，实现学科之间的交叉与互渗。1989 年美国学者舒梅克（Shomaker）对跨学科教学的定义是“教学将打破学科界限，组合课程的各个方面，建立彼此之间有意义的联系，从而使学生在广阔的领域中学习。”杭州师范大学的张华教授在《论理解本位跨学科学习》中指出，“跨学科本身是一种研究方法，通过整合两门或多门学科的方法和内容进行学习，将不同学科思维进行融合，从而解决生活中的各种实际问题。”对于我们的美术课堂来说，可以将美术与音乐等学科进行快速融合，但同时要遵循概念的同时，教师更应抓住美术本位，适当地整合跨学科的知识范围，不脱离课程内容，紧密结合课题和教学目标。在美术教学中，对知识点进行简洁明了的总结，才能使学科课程得到有机结合。

随着基础教育课程改革的不断深化，国家对具备跨学科素养和综合实践能力的需求日益增加。《义务教育课程方案（2022 年版）》中特别提到了“加强课程综合，注重关联”，强调课程内容与学生经验和社会生活的联系，强调学科内知识的整合，以及综合课程和跨学科主题学习的综合设计。而《艺术课程标准（2022 年版）》中的课程理念也强调：坚持以美育人；重视艺术体验；突出课程综合。因此，跨学科学习能够培养学生在真实生活情境中综合运用知识解决问题的能力。此外，跨学科教学理念还丰富了其他学科教育实践和任务活动，教师和学生都能从不同学科的视角进行思考和学习，激发学生的学习兴趣，拓宽他们的知识视野，并最终提升学生的艺术核心素养。

二、跨学科理念下小学美术课堂教学的价值

跨学科理念下的小学美术课堂教学，教师通过围绕“大概念”（Big ideas）和基本问题展开教学活动。“大概念”（Big ideas）超越了固有的学科分割，可以涵盖个人经验、文化情境，也可以涉及社会或科技议题，或以不同的美术表现形式进行表达，甚至与其他学科进行融合。

在课程活动中，美术学科与其他学科的融合以及与现实生活的紧密联系，能够有效突破各学科自身的限制，进一步改革和创新小学美术课程的教学模式，从而达到教学课程的最优效果。传统的学科取向课程体系关注的是学科知识本身，注重学科完整知识体系的建构，而跨学科理念下的教学打破了学科知识的边界，强调根据学生的学习经验组织学科知识，重视审美教育、情操教育、心灵教育，培养想象力和创新思维等重要课程，具有审美性、情感性、实践性、创造性和人文性等特点。因此，跨学科理念下的教学有利于提升学生的知识运用和问题解决能力。

例如，通过开发教材设计的《龙头饰》一课，学生们可以通过语文的课外阅读初步了解

龙的传说和故事,了解与龙相关的知识,如皇帝穿龙袍、传统瓷器或建筑上的龙纹样,以及与龙相关的成语如叶公好龙、画龙点睛、龙马精神等。通过学生的反馈,发现学生对龙的起源以及我们为什么是龙的传人文化的了解还有欠缺,因此将与龙文化相关的品社学科内容与之结合,在制作龙头饰时运用各种卷、撕、折纸的技巧巧妙地添加各种装饰,让龙的眼睛立体突出。通过任务驱动的方法,让龙头饰的眼睛可以动起来,增加学生的兴趣,提升头饰整体造型的表现力,从而使学生对中国传统龙文化有更深刻的理解。在拓展环节,伴随着《龙的传人》这首音乐,学生们可以带着龙头饰一起唱歌走到展台并集体合影,一起说:“我们都是小龙人”。总之,在新时代背景下的美术课程教学中,要重视与其他学科的有效融合,将多学科的优势和特点融入小学美术学科教学中。这样能展示各学科独具特色的不同内涵,充分激发学生对美术学习的热情,在多学科交融和升华的境界中,开阔学生的视野,激发美术课堂的生命力,使小学美术课堂教学达到最优效果,提升学生的艺术修养和综合素质。

三、跨学科理念下小学美术课堂教学的路径

(一)与语文学科的融合——凸显文化素养

在全套美术教材中,“国画系列”的知识体系占据了非常重要的位置。特别是在中高年级,学生对美术的了解相对较多,已经积累了丰富的知识和经验,其抽象思维、综合运用知识和动手制作能力也相应提高。尤其是在高年级,除了学习更多的美术知识和技法外,培养学生感受中国画的意境之美,体会中国画的文化内涵,增强学生对中国画的理解和学习兴趣尤为重要。

著名诗人苏轼曾对王维赞美道:“品摩诘之诗,诗中有画;观摩诘之画,画中有诗”。这句话充分说明了美术与文学之间紧密的联系。在语文课上,学生们诵读了许多唐诗宋词元曲,其中许多描写了建筑、山水、花卉等的古诗,例如《黄鹤楼》《采薇》《咏梅》等。而人美版小学美术教材中也包含了《中国画——山水画法》《中国画——建筑画法》《中国画——梅花画法》等课例。通过古诗作为纽带,将语文与美术两个学科有机地结合在一起,学生既能更深刻地理解中国传统古诗词的意境和作者的思想,又能将传统古诗词作为中国画创作的灵感和源泉,进一步提升学生的文化理解能力。

(二)与品社学科的融合——激发文化自信

新课程标准要求教学过程具有选择性和多样性。例如,在泥塑课程中,它作为小学美术教育的重要组成部分,通过多样化的造型让学生亲自动手参与,从而激发学生对美术的兴趣,提高学生的审美水平。教师为了让学生能够充分自主选择表现手段,发挥他们的创新能力和想象力。

在《泥条造型》课程中,将教学延伸到品社学科,让学生了解我国是一个拥有几千年历史的文明古国,掌握相应的历史常识,了解中华民族对世界文明的重大贡献。对于泥塑课程,教师可以引导学生了解人类文明中的陶器文明。例如,湖北省的系马口陶是三大民窑之首,始于明朝隆庆年间。经过数百年的发展,工匠们技艺高超,无需画稿,信手挥刀,在陶坯上迅速绘制花卉和人物图案。“马口陶”是楚汉文化的一部分,是我国民间工艺美术的珍宝。陶器在我国不同的历史时期和地域都扮演着重要的角色,伴随着人类文明从古至今。这样的学习能够引导学生从多个角度感受祖先的智慧,让学生领略人类智慧与创造的魅力,

激发学生对文化的自信和对传统文化的热爱，同时提升学生的文化理解能力。

（三）与数学学科的融合——促进空间思维

数学的几何图形具有极高的美学价值。它不仅可以辅助提升小学生在美术课程中的作画能力，还可以让学生在传统的比较枯燥的数学学习中逐渐变得积极快乐，并能将所学知识灵活运用于生活实践中。

数学学科在美术课程中融入了多个领域，从设计生活物品到服装设计，再到各种造型独特的房屋建筑，几何图形无处不在，给人以令人震撼的美学视觉冲击。如果缺乏数学几何图形的知识，学生在美术学习中的空间想象能力就会面临很大困难，最终导致造型能力的不足。例如，在《建筑纸模型》这节课中，属于设计应用领域，运用数学中的立体图形，通过折叠成型的方法，运用纸工剪、刻、推、拉等技能制作建筑模型。将二维平面转化为三维立体雕塑。学生通过动手操作，将日常生活中的用品与建筑联系起来，创造各种立面、立柱和立体实体，培养学生观察美、发现生活美的意识，有效激发了学生的创新实践能力。

（四）与音乐学科的融合——陶冶审美情操

音乐是由人声或乐器音响等配合形成的一种艺术，是世界八大艺术之一，属于听觉艺术，具有极高的感染力和想象力。在美术教学课堂上，通常以背景音乐的形式出现，但很少与课程结合。然而，恰当的音乐运用可以给人带来无限空间的遐想，激发艺术的震撼并产生情感上的共鸣。

美术与音乐相辅相成，如果在课堂上合理结合二者，将会产生意想不到的效果，激发学生的学习热情。例如，在《快快乐乐扭秧歌》这节课中，通过播放《百鸟朝凤》这首音乐，并结合扭秧歌的动作，创设情境，引导学生使用道具，随着音乐舞动，更深入地体验秧歌文化，提升文化理解能力。美术课堂展现出生机勃勃的教学效果，在音乐的陪伴下，充分调动学生的动觉、视觉和听觉。通过学生的思考、想象和感受，将抽象的流动音乐旋律最终以视觉艺术的形式呈现出来。整个过程使得动与静相得益彰，二者融合的教学方式符合动静搭配的原则。学生通过体验和感受，享受我国非物质文化遗产秧歌文化所带来的欢乐氛围。

（五）与科学学科的融合——提升认知能力

科学是小学课程体系中的一门重要学科，它涵盖了自然、地理、物理等多个学科的内容，旨在让学生了解自然和社会中的各种现象和问题。将美术与科学有机地融合在一起，可以促使学生深入了解各种动植物和事物的特点以及它们的生活环境，例如花朵、鱼类和昆虫等。通过观察和触摸，记录和描绘实践活动，不断提升学生的科学认知能力，并最终以美术作品的形式呈现出来。例如，《美丽的植物》这节课可以与科学课程中的花卉单元结合，在室外进行美术写生课程，观察花朵的形状和结构，然后通过美术的表现形式进行组合创作。这节课为后续的科学课程进一步学习花卉打下了基础。另外，还有《科幻画》这节课，它是一门关于科学幻想的课程。学生在进行创作时，不是凭空胡思乱想，而是基于一定的科学知识和原理进行合理的想象，最终运用美术表现形式创作出自己的作品。通过在自然科学领域的感受和体验，学生不仅提高了科学认知能力，也增强了审美能力。

（六）与信息技术学科融合——增强创新意识

我国《教育信息化十年发展规划（2011-2020年）》中提出了探索现代信息技术与教育的全面深度融合，以信息引领教育理念和教育模式的创新，充分发挥教育信息化在教育改革和发展中的支撑与引领作用。现今的美术课堂教学不再局限于白板软件的应用。在我的《电脑美术——电子贺卡》这节课中,我将 iPad 软件和手机软件引入了课堂。学生在之前的学习中已经初步掌握了 iPad 电脑绘图工具的使用。

在这节课中,通过欣赏教材和老师的电子贺卡作品,学生了解了贺卡的组成要素,并学习了 APP 软件的使用方法。学生自主总结了制作贺卡的步骤,并在尝试软件过程中发现问题。由于学生在日常生活中对 APP 有着丰富的经验,所以他们之间进行了相互交流,积极讨论,从而大大增加了讨论的频率,成功解决了问题。这样的学习方式培养了学生自主探究问题的能力,进一步激发了他们对学习美术的兴趣。

参考文献

[1] 许书萌,蔡敏. 美国高校跨学科教学策略研究[J]. 煤炭高等教育,2008,(01): 95-97.

[2] 张华. 论理解本位跨学科学习[J]. 基础教育课程,2018,(22):7-1

[3] 中华人民共和国教育部. 艺术课程标准: 2022 年版[M]. 北京:北京师范大学出版社,2022.

[4] 钱初熹. 以扩展与挑战培养学生核心素养的“大观念”视觉艺术课程研究[J]. 美育学刊,2019,10(04):1-9.

浅谈小学体育教学中的自主学习

一、小学体育教学中自主学习的内涵

学者齐莫曼教授认为，当学生在元认知、动机、行为三个方面都处于积极地参与状态时，他们的学习就是自主的。也就是说，自主学习的学生在元认知方面能够计划、组织、自我指导、自我监督和自我评价学习过程的不同阶段和任务；在动机方面，能够把自己视为有能力的自律者，对完成学习任务有充足的信心，并通过成功的体验来增强学习动机；在行为方面，能够选择、组织、改造和变革学习，以达到最佳效果。我国学者庞维国将“自主学习”概括为：建立在自我意识发展基础上的“能学”；建立在学生具有内在学习动机基础上的“想学”；建立在学生掌握了一定学习策略上的“会学”；建立在意志努力上的“坚持学”。

尽管国内外学者对自主学习的概念并不统一，但他们为我们揭示了自主学习的实质。自主学习往往指学习者充分发挥主观能动性，根据自身情况选择不同的手段和途径，明确学习目的，在教师的引导下努力获取新知识，从而增强自身学习能力。教学模式指的是反映特定教学理论的一系列教学形式和策略，旨在实现特定教学目标的模式化教学活动结构。它是特定教学理论的应用形式，是可在教学实践中操作的具有特定程序的教学理论。

二、小学体育教学中自主学习的价值意蕴

(一)有利于释放学生身体学习的能动力量

1. 自主学习释放了学生的视觉能力

观察是一种有目的、有计划、需要积极思维参与的长期感知活动。在教学中，我们应充分利用教材提供的条件，让学生学会观察。尊重学生的兴趣，先让他们自由观察，然后给出观察的目标和任务，让他们在观察中主动掌控自己的感知，将注意力集中在特定的现象上，学会用智慧的眼睛寻找周围的知识。

2. 自主学习释放了学生的口头表达能力

对于熟悉和感兴趣的内容，学生愿意表达自己的想法。通过个人陈述、小组互相交流、四人小组讨论等形式，每个学生都有口头表达的机会，可以表达自己的感受和想法。让学生在课堂上能够说出类似于“我认为”，“我发现”，“我还有补充”的语言，充分体现学生在学习中的主体地位，使学生真正成为学习的主导者。同时，教师也参与学生的交流讨论中，用准确、标准的语言影响学生，使他们的语言更有条理、更有逻辑性，表达更充分。

3. 自主学习释放了学生的思维能力

要给学生留下思考的空间，放手让学生实践。学生通过积极思考和探索，在体育学习过程中发现和体验，让学生感受到体育的魅力和活力。

4. 自主学习释放了学生的身心

课堂是师生共同创造奇迹、唤醒各自潜能的时刻。通过让学生自主活动，释放身心，不

仅能使全体学生积极主动地参与学习过程,掌握新知识,还能培养学生的综合能力,促进学生思维的发展。

(二)有利于发挥在体育学习中的独立性和创造性

学生们希望通过体育活动展现自我,发展个性,发挥在体育与健身学习中的独立性和创造性,构建旨在培养创新精神和实践能力的体育学习方式。

(三)有利于创造以学生为中心的主动学习环境

扭转被动地位,改善学习方式,从主动学习的特点出发,创造以学生为主角的主动学习环境。为学生提供一定的自主学习空间和时间,让学生有思考和想象的余地。这也是课程改革所追求的最终目标。

三、小学体育教学中自主学习的教学策略

在课堂教学中,通常会采用多种教学模式并存,而不是单一独立的模式。例如,讲授法不能只有讲和学而没有学生的体验,自主式学习也不能完全让学生自己学习而没有教师的正确、合理引导。因此,教学模式应该多种并存,但也不能过多,最好选择2~3种为宜,以一种教学模式为主,其他为辅。在以自主式学习为主的教学中,要注意考虑不同年级学生的年龄特点,以及不同内容掌握的重点和难点等。

(一)运用合作学习构建自主探究教学模式

小组合作学习是体育课堂教学中采用的主要合作方式。首先,将班级中的学生划分为若干个学习小组,每个小组由优秀生、中等生和学困生按1∶2∶1的比例组成,实现“组内质异,组间质同”。为了给学生公平竞争提供良好的外部环境,以激发彼此之间的互相激励效应。每个小组指定一名组长,初始阶段通常由优秀生担任,一段时间后轮流由其他组员担任。组长有权根据情况安排发言顺序和组内工作分配,负责监督组员的知识掌握情况等。必须给组内成员均等的机会发表观点,不能由组长一人包办代替,尽量避免学困生只充当“听众”的情况发生。

重视合作学习,扩大学生自主学习的范围。随着所学知识的不断深化,对于一些技术性较强的学习内容,仅依靠自主学习小组可能会感到有些困难。例如,在学习前滚翻起立接球的内容时,目标学生是三四年级的学生。中年级学生已经具备一定的合作学习能力,并且在低年级已经学过前滚翻的动作,具备了一定的技术基础支持,因此可以采用自主学习与合作学习相结合的教学模式。前滚翻起立接球动作的一个难点是抛球时机的把握。如果通过讲授法让学生理解何时应该抛球,学生可能能够理解,但很难掌握。教师也无法通过声音提示的方式统一发令,因为每个学生的滚动速度不同,会导致一些学生还没完成滚翻就已经接到球,而其他学生可能已经站好了球还没传递到位,而且抛球人的力量和抛球弧度也无法由老师来控制。因此,在这种情况下,需要给学生充分的时间,让他们以两人一组的形式进行自主学习。学生在自主练习的过程中培养默契,抛球的学生要找到合适的时机,即同伴滚翻到何种程度时开始抛球。教师应该走到学生中间进行个别指导。学生在练习中会自我调控练习的次数,例如,如果一个学生已经较好地掌握了技术,只需要练习1~2次就能完成动作,那么他可以在练习中减少几次练习的机会,让技术稍差的学生有更多的练习机会,通过多次练习提高学习效果。虽然两个学生的练习次数不同,但都达到了预期的目标。这是传统的讲

授法所无法实现的，而且还能有效地提高技术较好的学生的练习兴趣和动作质量。当练习达到一定水平后，学生可以自主练习不同方式的前滚翻起立接球，例如自抛自接、两人对抛等增加难度的练习。由于学生的水平不同，如果教师只关注大多数学生，在一声哨响后只做一次练习，那么将限制少数学生的发展。与其如此，不如给他们一些自主练习的空间，让他们摆脱束缚并提高发展水平。

（二）运用激励性学习建构自主创新教学模式

培养兴趣，激发创新的欲望。兴趣是学生学习的基础，也是获得知识的起点，同时也是学习的主要动力。因此，在教学中引入情感因素，将学生的学习从传统的认知活动转变为由操作的认知心理系统和动力的情感心理系统共同参与的全面心理活动。激发学生的认知兴趣，使自主学习成为学生内在的迫切需求。而活跃的课堂是教师追求的理想形式。例如，在障碍跑游戏中，我设计了主题为“勇敢者的道路”和“小小长征路”的不同情景，以激发学生的活动意愿，让他们既“想动”又“爱动”。当学生完成了较高难度或平时难以完成的活动时，要及时让他们展示，让他们感受到成功的喜悦，这有助于维持学生的兴趣。

只要教师充满乐趣、善于引导和创新，就一定能促进学生的乐于学习、善于学习和创新能力的发展。学生的创新精神和创新能力在潜移默化中得到培养。教师非常注重学生的情感体验，让学生在成为创新主体的过程中获得成功的体验。这种成功的体验不仅来自教师、集体、学校和社会的认可和接纳，还来自对自我价值和力量的认知、发现和肯定。这是一种内在驱动的激励力量，它激励学生充满对自身价值和能力的信心，对学习产生更深层次的兴趣和动机，迎接新的挑战，进行新的学习，取得更多更大的成功。作为学习主体的学生将在愉快创新的学习中体验到其他活动所没有的高层次愉悦——创造的愉悦。在模仿各种动物跳跃的教学过程中，教师根据低年级学生喜欢唱儿歌的特点，将教学内容编成儿歌让学生演唱，效果非常好。学生不仅学会了编写儿歌，还学会了不同动物的跳跃方式。虽然这些儿歌很简短，但它们是学生自己创作的，符合他们的兴趣，而不是教师强加给他们的，因此学生学得非常愉快，完全沉浸在成功的喜悦中。这难道不正是创新能力的体现吗?

（三）运用差异性学习建构自主体验教学模式

针对基础差异，采用分层教学。根据学生的能力和身体基本素质的不同，可以分为三种不同层次：优秀生、中等生、学困生。在教学的各个环节上，要面向所有学生，尊重学生的基础差异，保护他们的自尊心，树立自信心，使每个学生的学习潜力得到有效的开发，让全体学生获得不同程度的发展。在一年级学生学习立定跳远时，我针对不同类型的学生设计了不同层次的学习目标供学生选择，以实现有效的学习，并促进学生的共同发展。在课前的场地布置中，我设置了两根长绳和几根短绳，将两根绳之间的距离由近及远进行固定。在教学过程中，我让学生根据自身的能力自主选择合适的距离进行跳远练习。在练习中，学生积极主动，课堂的教学氛围非常活跃。有些学生一开始就选择了较远的距离进行练习，结果跑过来告诉我：“老师，我跳不过去。”我微笑着提醒他：“你可以再选择一个你能跳过去的距离进行练习啊。”还有一些学生在能跳过某个距离后仍停留在原地练习，这时候教师的启发起到了作用，我走过去对他们说：“你们跳得很好，但为什么不尝试一下更远的距离呢？看看自己是否也能跳过去。”在整个教学过程中，学生能够积极投入学习，在完成适合自己基础的学习目标的同时，逐步努力追求更高的目标。

根据学生的基础,适当采用灵活多变的教学方法。如果学生没有任何技术基础,就必须先使学生初步掌握技术要领,然后再进行自主式学习。否则,如果让毫无基础的学生自己去学习、探究新的技术动作,等到学生掌握了错误的动作后再去纠正,将会非常困难。此外,体育学科还必须考虑安全因素。如果没有技能基础的学生盲目进行自主学习,容易出现安全隐患。因此,在学习技术性教学,尤其是在低年级时,教师要注意如何把握自主式学习方式。在我进行二年级持轻物掷远这一课时,更加注重学生的自主性评价。低年级的学生在捡投掷物时容易奔跑、推挤、争抢,还可能引发一些安全事故。尽管教师已多次提出要求,但每次仍有学生出现这种现象。为了避免这种情况,我采用了"走大步、数步数"的方法,让学生自己去捡投掷物。这样一来,学生会注意捡起自己的毽子,同时避免奔跑和推挤。此外,使用这种评价方法还可以让每个学生都得到相对客观的评价。通过比较学生前后几次练习的步数成绩,让他们自己评价自己是否在练习中取得了进步,进步有多大。这可以提高学生的进取欲望。

过去,我们常常用同一标准来衡量每个学生,我认为这在某种程度上并不合理。例如,在这节课中,如果只使用固定的标准作为准绳,那么一些学生可能仅仅通过稍加学习动作方法就能凭借较好的身体素质轻易达到优秀水平,这可能会导致这些学生产生骄傲或随意的状态。他们总是投得最远,最受关注,这样就失去了学习的积极性。而一些身体素质较差的学生可能动作质量很高,但由于自身力量等原因总是达不到优秀水平,这也可能打消他们的积极性。使用"走大步、数步数"这种方法相当于给每个学生发放一把尺子,也就是用一把尺子来衡量一个学生。让学生通过体验自己的进步,调动每个个体的学习积极性。

参考文献

[1] 燕国材. 素质教育论[M]. 南京:江苏教育出版社,1997.
[2] 钱源伟. 基础教育研究改革研究[M]. 上海:上海科技教育出版社,2001.

专题五　智慧教育作业设计的类型

导师评析

智慧教育指向学生的智慧成长,涉及学习环境、教学方式、教育管理以及教学评价的智慧转型与升级。在“双减”背景下,作业的改良与科学设计代表着教育理念从“育分”到“育人”,并回归育人的初心与规律。在学校智慧教育理念的引领下,作业逐渐成为教师引导学生自主学习的活动。在本章中,无论是英语、语文、科学还是数学学科,教师们利用学校资源、智能技术等打通了学生学习和兴趣之间的壁垒,实现了万物互联,思维互通,使学生能够在完成作业的过程中获得个性化的成长。同时,智慧教育引领下的作业还增加了学生的社会参与性、实践性和真实性,使教育充满活力和趣味。总之,智慧教育为作业设计提供了全新的视角,不仅让教师在设计作业时考虑学生的过去,关注学生的现在,而且大胆展望学生的未来综合素养需求,真正打通了学生学习的最后一段路程。

指导教师　贺文洁

“以质启智”的智慧型作业设计创新探究

2021 年 7 月 24 日，中共中央办公厅和国务院办公厅发布了《关于进一步减轻义务教育阶段学生作业负担和校外培训负担的意见》。其中第二条明确提出了“全面压减作业总量和时长，减轻学生过重作业负担”的指导意见。作业设计直接影响学生核心素养的培养，与教育活动的其他方面密切相关。作业研究是在原有课堂教学研究的基础上进行深化和推进的工作。在“双减”政策的背景下，我们教师需要根据情境和任务深入研究作业设计，布置高效、科学且有质量的作业，帮助学生积极参与语言实践活动，真正减轻学生过重的作业负担，激发他们的智慧，促进轻松、健康、愉悦的成长。

智慧教育是基于信息化发展而形成的新型教育形式，借助人工智能、大数据、物联网等新兴技术，利用网络和智能设备来推动教育模式的变革。在学校的智慧教育中，我们采用智慧教学的方法，帮助学生进行有针对性和个性化的学习，培养智慧型小学生，他们擅长学习、懂得合作、具备创造力并能够解决问题。

这些能力的培养需要通过课堂教学来实现。课堂教学是教师完成教学和课程实施任务的重要环节，而作业则是课堂教学的延续，承担着课程目标的诊断和教学改进的功能，与校内学习形成互补优势。作业的重要体现是它是学习活动的一部分，学生通过完成作业来进行自我探究，这与杜威主张的“教育即生活”“教育即成长”“教育即经验改造”的教育思想是一致的。在管理学中，全面质量管理活动的过程是由四个环节组成的循环。全面质量管理理论的四个环节分别是计划（Plan）、实施（Do）、检查（Check）和处理（Action）。P（Plan）计划阶段包括确定方针和目标，并制定活动规划。D（Do）执行阶段根据已知信息设计具体方法、方案和计划布局，然后根据设计和布局进行实际操作，实现计划中的内容。C（Check）检查阶段总结执行计划的结果，区分哪些是正确的、哪些是错误的，明确效果，并找出问题所在。A（Act）处理阶段根据总结检查的结果进行处理，肯定成功的经验并加以规范化，同时总结失败的教训并引起重视。对于未解决的问题，应提交给下一个 PDCA 循环来解决。以上四个过程并不是只进行一次，而是不断循环进行，一个循环完成后，解决一些问题，而未解决的问题则进入下一个循环，实现逐步提升。

PDCA 作为一种循环上升的闭环，在学习的质量管理中发挥着关键作用。作业和课堂教学是相互配合的关系，最重要的目标是减轻负担并提高效率。因此，我认为可以利用 PDCA 理论进行管理和监控。

一、计划环节——智慧型作业设计的前期准备

计划环节旨在明确需要解决的问题，并对解决方案进行假设。在学校组织和引领下，教研组的研讨中确定了本学期的作业原则：一是精选内容，控制作业总量；二是丰富形式，提高作业实效；三是巧设梯度，实现作业自主。以部编版语文教材四年级上册第二单元为例，在教学过程中运用提问策略进行阅读，尝试从不同角度思考并提出问题。这个单元的语文要

素旨在引导学生从多个角度思考并提出问题,培养他们的提问方法和阅读能力。因此,在作业设计方面,我们根据教材内容循序渐进地引导学生学习提问。从感受提问策略开始,逐步学习多角度提问,并筛选出对理解课文最有帮助的问题,最后综合运用提问方法尝试独立阅读,逐步推进。教研组还根据本单元的具体情况进行学生学情分析,通过学生自主预习后进行的预习单进行前测,了解学情,对学生在本单元语文要素方面的实际能力水平有所了解,找出学生的问题点和作业设计的发力点。

二、实施环节——智慧作业设计的进行过程

实施环节是按照预定方案进行计划的阶段。在计划环节完成作业设计的信息收集后,我们通过加强教研组建设,教师首先通过资料搜集和教研组内研读,明确单元的语文要素和教学方式,确保方法的实施。在清晰的课堂教学设计基础上,我们立足于整体单元,精心设计“套餐式”常规作业。

(一)完成作业设计的收集、统计和分析工作

例如,《一个豆荚里的五粒豆》这篇文章在阅读过程中,我们要培养边读边提出问题的习惯和能力,这有助于归纳文章的主要内容。如果能够根据文章的顺序提出相应的问题,就可以用问题来概括课文的主要内容。在教研时,教师们可以预设一些可能会被学生提出的问题,比如第五粒豌豆为什么像“一个囚犯”?为什么它长得却很好?这个故事让我们明白了什么?通过解答这些问题,就能得到文章的主要内容。在教授《夜间飞行的秘密》这篇文章时,我们鼓励学生思考他们从蝙蝠身上得到了什么启示,了解蝙蝠和雷达的关系,激发学生对科学的兴趣,培养他们勇于创新的科学精神。这有助于改变学生被动阅读的状态,培养积极思考的习惯,并深入理解文章的内容。

(二)结合教材内容完善作业分析工作

在设计本单元的作业时,我们打破了课文之间的界限,使每篇课文既承担学习新提问方法的任务,又承担巩固练习的任务。例如,在学习完《一个豆荚里的五粒豆》后,设计了如下基础性作业:自行阅读第6、7、8三课,选择一至三篇课文,分别针对整体和局部进行提问,制作问题清单。这样一来,不仅引导学生对本单元的课文内容进行预习和思考,还利用现成的文章资源进行练习和巩固,一举两得。在教学《夜间飞行的秘密》时,我们引导学生再次整理、分类和补充问题清单,引导他们巩固从不同角度提问的方法。而在学习完《呼风唤雨的世纪》后,我们再次引导学生整理问题清单,筛选出对理解课文有帮助的问题。同一个问题清单可以重复使用,根据学习内容的变化进行调整,将预习和复习巩固有机地结合起来,节约时间,减轻学生的负担,并落实语文要素。

(三)利用课外阅读实践设计作业

在发展性作业方面,我们要给学生更多运用提问策略进行阅读的机会。可以多让学生提出自己的问题,并以学生的真实问题为基础进行阅读教学,促进他们的理解能力和思维水平的提升,培养学生的阅读能力。因此,我们安排了与“快乐读书吧”的阅读推荐相结合,结合本册教材中的神话主题,根据学生的阅读需求,设计了《中国古代神话》的阅读长链条作业,并提供了“好书推荐”和“给书中的人物写一封信”两项选择,引导学生自主阅读,实现了二单元提问策略的应用和四单元神话主题的探索,一举两得。在整个阅读过程中,我们以阅

读卡为参考，进行多个角度的阅读分享和交流。同时，鼓励学生积极运用提问策略，将问题记录下来，并对问题进行分类，帮助他们理解图书内容。

三、检查环节——智慧作业的评价

检查环节是根据实施情况来评估实施结果，我们也对作业情况进行了统计反馈，了解基础性和发展性作业的完成情况。在对学生的作业进行全面批改之后，我们发现，在进行本单元第一篇课文《一个豆荚里的五粒豆》时，选择一篇课文进行提问的有 3 人，选择两篇课文进行提问的有 16 人，选择三篇课文进行提问的有 20 人。由此可见，虽然作业要求不同，学生的选择也不同，但都能达到完成提问作业的目的，且质量较高。在发展性作业方面，学生更喜欢通过“给书中的人物写一封信”的方式进行图书阅读，而在提问策略上，大多数学生分类较为准确。可见，选择学生喜闻乐见的方式进行作业设计，不仅提升了阅读兴趣和能力，也给予学生更多选择和更大的空间。学生乐于完成具有挑战性的作业，作业的设计也符合学生最近发展区的需求。

完成以上基础评价之后，老师们更要激发学生的积极性，启发学生的智慧，并通过以下四个方面进行评价。首先，采用全面反馈的方式，对整体作业完成情况进行班级汇报，向学生反馈不同层次的作业选择和完成度。例如，可以介绍本单元的提问作业完成情况，如选择一篇课文进行提问的有 3 人，选择两篇课文进行提问的有 16 人，选择三篇课文进行提问的有 20 人。同时，分享好的提问和出错的提问给学生，让他们进行学习和纠错，培养提问思维能力。其次，进行集体反馈，根据学生作业的选择和完成情况，颁发阅读之星、提问之星和分类之星的奖状，按照作业类别给予不同方式完成作业的同学奖励，鼓励他们继续努力。第三，进行个性化反馈，在全面反馈的基础上，针对个别学生提出个性化问题，例如，有的学生经常在提问中出错，分不清不同的角度，就可以与他们进行单独沟通，从他们自己的答案出发进行分析，让他们理解如何从不同角度提问，以及如何在阅读中抓住关键部分。这样可以及时纠正学生在学习、提问和阅读方法方面的偏差。第四，进行作业展示。收集课堂上讲过的好的提问或阅读方法，并将不同类别的提问方式和优秀的阅读卡以文化墙报的形式展示，方便学生在课后通过墙报进行学习和巩固。

四、处理环节——学生作业和作业设计的调整

处理环节是根据计划的实施情况进行方案调整。作业完成后，学习过程并没有彻底结束。聚焦作业中出现的问题，系统开展复盘与反思，是理顺知识掌握细节、解决重点问题的关键。

（一）分析前三个环节存在的问题

在评价环节之后，处理环节紧随其后，先解决作业完成中的实际问题，再根据学生作业中出现的问题设计单元复习提纲。例如，对于第二单元的提问单元，可以以专题形式梳理本单元学习的提问角度。可以从整体和部分的角度、不同的角度进行提问，筛选最值得思考的问题，灵活运用提问策略等。通过练习提问方式和角度，展示本单元在课文中学习的内容，作为引导学生复习的手段。

（二）针对性地提出改进措施

根据学生在作业中反映出的把握不准确的提问角度、提出与课文理解无关的问题等情况，组织设计复习课，对学生进行专题复习。可以回顾本单元练习题中的提问展示，根据题目要求判断应从什么角度进行提问，然后通过练习巩固的方式进行复习。鼓励学生自己收集整理错题，并按照不同的类别进行整理。可以展示学生的错题集，鼓励更多学生自己进行梳理，培养思维能力等。

在基础性作业的处理环节完成之后，对发展性作业中个别学生选择和完成得好的部分进行作业展示和学习。例如，“好书推荐”，鼓励学生积极阅读，结合四年级上册《快乐读书吧》中的推荐书目，阅读中国古代神话故事，并通过批注的形式提出问题。学生可以整理自己的问题，并在阅读分享课上与同学们进行讨论。一些学生在进行了提问角度的分类之后，还梳理了影响课文理解的问题等。鼓励学生积极选择和尝试不同层次的作业，将学生的阅读卡展示在班级墙报的阅读角。

思考整体设计，重新进行纠偏调整。从作业设计的角度，检查是否非常贴合学生的学情和作业完成的实际情况，是否达到了我们设计时期望学生获得的效果。需要在一定的时间范围内进行检验和纠偏。以第一单元为例，本单元的语文要素是边读边想象画面，感受自然之美。习作要求是推荐一个好地方，并写清推荐理由。在第一课《观潮》的作业设计上，我们尝试了以下 3 个措施。

1. 基于前一循环的基础设计作业

基础作业的重点在于积累词句，这是每个同学都需要完成的任务。因此，设计了词语挑战、语言表达和背诵积累三个训练内容，每个内容又提供了不同难度层次的练习供学生选择。发展性作业分为三个层次，一是选择教师提供的资料朗读并转述，二是独立搜集与课文内容相关的资料进行介绍，三是将课文内容和课外资料有机结合并进行讲解。内容由易到难，程度由浅入深，范围由单一到多元，学生可以根据自己的学习能力和水平自主选择。探究性作业围绕固定主题，是自选内容，学生可以自愿完成。走进身边的公园参观，既是在本课内容学习的基础上，培养学生感受自然之美、欣赏自然之美的延伸和拓展，又是为本单元习作“推荐一个好地方”做准备。给予学生充足的时间去实践，将单元习作内容分解，渗透在每一课的学习内容之中，及时巩固并应用每一课学习的表达方法。这样既降低了作文的难度，又提高了语言表达能力。

2. 实施后的统计和分析

为了深入了解作业改革的实效性，更好地落实双减政策，对于第一课的作业选择和完成情况，我们进行了一些统计和反馈。（以本班为例，本班共有 40 人）

在基础作业中，词语挑战这一项，选择抄写词语的有 17 人，选择用自己喜欢的方式参与挑战的有 23 人。而挑战的结果显示，本课的词语挑战全对的有 28 人，错 1 至 2 个词的有 10 人，错 2 个以上的仅有 2 人。由此可见，虽然作业要求不同，学生的选择也不同，但仍能达到积累词语的目的，并且质量较高。语言表达这一项，共有 33 人选择了仿写，仅有 7 人选择了摘抄。可以看出，学生更喜欢具有创新和拓展性的作业形式。而在弹性作业的背诵积累方面，有 8 个人挑战当堂背诵，其他同学在第二天都高质量地完成了此项作业，远远超出了一周内完成的预期。弹性作业的延长是指时间，营造了宽松的氛围，学生摆脱了紧张和焦虑,自然而然地提高了效率。

发展性作业中,绝大多数同学选择了 B 和 C 选项,学生更喜欢自己搜集资料,结合资料和课文内容,介绍钱塘江潮的壮观景象及形成原因。可见,给予学生更多的选择和更大的空间,学生乐于完成具有挑战性的作业,作业的设计也符合学生最近发展区的需求。

在探究性作业中,许多同学选择在周末走进附近的龙潭湖公园,按照自己设计的游览路线去探索身边的美景。还有一部分同学由于时间关系未能走进公园,但他们结合假期的某次游览经历绘制了路线图,并在课堂上与同学分享了他们的感受。探究性实践作业将语文学习与生活和自然密切联系起来,学生对此充满热情。在探究的过程中,学生的语文综合能力得到了培养。

3. 对智慧作业的评价和改进

根据以上作业反馈,可以发现作业以套餐的形式呈现,减少了机械重复的内容,增加了趣味性和多元性的内容;同时减少了统一要求,增加了自主选择的方式。这样满足了不同程度和需求的学生,使得学生乐于参与,并极大地提高了作业的实效性,促进了学生听、说、读、写多个维度的语文综合素养的发展。

对于基础作业而言,大部分学生能够在 15 分钟内完成。平时对作业感到困难或抵触的学生,在这个过程中也获得了自信心,他们感受到完成作业的乐趣,激发了他们对作业的热爱和兴趣。在词语挑战类作业中,超过一半的学生选择用自己喜欢的方式参与挑战,在语言表达类作业中, 82%的学生选择了仿写。由此可见,学生更喜欢有趣味性的作业完成方式。在发展性作业中,绝大多数同学选择了 B 和 C 选项,这反映出大部分学生更愿意完成具有挑战性的作业,这对他们既是一个挑战,又是一个积累的过程。对于探究性作业, 95%的学生选择在周末走进附近的公园,按照自己设计的游览路线,亲近大自然,去寻访身边的美景。少部分同学结合假期的某次游览经历绘制了路线图,并进行分享。学生对这项作业充满了热情,语文综合能力也在实践中得到了培养。班级学生在“套餐”作业设计下能够实现 100%的作业完成。当学生能够自主、积极地完成不同难度和类型的作业练习时,他们就再也不会感到学习的无助和负担。当然,在学生完成探究性作业的过程中,教师要注意指导,并对学生设计的富有创造性的作业给予评价和表扬。这样的作业真正触动了学生的内心,面向每一个学生的个性发展,让每一个学生都能享受到成功的喜悦,让学生爱上作业,爱上语文。

五、总结

通过以上 PDCA 理论的四个环节,我们对作业进行了一些改革和尝试。我们致力于解放学生的双手和大脑,创新设计出开放的、多元的、个性化的语文作业,让学生能够主动参与、善于处理、乐于完成,培养学生的核心素养。通过高质量的智慧作业设计,启迪学生的智慧,提高他们的能力,实现“以质启智”。

从学习科学的视角优化作业设计

一、学习科学与数学作业设计

学习科学是一门跨学科研究教与学领域的科学。学习科学重视知识的应用,提倡新的学习与教学方法,包括可视化知识、基于合作的共同学习和学习环境的构建等。

对学生而言,数学是一门理解上较难的学科。数学作业是课堂教学的补充与延伸,是学生学习生活的重要组成部分。它作为教与学的交汇点,不仅是学生学习的有效载体和途径,而且是教师调整自己教学行为的重要依据。那么如何优化数学作业的设计,提高学生的综合素养,是对数学教师提出的新要求和新挑战。

学习科学理论倡导学习的真实性。在实践教学中,学习科学理论可以有效地帮助教师优化作业的设计,为学生的学习提供脚手架,构建完整的知识体系,切实提高学生的核心素养。

二、学习科学视角下,数学作业设计面临的问题

(一)教师尚未树立全面的作业观念

"双减"政策的落地使学生的作业量和作业时间均得到有效控制,作业负担明显减轻;2022 年新课标的颁布给教师的教学理念带来了新的冲击。然而,在作业观念方面,很多教师依然停留在学科本位层面,尚未形成知识层面之上、能够对学生高阶思维产生积极影响的作业设计观念。大多数教师认同作业在巩固基础知识、提升基本技能方面发挥的基础作用,但却忽视了作业在积累基本活动经验、建立完整的知识体系、培养数学思想,以及形成与发展数学核心素养等方面的积极作用。

(二)作业设计没有建立清晰长远的目标

教学目标是课堂教学的核心和灵魂,也是课堂教学的出发点和归宿。教与学的各个方面、组成部分和阶段都必须遵循教学目标。作业目标也是如此,它反映了作业需要实现的功能和作用。

在实际的作业设计中,大部分教师在设计作业时往往很少考虑作业目标及其与教学目标、课程目标之间的关系,缺乏从整个小学数学课程的高度统筹思考作业目标的意识。他们通常只从课时的视角出发,利用教材、教辅资料,根据自己的教学经验以及学生的课堂表现来布置作业。我们缺乏对能够反映数学核心素养的思维品质和关键能力的高阶目标的关注。过于关注短期目标而忽视长远目标,从而限定了教师设计作业的视野和深度,不利于实现课程总目标。

(三)作业设计的内容缺乏深度

1. 只注重结果,忽视过程

部分数学教师只关注作业的结果,而忽视学生在解题过程中思路的清晰性、解题方法的

多样性以及数学思想的体现。他们很少关注学生在写作业过程中出现的问题，也无法通过作业设计来反思自己的教学方法。

2. 忽视思维，缺乏贯通

数学是培养学生思维能力的一门非常重要的学科，而数学作业的设计也应该注重培养学生的思维能力。然而，很多教师在设计作业时没有考虑到学生的学习基础和学习能力，没有站在更高的视角，将相关领域融会贯通，无法构建学生的知识体系。同时，在作业设计中缺乏与生活实际或其他学科的联系，没有适当地根据教学进行延伸和拓展，从而削弱了数学在实际应用中的价值，也不利于培养学生的数学核心素养。

（四）作业评价方式过于单一

作业评价方式的单一性体现在两个方面。一方面，过于关注静态的评价。教师主要关注作业的正确率、作业的完成速度等表层质量的静态评价。然而，评价的目的在于了解学生对知识的掌握情况，在实际的作业评价中，教师很少通过作业来了解学生反馈的推理能力、运算能力以及元认知水平等体现学习素养的动态评价。另一方面，评价的主体单一。长期以来，作业评价的主体都由教师一个人完成，针对作业评价的个别方面可能会受到教师主观能动性判断的影响，从而导致评价不客观、不全面。过分强调了教师的作用，忽视了学生的主体地位，严重影响了师生之间和学生之间的交流和互动。

三、学习科学视角下，优化数学作业设计策略

那么，如何改变当前作业设计的现状呢？我们可以从学习科学的角度进行分析，促进学生对知识的深度理解，构建完整的知识体系，从而发展学生的综合数学素养。

（一）更新教学理念，树立科学的作业观念

《义务教育数学课程标准（2022年版）》指出："数学教育承载着落实立德树人根本任务、实施素质教育的功能。学生通过数学课程的学习，掌握适应现代生活及进一步学习所需的基础知识、基本技能、基本思想和基本活动经验；激发学习数学的兴趣，培养独立思考的习惯和合作交流的意愿；发展实践能力和创新精神，形成和发展核心素养，增强社会责任感，树立正确的世界观、人生观和价值观。"这从根本上确保了教育的方向。

教师需要更新陈旧的教学理念，放眼更高、更广的研究教材，并深入研读教材。结合学生的学情，对教学内容进行研究和整合，设计出高效的作业，从而引领小学数学作业向更高质量的方向发展。例如，现在有一种指向学科核心素养的大单元整体教学模式，从数学知识的本质出发，聚焦数学的核心内容，对教材内容进行整体分析和适当重组，从而培养学生的学科素养和关键能力。

（二）着眼课程目标，坚定正确的作业方向

数学作业目标的整体定位既是作业设计和实施的出发点和落脚点，也是规范教师作业行为、确定作业内容、选择作业形式、开展作业评价和反馈的依据。在设计作业的过程中，教师要关注数学学科的整体性、结构性和一致性的特点。站在课程的高度，制定全面的作业目标，从而达成发展学生数学核心素养的目标。

1. 研读教材，构建完整的知识体系

作业目标的定位又取决于对教材和学情的分析。因此，在日常的教学中，每一节课都要

做到“有备而来”。作为教师,要研读小学阶段的数学课本和教材,清晰地了解不同学段之间知识的联系,并关注知识的生长点。同时要放眼中学课本,抓住知识的延伸点,将学生放在长链条的发展中,真正提高学生的综合素养。

例如,在设计五年级下册《长方体和正方体》单元的作业时,作为数学教师,我会这样研读教材。

(1)优化单元的内部结构,梳理知识点。本单元对《长方体和正方体》的学习主要分为两大部分,即认识和测量。《长方体和正方体的认识》是本单元学习的基础。从研究平面图形到研究立体图形是学生空间观念发展的一次飞跃。学生需要将学习平面图形的方法迁移到长方体和正方体的认识中,为接下来的学习打下坚实的基础。

(2)关联同学段相关教学内容,组建知识块。《长方体和正方体》这一内容的学习是小学阶段立体图形学习的开端。我们不能只关注立体图形的学习,还应该关注同学段的相关内容,例如四年级上册我们学习的《平行四边形的认识》和《梯形的认识》。在认识平面图形时,要贯穿学习图形的方法,即认识图形的要素、要素的特点以及要素之间的关系。同时,在五年级上册学习《多边形面积》时,也可以在充分了解图形要素之间的关系的基础上推导平行四边形、三角形和梯形的面积。可见,在图形的学习中,学习方法的贯穿非常重要,它可以帮助我们解决学习和生活中的实际问题。

(3)串联跨年级段同领域内容,锻造知识链。纵观小学阶段对图形的学习,有两个重要的变化。一是从低年级的感性认识逐渐过渡到高年级的理性认识。二是从定性感知到定量描述。如表1所示。

表1 小学阶段图形学习

年级	内容	备注
一年级上册	认识图形	常见的立体图形
一年级下册	认识图形	常见的平面图形
二年级上册	观察物体	从不同方向观察
二年级下册	图形的运动	平移,轴对称
三年级上册	正方形和长方形	平面认识和测量
三年级下册	面积	平面图形测量
四年级上册	平行四边形和梯形	平面图形的认识
四年级下册	三角形	平面图形的认识
五年级上册	多边形的面积	平面图形的测量
五年级下册	长方体和正方体	立体图形认识和测量
六年级上册	圆	平面认识和测量
六年级下册	圆柱和圆锥	立体图形认识和测量

了解小学阶段图形学习的脉络后,作为教师还需要理清立体图形的学习过程。在低年级阶段,学生只需进行简单立体图形的直观辨认。而在高年级阶段的再次学习中,已经发展

到对立体图形的精细认知。具体而言，学生需要了解图形中的关键元素是什么，每个元素的具体特点是什么，以及这些元素之间存在怎样的关系。这要求学生能够使用准确的数据来描述，以达到对图形更深入的认知。

根据北京市《中小学理科类作业指导手册》中小学数学学科单元整体设计框架思路，以及对教材和学情的分析，我整合了本单元的教材内容。如图 1，表 2，表 3 所示。

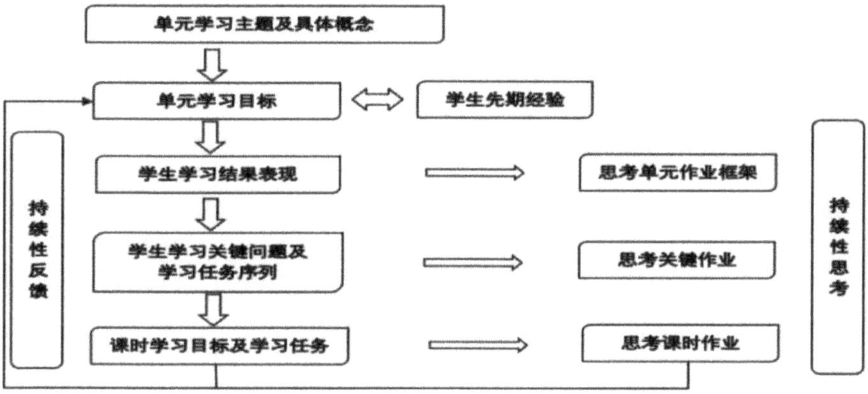

图 1　整合单元内容对比

表 2　整合前

单元内容	知识点	例题分部及内容
长方体和正方体	长方体和正方体的认识	长方体的顶点、棱、面的认识　1 课时
		正方体的顶点、棱、面的认识　1 课时
	长方体和正方体的表面积	表面积的含义　1 课时
		例 1~2：表面积的计算　2 课时
	长方体和正方体的体积	体积和体积单位　1 课时
		体积计算公式的推导　1 课时
		例 1：体积计算　1 课时
		例 2~4：体积单位之间的进率及名数的换算 1 课时
		例 5：容积和容积单位　1 课时
		例 6：不规则物体的体积　1 课时
	整理与复习	整理与复习　1 课时

表 3 整合后

<table>
<tr><th>单元内容</th><th>知识点</th><th colspan="2">例题分部及内容</th></tr>
<tr><td rowspan="7">长方体和正方体</td><td>长方体和正方体的认识</td><td>长方体和正方体的认识</td><td>2 课时</td></tr>
<tr><td rowspan="4">长方体和正方体的测量</td><td>表面积的含义及其计算</td><td>2 课时</td></tr>
<tr><td>体积和体积单位</td><td>1 课时</td></tr>
<tr><td>体积计算公式的推导及其计算</td><td>3 课时</td></tr>
<tr><td>容积和容积单位以及容积的计算</td><td>3 课时</td></tr>
<tr><td>长方体和正方体的综合实践</td><td>设计包装盒、行李箱等</td><td>1 课时</td></tr>
</table>

整合前和整合后的总课时不变,都是 12 课时。在整合前的教学中,学生会学习认识、表面积和体积这三个方面。而在整合后,仍然包括这三个方面,但有所调整。第一方面是概念的教学,即认识长方体和正方体。第二方面是测量,包括表面积和体积的学习。第三方面则加入了综合实践,例如设计包装盒和行李箱等。

这样的整合方式能更好地促进学生的深度学习,帮助他们建立新知识和概念之间的联系,将所学知识整合到相关的概念系统中,促进基于理解的知识迁移。相比于仅仅记忆零散的知识片段并进行机械性练习和操作,这种整合方式能够培养学生对单元知识内在关联性的思考。它为学生提供了学习的框架,帮助他们构建完整的知识体系。

2. 制定单元作业框架,让作业设计有据可依

通过对教材的分析,教师要制定有针对性的单元作业框架,让作业设计有据可依,这样的作业设计能够帮助学生深入理解单元知识的内在关联,并形成自己的知识模块和知识链。以下是基于教材分析的《长方体和正方体》单元作业框架。如表 4 所示。

表 4 单元作业整体框架

<table>
<tr><th>单元学习目标</th><th>学生学习结果表现</th><th>作业类型</th></tr>
<tr><td rowspan="6">通过学生观察、操作、比较等活动,掌握长方体和正方体的基本特征;知道长方体和正方体各部分的名称</td><td>(1)能借助实物,观察感知长方体和正方体的特征</td><td>理解概念</td></tr>
<tr><td>(2)掌握长方体和正方体的特征</td><td>理解概念</td></tr>
<tr><td>(3)知道长方体和正方体各部分的名称</td><td>理解概念</td></tr>
<tr><td>(4)知道长方体和正方体的关系</td><td>理解概念</td></tr>
<tr><td>(5)能运用长、正方体特征,解决实际问题</td><td>理解概念</td></tr>
<tr><td>(6)了解几何的发展史(你知道吗)</td><td>巩固知识</td></tr>
<tr><td rowspan="5">在具体情境中,明确长方体和正方体表面积的概念,掌握长方体和正方体的表面积计算方法,并能解决实际问题</td><td>(7)能剪出长方体和正方体展开图,了解展开图各面和立体图形之间的关系</td><td>理解概念</td></tr>
<tr><td>(8)理解长方体和正方体表面积的概念</td><td>理解概念</td></tr>
<tr><td>(9)理解长方体长、宽、高与各个面长方形的长与宽的联系</td><td>理解概念</td></tr>
<tr><td>(10)掌握长方体和正方体的表面积计算方法</td><td>巩固知识</td></tr>
<tr><td>(11)能根据不同的实际情况,能运用长方体和正方体表面积的计算方法解决问题</td><td>巩固知识</td></tr>
</table>

续表

单元学习目标	学生学习结果表现	作业类型
了解体积的定义，明确体积单位产生的必要性，以及体积单位之间的换算关系。通过自主探究，推导长方体和正方体的体积公式，并能解决实际问题	（12）理解体积的含义，认识常用的体积单位立方米、立方分米和立方厘米	理解概念
	（13）了解体积单位与长度单位、面积单位的区别和联系	理解概念
	（14）经历长、正方体体积的推导过程，沟通长、宽、高与体积单位个数之间的联系，掌握长、正方体体积的计算方法	巩固知识
	（15）能根据不同的实际情况，利用长、正方体体积公式，正确分析并解决相关的实际问题	巩固知识
	（16）掌握体积单位之间的进率关系，能够进行体积单位换算，解决有关换算的实际问题	巩固知识
	（17）根据不同的物体，设计包装盒	实践体验
了解容积的定义，明确容积单位之间的换算关系。根据不同的实际情况，选择不同的方法计算不规则物体的体积	（18）体会容积的意义，认识容积单位并理解单位之间的关系	理解概念
	（19）在不同的情境中，探究求不规则物体体积的方法，并用这些方法解决简单的实际问题	巩固知识
整理和复习	（20）用你喜欢的方式整理本单元的知识	个性化作业

（三）精选作业内容，让作业设计更具深度

在确定了作业目标的前提下，作业内容的设计需要体现具体要求。教师在确定作业内容时，应充分利用数学教材和教辅练习资源，精选代表性和针对性强的作业练习。同时，要鼓励学生进行深度思考，促进他们深入学习，以提高数学素养。下面继续以《长方体的认识》作业设计为例进行讨论。

1. 探究性作业设计，培养学生的发散思维

探究性作业设计注重培养学生的发散思维和探索能力。作业内容既要激发学生的探索意愿，又要确保其有助于掌握教学知识并能够应用于实践，使学生在积极主动的问题探索中掌握知识。

例如，教师可以提供一个长方体的框架，然后提出以下问题。在至少保留几条棱的情况下，能确定这个长方体的原始形状？学生可以借助学具进行自主探究。这个过程将激发学生的想象力，增强对长方体特征的认识。

这种作业设计涵盖了对长方体认识的基础、进阶和拓展知识三个层次，可以确保学生在思考过程中不断突破自我，深入探索数学知识，实现深度学习。通过真实而有趣的问题探究过程，学生将能够掌握数学知识，应用数学技能，并提升数学思维能力。

2. 真实情境性作业设计，培养学生的实践应用能力

真实情境性作业设计通过将学生所学的数学知识应用于日常生活的探索中，提升他们的实践应用能力。数学知识是对自然生活的总结和提炼，是对自然规律的抽象化体现和应用。数学的应用本质上也是为了解决日常生活中遇到的各种实际问题。

因此，设计了让学生想象生活中的长方体实物的练习。这样的练习能够调动学生的多种感官，将数学知识融入真实生活场景中，让学生学会提炼数学知识和解决问题，并在实际

应用中应用数学知识，促进学生深度学习数学知识、掌握数学技能、培养数学思维能力的重要途径。

3. 拓展性作业设计，培养学生的知识迁移能力

深度学习的拓展性作业设计旨在通过数学作业扩展学生的思维，促进知识的迁移，拓展学生的认知和思维视野。这样的设计能够让学生在解决问题的过程中实现多角度思维的成长和认知能力的发展，提升学生的数学素养。

因此，设计了一个练习。如果你们想学习圆柱，你们会如何研究？如果学生能够将研究长方体的方法迁移到圆柱的研究中，那说明学生已经将平面图形和立体图形的学习方法联系起来。

4. 分层性作业设计，提高学生的学习能力

课后作业设计是对新授课内容的补充和延伸。教师应努力确保作业设计超越对知识和技能的简单训练，从关注学生"学会"到关注学生"会学"，从而帮助学生在练习中拓展认知并提升思维品质。

因此，为了促进学生深度理解和运用知识，教师应制定单元作业框架和预估的时间表，设计分层作业，为学生发展解决问题的能力提供支持。

（1）以"练"促"习"，强化认知基础。这两个练习是专门设计用来帮助学生加强对知识薄弱、易混淆和易出错的部分的理解。它们能够帮助学生更深入地认识长方体的特征。

（2）以"练"促"习"，提高解决问题的能力。本环节的作业设计涉及包装中的数学问题，旨在展现数学与生活的紧密联系，同时也为棱长和表面积的学习奠定坚实基础。这样的作业设计有助于学生运用数学思维发现和解决问题，体验数学的应用价值。

（3）以"练"促"习"，提升学生素养。练习不仅仅是为了巩固知识和提高技能，更要促进知识内在联系的沟通，构建完整的知识体系。这个练习的设计具有开放性，满足不同水平学生的学习需求。在不断尝试和摆放的过程中，学生可以体验到搭建长方体所需的小正方体数量，并理解其与长、宽、高之间的关系，为体积的学习奠定基础。这个过程也是学生重新构建自己原有认知结构的过程，从而实现知识的丰富和思维的提升。

（四）完善评价方式，使数学作业评价多样化

在新课标课程理念中强调，评价不仅应关注学生的数学学习结果，还应关注学生的数学学习过程，激发学生的学习兴趣，并改进教师的教学方法。因此，在实际教学中，我们应采用多元化的评价主体和多样化的评价方式，鼓励学生对自己的学习过程和结果进行自我监控。

1. 评价主体和内容要多样化

教师应尽快改变过去认为只有教师对作业质量进行评价的传统观念，重视学生在学习质量和整个教学过程中扮演的独特角色。学生的自我评价、同学间互相评价以及教师的点评都应融入教学过程中。此外，评价内容也需要多样化，要客观评价学生在数学应用过程中的思维能力发展以及对数学运用的意识。评价不仅要基于学生的课堂表现，还要结合学生的学习过程和在社会活动中的具体表现进行综合评估。在评价方式上也要多样化，除了使用等级制度和文字评语，还建议采用交流讨论式学习评价、错误纠正式评价以及师生配对评价等方式。通过这样的多元化评价，真正激发学生的学习兴趣，提升他们的能力水平。

2. 及时反思总结,使数学作业设计更富生命力

作业评价环节牵动着每个学生的内心,评价效果的好坏深刻影响着学生的学习积极性,也反映了教师教学的实际效果。作为数学教师,我们不仅需要关注学生对课堂练习的反馈,还要及时进行反思总结。我们需要审视自己的作业设计是否符合本单元的作业目标,让作业设计能够诊断我们课堂教学中的真正问题,了解学生学习的真实状况,从而使我们的数学课堂更加高效。只有这样,数学教育才能真正充满生命力,并具备持续发展的力量。

四、总结

综上所述,作业设计是数学教学的重要组成部分。高效的作业设计能够使学生在数学方面获得知识、过程、方法和价值的深刻理解,进一步完善学生的认知结构,并培养学生的学习能力。这种能力还能够应用于新的情境中,帮助解决具有挑战性的数学问题,从而培养学生的高阶思维,促进知识的建构。最终,这将有助于学生全面发展,提升他们在数学核心素养方面的水平。

参考文献

[1] R. 基思·索耶.. 剑桥学习科学手册[M]. 徐晓东,译. 北京:教育科学出版社,2010.
[2] 刘徽. 学习科学:从教授主义到发展主义:读“剑桥学习科学手册”[J]. 现代教学，2017，390(21):75-77.
[3] 马晓欢. 深度学习视域下小学数学作业优化设计策略及实践[J]. 启迪与智慧:上，2022，457(11):76-78.
[4] 高燕霞. 深度学习下小学数学作业有效设计研究[J]. 新课程,2021,576(20):35.
[5] 崔永花. 探究小学数学作业评价的问题分析与改进方法[J]. 读写算，2021，1200(17):115-116.
[6] 钟启泉. 深度学习:课堂转型的标识[J]. 全球教育展望,2021,50(01):14-33.

优化作业设计 培养创新人才

本学年是落实“双减”政策的第一学年,我校积极推进“双减”工作。根据学校的部署,为了确保在“双减”背景下培养创新人才、减轻学生的课业负担,探索有效的作业设计途径,进一步提升教学质量,我校的数学教师进行了集体研讨,对作业设计进行了积极探索,探寻基于核心素养导向的单元作业设计,使作业与生活相联系,启发思维,激发奇思妙想,帮助学生领悟美妙之处,力求激发学生的创新意识。

一、作业分层设计

在整体作业设计的理念指导下,我们进行了课时分层作业设计,将课后作业分为基础类、拓展类、提升类和综合类四种类型。根据学生的个性特点、认知结构、接受能力等因素,将班级学生动态地划分为几个层级,不同层级的学生对应不同的作业要求,实现作业的分层设计,让学生可以自主选择适合自己的作业。

(一)基础类作业

基础类作业针对学业水平中等的学生设计,适用于班级中大多数学生。作业内容主要涵盖当天课堂所学的基础知识和基本技能,包括基础训练题、变式题以及一般的综合性问题解决。通过这些练习,学生能够掌握本节课的知识点和相关的基本技能,达到学习目标。

例如,在教授《图形的认识》这一课时,我们遵循趣味化、活动化和生活化的原则,设计了基础类作业。在这个任务中,学生使用平板托住圆柱、球、正方体和长方体,并站在同一起跑线上,然后以快步向前行走,观察所托物体的运动变化。通过这个游戏,数学文化渗透其中,使学生在动手动脑的过程中感受到圆柱、球、正方体和长方体的不同特点。这不仅让学生在活动中积累了经验,实现了“玩中学”和“玩中悟”,还激发了学生的创新思维,帮助他们更好地理解几何体的特征,培养了空间观念。

(二)拓展类作业

拓展类作业面向班级中有一定学习余地的学生。每天布置一到两道题目,主要设计在课后作业的后半部分,包括综合性题目和拓展性题目。这些题目可以是综合解决问题,涵盖多个知识点,也可以是具有多个层次的问题。这类作业具有较强的综合性,能够扩宽学生的知识面,提升学生的思维水平和问题解决能力。学生可以选择全部或部分完成作业,也可以只解答其中的一部分问题,解决那些学有余力的学生“吃不饱”的问题。

例如,在教授《质数和合数》这一课时,我组织学生参与了“猜贾老师的电话号码”的活动,并使用学号来描述奇数、偶数、质数和合数。学生通过这些活动应用和掌握了新的知识,享受了获取和运用新知识的喜悦。另外,在教授人民币的概念(元、角、分)时,我充分利用学生的生活经验,创设了一个零售店超市的情境,因为学生都见过人民币并且使用过,我们通过这个情境来认识不同面值的人民币和如何进行换算。这样一来,我们能够将抽象的知识具体化,为学生种下了一个生动的种子,使作业更具活力,丰富学生的创新思维。

(三)提升类作业

提升类作业针对数学学习方面较为优秀的个别学生,侧重于思维水平的提升训练和解决开放性问题。学生完成这类作业需要花费一定时间进行思考,可能需要合作他人,也可能需要教师和家长的帮助以及查找相关资料才能解决。每周布置一到两道此类试题,在教室前固定的黑板角落或班级学习角贴出,让学生自主尝试解答。在解决问题的过程中,学生可以随时与教师进行讨论和交流,从思维碰撞中激发出创新的火花!

例如,在教学《100以内的加法和减法(二)》时,作业设计以新冠肺炎的相关信息为背景。通过疫情数据、全民抗疫和八方支援等情境串联,让学生在解决数学问题的同时获取时事信息,并渗透德育教育的"爱祖国"、"存善心"、"讲卫生"等内容。此类作业设计还有意识地增加题目的阅读量,旨在培养学生的阅读能力。学生通过阅读问题,提取有用信息,结合画图和分析数量关系,正确解答问题,帮助学生养成良好的解题习惯。通过练习进一步巩固学生的运算能力和问题解决能力,使他们感受到数学知识"从生活中来,又回到生活中去",增强应用和创新意识。

(四)综合类作业

另外,在周末和节假日这段相对于平时上课时间更长、更灵活和更完整的时间段,学生有更多机会进行学习和安排作业。我们将作业设计与学生的学习综合考虑,充分利用假日时间,采用项目学习、跨学科学习和综合应用知识解决实际问题的理念,设计综合类作业,涉及学科间的融合、探究实践、项目学习和小课题研究等类型。假日综合作业的目的是通过解决问题驱动学生自主学习,提升他们的创新思维,从而培养具备创新能力的人才。

例如,在教学《比例》一课后,我利用反映时代发展和科技进步的素材,如84消毒液的浓度配比、变速自行车、高德地图的可自动缩放比例尺等真实情境,创设数学问题,让学生在假日中亲身感受到数学既来源于生活、高于生活,又应用于生活。

学生的学习不仅仅是单纯的模仿、练习和记忆。在选择作业素材时,应以反映数学本质为前提,尽可能贴近学生的生活现实、数学现实和其他学科的现实,以激发学生综合运用所学知识和技能解决现实问题的能力。

在作业设计中,我们精心选择现实素材进行创编,让学生置身于有趣、真实、具有数学意义和挑战性的情境中解决问题。除了书面作业,我们还注重阅读、口头表达和动手操作等其他非书面作业类型,仍然可以在"课内统一、课后分层、假日综合"这三个方面优化作业,有效实施《双减意见》,激发学生的创新意识。

二、优化分层作业设计的效果

通过开展不同需求的作业设计工作,师生皆受益。对学生而言,教师的信任和鼓励让每位学生怀着好心情在求知的海洋中探索,获得学习进步和快乐的收获。对教师而言,创新取代了传统,充实替代了平庸,获得了丰硕的教学成果。具体体现在以下几个方面:

(一)学习动机方面

更新传统的教学模式,改变了千人一面的练习方式。探索了分层教学目标的预设、分层教学方法的指导和分层练习的设计等。在课堂教学中,为每个层次的学生创造体验的机会,让优秀的学生自由探索,引导中等水平的学生探究新知识,帮助较弱的学生解决困难。

(二)学习习惯方面

实施作业分层设计后,学生的学习习惯明显改善,作业质量显著提高,班级中同学之间的差异逐步缩小。真正使不同层次和需求的学生都能有所收获,取得不同的发展。

(三)心理健康方面

实施作业分层设计后,各层次的学生都在教师的关注下,教师的精心呵护拉近了师生之间的心理距离,增进了彼此的情感联系。学生感受到被重视和尊重,进而激发了他们的求知欲望,增强了学习的动力和自信心,各个层次的学生的综合素质明显提高。

(四)学习兴趣方面

学生愿意完成这样的作业,并积极参与其中,每个人都认真地完成了任务。不同程度的学生选择适合自己水平的题目进行练习,操作能力较差的学生在小组合作的基础上完成他们能够承担的部分。在完成作业的过程中,不同学生都有了进步。

(五)知识理解方面

基础类作业学生的完成情况良好,正确率很高。对于拓展类作业,学生在完成过程中可能遇到一些困难,但通过同伴的帮助,最终完成情况较好。提升类作业通过小组合作完成,在个人完成的基础上进行小组比较和分工合作。实践类作业具有较大的挑战性,学生通过动手操作实现知识的内化,在完成过程中培养了学生的创新思维。

(六)作业完成情况

对于分层作业,学生能够根据自己的学习能力选择适合自己的作业,并在这个过程中不断提高自己的能力。完成作业的过程中,经历了知识的形成过程,并留下了深刻的印象。

(七)素养提升方面

通过一段时间的分层练习,学生的学习兴趣不仅提高了,思维也得到了发展。笑声增多了,对话增多了,创新的想法也增多了。看到学生们充满自信的笑脸,学习的主动性增强,也促进了其他各方面的发展。

(八)教师能力方面

在实施针对不同学生需求的作业分层设计后,教师们增强了自主探究的意识,改变了教学理念,以学生为主体的教学模式得以形成。教师之间积极研讨有效的作业形式和指导方式,进行各种教学研究,从而提升了教研和研究能力。看到学生成绩和能力的提高,差距逐步缩小的趋势,教师们信心倍增,专业水平和执教能力也得到了提升。

三、讨论

因材施教是一项多层次、全方位的任务,因此也是复杂而具有挑战性的。基于以上对作业分层的实践与探索,我认为数学作业分层对培养学生创新能力有以下三个优势:

(一)分层设计作业,能够最大限度地激发学生对作业的兴趣

在每个班级中,优秀学生和潜力生之间的差异是不可避免的。加上之前应试教育对学生的影响,作业内容往往处于低效率的模式:课堂上的知识点、练习册、额外习题等等。老师有时候不愿意分配锻炼学生综合能力的习题作为家庭作业,也不愿意让潜力生做一些基础练习,因为担心他们的基础不牢固,无法达到熟练的水平。这种不信任可能会破坏学生对学习的热情。如果教师根据学生的学习差异给出分层的题目,情况就会改变。例如,在一堂课后，老师可以布置四个层次的作业，让学生根据自己的学习情况选择不同的层次进行完成。同时鼓励完成基础类作业的学生挑战拓展类作业，完成拓展类作业的学生挑战提升类作业，完成提升类作业的学生挑战综合类作业。或者在大多数学生完成适当作业后，给水平优异的学生布置一些更具挑战性的附加题，当然也可以鼓励学生尝试解决问题，提高他们的学习积极性。这样做不仅解决了优秀学生“吃不饱”、潜力生“吃不了”的问题，而且激发了学生对待作业的兴趣。兴趣是创新的动力源泉，因为它可以使创新者从中获得无限的快乐，并使创新与自我实现达到最完美的统一。

（二）分层设计作业，有利于学生的个性发展

如果老师总是使用相同的方法来布置作业，容易出现两个极端情况：一方面，这样的作业可能无法引起优秀学生的兴趣，他们可能认为作业变得越来越无聊，甚至逐渐养成敷衍的习惯；另一方面，对于潜力生而言，常规要求的作业往往会遇到一些题目无法完成的情况，这会导致他们产生畏难情绪，从而对学习产生厌倦。因此，统一布置的作业没有考虑到学生的差异。因此，教师在作业分层设计时，应该既反映课堂上的教学内容，又满足不同学生思维能力层次。根据实际情况，教师必须精心设计作业，避免一刀切的方式，合理控制作业的数量和难易程度，给予学生协调发展的自主选择空间，让潜力生巩固基础知识，中等生强化基本技能，优秀生突破自己。在实施过程中要注意量力而行，同时不能降低教学标准，只有这样才能有利于学生的学习个性发展。没有个性的创新只能是翻新，而没有创新精神的个性只能是任性。创新需要勇气，而这种勇气来自学生学习中的个性发展。

（三）分层设计作业，可以有效地提高学生作业的整体水平

经过分层作业后，优秀生的作业更加整洁有条理，潜力生的空白也越来越少，学生对于作业的主动性明显提高。父母和老师也不再需要强迫他们完成作业，而是看到他们主动学习并乐于学习。在这种积极主动的学习状态下，学生的数学思维能够更加开阔，核心素养也得到明显提高。而创新思维决定着创新能力，它是培养学生创新能力的前提和核心。

随着“双减”政策的实施，新时代教育改革特别是作业改革的步伐加快。作为一线教师，我们必须思考：什么样的作业符合学生的需求？什么样的作业能够帮助学生提升创新能力？为了激发学生的创新思维，也为了贯彻实施“双减”政策，我们可以从联系生活出发，设计与现实生活紧密相关的实践作业，并优化作业评价方式，这将是一个值得探索的方向。

四、作业评价

由于将本班的学生分成了不同的小组，并且每个小组的作业也不完全相同，这给教师在讲评作业时带来了困难。那么，在紧张的学习中，如何能够充分获取时间，对每个同学的作业进行全面评价呢？

作业评价是整个教学过程中不可或缺的重要环节。评价作业的目的是为学生的学习提供信息反馈，引导学生改进学习方法，提高学习能力。新课程改革倡导学生主动参与、探索发现和交流合作的学习方式，注重学生经验的积累和学习兴趣的培养，以改变学生的学习方式，确保学生自主性和探索性的学习得以实施。在我的教学中，我进行了一些尝试，将单一的教师评价方式转变为学生自评、小组互评和教师评价相结合的综合评价方式，以促进“教”与“学”的双向互动，实现和谐统一和稳步提高的目标。

(一)作业评价的方法

(1)学生自评。将评价作业的权力还给学生,让他们成为评价的主体。学生的自我评价更能体现他们自身的进步。因此,在评价过程中,让学生学会自行检查作业情况,分析存在的问题,进行自我纠正,并给予评级。学生完成自评后,教师再进行复评,这样才能让学生更全面地认识自己,提高学生自我评判的能力,真正体现评价作业应有的意义。当然,这种新的评价方式也应关注学生个性化学习的需求和差异性问题。

(2)小组互评。将学生分成小组进行互相评价,是学生主动理解学习过程的方式,也是解决问题的有效措施。一般建议每个小组由四名学生组成,并指定一名小组长。首先,教师明确作业互评的要求,然后分组进行讨论和批改。接下来,由小组长汇报评价结果,评选出小组内作业正确率高、获得优秀次数多、书写规范的作业。通过在班级中展览和公布小组成果,这种形式有利于学生之间面对面交流,自然亲切,并积极互动。它促进学生相互帮助、相互学习和相互提高,同时也有利于增强学生的责任感,培养良好的学习习惯。通过这样的激励机制,学生会更加积极地追赶、学习、超越,从而有效提高他们的学习成绩。

(3)教师评价。这是在自评和小组互评之后,教师对学生进行的真实评价。在实施评价时,既要发挥教师评价的主导作用,又要突出学生修改订正的主体地位。因此,在评价作业时要多给予鼓励,取消不合格、打叉符号的使用,多给予正面评语,让学生在思想上引起注意和重视,从而激励他们在今后的学习中加倍努力,达到评价的目的。

(二)让学生参与作业评价,充分发挥学生主体作用

在作业评价中,教师为学生创设生动活泼、民主和谐的整体学习环境,激发学生内在和外在动机。坚持学生自评、学生互评、教师评三结合,使学生自主学习、自我评价的主体作用得到充分的发挥,真正把学生推上作业评价的主要位置,促使学生成为学习的主人。

(三)让学生参与作业评价,建立平等的师生关系

在评价作业中,教师根据学生的心理特点,采用等级制,但方法要更委婉。在学生不正确或不恰当的地方只是画上一道横线,这样更有利于学生的自我分析与判断,找出错误或不恰当的原因,从而有目的地改正错误。教师在作业评定中多采用肯定的评判,多给予鼓励,减少学生的挫折感,增强学生学习的信心,使民主、平等、和谐的师生关系逐步在一个良好、宽松的学习氛围中形成。

经过反思,对于同样内容的作业设计方面,进行了细致的指导,同时改变了过去教师一人评判的评价方式,转为学生之间互评、互相学习。这一次的改进提高了学生对实践作业的认可,作业形式和效果相较之前都得到了改善。

五、总结

作业设计是数学课堂延伸的重要部分,也是提高学生成绩和成就感的重要途径。教师需要精心设计分层作业,将学生置于中心位置,突出他们的主体地位。有效的分层作业设计不仅能够满足不同层次学生的学习需求,还有助于培养学生的创新能力,提升他们的数学核心素养,使每个学生都能够独立、和谐和全面地发展。

在"双减"背景下,分层作业设计充分展现了"创新减负、快乐学习"的学科培养理念。学生不仅能够体会到生活中数学的存在,更真切地感受到数学来源于生活,为生活服务的特点。他们在挑战中获得数学智慧，在探索中展现个性风采。这样的作业不仅为孩子们的生活增添乐趣，更重要的是让每个学生感受到了数学的魅力，体会到知识与生活的深度融合，激发了孩子们对学习的兴趣和对世界的探索欲望。他们将学会用数学的视角观察现实世界，用数学的思维思考现实世界，用数学的语言表达现实世界，从而在每个学生有价值的数学学习中培养创新能力。

参考文献

[1] 符银芬. 梧桐树下的数学：小学现实情境的实践研究[M]. 南京：南京出版社，2006.

[2] 郑毓信. 数学教育从理论到实践[M]. 上海：上海教育出版社，2001.

[3] 苏霍姆. 给教师的建议[M]. 北京：教育科学出版社，1984.

[4] 曾天山. 教材论[M]. 南昌：江西教育出版社，1997.

[5] 课程教材研究所. 课程教材改革之路[M]. 北京：人民教育出版社，2000.

[6] 宋乃庆. 中国基础教育新课程的理念与创新[M]. 北京：中国人事出版社，2002.

[7] 王道俊. 教育学[M]. 北京：人民教育出版社，2001.

[8] 史宁中. 数学基本思想 18 讲[M]. 北京：北京师范大学出版社，2020.

[9] 袁东波. 核心素养导向的作业与命题设计[M]. 天津：天津教育出版社，2020.

[10] 叶澜. 让课堂焕发生命活力：论中小学教学改革的深化[J]. 教育研究，1997(9)：36.

[11] 谢友才. 小学现实情境策略探究[J]. 科教论丛，2006(20)：16-18.

[12] 涂艳. 浅论小学数学教学的生活化趋向[J]. 数文教学研究，2006(12)：13-14.

[13] 王靖. 让课堂活起来 让学生动起来[J]. 小学教学参考，2006(36)：52-54.

[14] L.DIANE MILLER，STEVE R.SAUNDERS.Common priorities that promote collaborative research[J].Workshop on Mathematics and Science Education，2008(07)：223-225.

“双减”背景下提高课后体育服务质量的策略——以学校花样跳绳社团为例

一、研究背景

2021年7月,中共中央办公厅、国务院办公厅发布了《关于进一步减轻义务教育阶段学生作业负担和校外培训负担的意见》,简称为“双减”政策。(中办发〔2021〕40号)该政策强调落实立德树人的根本任务,坚持以学生为本,关注学生身心健康的全面发展。学校要发挥主体作用,基本满足学生的课后服务需求。科学合理利用课余时间,开展适宜的体育锻炼,帮助学生养成良好的学习和生活习惯。提高课后服务质量,增强课后服务的吸引力。

“双减”政策与近年来国务院办公厅发布的《关于强化学校体育促进学生身心健康全面发展的意见》(国办发〔2016〕27号),教育部办公厅关于印发《〈体育与健康〉教学改革指导纲要(试行)》的通知(教体艺厅函〔2021〕28号),以及中共中央办公厅、国务院办公厅发布的《关于全面加强和改进新时代学校体育工作的意见》相呼应。这些政策的目标都是以习近平新时代中国特色社会主义思想为指导,全面贯彻党的教育方针,落实立德树人的根本任务。它们致力于促进中小学生的运动能力、健康行为、体育品德等核心素养的培养,为实现“健康中国”和“体育强国”的目标做出了体育学科方面的贡献。这些政策为中小学生的健康成长和学校体育的发展提供了正确的指导。

目前,我校积极响应政府的号召,充分发挥学校作为课后服务的主要渠道的作用。利用学校教师、校外培训机构、社区场地等多方资源,我们主动承担起学生课后服务的责任,开展了篮球、足球、田径、体能、花样跳绳等丰富多样的体育课后活动。虽然课后活动丰富多样,但经过我个人对课后服务——花样跳绳社团的授课经历以及对其他课后体育活动的授课教师进行访谈和日常关注,目前课后体育活动学生非常喜欢参加,但是课上更多的是在“玩”,而不是在“学”,课后服务的质量需要进一步提高。

(一)提高课后服务质量的原因

(1)各项目打破了年级界限,学生水平悬殊较大,很难统一教学进度,教学难度大,教师经常顾此失彼。

(2)学生学业没有详细的评价机制,学生心理倾向于“重在参与”,认为参与活动就可以了,没有深入学习的目标。

(3)由于有些项目师生比例过小,校外教师对学生不够熟悉,只能忙于组织练习,更加关注学生的练习效果,而忽视了练习过程中的教学点,没有充分发挥体育的育人功能。

体育作为课后服务的重点内容之一,其服务质量至关重要。在阅读大量文献资料的启发下,我认识到课后服务内容可以选择传统体育项目,能让学生树立民族自信心;还可以结合课内外体育活动,创新体育教学模式,打造学校独特的课后服务体育特色活动;课后服务是一种为了丰富学生课余活动、促进其身心健康发展而提供的教育机会。结合我的实际工作经验，通过对我校花样跳绳社团的教学实践，我总结出了花样跳绳教学方式、培养学生终身体育意识和培养学生优秀品质实现以体育智慧和以体育心态的独特功能。我愿与大家分享并探索更优质的教育教学和育人模式。

（二）关于花样跳绳项目的优势

（1）它具有民族性。跳绳是中华民族的传统体育项目，在提高学生身体素质的同时，还能让学生对传统文化形成正确的认知，树立民族自信心和自豪感。

（2）它具有挑战性。跳绳项目不仅是体育日常教学内容，也是学生体质健康测试项目，还是加分项目。学生非常重视，达标标准具有一定的挑战性。

（3）它具有趣味性。花样跳绳的组织形式多样，占地面积小，可以随时在校内外开展活动。

花样跳绳是以跳绳技术为基础，将音乐、舞蹈、体操、武术、艺术体操等元素结合起来，形成了丰富多彩的花样跳绳技法。它可以进行单人跳、双人跳和多人跳。课程入门简单，但要掌握高难度的动作，需要具备较强的身体素质和配合能力。在课堂上，学生需要学习基本技术和动作方法，但要掌握技术，特别是协作技术，需要长期的练习和配合。每周只有两节课，只能让学生掌握初级花样跳绳动作；学生可能学会一些较难的动作，但掌握程度不稳定。动作技能的形成一般经历动作泛化、动作分化和动作自动化三个阶段，每周只有两次社团活动很难达到动作自动化，过多地在课堂上复习会影响学生的学习兴趣。虽然每次课上老师都提示学生回家多练习才能掌握，但大多数技术需要多人配合完成，学生自己无法完成。而现阶段的课程次数只能完成第一阶段的“教会”。

因此，我们积极探索如何按照《体育与健康教学改革指导纲要》的要求，强化“教会、勤练、常赛”，构建科学有效的体育与健康课程教学新模式，帮助学生掌握花样跳绳运动技能，促进中小学生运动能力、健康行为、体育品德等核心素养的形成。

二、实践过程

（一）提高花样跳绳课堂教学质量的“巧学”方法

由于花样跳绳的种类繁多，难易程度差异较大，学生对技术的掌握需要长时间的积累才能达到稳定的技能水平。在教学过程中，很容易陷入以技能教学为重点、过度注重运动量，忽略认知和创新思维培养的误区，授课方式局限于教师的讲解和示范，学生只是简单地模仿练习。为了更好地体现多样性，基于学生核心素养的培养，我们在花样跳绳课程实施中探索出了四种教学模式。

1. 举一反三，同类技术延伸助学习能力提高

在花样跳绳教学中，“举一反三”教学模式是指通过一类花样跳绳动作的特点，如手位、跳绳运行轨迹、跳跃方向等花样跳绳基本组合元素，可以推知其他一系列动作的特点，从而理解和掌握不同类型的花式跳法。通过“举一反三”教学模式，引导学生运用单人单绳基本动作去应对和解决多人单绳、多人多绳等复杂跳法。只有这样才能高效地学习复杂动作，提高主动探索意识，从而助力学习能力不断提高。

在花样跳绳教学过程中，按照跳绳形式进行分类学习。在每一个难度级别的教学过程

中，首先学习单人单绳技术，然后进行双人单绳技术学习，接着学习双人双绳技术，最后进行多人组合绳学习。例如，学生 A 和 B 在学习双人单绳协作跳绳的“转身”技术时，最让学生难以捉摸的是转身的时机。当出现这样的问题时，可以让两位同学重新练习“单人转身”技术。学生在练习单人单绳的“转身”技术后，体会到跳绳摇动到何处时开始进行转身动作。学生明白这一点后，再回到双人单绳协作跳绳的“转身”技术练习，就能理解跳绳运行轨迹与转身时机的协调运用。这时学生就能展现出多种跳跃方式，例如 A 与 B 同时向内侧转身后向前摇动的单摇跳；A 转身时 B 进行向前摇动的单摇跳；A 与 B 同时向内侧转身后向后摇动的单摇跳；A 与 B 同时向外侧转身后向前摇动的单摇跳；A 与 B 同时向外侧转身后交叉向后摇动的单摇跳；A 向内侧半转身，B 向外侧全转身的一正一反单摇跳，等等。通过循序渐进的方式，培养学生积极参与思考，能够节省教学时间，更多地将时间用于学生的主动探索实践。同时，学生的思维方式也能得到很好的锻炼。

2. 化繁为简，拆分教学增加学生信心

“化繁为简”教学模式是将复杂的花样跳绳组合动作拆解成单个动作，通过简单的跳跃方法或徒手动作去理解和记忆。这种方法往往能够产生意想不到的效果。其目的是丰富学生的认知储备，优化学生的学习经验，培养学生主动思考和解决问题的能力，增强学生的自信心。这种教学方法多运用于单人单绳多要组合的练习和双人车轮跳的复杂组合中。

花样跳绳的难度组合动作看起来眼花缭乱，瞬间完成手型、体位的变化，因此学生不敢相信自己能够完成如此复杂的动作。在教学中，教师让学生总结复杂动作的构成，例如由转体、多摇、交叉、缠绕、抛接等技术构成，确定各个构成的顺序，并用单摇动作逐一按顺序跳跃。当学生熟练掌握后，再将动作转化为多摇完成。例如，在双摇组合中，如直双摇-快花-龙花-扯花的组合动作对初学者来说速度太快，很难记忆。首先，将该组合动作拆解成：单摇跳单摇跳-单摇跳交叉跳-交叉跳交叉跳-交叉跳单摇跳的组合。通过这种方式，学生可以简单而熟悉的记忆，每两个动作作为一个单位有节奏地进行反复练习巩固，直到掌握动作的记忆。完成动作记忆后，再用双摇来完成每个单位的单摇动作。

3. 互通有无，体验互助促协作

花样跳绳项目在绝大多数情况下都是由双人或多人协作完成的组合动作。在动作不断变换中，经常出现协作者之间无法掌握对方的摇绳跳绳的节奏、换位路线、跳跃位置等一系列问题。“互通有无”教学模式的意思是让两名或更多名学生在练习过程中体验不同的跳跃位置或摇绳位置，将自己的感受告诉对方，协作者之间进行意见交流，以达到组合动作的成功。

在双人组合或多人组合的学习过程中，经常会出现某一技术动作的“瓶颈”。这种情况的出现会导致技术学习停滞。为了提高学习效率，我们会引导学生互换位置，相互体验并找到问题所在，然后进行交流。通过这样的方式，问题很快就会得到解决，大大提高了练习效率。例如，在双人协作车轮跳异向异同动作中，当右侧的学生 A 向外侧全转身，而左侧的学生 B 做编花动作时，B 的交叉手臂时机和 A 的转身时机总是配合不好。通过两人互换位置，体验对方的动作后进行个人感受的沟通，重新练习，可以显著提高学习效率，同时也培养了学生的协作意识。

4. 团队挑战，齐心协力创佳绩

花样跳绳项目需要团队之间具备非常强的集体凝聚力、抗压力和团队进取意识。在活动中，常常需要队友之间相互弥补失误、互相协作。只有这样的团队才能培养出具有挑战意识、创新精神和勇于担当的新时代少年。团队挑战教学模式指的是在花样跳绳教学中，每节课都组织全体学生共同挑战一个项目，这个项目需要所有学生参与，任何失误都要从零开始，无论是跳跃者还是摇绳者都必须取得成功。其目的是培养学生互相帮助、互相鼓励和勇于担当的良好品质。

挑战项目从简单的绳阵到复杂的绳阵过渡。学生们非常喜欢集体绳阵的学习，这是他们积极参与的一项练习。在多重绳子和多人员的交织配合过程中，每一次的成功都会激励整个队伍，这是培养整个团队合作意识的核心。当有学生出现畏惧心理时，整个团队都会帮助和激励他们。跳绳时，同伴会拉着他们一起上绳，摇绳的学生也会主动摇向他们，这样双方的配合很快就能消除学生紧张害怕的心理，放下包袱，勇敢面对。

例如，假设有 50 名学生，其中 2 人摇长绳，其余学生两人一组排好队伍，两人同时从正向上长绳，跳跃 1 次后迅速下绳，从左右两侧回到队尾，后一组学生直接上绳，中间不留空。然后继续进行，看看能够连续不断地进行多少次。开始时会出现各种问题，但最后学生们都会为一个共同的目标努力，挑战最高成绩。跳得好的学生会主动和技术稍弱的学生组成搭档一起上绳，摇绳的学生会主动协助节奏较慢的组合，体能较差的学生会努力坚持。学生们自主地喊出跳跃的数量来鼓励彼此，这些积极的现象不断出现。其实，这就是学习过程中最重要的收获。

（二）创新评价促“勤练”

1. 时时评价课上练

课上练得怎么样，学得怎么样，老师要在适当的时机穿插评价。例如，在学生准备活动时，老师要对学生的态度进行评价，从健康行为的角度进行点评。学生在课堂上掌握了技能，老师一定要满足学生展示的意愿，充分给予展示的机会，满足学生展示欲望的同时也能激发其他学生的快速进步。当某一学生或小组突破瓶颈、克服困难时，一定要随时给予赞许等。每节课结束放松时，都要总结学生在课上的表现、学习效果等。教师的指导性越强，学生越容易提高学习的积极性、准确性和实效性。

2. 小组合作课后练

为了让学生在回到家中也能积极主动地参与花样跳绳练习，经过了解，我们发现绝大多数学生都集中在学校周围的三个社区。作为社团活动的组织者，老师将学生按照居住区域分成 3 组，同学们每天根据情况约定时间进行练习，并选出区域小组长进行记录。每周进行小组评比，除了包括体育技能方面的评价，还包括体育品德方面的评价。每学期累计数量获得“优秀学员”称号。

“因地制宜”引导学生进行小组合作的课后练习，结合鼓励学生协作、互助的创新评价方式，是实现教学评一体化的关键，也是连接教、练、赛三个环节的关键，更是培养学生协作解决问题核心素养的重要创新举措。

（三）积极参加社团、市区学校、社会体育活动做到“常赛”

比赛是激励学生主动参与练习的最佳方式。课堂上经常进行排名次赛，让学生在练习中有压力,但也能正视自己的水平,学会敢于拼搏,为胜者鼓掌,为败者加油。学生要全面参与市区学校各级各类线上线下跳绳比赛,课上有挑战赛、排名赛,班级年级有月挑战赛,校级有全校跳绳比赛。市区级跳绳比赛包括各级各类正式比赛,累计近 5 次,每次比赛至少有 6 个单项和 3 个集体项目,项目报名需近 60 人,参与人数非常多。比赛不仅能积累经验,还能提高学生良好的心理素质,如冷静、机智和敢于拼搏,这些素质是体育项目特有的,是通过多次比赛的磨炼得来的。鼓励学生积极参与社会层面各级比赛,不断挑战自己、完善自己。无论是什么比赛,教师都会在课上进行点评,给予学生很大的学习动力。

以“教会、勤练、常赛”理念为课程模式的实施路径,使学生在体育中“享受乐趣、增强体质、健全人格、锤炼意志”,在体育课上“教会”学生“健康知识、基本运动技能、专项运动技能”。然而,要达到在日常生活或比赛场景中能够灵活自如地运用,还需要通过课外体育作业的“勤练”来使学生熟练掌握运动技能,培养学生的运动能力。

三、实践成效

(一)花样跳绳社团学生体质健康测试成绩明显优于其他学生

运用《国家体质测试标准》对学生的体质健康水平进行测试,测试项目分别为 50 米跑、1 分钟跳绳、1 分钟仰卧起坐、身高体重、肺活量和坐位体前屈。根据国家中小学生体质健康测试系统进行成绩统计。其中, 1 分钟跳绳项目有附加分,每多跳 2 个加 1 分,最多可加 20 分,并将其纳入综合成绩中。两组数据显示,社团学生的测试成绩略优于普通学生,但综合成绩明显高于普通学生。由于学生每天积极进行跳绳练习,因此在附加分跳绳项目上,几乎所有 50 名学生都接近满分。花样跳绳的多样性能够不断激发学生的练习兴趣,在兴趣的推动下,学生不知不觉中提高了练习时间和练习质量。

(二)社团学生多次代表学校参赛并获佳绩

双减政策的出台不仅降低了学生的学业压力,还增加了学生参与各项比赛的机会。我校花样跳绳社团自双减工作以来取得了显著成绩,包括获得东城区民族传统体育节跳绳比赛团体第二名、东城区少数民族传统体育节花样跳绳自编动作一等奖、交互绳比赛第一名以及 7 个单项冠军,单项获奖率达到 91.6%。此外,社团还参与了北京电视台花样跳绳节目的录制。以上成绩清楚地显示了课后服务质量的提高。

花样跳绳课程与学校整体育人规划密切结合,将该学科打造成为品质学科,从根本上提高了服务质量,并提升了教师的职业成就感和幸福感。上课学习和课后练习得到有效协调,更好地激发了学生的自我管理能力。在课后服务的第一阶段,我们不定期对家长进行回访,家长认为学生参与花样跳绳社团后能够主动完成作业,积极参与体育锻炼,并明显提高了身体素质。同时,学生能够以更好的方式与同学沟通,人际关系更加融洽。教师的引导、学生的努力、学校的支持以及家长的认可,共同推动了双减工作的实施。

四、总结

(一)巧学

创新教法,学习知识、技能和方法,培养精神。适当的教法能够大大提高教学质量。体育运动是相通的,各项目之间可以相互借鉴,例如跳绳需要有节奏感,田径项目如跳远等也需要有一定的节奏;化繁为简,球类运动可以通过去除球的练习来降低难度;互通有无,让学生理解事物的本质和原理,例如球类项目之间的传接配合可以相互交换位置来体验;团队挑战,所有集体项目都可以通过集体协作的挑战来增强团队凝聚力。

(二)勤练

经常进行练习。体育课的性质之一就是通过身体练习来提高。练习是学生熟练掌握技能的重要方式,激发学生主动锻炼的意识需要方法。必须给练习提供评价,良好的评价方式可以促使学生课课练、天天练。如果真正做到勤练,学生的体育素养也将得到提升。

(三)常赛

多样化的比赛形式。比赛是培养学生运动能力和检验学生学以致用水平的重要方式。课堂上可以进行个人比赛、小组比赛,课后进行练习比赛,还应积极参与各级各类大型比赛。教师带领学生参与比赛必须进行总结,更要指导学生在比赛中与他人合作,做到胜不骄、败不馁等。教师的指导越明确,学生通过比赛所受到的教育和引导效果就越好。

本文所述的探索旨在起到启发和激励的作用,希望更多的师生能积极参与课堂教学实践,探索出一条提高体育课程技能学习和练习平衡的有效途径。

线上教学以美润心,提升幸福“指数”

在实施“双减”政策的背景下,美术学习正在发生改变。过去只注重基本知识和基本技能的培养,忽略了情感培养和德育目标。现在的美术教学强调对情感元素和文化底蕴的发掘,将教材与学生的实际生活紧密联系起来,通过不同的教学活动激发丰富的情感体验。新开发的线上课程也致力于提升学生对美术学习的兴趣,培养学生自信心,增强学生的成就感。

一、贴近生活的课堂学习,激发兴趣提升“幸福指数”

(一)分学段安排,设置不同的学习活动

对于低年级学生,开设剪纸、生活小用品制作等线上课程,通过手把手指导家长和孩子一起装点居家环境,营造和谐温馨的生活氛围。对于中高年级学生,鼓励他们主动关注时事,在教师的启发下,创作致敬抗疫英雄的招贴海报、制作疫情急救包、进行废物再利用等设计作品,使学生的线上学习与生活紧密联系起来。通过多种形式的线上教学活动,缓解学生在家焦虑情绪,丰富学生的居家美育学习。

例如,在三年级的《设计小帽子》这节课中,根据新课标的要求以学生的生活为基础,结合实际情况,尝试使用不同的工具和材料。教师鼓励学生帮助家长整理家里的物品。在整理过程中,学生学会了发现、查找和收集可利用的废旧材料,发挥他们的创意设计小帽子。有的学生利用废旧的黏土盒子、水果篮子制作帽身,有的利用矿泉水瓶、小瓶盖和黏土制作帽身上的装饰,还有的利用丝带制作蝴蝶结装饰在帽檐上,还有的利用奶箱上的图案、废旧纸盒剪切绘画。孩子们竭尽所能地寻找家里可利用的材料进行设计,他们呈现出的作品令人眼前一亮。

再以五年级的《设计急救包》为例,教师鼓励学生去向家人询问或实地测量身边的急救设备,通过调研的方式使他们能够更直观地体验和思考。在探究疫情急救包内如何合理收纳装备的过程中,教师结合日常居家整理的需求进行引导,让学生了解收纳物品的逻辑方法。例如,坚固且尺寸较大的物品可以外挂或直接放置,而精密易损的物品则需要密封收纳,常用物品可放置在相对容易取得的位置。在师生的讨论活动中,教师让学生感受到课堂问题与生活之间的密切联系。

(二)联系学校教育,开展大思政学习活动

1. 学习英雄,树立行动榜样

面对疫情,教师在课堂上引导学生绘制我心中的英雄,如白衣天使们在一线战斗的形象、杂交水稻之父袁隆平以及冬奥冠军小运动员们等,让学生心中产生榜样,并有力行动起来。通过教师的引导,学生们用自己的行动向英雄榜样致敬,用画笔描绘心中的英雄形象,用心灵领悟可歌可泣的精神品德。学生们以自己的方式缅怀英雄、纪念英雄,学习英雄不忘初心、牢记使命,勇于奉献、敢于担当。他们将对英雄的敬仰凝聚为众志成城、共克时艰的强

大正能量。结合学校班会活动，学生们积极踊跃地参与评选最美才艺献榜样展示，用自己的方式表达对党的热爱，赞美幸福生活，歌颂最美的榜样，并激励自己将英雄的精神永远传承下去。

居家学习期间，为了更好地关爱自己、自觉自律，保持良好的学习生活状态，在525心理活动日，教师带领学生将对自己最想表达的一个字写在书签上。天真烂漫的想象、设计独特风格的图案，都是为了给自己加油、鼓劲和勉励，以成就更好的自己。一张张美丽的书签为学生们带来积极向上的力量。

2. 结合节日，坚定文化自信

在端午节即将到来之际，结合课程开展端午主题教学活动。在这个活动中，我们大力弘扬中华优秀传统文化，积极培育和践行社会主义核心价值观，进一步丰富学生们的精神文化生活，引导他们认识传统、尊重传统、弘扬传统。

在美术线上课程中，我们根据不同年龄段学生的特点，分年级展开具有端午特色的课程教学。一年级的学生通过绘画童真地表达了对端午节的期盼；二年级的学生设计了端午节穿的节日服装，有的设计给小娃娃，有的设计给小粽子，并展示了不同民族特色的花衣服。他们像小服装设计师一样，认真在纸上设计端午节服装款式。三年级的学生通过动漫画的方式，绘制了小粽子形象，提醒大家在节日中不要暴饮暴食，要注意卫生和锻炼。四年级的学生学习了刻纸技艺，既传承了中国的传统艺术，又培养了他们的创造性思维，同时锻炼了他们的手眼协调能力和思维能力。五年级的学生设计了台灯，通过多角度的调研，利用端午节文化元素进行跨学科整合，制作出实用而美观的小台灯。六年级的学生学习了非物质文化遗产，他们通过收集资料和使用不同的工具和材料，设计了端午节的小摆件，体会了“守正创新”的内涵和意义。通过丰富多彩的端午节文化课程，学生们感知和体验艺术之美，理解了我国深厚的文化底蕴和党的百年奋斗的重大成就，坚定了文化自信，加深了对国家历史和文化传统的了解。

二、丰富多彩的课堂活动，减负增效提升“幸福指数”

（一）充分的课堂交流活动

为了让学生在家中也能感受到课堂中的互动氛围，教师在课堂上为学生创设轻松多样的交流话题，增加线上教学互动的频率。例如，开展艺术小达人、绘画训练营、眼力比拼、我是小小调查员等线上专题互动活动。我们鼓励学生以乐观的心态面对疫情，在绘画的过程中舒缓心情，让居家生活充满乐趣，助力学生全面发展，包括道德、智力、体育、美术和劳动等方面。

比如，在二年级的《百变团花》课中，教师首先鼓励学生在“我是创新小能手”比赛中大胆尝试剪团花的过程，通过动手实践，学生会自己探究问题和方法。然后，教师通过连线多名学生，促进学生之间的交流和师生之间的交流，引导并帮助学生解决难点问题。在任务的驱动下，学生积极参与课堂互动，探究剪纸的方法。上台的学生和下台的学生轮流互动，这不仅增强了学生的探究欲望，也让所有学生都愿意参与课堂活动，从而提高学习质量。

再比如，在五年级的《深度空间》学习中，学生参加绘画训练营，同时欣赏、理解艺术家的作品，分析和探讨空间的表现方法。他们与大师进行了零距离对话，用画笔感知空间深邃的奇妙变化,力争成为艺术小达人。在六年级的《动漫形象招贴画》课中,课前带领学生进行社会小调查,学做小调查员;课后鼓励学生把招贴画张贴在社区的宣传栏上,充当社区疫情防控的小宣传员。在设计招贴画的合理构图和恰当用字过程中,还开展了眼力比拼的比赛活动。学生不仅沉浸在艺术的氛围中,而且让他们在感受艺术效果的同时,为他人带来视觉上的魅力。学生对参与活动的热情高涨,积极进行艺术探讨。

(二)趣味的实践作业设计

为了贯彻“双减”政策,全面减轻学生的作业负担,美术学科采用了课堂实践作业。在有效的课堂活动中设计高质量的实践活动,这是我们面临的新要求和新挑战。针对如何给学生留下有用和有趣的作业,让学生养成爱思、会思、勤思的良好思维习惯,我们进行了探索。

1. 热点型作业设计

热点型作业设计结合实际事例,让学生在作业实践中关注祖国的发展变化。例如,祝贺中国共产党成立100周年。课堂作业实践引导学生以优秀的艺术作品歌颂党的百年奋斗史,用五彩的画笔赞美党给我们带来的幸福生活,展示学生积极向上的学习状态和爱党爱国的精神风貌。同时,引导学生深入了解中国共产党百年光辉历史,弘扬爱国主义精神,从中国共产党的百年风雨和百年奋斗中汲取滋养,让奋斗之火点亮童年成长之路!学生通过实践参与点亮童心、红色传承、童心向党、画说党史、幸福成长、永跟党走、讴歌党史、献礼华诞等四大板块的作业创作,表达对党和国家的热爱,坚定了跟党走的信念和抒发思想之美。

另外,为迎接2022年冬奥会的到来,更好地普及推广冰雪文化,进一步营造全员迎冬奥、参与冬奥的良好氛围,课堂作业实践结合冬奥会开展了“激情与梦想同行,冬奥与你我同在”的系列作业实践活动。学生们创作了一系列融合冬奥元素和传统文化元素的作品,用艺术形式宣传冬奥文化,让艺术与冬奥文化相融合,在创作中迸发出对冰雪运动的热情,激发艺术创作的灵感。通过艺术作品积极宣传奥林匹克精神,努力成为冬奥活动的传播者、践行者和志愿者!

此外,为了迎接党的二十大的顺利召开,传承红色基因,增强学生的文化自信和民族自豪感,引导学生成为新时代民族团结的“传承者”和“践行者”,各年级美术课堂开展了“献礼二十大,奋进新征程”的作业实践。学生们运用多种艺术视觉表现形式歌颂伟大祖国,向党的二十大献礼,增强了同学们对党的二十大的正确认识。从作品中可以看到学生们的赤子之心和爱国之情,表达了迎盛会、铸忠诚、强担当的理念,努力培养德智体美劳全面发展的社会主义建设者和接班人,感受到变化之美和山河之美。

2. 生活型作业设计

生活型的作业设计与学生的实际生活相结合,让学生在学习情境中不断探索和实践,增强学生的学习参与感,培养合作和沟通能力,提升创新意识和思考能力。例如,在五年级的《糕点盒设计》课程中,借助学校的校园文化和智慧课堂主题任务,开展了糕点盒设计活动。这个活动要求学生进行充分的市场调研,结合数据和客户需求,有针对性地进行设计。同时,引导学生进行思维的拓展,开启设计的智慧之门,对视觉元素进行归纳和整理。最后,通过创设学生在生活中扮演甲方(学校)和乙方(设计师)的真实设计情境,将所学的设计知识融入生活,实现设计创新的目标。这样的作业设计真正将学生的生活融入其中,从学以致用转变为以用带学，让学生有目的地进行糕点盒包装设计，进一步认识到设计服务生活的意义和价值，秉承“以人为本”的设计理念。

3. 开放型作业设计

开放型作业设计突出美术学科的本质，让学生进行跨学科的作业实践，综合培养学生的核心素养。

例如，在四年级的《课本剧》一课中，将美术和语文课程进行整合，根据学生的家庭情况，让他们深入理解正在学习的课本中的中文文学作品，并进行创编和设计道具。通过课程的融合，更好地激发学生的学习兴趣，使他们在上课时充满热情，参与积极。在教学过程中，通过电台欣赏情境和观看表演视频来引入创设氛围，让学生通过观察、发现和感受初步认识到课本剧是一个综合性的学习内容。通过设定剧情情境，让学生从编剧的角度进行人物形象的设想；通过道具设计情境，让学生以道具组成员的视角具体进行设计构思，通过情境和任务驱动相结合来完成作业实践成果。在教学过程中，作业实践材料的选择是根据学生居家学习的现状，让他们自主找出家中可以使用的各种材料。通过材料发布会分享自己在生活中找到的材料，在交流中开放性地拓宽学生的思路。在教师示范环节中，教师根据自己从家中找到的材料进一步扩充学生的视野。这样可以让学生感受到废旧材料再次利用的价值，培养他们的创造性思维和树立环保意识。在作业展示环节中，学生结合音乐、戏剧、美术和文学四个领域进行跨学科的作品表演，培养了学生的综合能力。

又如在新年即将到来之际，美术与音乐进行跨学科整合实践作业的设计，让学生不仅在课堂中学到知识，还能在生活中培养兴趣，锻炼技能，最终提升艺术核心素养。作业设计以审美为着眼点，以育人为立足点，以兴趣为切入点，以创新为突破点。在美术课堂上，伴随着热闹喜庆的音乐，孩子们感受到新年的喜庆气氛，了解并制作新年饰物；在音乐课堂上，学唱歌曲的同时，融入美术元素，丰富听觉的同时，视觉效果也让学生更加专注。

一年级的作业设计是《锣鼓庆新年，戏舞展风采》；二年级是《年饰扮新屋，乐动迎新兔》；三年级是《手绘祝福卡，唱响好运歌》；四年级是《巧手创意多，献礼党的“二十大”》；五年级是《纹饰看新年，多彩民族情》；六年级是《浓浓中国味，共抒文化意》。在以中国传统艺术为主题的课堂中，同学们伴随着《龙咚锵》的音乐，进行手偶律动表演，欢庆新年的乐事；他们唱、跳、奏新年歌曲，感受传统文化的魅力；巧手制作新年装饰，为家中增添喜庆气氛；精心制作的贺卡向家人和老师传达新年的祝愿；而一枚藏书票传承着千年的民族文化。悠扬的歌声和富有巧思的作品，无一不表达了同学们在新的一年中要努力奋发的期望和对祖国的祝福，激发了他们对党和祖国的热爱之情。

（三）多样的评价展示方法

1. 交流多样化

在评价的过程中，教师通过视频发言与评论区相互结合的形式为学生搭建平台，学生能够边讲解边展示。利用平台随时切换的视频功能，将讲解作品的同学设置为主画面，其余发言的同学能够在小框当中与主画面同学进行实时的语音交流。未开启视频的同学也能通过评论区进行文字点评并给予意见，通过多种技术交互的使用提升整体的课堂氛围。

在线上教学中，时时评价有利于学生和教师隔空交流，更有利于激励学生不断探索学习，并对学生出现的问题进行辅导。在教学环节中，我们倡导将评价的权利还给学生，教师找准自己的角色定位,发挥“引路人”、“铺路石”的作用,使评价真实客观地反映学生的美术学习情况,发挥激励和导向的双重作用。例如开展美术课精彩两分钟的分享活动,学生根据学习内容展示和讲解。低年级的学生可以开展“说说我的作品”;中年级可以开展“介绍我了解的工具”;高年级可以开展“讲讲我最欣赏的艺术作品”。学生在讲解和介绍中相互提问,引发更广泛的思考空间。另外,在课堂回答问题时可以采用线上巡回发言的方式,学生之间相互解答问题,教师进行补充,而课堂小记录员随时记录同学们回答问题的次数。这种及时评价的方式极大地激励了学生在课堂上的参与度。

2. 活动趣味化

在线上教学中,作品成果的展示和评价有利于学生不断创造思考并参与实践。在成果展示评价中设立“挑战小画家”艺术平台,学生完成作品后可以自愿将其发布在班级作品展示小程序上。学生可以在“挑战小画家”展示台上进行交流,参展者可以邀请全班同学充当评委,对他们的艺术作品进行欣赏并提出修改意见,并解释理由。参展者可以根据其他同学的评价意见和自己的实际感受进行二次创作,在原作的基础上进一步改进和提高。作品展评的过程可以全面考察学生的欣赏和评述能力。他们可以相互学习各自的艺术风格、表现技法和表现手法,以点带面提高班级整体的艺术水平。总之,利用在线平台,教师应尽量多地给学生创造表现机会,让他们有“说的机会,演的机会,示范的机会”。

如五年级的《垃圾桶设计》一课采用多元互动评价方式,注重学生之间的相互评价。采用线上视频交流、评论区交流和小程序接龙作品的评价方式,使所有作品都能够被视觉化呈现。尤其是让学生的作品在小程序接龙中展示,学生能够更快速地进入虚拟真实场景的呈现,提升学生的积极性,并为学生提供更丰富的自我展示机会。这培养了学生学会欣赏他人、鼓励他人的能力,同时提高了学生的审美判断能力和语言表达能力。只要学生勇敢地投入想象并保持高度热情进行绘画,即使他们提出奇怪或滑稽的想法,即使最终效果不太好,教师都应肯定学生的创作成果,并给予正确的引导性评价。只有这样,学生才能保持高度热情,享受到在绘画过程中取得成功的喜悦。学生的努力过程就是学生素质发展的过程。教师关心的是学生学习的轨迹和改变的情况,而不仅仅是最终的结果。

3. 思考全面化

在线上教学中,鼓励学生以不同的方式进行自我评价,例如自己绘制学习评价表、制作单元课程的作品集等。评价内容可以围绕“学到了什么”、“我进行了哪些美术活动”、“我能发现生活中的艺术”等方面展开。评价展示不限制学生展示的方法,让学生在评价的过程中进行反思。评价展示应成为课堂实践活动,体现全面发展和德育人才的理念。

例如,在五年级的欣赏评述课程《画家徐悲鸿》中,如何让学生综合理解和评价徐悲鸿及其画作。通过共同绘制笔墨情的艺术实践活动,让学生通过欣赏作品并简单模仿画家的代表作马。学生可以在实践中与画家进行零距离的对话,了解中国画的绘画技法和特点。让学生根据模仿进行评价,更能体会到画家徐悲鸿正确的历史观、贫贱不能移、威武不能屈的民族观、寸土不让心怀家国的国家观和守正创新的文化观,从而增强对传统文化的自信,激发爱国主义情感。

通过深入的体会进行评价,这样的评价更具有针对性。学生可以通过实时拍照上传作品进行展示,在使用下发小黑板上传绘画作品图并在屏幕框下拉的功能中展示和评价作品。

学生的作品展示更加直观，课堂的互动效果和氛围更加融洽，同时学生的表达能力也得到了进一步培养。在自我评价中，学生结合画作说一说自己是否使用了徐悲鸿中西合璧的画法，表现塑造了什么样的马匹形象，以及绘画马匹时的感受。在相互评价中，学生可以感受到谁画的更具风格，这注入了多层次的情感表达。在表达的过程中填写评价单，以增强自我肯定。教师使用激励性的语言进行评价，肯定并鼓励学生的尝试。这种双重的肯定性评价能够给学生带来充分的自信。

三、落实新课标和新理念，肯定激励提升“幸福指数”

（一）整合拓展课程

新课标的落实对线上教学起到了有效的指导作用。在美术课教学中，我们应根据新课标有的放矢，突出重点和难点，注意美术课内容的整合，充分传承和发扬我国民族和民间优秀的艺术传统，增强学生的民族自豪感。激励学生利用居家生活环境寻找美术资源，发挥学生的主体作用，拓展丰富学生的眼界，培养他们的美术素养。

（二）符合心理特点

美术教学的落实要注意选择适合学生心理和生理特点的线上内容。在新理念的引导下，注意循序渐进的教学过程和课堂学习活动。在贯彻理论联系实际的原则上，教学内容的选择应与学生的实际生活联系起来。尽可能引导学生捕捉居家生活中的事物，在教学过程中不给学生学习的压力，而多给予他们思想上的疏导，帮助他们积累丰富具体的、直接的生活经验，肯定他们的表现欲望，从而激发学生想画、爱画的欲望，成为他们心灵的唤醒者。

（三）专业引领成长

由于疫情居家的原因，学生对生活的观察受到了限制。若任由学生自由发挥，而没有正确的示范和引导，就会出现只有过程而没有结果的局面。长此以往，学生会失去学习的兴趣，不利于学生美术表现能力的培养。为了避免学生对范例的机械模仿，我们在向学生示范时，并不要求他们简单地模仿，而是通过对所要表现的事物进行分析，通过整体示范和局部示范帮助学生解决问题，适当整合网络资料作为补充，激发他们的表现欲望。在学生作画的过程中，组织学生将摄像头对准自己的画面，可以了解学生的想法，激励他们随时进行语音交流，并及时给予学生指导。让学生尽情地释放自己的情感，大胆地表现自己的感受，寻找到艺术中的快乐。

（四）实践促进创新

美术作业主要是学生的课堂实践活动，它展现了学生对艺术的感知，表达了情感，同时也培养了创新思维。美术作业的实践过程是美术教学的重要组成部分，它对课堂知识进行了提升、补充和延伸。如何设计作业，使之与学生的生活联系密切，解决实际问题，并使学生能够将所学应用于实践？例如，主题式作业可以与生活相结合，让学生解决一些实际问题；实践型作业可以根据已有的知识和学生自身的知识体系，鼓励他们大胆思考和尝试；开放型作业可以培养学生的扩散思维，鼓励他们勇于创新；热点型作业可以结合社会热点问题，提高学生的社会参与能力，培养正确的人生观和价值观等。多样化的作业设计形式使学生学习更有新鲜感，激发他们对学习的快乐，更有利于激发学生的创新思维和道德修养。

在新课程理念下，教学评价强调过程性、发展性和综合性相结合，注重评价主体、内容和目标的多元化，强调评价重心的转移。因此，教师不仅要关注学生的学习结果，更要关注学生的求知、探究和努力过程。要加强学生在评价中的作用，以民主、平等、开放、共建的评价过程体现"以人为本"的主体性评价的价值取向，鼓励引导学生积极主动参与评价，帮助他们自我认知和自我教育，促进学生的主动、全面发展。

四、总结

在线上美术教学活动中，还有许多方面值得我们探索和反思。美术不仅仅是一门艺术，我们将努力探索更适合学生年龄特点的教学方式，滋润他们的心灵，让他们在积极愉快的情绪中成长。在用美术滋润学生心灵的过程中，我们要充分理解、信任和欣赏每一个学生，发掘他们的闪光点，呵护他们创造美的潜能，以无声的方式落实"双减"，相信这必将潜移默化地提升学生的"幸福指数"。

在今后的实践中，我们将继续探索如何合理利用线上教学，更好地进行整体规划和统筹，在系统化、体系化的教学中通过美术滋润心灵提升学生的学习幸福指数，充分发挥协同育人和综合育人的作用。

参考文献

[1] 顾晓明. 美术教学中如何提升学生的幸福"指数"[J]. 新课程学习，2010(3)：136.

专题六　智慧教育作业设计策略探索

导师评析

“双减”背景下,小学阶段的作业设计与实施面临新的挑战。板厂小学的教师们迎难而上,通过将理论与实践相结合,真正做到了提质增效,因材施教。首先,板厂小学教师们学而不厌,诲人不倦,在课程建设等教学工作与自身的专业发展中都重视理论的学习与应用。教师们不仅做到对所教学科的专研、精通,还致力于学习和应用学习科学、教育学、管理学等领域的前沿知识,勇于创新。板厂小学的作业设计与实施具有先进的理念,取得了丰硕的成果,在多学科、多领域都全面发展。在数学作业设计方面,板厂小学的教师们在深入研究教材的基础上,结合学习科学中深层学习的理念,设计了既符合学生的一般认知规律,又启发学生深入思考的课堂与课后作业,努力实现教学评一体化。在语文作业管理方面,板厂小学的教师引入管理学的理论,通过科学的管理办法实现“以质启智”,以评促学。在艺术、体育领域,板厂小学的教师们锐意创新,以丰富、具有特色的内容吸引学生,并通过比赛、表演、社会实践等多样的形式,引导学生在完成作业、参与活动的过程中发现所学内容对个人和集体的意义,实现育人的目标。板厂小学的教师们在作业设计与实施过程中,立足学生需求,遵循教育规律,为未来的发展也奠定了坚实的基础。

张泽宇

以作业设计深化智慧教育的研究与实践

一、智慧教育引领下的作业改革

（一）智慧教育与作业改革的关系

智慧教育强调从人的需求出发，通过启发与影响受教育者，使其能够在自然、社会和人本身三个领域中追求真、善、美，从而培养人的智慧，致力于实现人的自由而全面的发展。作为教育教学的重要环节，作业改革是为了检验学习效果，助力学生全面发展。因此，在智慧教育引领下，作业改革要与课程改革、教育教学理念的更新齐头并进，才能取得更加明显的效果，真正实现学生自由而全面的发展。

（二）落实“双减”政策的有效途径

2021 年 7 月，中共中央办公厅、国务院办公厅发布了《关于进一步减轻义务教育阶段学生作业负担和校外培训负担的意见》，其中明确提出要“提高作业设计质量，发挥作业诊断、巩固、学情分析等功能，将作业设计纳入教研体系，系统设计符合年龄特点和学习规律，体现素质教育导向的基础性作业。鼓励布置分层、弹性和个性化作业，坚决克服机械、无效作业，杜绝重复性、惩罚性作业。”

8 月 30 日，教育部办公厅发布了《关于加强义务教育学校考试管理的通知》，明确要求“大幅压减考试次数，完善学习过程评价，加强学生学习过程评价，鼓励实践性评价，可以采用课堂观测、随堂练习、实验操作、课后作业等方式进行学生学习情况的即时性评价，通过定期交流、主题演讲、成果展示、学生述评等方式进行阶段性评价。”北京市东城区板厂小学多年来坚持开展高质量的作业设计，结合“双减”的新要求，学校进一步开展了以作业设计为基础深化学生评价的研究与实践。

（三）学生健康成长召唤智慧教育引领下的作业改革

20 世纪 50 年代，凯洛夫主编的《教育学》传入我国，他倡导的课堂教学五步法“组织教学—复习旧课—讲解新课—巩固小结—布置作业”对我国的课堂教学模式产生了深远的影响，至今仍被广泛应用。中小学教师高度认同凯洛夫的课堂教学五步法，并在实践中不断增加学生的家庭作业量，将其视为提高学生成绩的主要途径。家长们也认同这种做法，甚至在教师布置大量作业的基础上，还额外增加更多的作业。研究表明，98%的中国家长会为孩子购买教辅资料，大多数家长会额外布置作业。然而，长期以来我们只关注作业对学生学业成绩的影响，忽视了过多作业给学生带来的严重课业负担及其带来的一系列危害。研究表明，过重的作业负担会导致学生身体素质下降、近视率上升、厌学逃学等问题，同时也会导致师生关系紧张、亲子关系紧张，学生的创新能力受到抑制，国家失去了可持续发展和创新的人才基础。

二、基于智慧教育的新时代作业观

结合“双减”的新要求，首先要求教师坚持以学生为本，确立与现代教学和新课程理念相符的新时代作业观，助力智慧教育在实践中深化推行。

（一）有效作业观

智慧教育鼓励学生在自然和社会中追求真、善、美，而无效且繁重的作业将占用学生大量时间和精力，使他们失去自由探索的时间和兴趣，不利于学生自由而全面的发展。有效作业观是相对于无效且繁重的作业而提出的，它强调师生对作业效率和效益的自觉意识和追求。确立有效作业观，首先需要树立强烈的作业质量和效率观念，通过系统化科学的作业设计和优化作业方法策略，达到作业质量和效率的最佳状态，提高作业的实效性。其次，需要具备整体和长远的作业效益意识，重视今天的作业对学生终身发展的效益，强调给予学生对其一生最有价值的东西。

（二）差异作业观

智慧教育强调以学生的需求为出发点，而每个学生的学习基础和兴趣都存在差异。教师应确立差异作业的观念，承认和尊重学生的差异，充分考虑学生的知识基础和年龄特点，并根据学生的实际差异精心设计具有差异性和选择性的作业。在作业的内容、形式、数量和难度上，给予学生自主选择的机会和空间，实施适度个性化的差异作业，让学生根据自身情况进行学习。力争让每个学生在适合其“最近发展区”的作业中取得成功，获得轻松、愉快、满足的心理体验，使每个学生在原有基础上得到完善和自由的发展。

（三）创新学习作业观

在接受学习的基础上，加强创新学习是新课程提出的重要理念和要求。我们必须树立创新学习的作业观，改变仅仅进行接受性和巩固性练习的现象。在作业设计和布置时，注重作业内容、过程和解决问题的开放性、生成性、过程性、探究性和实践性。这与智慧教育对学生创新能力和综合素质培养的目标是一致的，也与智慧教育重视实践操作和引导探索活动的过程是一致的。因此，需要通过创新性的作业引导学生在接受学习的基础上进行创新性学习，提高学生发现、吸收新信息和解决新问题的能力。

（四）学生主体观

智慧教育的主体是学生，要实现智慧教育自由而全面发展的目标，需要充分调动学生的主观能动性。在课前预习、课堂学习和课后作业的全过程中，学生要发挥自主管理的能力。强调学生是作业的主体，不仅意味着学生是教师布置作业的完成者，更强调学生对作业的自我设计、规划和布置。学生在完成作业的过程中应展现自主性、能动性和创造性，拥有对自己学习活动的支配和控制权力和能力。在作业的各个环节和阶段，学生要进行自我计划、自我调整、自我指导、自我强化、自我检查、自我总结、自我评价和自我补救，从而实现全面、主动、生动活泼的发展。

三、智慧教育影响下的过程性作业评价

（一）基于学情分析，强化分层作业设计

随着智慧教育的推行多年，“以学定教”等以学生发展为中心的教学观点逐步被广大一

线教师所认同。在“双减”背景下，教师们更加重视学情分析，从学生的基础知识、学习兴趣、学习方法等方面进行学情调查，以强化分层作业设计，更好地满足学生的学习和成长需求。

我们倡导分层作业的目的是消除重复、机械、无效的作业，这是有效作业观和差异作业观的体现，旨在真正减轻学生的作业负担，激发学生对学科的热爱和学习的兴趣，将“负担”转变为“兴趣”。针对学生发展差异的客观事实，秉承“分层次、个性化、开放性”的理念，教师根据学情为不同学习能力的学生制定基础、发展、探究三个作业目标，让每个学生都有展示和提高的机会。以人教版四年级第一单元为例，本单元的语文要素是边读边想象，感受自然之美，推荐一个好地方，并写清推荐理由。在第一课《观潮》的作业设计中，我们进行了以下尝试。如表 1 所示。

表 1 《观潮》作业设计

<table>
<tr><th>基础性作业</th><th>发展性作业（三选一）</th><th>探究性作业（自愿）</th></tr>
<tr><td>（1）词语挑战
①抄写本课词语，准备词语默写挑战
②用自己喜欢的方式准备词语默写挑战</td><td rowspan="3">①选择自己感兴趣的资料认真阅读，试着用自己的话把资料袋中的内容介绍给同学们听

②自己搜集资料，深入了解钱塘江潮，介绍给同学

③结合资料和课文内容，做小导游，向同学详细介绍钱塘江潮壮观景象及形成原因</td><td rowspan="3">走进龙潭湖公园或其他公园，参观三至四个景点，绘制游览路线图，并将所见、所闻、所想简单记录到游览路线图上</td></tr>
<tr><td>（2）语言表达
①积累两句优美语句，并三言两语说说为什么喜欢这句话。
②仿照课文写法，从声音和样子两个角度描写观察过的“雨、瀑布”等景象</td></tr>
<tr><td>（3）背诵积累（弹性）
在本周内练习背诵课文三、四自然段，老师检查后获得背诵之星奖章</td></tr>
</table>

基础性作业相对较容易，前提是关心弱势学生，为他们提供巩固学习内容的机会；发展性作业稍有难度，拓展学生思考的空间；探究性作业引导学生培养高阶思维能力。通过分层作业设计，鼓励所有学生不断突破自己，在学习过程中既夯实基础又勇于挑战，实现动态过程性评价中的能力提升。

（二）基于能力提升，优化大单元作业设计

崔允漷教授曾指出，学科核心素养是学科教育的“家”，即学科核心素养是学生在学习本学科知识后逐步形成的关键能力、必备品质和价值观念。它意味着教学目标的升级，而逐个知识点的了解、识记、理解等目标已退出历史舞台。学科核心素养的出现推动了教学设计的变革，教学设计要从设计一个知识点或课时转变为设计一个大单元。在设计作业时，教师还需要对教学内容进行结构化组织，加强模块或主题之间的结合，注重各单元知识之间的相互联系，帮助学生形成良好的认知结构。从单元整体上考虑单元作业的设计、分析和评价，强调关联性，才能真正体现整体架构。

以语文学科为例，我们以每个单元作为一个整体，结合语文要素，通过套餐形式细化设计每一课的作业。重点突出知识的整体架构，帮助学生形成知识的整体概念。优化大单元作业设计，遵循智慧教育学生主体观的原则，我们特别注重以学生为主体，遵循学生的认知规律,以学习为中心,体现学生学习过程的完整性。单元作业设计侧重于学生联系生活实际的课外拓展和延伸,注重学习实践后的实际应用。教师会立足语文要素,引导思维过程,巧妙设置学习支持,设计合理、科学的单元作业,助力高效学习。

(三)基于创新发展,实现具体化的长链条作业设计

长链条作业指的是与学生的学习和生活紧密联系的作业,它以学生的兴趣为中心,需要较长时间才能完成。结合智慧教育创新学习作业观的主要内容,我们以学生的兴趣为出发点,以项目作为载体,以学生真实的生活情境为基础,将学习过程与学生个人的生活经验密切相连。作业内容从课本扩展到课外,作业形式不再是机械、乏味的简单记忆,而是生动丰富、贴近生活、富有想象力和创造性的探究过程。

以科学学科为例,我们尝试并实现具体化的长链条作业设计。在开学初就公布"长链条作业"计划,并给出实施"长作业"的建议内容,列出实施的意义、途径和步骤,提供学生辅助资源的链接等。例如,在人教版六年级的倒数第 2 个单元中,我们选择了搭建桥梁作为长链条作业,在开学初布置给学生,鼓励他们自主查找资料,了解桥梁的各种类型及其结构的优势,这可以作为该单元的预习。在课堂学习完成后,可以进行延伸,让学生自行搭建更多他们感兴趣的桥梁,体验力学的魅力。

长链条作业通常涉及多个知识点,学生在完成过程中可以加深对知识的理解和内在联系,并要求将知识技能应用于解决实际生活问题。因此,长链条作业对学生的各方面能力和综合能力都有一定的要求,在实践中培养和发展学生的核心素养。

需要注意的是,评价"长链条作业"不仅仅依赖于书面测试成绩来判断学生学习的好坏,而是注重多方面能力的评价,关注学生的创新精神和实践能力。因此,评价模式由过去单一以教师和学校为主体的模式转变为多主体的评价,学生自身、同学和家长都可以参与其中。我们可以综合采用以下三种评价方式:一是组员互评,促进学生之间的交流与理解,特别是许多"长链条作业"需要小组合作完成,组员对彼此的表现最为了解。二是自我评价,培养学生的自省意识,积极规划自己的学习。学生的自我评价过程是自我反思的过程,可以帮助他们认识到自己的不足,了解自己的学习水平,或者及时向教师反馈问题。三是家长评价,有助于家校共育。我们应该充分调动学生家长的积极性,让他们也参与到学生作业的评价中,这样可以让家长全面了解孩子的知识水平和学习情况,并实现教师、学生和家长之间的有效互动。

(四)基于综合运用,探索跨学科融合作业设计

跨学科作业主要从学科逻辑走向生活逻辑,即一项作业的问题或任务往往源于生活中的真实问题,而不仅仅是对某一学科概念或公式的简单记忆或解题应用。这对于实现学生自由而全面的发展,在智慧教育的支持下具有重要作用。在完成跨学科作业的过程中,学生需要运用数学、语文、信息技术、道德与法治等多个学科的素养。同时,在设计和实施跨学科作业时,教师需要与多个学科的教师进行协商,以确保学生在完成作业过程中不会遇到学科知识和信息技术操作技能的障碍,能够发挥跨学科作业的应有价值。

学期初,学校科研室、德育室、六年级语文教研组、道法教研组、信息技术教研组联合开展教研活动,探讨"走进故宫"主题实践活动和跨学科作业方案。在十月初,学校组织近 300 名六年级师生前往故宫博物院,通过参观和体验,以多维度、多视角丰富学生的历史文化学习与实践。到十月底，学生自主选择课题并组成小组，通过主题演讲的形式展示学习成果，进一步提升跨学科综合实践学习的核心素养，加深对中华优秀传统文化的理解，培养爱国情怀。

综合而言，我们在智慧教育理念的指导下进行作业改革，明确了有效作业观、差异作业观、创新学习作业观和学生主体观，并通过作业设计深化智慧教育的研究与实践。我们基于学情分析，强化分层作业设计；基于能力提升，优化大单元作业设计；基于创新发展，具化长链条作业设计；基于综合运用，探索跨学科融合作业设计，以助力学生实现自由而全面的发展。

着眼学生发展 提升作业品质

一、基于智慧教育的学生发展观

作业评价是教育教学中的一个重要环节。虽然在复杂的教育现场中,这似乎是一件小事,但如果能扎实地做好这个小事,就会引发教育的质变。

正如新课标所强调的,“评价的主要目的是全面了解学生数学学习的过程和结果,激励学生学习和改进教师教学。”评价不仅要关注学生获取知识的结果,还要关注学生在学习过程中的发展和变化。因此,教师需要结合新课标理念,不仅改进作业设计,还要建立科学、合理的作业评价机制,形成目标多元、方法多样的评价体系。这样可以帮助学生找到自己的优势和不足,从而在扬长补短中全面发展。

(一)制定激励性的评价标准

在评价学生学习效果时,教师可以采用定性和定量相结合的方式。对数学作业的评价,教师不仅要关注学生的学业成绩,还要注重学生在学习过程中的情感体验、态度形成、能力发展和习惯养成。

在秉承“以智取质,构建智慧型校园”的办学特色、努力打造优质教育品牌的过程中,学校始终以培养学生乐学善思的学习品质为己任。这就需要教师团队积极落实新课标,超越“教书”,走向“育人”,从学科本位、知识本位走向学生素养本位。而推进素养导向的教学关键和难点在于在教学中实施素养导向的评价,实现素养导向的教学评价一体化。

在作业过程管理中,教师需要制定详细、全面的评价措施。每学期开学时,明确提出作业要求,并让学生在完成作业过程中有章可循。重视平时评价,尤其要对各项作业进行及时、科学的评价。不仅要对作业表现好的同学适当进行作业展示,还要对作业质量有进步的同学进行鼓励和表扬。例如,在进行作业评价时,对于书写工整的孩子可以盖上一枚小印章,鼓励学生把字写规范、字体书写认真,这也是学生重视作业的一种表现。每次在班级中表扬作业全对的同学,树立榜样,让认真完成作业的学生有光荣的心理体验。对于长链条作业或实践性作业,要在班级中进行展示,评选“我最喜爱的作业”,给予完成作业质量高的孩子良好的心理体验。

高效的作业评价能架起师生之间沟通的桥梁,是激发学生学习兴趣、促进学生全面发展的最有效渠道,同时也可以进一步保护学生的作业积极性和自信心,使学生更快、更准地发现并开发自身学习潜力,形成正确的学科思维体系。这体现了智慧教育下以育人为核心的作业评价新样态。

(二)用好发展性的作业评语

批改作业时,可以根据每个孩子的作业特点,写上简短的评语。合适的评语不仅能够帮助学生更好地理解自己的做题情况,还能充分锻炼学生的思维能力。

作业评语要有针对性,充分关注学生学习和教师教学的智慧。每个学生的作业完成情况都是不一样的,教师可以根据学生的作业选择合适的评语,既能拓宽学生的思路、充分发挥学生的潜能,提高学生的作业完成能力,也能为学生以后的学习打下坚实的基础。例如:“你的书写非常好,如果正确率再提高一点就更好了。”“思考一下这道题还有没有更好的方法?”“如果能画一张图,相信你就能做对了。”

作业评语要有启发性。作业评语的接收对象是学生,学生是否能够乐于接受并受到启示,是检验教师评语是否合格的标准,也是学校智慧教育理念的发展性表达。好的评语让学生有所收获,与学生进行有效的沟通。例如,如果学生把平行四边形的高画错了,可以用启发性的评语:“思考一下高应该与底边成什么角度?”学生就会意识到自己犯了角度不对的错误。在进行手算乘法时,如果学生出现了“3+2=6”的错误,可以简单提示学生:“3+2=(　　),3×2=(　　)”,简单的评语让学生立刻明白了错误的原因。

作业评语要有鼓励性。在批改学生作业时,教师应带着一种寻宝的心情,去发现学生作业中的亮点,并用赞许的话语进行评价,智慧地挖掘教育中的点滴智慧。“你的作业令人赏心悦目”。对于勇于尝试拓展性作业但没有做对的孩子,教师的评语应更具激励性。例如:“你勇于探索的精神值得肯定,加油!”对于能坚持做优化和拓展性作业的孩子,教师也应不断给予鼓励,让教师的期待成为他们坚持下去的动力。“老师期待看到你明天的拓展性习题。”“你的思路与众不同,既正确又简练。”“解法巧妙,思路清晰。”“你是一个喜欢思考的孩子”……

在平时批改作业时,还可以简单地写几句评语,例如:“如果能把等号画直,你的作业就更漂亮了。”“请你及时改正错误。”“字再工整些就能得到印章了。”“老师看到你的努力了。”

(三)小结

好的作业评价方法可以提升学生的作业水平,充分发挥小学数学课堂作业的作用。在小学数学课堂上,老师要以学生为本,尊重学生的个体差异,开展多元化的作业评价体系,吸引学生的兴趣,保证学生能够积极投入到学习中,不断提升学生的学习水平,实现学生的全面发展。

二、基于智慧教育的教师能力观

科技赋能教育创新。智慧教育推动着教育的变革,是发展教育、建设教育强国的必经阶段。顺应时代背景的教师必须在传统教师角色的基础上加以转变,并进一步拓展教师职能范畴。智慧教育的快速发展也对教师提出了更高的要求,马国峰教授曾提出:智慧教育环境下,教师的角色不能仅局限于传授知识,还要引导、激励、唤醒学生。教师只有重塑角色,才能直面智慧教育带来的挑战和机遇。

提高课堂教学质量,关键在于教师。在智慧教育时代,教师需要改变传统观念,利用信息化的教学方式和教学手段,保证授课的整体质量,提升课堂教学效果。

(1)教师要主动更新教学观念。教师要清楚自己的职责是培养人才,是要发展学生的核心素养。在课堂上,不仅要让学生掌握必要的知识,还要培养学生的学科关键能力,同时还要让学生形成正确的情感态度和价值观。教师的所有教学行为都应在这样的教学思想下进行,才能够实现课程目标。

(2)高质量的课堂教学要求教师具备较高的教学设计能力。首先，要充分研读课程标准，对课标中要求学生掌握的核心知识、形成的学科能力以及具备的核心价值有清晰的了解。其次，要分析教材，既要梳理出知识结构体系，又要挖掘出学生习得知识时需经历的过程与方法。最后，要分析学情，准确判断学生习得知识所需完成的一系列任务是否具有挑战性。

而作业不仅是学校教育教学管理的重要环节，也是课堂教学活动的延伸。作业的布置对于学生而言绝不仅是简单的巩固，它承载了促进学生自我认知和自我激励的功能，关注学生的全人智慧、发展本真智慧、体察大智慧。无论是课堂还是作业，都要关注学生的差异，注重系统设计。因此，我们强调让作业设计与教学目标、学业标准挂钩，让作业在课堂教学中进一步发挥诊断、巩固、学情分析的功能，充分体现"教学评一致性"。

例如，在教学人教版四年级上册第二单元"公顷和平方千米"的第一课时中，由于"公顷"这个面积单位比较大，离学生生活又比较远，不容易建立概念。为了更好地让学生在课上认识"公顷"这个面积单位，唤起学生的学习经验，突出经验的链接价值，我们布置了一个课前动手操作的作业。学生在家中用报纸做一个 1 平方米的面积单位，先用手在版面上摸一摸这个一平方米的报纸有多大，接着利用这个面积单位测量家中桌子、单人床和房间的面积，大约是多少平方米。教师有意识地让学生积累丰富的实践经验，这样学生在课前就已经对 1 平方米、约 2 平方米和几十平方米有了一些感知，在头脑中形成了概念。那么，当学生在课上认识 1 公顷这个面积单位时，就有了一个参照和对比，这样可以帮助学生将土地面积单位与日常生活建立联系。

在课上，让学生充分在头脑中感知 1 公顷有多大后，我们还布置了两个课后实践作业，即将课堂上在头脑中的概念落实到现实中去，帮助学生建立正确的面积概念。第一个实践作业是让学生在操场上测量一个面积为 100 平方米的正方形。第二个实践作业是在去天坛体育场上进行体育大课时，亲身体验感受被 400 米跑道围起来的面积，大约就是 1 公顷。

这样，在课前和课后设计的一系列作业中，通过引入生活实践，可以激发学生的学习兴趣，唤起学习经验，激活学生的方法意识。而课后的实践作业则丰富了学生的感性经验，提升了学生对自我认知和自我激励的意识，同时还承载了学会合作、参与社会实践了解社会等育人功能。

三、基于智慧教育的高质量作业观

作业是课堂教学的延伸，其并不仅仅以数量取胜，而是要做到精准适配学生的需求。在智慧教育时代，高质量作业是深化学生所学知识与教学拓展的重要实现途径。教师在教育教学过程中，应紧紧跟随时代的潮流，立足智能化和多样化的作业设计，积极发挥作业设计的优势，提升课堂教学效果，对作业进行重新设计。

(一)联系生活，学以致用

智慧教育应渗透在日常教育教学工作的点滴之中。在新课程改革的引领下，作业不应只承担着"巩固练习、查漏补缺"的单一作用，而是要更大限度地发挥其综合性，突出育人价值和应用价值，使得学生真正成为会学、善学、好学的全面发展人才。数学作为一门与生活密切相关的学科，在新课程理念下更注重知识与实际的联系，以及如何应用已经学到的知识来解决问题。有趣且与生活密切相关的作业设计往往能引起小学生的兴趣。因此，教师可以围绕生活中的例子进行设计，让孩子们切实感受到数学是为生活服务的。

这样有趣并且和生活密切相关的作业设计，让学生摆脱了以往纸笔作业的束缚，将探索知识的过程放到了他们熟悉的生活情境中，激发了学生主动参与的意识。这样的作业设计将知识巧妙地融入生活情境中，不依赖于“记、背、练”来让学生记住知识，而是让学生通过思考，利用日常生活经验、兴趣爱好和知识储备等来解决实际问题。

例如，在学完四年级上册第八单元“数学广角——优化”的沏茶问题后，我布置了以下这样一个课后实践作业。首先，给学生提供一个他们熟悉的生活场景：“我们班每天放学后都会有 6~7 名同学留下做值日。他们需要完成的任务包括，打扫 5 个走廊地面，擦拭 41 张课桌，擦拭黑板、窗台和讲台，拖地，以及倒垃圾。请你为这 6~7 名同学设计一个分工方案并预估完成任务所需时间，以便使他们能够尽快完成任务。”由于平时的值日没有明确的分工，大家处于一种无序状态，导致值日时间长，并且由于分工不合理，有的同学做得多，有的做得少，引发了矛盾。通过这次实践活动，学生不仅能够感受到所学的数学知识可以应用到生活中，还能够使日常工作更加合理和优化，同时将行为的感知升华为理性的思维认知，使学生在发展思维能力的同时理解抽象的数学思想。

在这样的设计下，学生能够将课堂中获取到的知识应用到实际生活中，实现了在智慧教育理念下学生综合应用能力的提升。

（二）梯次设计，发展思维

智慧教育理念更加关注让不同的学生都得到最充分的发展。作业的梯形设计不仅是因材施教、尊重差异的教育理念的体现，也是提高教育教学质量、促进学生自主发展的有效途径。

学生的知识基础、思维模式以及学习能力存在差异，这是不争的事实。因此，教师在设计作业时要以提升学生学科核心素养为目的。本学期，我们将作业分为基础性作业、培优性作业和拓展性作业三种类型。其中，基础性作业侧重于知识技能方面的基础练习，夯实必要的基础知识；培优性作业侧重于活学活用类的提高内容，培养学生学数学、用数学的应用意识，重点在于应用学科思想与方法；拓展性作业则是思维挑战类的，侧重于培养学科思维，拓宽学科视野，为有能力的学生提供成长的机会。

在作业设计时，我们根据课型、内容的实际情况，结合教学目标和学生情况，选择某一类或某几类作业进行设计，确保每个类型的作业都有梯度和层次，以满足不同学力的学生需求。通过这样合理分层、注重梯度、尊重差异、因材施教的作业设计实践，帮助不同学生在不同层次和水平上获得适合的发展，促进了学校智慧发展的新样态。

例如，在教完四年级上册第六单元“除数是两位数的除法”中应用商的变化规律进行简便计算的课时后，我设计了如下层次的作业。

1. 基础性作业

（1）在括号内填上适当的数，使计算变得简便。如图 1 所示。

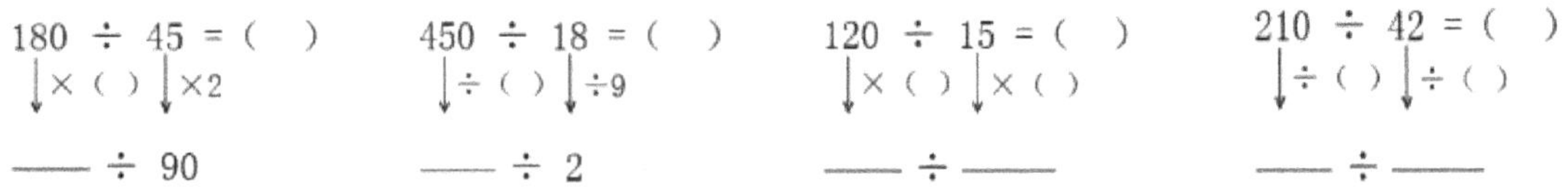

图 1　基础性作业

(2)列竖式计算。

910 ÷ 70=　　900 ÷ 60=　　850 ÷ 40=　　3200 ÷ 90=

2. 培优性作业

有 150 千克的大米，每袋装 20 千克，可以装满几袋？还剩下多少千克？根据如下竖式(如图 2 所示)，正确的计算结果(　　)

A. 可以装满 7 袋，还剩 1 千克。

B. 可以装满 7 袋，还剩 10 千克。

C. 可以装满 70 袋，还剩 1 千克。

D. 可以装满 70 袋，还剩 10 千克。

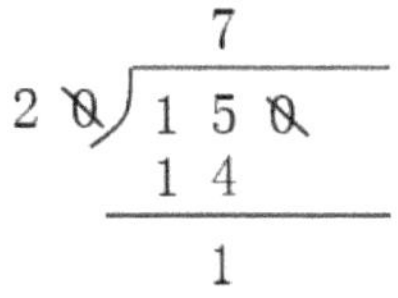

图 2　竖式

3. 拓展性作业

①在加法中，一个加数增加 5，要使和保持不变，另一个加数应如何变化？

②在减法中，被减数减少 5，要使差保持不变，减数应如何变化？

③在乘法中，一个因数乘以 5，另一个因数也乘以 5，乘积会有所变化吗？

④在除法中，被除数除以 5，除数乘以 5，商会有怎样的变化？如果要使商保持不变，你有什么方法？

这样设计作业满足了“双减”政策对作业的要求，包括分层设计、弹性和个性化等多种形式。课内统一，课后分层，夯实基础，通过在“量”与“质”两个维度上减轻学生过重的课业负担，提升学生的数学素养。

(三)注重整合，丰富“营养”

在小学阶段，学生在教材中学到的知识大多数是分散的，即使新的单元与之前的单元看似没有紧密联系，但在解决问题时，却需要多种知识一起运用。实际上，看似零散的知识点实际上是相互联系的。

因此，教师可以在一单元或一个主题结束后，采用“数学手抄报”、“知识树”等作业形式来巩固学生所学的知识，发展学生的能力。与其他作业不同，整理实践类作业的完成方法没有限制，主要是用自己喜欢、适合自己的方式整理已经学过的知识。可以先让学生整理本阶段所学的内容，找出它们之间的联系，形成知识网络，然后根据内容的不同将其划分为不同的板块。学生回顾整理的过程有助于改变原有的知识储存模式，将孤立的知识点连接成网络，并以网络形式形成一个完整的体系。例如，在学完四年级上册的《三位数乘两位数》单元后，小学阶段的整数乘法学习就告一段落，通过请学生自主整理和建构整数乘法中的异同，形成知识体系。

将知识间整合、知识与学生个体生活经验整合后，设计的作业有效地提升了学生的学习效率。这种设计不仅让学生能够从知识点的联系中吸收丰富的营养，更全面地理解数学知识的应用价值；同时，通过形式的创新，让学生感受到学习的乐趣，并在情感和能力上获得收获。

（四）小结

通过任课教师精心筛选题目、把握作业总量和控制作业时长的科学设计，避免了过重的作业负担给学生带来的生理疲劳和精神压迫，有益于学生身心健康的发展。

四、高质量作业设计助力智慧教育

高质量作业应联系生活，使学习能得以应用；采用梯次设计，促进思维发展；注重整合，丰富知识的“营养”。此外，正如赵桂霞老师所提出的，高质量作业还应满足于“关联目标”“激发情感”“题量和难度适中”“连接生活”的要求。在智慧教育时代，高质量作业是检查学生对学习掌握情况最重要的方式，也是课堂效果最好的反馈方法，同时也是学生在课后巩固和反思所学内容的重要途径。教师应充分利用“智慧教育”的优势，在作业设计上力求突破，追求形式的多样化，重点激发学生的潜力，以更好地培养学生的创造性思维能力。

在我们的不断探索中，实际上还存在许多困难需要我们研究和突破，比如，“如何真正做到减轻作业量、丰富作业内容和形式的同时，对课堂学习的成果起到有效反馈，实现作业的价值?”“既要指导面向所有学生的基础性作业，又要分析针对部分学生的个别化作业。作业可选如何促进学生的普遍发展和满足学生个性需求之间的平衡呢?”这些问题需要我们在今后的教学道路上不断研究和实践，去解决和创新，从而在关注学生发展的基础上提升作业的品质！

“双减”背景下小学中低年级英语作业设计与思考

2021年7月,中共中央办公厅、国务院办公厅印发了《关于进一步减轻义务教育阶段学生作业负担和校外培训负担的意见》,在这个背景下,对学校、家庭、培训机构进行了功能重构,着重强化了学校在学生教育中的主导作用,并将学校作为学生发展成长中的“主阵地”。在学校教育中,课堂是教育的主阵地,作业就是课堂的延伸。《英语课程标准2022年版》提出教师应通过作业评价及时了解学生对所学知识的理解程度和语言能力的发展水平,为教师检验教学效果、发现和诊断学生学习问题、调整和改进教学提供依据。教师应深入理解作业评价的育人功能,坚持以能力为重、素养导向为原则。作业的设计既要有助于学生巩固语言知识和技能,又要有助于促进学生有效运用策略,增强学习动机。由于小学阶段英语课程每周仅有2~3课时,因此如何在提高教育教学质量的同时,控制作业量成为我们急需解决的任务之一。

本文着重探讨“双减”背景下的小学中低年级英语作业设计思路,适度开放、与生活接轨、贴近学生的心理特点,作业具有实践性、应用性、趣味性、探索性和可操作性的特点,从而提高学生的学习兴趣,提升课堂教学质量。

一、基于智慧教育的学生观

智慧教育旨在提升学生的智慧,提高学生的生活质量。智慧教育在回答“学生是什么”这个问题上,坚持主张,学生是人;学生是一个有未完成梦想的人;学生是一个可以不断激发其智慧的人,完成其梦想。

学生观是教育者对学生在教育教学活动中的性质、地位、特征和具体实践活动的基本看法与认识,它决定了教师的工作方式和理念、工作态度和方法以及最终的工作效果。

英语作业设计要“以人为本”,学生是完成作业的主体,教育者要尊重学生的年龄特点和个性发展。学生的年龄、学习能力不同,教师要以差异化标准和个性化眼光来审视每一个“具体的学生”,全方位地提升学生的智慧与能力。目前我们所教授的主要是小学中低年级的孩子,因此,针对这个学段的教育者给出以下四点建议。

(一)敏锐捕捉孩子的“能量泵”

小学中低年级的学生年龄在6~10岁,该年龄段的孩子受心理认知发展的限制,有意注意的时长约为15~20分钟。因此,在教学中,老师经常会穿插一些能吸引孩子注意力的环节。同理,作业设计上也要考虑到孩子的这个特点,在学生有限的注意力“能量泵”中尽可能多地释放效能。所以,英语作业的时间控制在10~15分钟以内,一二年级坚持不留书面作业,三年级口语和书面作业兼顾。

(二)助力孩子推开想象力与创造力之窗

该年龄段的孩子对各种事物逐渐有了自己的看法,愿意展示自己天马行空的想法,但低年级学生还没有形成英语学习思维。因此,中低学段的作业设计要在富有趣味性的巩固基础知识的同时，开阔孩子的思维。心理学家认为语言是从“听”开始的，“学习语言的主要手段是模仿”，所以教师可以在课后让低年级学生跟着录音或感兴趣的英语素材进行模仿学习。在掌握了基础知识后，教育者应从作业设计中鼓励学生利用已有知识发挥想象力进行创造，去解决实际问题。

（三）以好奇心驱动孩子探索学习

该年龄段的学生好学、好问，喜欢有挑战性的学习内容，他们的头脑中有无数的疑问。解决问题后的成功体验会给他们带来满足和快乐。因此，作业设计要满足孩子的好奇心，要打破传统、单调的形式。苏霍姆林斯基曾说过，儿童是用形象、色彩、声音来思维的。低年级学生喜欢涂鸦，教师可以布置一些绘画类的作业，比如学习动物和颜色时，可以让学生边听录音边为动物涂色。

（四）多方位、多层级评价引导孩子动态发展

中低年龄段的学生天真活泼，对教师有较强的依赖性，因此教师的引导至关重要。作业的合理设计有利于帮助孩子塑造个性。不同的孩子具有不同的认知类型，有些孩子是表达型的，有些孩子是音乐型的，有些孩子是视觉型的，有些孩子是触觉型的，还有些孩子是运动型的……根据孩子的这些类型，在布置作业时，我们可以提供多样选择的菜单式作业给孩子。当在作业中看到学生的进步时，教师应在欣赏和鼓励的同时，也要给予富有前瞻性的提醒；当发现学生存在问题时，在给出建议和纠正的同时，也要期待学生的觉悟和调整。

教师要树立正确的学生观，立足实际学情，培养和关爱学生，理解和尊重学生，使学生的个人价值得到展示和发挥，个人潜能被挖掘出来。教师要创设并维护民主、平等、和谐的师生关系，使学生成为自身学习和生活的伙伴，助力中低年级学生健康、全面发展。

二、联结智慧教育与学科素养的作业观

关于智慧教育的界定，祝智庭认为“智慧教育的基本内涵是通过构建智慧学习环境，运用智慧教学法，促进学习者进行智慧学习。”学科核心素养是学科育人的集中体现，是学生通过学科学习逐步形成的正确价值观念、必备品格和关键能力。随着新课标的发布和“双减”政策的落地，当前的英语学科素养与传统的英语学科素养相比发生了很大变化，当前的英语学科核心素养不仅强调学生的语言知识和语言能力，还要求关注学生在学习过程中的情感态度和价值观。

王蔷教授认为小学中低学段英语学科教学总体以低层次的认知活动为主，针对应用实践和迁移创新等高层次认知活动的教学活动急需加强。在智慧教育的背景下，教育范式、语言观、语言学习观、学习内容与目标、教师角色、学生角色、教学法、教学方式等诸多方面都发生了变化。因此，科学的作业观应帮助教师顺应时代发展和迎合政策要求，将作业的关注点从简单的书写转变为开阔学生的多维度视野，采取丰富多彩的作业形式。要从设计、布置、实施指导、批改反馈等环节对作业进行全过程关注，让作业发挥事半功倍的作用，有效提升英语学科素养，使学生的智慧得以发展。

（一）布置策略显智慧

英语学科核心素养包括语言能力、文化意识、思维品格和学习能力，这四个方面相互渗透、协同发展，强调培养和发展学生的创新能力、合作能力、批判性思维和自我发展能力等。

在布置作业时，要基于“智慧教育的学生观”进行策略的选择。

1. 目标性

在智慧教育的背景下，教育范式从传统的输入驱动转变为输出驱动、需求导向、目标导向和产出导向。在布置作业的过程中，教育者必须依据课程标准和教学目标的要求，具有明确的目标和针对性，避免随意布置作业。在布置作业时，教师应根据学生在课堂上的学习情况和接受能力，认真进行作业规划。教师要认识到布置作业的目的是帮助学生巩固教学内容，使学生学会有效应用。

2. 层次性

每个孩子都有自己独特的发展方向和擅长的事情，因此切忌“一刀切”。在课堂中，每位同学的接受程度不同，因此在作业的布置和完成要求方面也应顺应孩子的发展现状，采用分层次、多选择的作业形式，灵活地布置作业。

（1）多层次。分层布置作业可以在一个班级内进行，也可以在整个年级范围内进行。每个班的英语学习水平和程度不同，这体现在作业的布置和要求上，可以根据实际情况进行分层。

（2）多选择。在布置作业时，应给学生不同的选择，充分考虑到每位学生作业完成的实际情况，将学习的主动权交给学生，培养学生的自主和自律学习意识。

3. 趣味性

小学生尤其是中低年级的孩子还处于对新鲜事物具有强烈好奇心和探索欲的阶段，教师要尽量将作业布置得更具趣味性。有趣的作业有助于调动学生的学习兴趣和求知欲望。

（二）布置方法有智慧

抓住课堂教学是提高学生英语学科素养的基础，而作业同样是英语课堂的重要组成部分。作业布置要以学生核心素养的全面发展为出发点和落脚点。《义务教育英语课程标准（2022年版）》指出，教师应根据不同学段学生的认知特点和学习要求，基于单元教学目标，兼顾个体差异，把握好作业的内容、难度和数量，使学生形成积极的情感体验，提升自我能效感。

1. 作业要围绕课堂内容

作业是课堂活动的一部分，课堂是作业的基础，作业是课堂的发展和深化，课堂教学不是学生学习的终结而是开始。例如，北京版小学英语三年级上册第七单元的节日话题，第23课围绕节日的时间，第24课围绕节日的装饰，第25课围绕节日的活动展开。因此，教师要根据不同的内容进行整体设计和布置作业，突出课时的重难点，让学生感受课时之间的不同和关联之处。

2. 作业要循序渐进

作业布置要体现有序性和渐进性才能达到良好的效果。平日作业、周末作业、假期作业要有所区别，涵盖听、说、读、写等方面，相互补充。作业应从简单到难，由浅入深，以帮助学生顺利完成。平日作业主要以预习和复习为主，周末作业注重实践，假期作业可以结合平日和周末作业。一、二年级的课后作业不要过多，主要以听和读为主，三年级则应遵循听和读优先，口语和写作并进的原则。通过循序渐进的方法，让学生不断发挥自己的潜能，实现螺旋式上升。

3. 作业要进行充分指导

作业是培养个性和养成习惯的过程，不能仅让学生去“做”，而是要明确如何去做，作业完成后的效果如何，达到什么目的。这就要求老师对作业的标准、要求和难度进行充分说明。例如，三年级的实践作业以“月份”为主题，采用思维导图制作海报，老师针对学生刚刚从低年级过渡到中年级的情况，在学生开始作业之前进行以下指导：首先解释什么是海报；其次分析选择以月份为主题的原因，并解释思维导图的益处和形式；最后根据作业提交时间，对先提交的作业进行评价，为后面的学生提供借鉴。通过一系列的指导，孩子们能够创新思维，展现个性，制作出属于自己的海报。在老师的指导下，学生通过实践，逐渐形成自主学习能力。

4. 作业要及时批改反馈

老师要以“及时批改、全面反馈、多样评价”为原则认真对待每位学生的作业。教师应尽量采用面批的方式，发现学生的优点时，用鼓励的语言激发学生的学习热情；对于有困难的学生，要及时进行解释，并利用课间和课后的时间提供有针对性的辅导。

小学英语老师负责的班级较多，导致面批的机会较少，因此老师在批改作业的过程中需要捕捉作业中的亮点，写上鼓励的话语。例如，书写整齐的学生可以写上“I like your handwriting.”或者“Your handwriting is so beautiful and neat.”创意性较强的作业可以简单写上“Great.”或者“Good idea.”这些简短而期待的话语可以让学生产生成就感，树立自信心，提高对英语学习的兴趣。

5. 作业要顺应时代发展

在特殊时期，学生的学习场所从教室延伸至线上，学习媒介包括手机、平板电脑、阅读器等，移动学习和在线学习已成为智慧教育背景下普遍采用的学习方式。翻转课堂、微课教学和混合教学法成为更符合智慧教育的教学模式。在作业的布置和设计上，教师也应该充分利用已有的技术和设备支持，以提高学生完成课后作业的质量和效率。

作为教育教学的实践者，我们的智慧、作业观以及能力素养直接影响作业的有效性。通过把握作业布置的策略和方法，我们能够帮助学生更好地掌握知识，更好地展现作业的全面育人功能，促进学生在知识技能、思维方法、情感态度和实践能力等方面的综合素养发展。

三、基于智慧教育的创新型作业探索

智慧教育教学理念的核心是将传统的“教师中心”教学理念转变为以“学生主体”为核心的理念，注重多元化的教育发展，主要培养学生的学习能力、创新能力和沟通能力。教师应该尝试设计创新型作业，将多种知识的获取和多种能力的训练有机结合起来，为学生提供展示个性和激发创新的空间。通过自主、合作和探究的过程，让学生获得良好的情感体验，培养健康的人格。

（一）趣味性作业 启发学生智慧

小学中低年级学生的学习过程和效果很大程度上受到兴趣的影响。他们喜欢画画、唱歌，喜欢表演和游戏。教师应充分利用演示、唱歌、绘画、编写等形式的作业。例如，在单词教学中，教师可以鼓励学生制作单词卡片，并配上精美的插图；在会话教学中，鼓励学生进行大胆演绎、自由组合表演和配音等活动。通过作业，让学生更主动地学习英语，潜移默化中启发学生的智慧，促进学生的全面发展。

（二）层次性作业提升学生智慧

受到文化环境、家庭背景和个人因素的影响，学生之间的英语能力差异是客观存在的。因此，教师应该根据学生的实际情况，设计层次性作业来应对个体差异。每节课的作业可以分为基础作业和拓展性作业。

1. 在单词练习方面

基础性作业主要是抄写。对于单词记忆较差的学生，可以选择写四遍，前两遍边读边写，第三遍尝试默写，第四遍检查默写的正确性；对于单词拼写较好的学生，可以抄写一到两遍，然后通过绘画、手工或拍照等方式对这个词进行诠释。

2. 在阅读作业方面

教师可以评价为三个星级：一星代表跟读和模仿；二星代表熟读并尝试背诵；三星代表背诵并表演。拓展性作业以联想为主，学生可以用自己的方式对单词进行拓展，在语境中学习，例如造句、写作、绘制思维导图等，给予学生独立思考和发散思维的空间，使他们在已有基础上进一步提升。

多样化的作业层次扩大了学生运用语言的空间，也保护了各类学生在英语学习中的自信心和积极性，形成良性循环，逐步提升学生的学科素养和学习智慧。

（三）实践性作业发展学生智慧

实践是知识的起点和归宿。实践性作业能够充分发挥学生的主动性，丰富学生的经验，培养学生敏锐的观察、归纳和整理能力；同时也有利于培养学生独立思考问题和探索精神，使学生的学科智慧得到最佳发展。

1. 我是小小观察家

观察类作业体现了英语的生活化，培养了学生的观察力。教师可以在周末或假期布置观察作业，例如让学生自主收集和抄录生活中的英文字母和表达；在学完“天气”话题后，教师可以布置观察一周的天气并记录下来。可以利用课前几分钟进行简短的交流。

学生的兴趣和好奇心使他们能够将课内外的知识联系起来，扩展了他们的学习渠道。这样就能实现智慧教育中以好奇心驱动学生自主探究学习的目标，而且学生通过独立解决问题的成功经验也会激发他们的学习兴趣，形成良性的学习循环。

2. 我是小小设计师

教师要有效地设计开放性作业，让学生发挥想象力和创造力，运用所学的语言对课内文本进行延伸和拓展，并亲自动手完成作业。这样既拓宽了学生的视野，也促进了他们的思维能力的发展。

（1）词汇作业设计（制作词卡或挂图）。例如，三年级上学期第一单元涉及月份的词汇，教师可以让学生制作单词卡片，配上图文并茂的内容，帮助记忆，并且可以作为亲子游戏进行反复巩固和复习。再比如，二年级下学期的家庭生活用品词汇学习，教师也可以让学生自己制作词汇的小挂图，挂在家里的墙上，随时进行朗读和复习。

（2）句型作业设计（制作时间小绘本）。二年级下学期第一单元涉及时间的表达，是本册书中的难点。为了突破这个难点，教师设计了制作时间小绘本的作业，鼓励学生使用简单的句型例如“It’s seven o’clock. It’s time to have breakfast.”来巩固和表达所学的时间句型。

（3）阅读作业设计（制作泡泡图）。三年级下学期学习节日话题时，教师可以以父亲节为题材，利用《My Dad》这本绘本进行教学，引导学生结合自身的实际和所学内容设计和展示泡泡图。这个作业不仅可以用"思维导图"的形式总结绘本故事中的语言，还可以通过学生亲身经历来丰富内容。学生在学习和运用语言的同时也能激发思维和创造力，重温亲子时刻，获得美好的情感体验。

（4）梳理作业设计（制作海报）。总结梳理作业是巩固和实施教学目标，培养学生自主学习能力的有效方法之一。例如，三年级下学期第一单元围绕着"Spring is here."这个主题展开。教师引导学生自主设计总结海报，鼓励学生总结单元的重点知识，内化语言知识，巩固所学的词汇和句型。

通过以上开放性作业的设计，将英语学习从传统的输入驱动转变为智慧教育的目标导向和产出导向，培养了学生对已有知识的整合梳理和再运用的逻辑思维能力。

3. 我是小小调查员

做调查是英语课堂任务型教学中常用的有效方法，强调学生的动手、动脑实践，体现真实性、生活性和人文性。例如，北京版二年级上册第二单元围绕"周末活动"话题展开学习，教师布置了采访作业，学生需要使用"What do you do on...?　I go to... on..."这样的句式去采访同学，帮助学生复习功能句和相关短语。

再例如，三年级上学期第三单元学习生日话题，教师可以设计调查作业"When was your father/mother/grandfather/... born?"学生通过完成调查任务，不仅有机会锻炼口头表达能力，还在家人和同学之间建立了真诚和谐的沟通。

智慧教育强调学生是真实的个体，教师应关注学生的实际生活和真实情感表达，使学生在完成作业时能够体会语言所承载的温度和情感，实现育人目标。

四、小结

智慧发展是当代教育变革的一个基本价值取向，在"双减"背景下，教师在作业设计时应以教材为基础，从学生的实际生活出发，促使学生灵活运用已有的生活经验和知识储备，通过不同的方式和选择不同的方法完成作业。

教师需要精心设计和用心安排，提高作业的价值，使学生所学的知识在作业中得到升华，让英语学科技能在作业中得以掌握，培养能力在作业中得以发展，让思维在作业中得以发展。让学生从作业中找到乐趣，享受作业带来的成就感，让作业成为引领学生的桥梁，促进学生的英语素养和综合能力全面提升，真正将"双减"政策落实到教学实践中，通过智慧教育推动学生实现"轻负高质"的发展。

参考文献

[1]　高海燕."双减"下优化小学英语作业设计的思考[J]. 上海教育，2021（33）：75.

[2]　唐玲玲."双减"落地 优化作业 减轻负担："双减"背景下小学英语作业设计的优化策略[J]. 求知导刊，2021（50）：20-22.

[3]　刘爽. 落实"双减"：小学英语学科多样化作业设计策略[J]. 辽宁教育，2022（01）：28-30.

[4]　李孝燕."双减"背景下的小学英语课外作业设计与实施[J]. 小学教学设计，2021（36）：

65-67.
[5] 岑月霞. 浅谈小学英语作业设计策略[J]. 校园英语,2017(42):130.
[6] 李介."双减"背景下中小学作业改革的困境及策略研究[J]. 现代教育科学,2022(05):58-63.
[7] 周海瑛. 教师如何树立正确的学生观[J]. 学周刊,2022(27):184-186.
[8] 崔洪霞. 新时代教师应具备的"学生观"[J]. 人民教育,2022(06):64-65.
[9] 刘向萌,康志强,李莹. 新手-熟手-专家型教师学生观的比较研究[J]. 成才之路,2021(32):56-58.
[10] 祝智庭,贺斌. 智慧教育:教育信息化的新境界[J]. 电化教育研究,2012(12):5-9.

智慧教育与指向高阶思维的创造性作业设计

面对新时代对教育提出的更高要求，以及建设社会主义现代化强国对教师队伍能力和水平的要求，每位教师都需要从战略高度认识自身肩负的责任与义务，努力提高自身的学识水平，通过不断反思学生需求、研究教学内容、设计活动、实践课堂以及探索教学方法和学习方法等方面，提升关键能力，成为学生的引路人。

一、基于智慧教育的高阶思维

智慧教育是一种高阶思维能力和解决复杂问题的能力，其精神核心是伦理道德和价值认同。智慧教育强调文化、认知、体验和行为的统一整合（祝智庭，2018）。以人为本是新时代智慧教育的发展理念，同时也为教师如何看待学生的认知发展提供了新思路。目前，我们在小学科学课上布置的作业不再局限于传统的纸笔作业，而是秉承学以致用的理念，开展创造性的作业，同时结合智慧教育提倡的全面、丰富、多元、综合的理念进行作业设计。其中，创造性作业以杜威关于个人层面创造的思想为基础，追求布鲁姆高阶思维的创造水平，在巩固低阶思维水平的基础上，开展能够驾驭知识和创造知识的活动。作为一种高级形态的作业，创造性作业具有开放性、探究性、综合性、生活化和个性化等基本特征。这类作业让学生乐在其中，不仅不会增加学生的学业负担，而且轻松有趣，能提升教学质量。更重要的是，它能够将学生所学的知识与生活联系起来，具有实用价值。

二、融合高阶思维与智慧教育的小学科学课作业设计

小学科学课堂教学应基于学生思维展开，学生在对知识的记忆、理解和应用方面处于较低的思维层面。为促进学生的发展，应引导学生朝着更高阶的思维层面发展，注重培养学生在真实情境中综合运用知识解决问题的能力，培养学生的分析、评价和创造能力，发展学生的批判性思维和创造性思维。

结合智慧教育理念，以学生发展为本，兼顾知识的巩固和思维能力的继续发展，科学课的作业设计不仅仅局限于课堂上的纸笔任务，如记录单、报告册和笔记等。更多地关注课前、课上和课后的体验、拓展应用和实践活动等。但无论采用何种作业形式和具体内容，都要确保学生在学习概念时能够连贯合理地运用科学思维。力求将作业与教学活动完美融合，实现将科学课所学知识变为联系生活、服务生活的桥梁。

我持有的“作业设计”理念源于东城科学教研的引领。路老师将市规课题“科学创客教学模式”的研究贯彻落实了“双减”的要求。作业设计的研究方向主要集中在课上教学过程中对知识的拓展和应用环节，目的是让学生将所学科学知识应用于生活、服务于生活，更好地创造生活。学生的创造性活动包括个人层面上的创新创造，以及运用科学知识创造性地解决生活中的问题，与布鲁姆认知目标分类中的高阶思维中的创造水平是一致的。即指把各部分要素重新整合为新的样式或结构，以形成一个连贯的或功能完整的整体，进而摸索出

事物的规律,综合创造地解决问题。

“科学创客教学模式”旨在更好地解决课堂教学中存在的问题,基于新课程理念,融入创客教育理念,尝试探索新的教学模式。具体流程为体验(Experience)、探究(Explore)、创造(Create),简称为EEC教学模式。如图1所示。

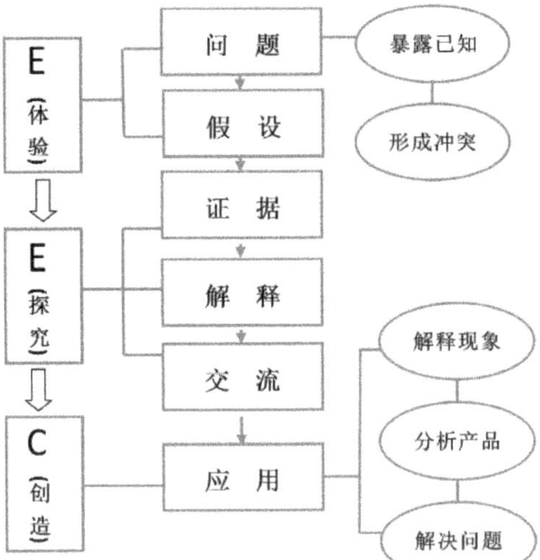

图1 科学创客EEC教学模式

体验阶段重在为学生创设一个充满趣味且贴近生活的体验活动,注重学生多感官的参与,获得多方面的感知。在此基础上,提出探究问题,引导学生进行思考并做出合理的假设,同时了解学生的知识背景、学习状态和认知风格。探究是科学课堂学习的重要环节,包括获取证据、处理信息、交流表达,从而形成科学认知,构建科学概念。在师生和同学之间的互动交流中,促使深层次的学习发生。创造阶段则是将之前探究得出的结论进行拓展应用,力争将学生基于事实性概念或方法的学习引向更高阶的思维。通过这一系列过程,学生可以从最初由教师引导发展自身的智慧,逐渐走向应用和创造自身的智慧。

以《昆虫》一课为例,阐述作业设计的研究。本课是湘科版《科学》三年级上册《各种各样的动物》中的第一课。在这节课的设计中,体验和探究环节是基础学习的阶段。学生首先进行基于低阶思维为主的学习活动,逐步发展到高阶思维水平,构建昆虫概念,并最终进行创造性的活动。下面,我将简要介绍在这两个环节中的开展方式。

(一)体验环节

蚂蚁是学生日常生活中常见的动物,有些学生可能曾经饲养过蚂蚁并观察它们的生活。基于此,以学生最熟悉的蚂蚁为观察对象展开探究活动。

根据情境明确任务。在VR(或ppt)中设置了森林家园情境画面,学生描述从中看到的小动物,初步感受生物的多样性。然后出示任务,小蚂蚁也想搬进来,需要为小蚂蚁画一张身份证上的证件照。通过这个任务,引导学生进入“画蚂蚁”环节,调动学生已有的认知,在记忆层面进行绘画,从而展现学生对蚂蚁身体结构的初步概念。

通过引导学生按照从整体到局部的顺序描述所画蚂蚁的身体结构,学生在对比异同点中形成认知冲突,从而产生这节课的核心问题:蚂蚁的身体结构究竟是什么样的?这个过程也为接下来的观察活动奠定了目的性基础。

(二)探究环节

要确定蚂蚁的身体结构特征,需要对蚂蚁进行观察。在这个环节中,教师向学生提供真实的蚂蚁,并利用信息技术手段,在VR中展示数字化的昆虫,以便学生进行全方位的观察。

学生通过观察真实的蚂蚁,初步了解昆虫的身体结构特征,然后将蚂蚱、蜘蛛、兔子与蚂蚁进行比较,运用昆虫的概念找出与蚂蚁身体结构相同的动物,展现演绎推理的思维过程,将学习从记忆发展到理解和应用的水平。为了帮助学生更好地掌握昆虫的特点,教师设计了"昆虫运动会"这个环节,提出新的任务:观察图中出现的动物,帮助小蚂蚁找到它的昆虫伙伴。这样学生可以在观察比较中进行分析,并进行分类,以巩固对昆虫概念的理解。

(三)创造环节

在昆虫概念建构完成后,接下来是提到作业设计环节。也就是进入到EEC教学模式的创造环节。以举办运动会开幕仪式为拓展作业延伸的故事情境,第三次提出任务:如果将蚂蚁化装成蝴蝶、蜜蜂等其他种类的昆虫,小蚂蚁该怎么办呢?通过之前两个环节,学生在头脑中已经形成了对昆虫身体结构特点的认知。在蚂蚁化妆的过程中,学生会思考:哪些部分需要改变?哪些部分不需要改变?如何创造性地使用材料来达到目标?

许多学生观察到蝴蝶和蚂蚁的身体结构是相同的,唯一不同的是蚂蚁的腹部短而宽,而蝴蝶的腹部则是细长的。于是他们使用超轻黏土将蚂蚁的腹部加长变细,并给它们装上翅膀,使其看起来像蝴蝶。在操作的过程中,一些学生还注意到口器和触角的差异,从而扩展了关于蝴蝶口器特点与取食食物的关系,深入了解了生物的多样性。这使得学习更加深入,朝着重要概念的发展迈出了一步。另一些同学选择将蚂蚁化装成蚂蚱。当他们向同学们展示时,他们说:"蚂蚁和蚂蚱非常相似,身体结构不需要改变。我只需要给蚂蚁披上绿色的外衣,最后再加上一对弹跳足就完成了。"还有些学生展示了螳螂,他们说螳螂有许多特点,比如三角形的头部、特别长的胸部,以及一对像刀一样的足用于捕捉猎物。还有学生将蚂蚁化妆成蜜蜂、蜻蜓、甲虫等等。学生将他们对昆虫的新知识与关于其他物种的已有知识进行重新组合和推导,使知识得到了增值。这些案例说明学生已经掌握了昆虫身体结构的主要特点,并能够区分各个部分的局部特征,在创造性的应用活动中得以体现。

学生的思维非常活跃,有一个孩子拿来捏好的一只蚯蚓,说要将其变成蚂蚁。这也正是教师提出另一个层面的作业任务的时机,即如何将蚯蚓、蜘蛛等不是昆虫的物种化妆成昆虫。他给蚯蚓安上了头、胸、腹、一对触角和三对足。还有一位同学将蜘蛛的一对足隐藏起来,使它们的身体结构发生改变。学生的头脑中已经形成了一个昆虫特征的抽象模型,在操作时会按照这个模型去改变物种的身体结构。这已经是布鲁姆所定义的创造水平下的高阶思维。

学生对概念的学习已经达到了高阶思维水平,突出了创造性,同时也涉及了大概念,了解不同生物之间的差异,体现了生物多样性的渗透。

三、创造性拓展活动作业设计的价值

科学创客教学模式中的创造环节的目的是由体验到探究,最终在演绎思维下实现发展创造思维的过程。因此,创造性作业设计是概念构建的一个重要环节,用演绎思维实现概念的巩固,将短时记忆转化为长时记忆的有效手段。只有学生应用概念解决实际问题,才有可能终身不忘记知识。在这个过程中,学生的学习不会停留在低阶思维水平下,他们会在夯实记忆和理解层面后逐渐经历应用、分析、评估,最终走向创造。通过在有限时间内进行有效的学习活动,帮助学生建构完整的学科知识和能力体系,形成系统的思维能力,逐步发展多元智慧。

《昆虫》一课的创造性作业设计实际上是一个连续性的、一体化的学习过程。它连接了体验环节中的画蚂蚁活动,在探究环节中观察蚂蚁并做绘图记录,并通过总结归纳来构建昆虫的身体结构特点,并完成报告册中昆虫结构图的绘制。因此,创造环节并不是独立的,它与体验和探究环节融为一体。创造性作业设计也不是独立的,它与体验中的画图作业、探究中的记录单、报告册作业构成一个系统性作业,使学生能够从低阶思维水平向高阶思维水平的学习过渡。

智慧教育不是一个割裂的教育空间,它是一种更为全面、丰富、多元、综合的教育。它可以将学校、家庭、博物馆等各种场所连接起来。科学创客教学模式中创造的理念是服务生活,因此,作业设计不仅仅停留在概念的构建层面,它还要架起从科学课堂回归生活的桥梁。对于《昆虫》一课的学习,学生走出课堂后,可以通过课上对昆虫的认识,在旅游时寻找更多更奇特的昆虫。对于感兴趣的学生,他们可以进一步了解找到的物种,扩展自己的知识面。对于对生物有兴趣的学生,他们可以去博物馆进行深度学习,或者饲养昆虫,写昆虫日记,甚至制作标本,建设自己的昆虫博物馆,向同伴展示。科学的学习不仅止于课堂上的研究,更是课后知行合一的实践探索。通过这些过程,学生努力从个人生活走向社会生活,从根本上落实立德树人的任务,真正实现学生有价值的全面成长。

参考文献

[1] 祝智庭,彭红超,雷云鹤. 智能教育:智慧教育的实践路径[J]. 开放教育研究,2018,24(04):13-24.

专题七　智慧教育教师发展

导师评析

教师发展是学校成功的必备条件,也是学校管理工作的重中之重。本专题关注智慧教育教师学习共同体研究,选题明确,且具有非常好的现实意义。本专题全面梳理了教师学习共同体理论,对智慧教育教师学习共同体进行了细致阐释。其创新之处在于能够将理论与实践结合起来,梳理和总结学校在智慧教育探索过程中智慧教师学习共同体建设的经验,具有很好的实践借鉴意义。

指导教师　曹杰

智慧教育教师学习共同体机制建设

一、智慧教育教师学习共同体的研究背景

（一）政策背景

2018 年中共中央国务院印发《关于全面深化新时代教师队伍建设改革的意见》，其明确提出："时代越是向前，知识和人才的重要性就愈发突出，教育和教师的地位和作用就愈发凸显"（国务院，2018）。《国家中长期教育改革和发展规划纲要（2010-2020）》提出"努力造就一支师德高尚、业务精湛、结构合理、充满活力的高素质专业化教师队伍"（教育部，2010）。各级党委和政府要从战略和全局高度充分认识教师工作的极端重要性，把全面加强教师队伍建设作为一项重大政治任务和根本性民生工程切实抓紧抓好。由此可见，国家高度重视教师队伍建设。

（二）理论背景

教师专业发展在教育改革中的中心地位的确立，无疑是当代教育改革做出的明智选择。教育的发展离不开教师，教育改革的成败关键也在于教师。没有教师的协助及其积极参与，任何教育改革都不可能成功（陈向明，2001）。由此，如何发挥教师在学校变革中的能动作用，如何实现教师专业发展对教育改革的促动功能，就成为解决诸多教育改革问题的关键所在。创建教师学习共同体（佐藤学，2010）为学校的教师队伍建设提供了指引，建立教师学习共同体已成为教师发展的重要途径，也成为我国教育理论界与实践界的热门话语。Peter. M.Senge（1990）在其出版的《第 5 项修炼一学习型组织的艺术与实务》一书中首次提出"学习型组织"理论，这一理论可以作为教师学习共同体的理论基础。理论强调学习型组织内的成员要在形成共同愿景的基础上，重视学习的常态化、合作互助性、发展创造性，指出了共同愿景、团队学习、心智改良、自我突破和系统思考的重要性。

（三）实践背景

学习共同体为教师专业发展提供了良好的环境支持，为教师队伍建设提供有力保障，有利于教师合作文化的形成。一方面，对新教师而言，教师学习共同体的建设有益于其尽快地成长，提升教育教学水平；另一方面，对成熟型教师而言，教师学习共同体的建设能够为其领导力的发挥创造可能性，对教师的长远发展具有积极意义。近年来，板厂小学办学规模不断扩大，青年教师人数不断增多，教师队伍建设越来越紧迫。特别是在教育教学、班级管理、家校沟通等方面，青年教师不仅需要培训指导，而且需要与学校长期形成的文化氛围相融合。因此，结合学校智慧型校园和智慧型教师建设的良好基础，本章聚焦智慧教育教师学习共同体的研究与实践。

二、智慧教育教师学习共同体的特点

（一）智慧教育教师学习共同体的理论起源

1. 智慧型教师的研究

著名教育学者叶澜（1998）在论述智慧型教师时认为，智慧型教师“具有把握对象实际面临的情境及时作出决策和选择、调节教育行为的魄力，具有使学生积极投入学校生活、热爱学习和创造，愿意与他人进行心灵对话的魅力。”田慧生（2005）认为“时代呼唤教育智慧及智慧型教师”，当今学校教育和课堂教学缺少教育智慧。研究发现，与一般教师相比，智慧型教师的情意品质呈现出了一种共性，即拥有更为虔诚的敬业精神与更为炽热的爱生情愫；突出表现了积极、坚持、开放、幽默、个性的人格特质；具有担当责任、崇尚民主、怀抱良心的伦理情怀；具有热爱生命、坚守信仰、追求艺术的审美情趣（王萍、田慧生，2015）。智慧型教师是具有较高教育智慧水平的教师，智慧型教师的培育是时代赋予教师教育的历史使命。揭示智慧型教师学习共同体的实践路径，能为智慧型教师的培养提供参考和依据。吴永军（2008）梳理了智慧型教师的主要特征，首先，智慧型教师对教育的本真意义有深刻的理解、洞察和体验；其次，智慧型教师拥有对儿童的爱与关心的素质；再次，智慧型教师要善于和勤于反思，要对具体教育情境中具体孩子具有敏感性以及处理问题时表现出教育机智。

本研究认为智慧型教师指对教育的本真意义有深刻的理解，对学生的健康成长有高度的关爱并能够因材施教，对具体教育情境中具体孩子具有敏感性以及处理问题时表现出教育机智的教师。

2. 教师学习共同体的研究

（1）内涵与特征。

“共同体”作为一个研究课题被学者研究开始于 19 世纪 80 年代末。德国学者斐迪南·滕尼斯（Ferdinad Tonnies）在其著作《共同体与社会》中首次使用“共同体”一词，但滕尼斯更多地从社会学的角度对“共同体”进行分析。所谓“共同体”，按照德国社会学家滕尼斯的理解，它是指人们之间在自然情感的意志基础上亲密关联，守望相助并具有一定排他性的共同生活方式，其典型代表形式是血缘共同体、地域共同体与精神共同体。任何共同体的存在都是围绕某种稀缺资源而展开的，血缘共同体追求的是亲情，经济共同体追求的是利益，政治共同体追求的是权力，精神共同体追求的是心灵。而教师专业共同体追求的是专业知识（陈晓端，龙宝新，2012）。

自“共同体”的概念引入教育学领域，国内学者也试图从教育学的角度对“学习共同体”进行阐述。关于学习共同体的内涵界定，众学者的观点各有侧重。华东师范大学赵健（2005）对“学习共同体”的本质进行了具体的分析，他认为“共同体代表的是一种社会联系方式，是一种社会结构。”他强调共同体的概念随着社会生产力发展不断演变，从社会学和人类学两个角度对“学习共同体”的概念进行的分析，他更强调共同体的社会学意义。博耶尔（1996）认为学习共同体（learning community）是所有人因共同的使命并朝共同的愿景一起学习的组织，共同体中的人共同分享学习的兴趣，共同寻找通向知识的旅程和理解世界运作方式，朝着教育这一目标相互作用和共同参与。梅耶和希姆普森（2004）认为“学习共同体是一种每个人都在学习的文化氛围中，在其中，每个人都是一个完整的个体，每个参与者都为学习和共同受益负责。”张建伟(2000)认为“一个学习共同体是指一个由学习者及其助学者(包括教师、专家、辅导者等)共同构成的团体,他们彼此之间经常在学习过程中进行沟通、交流,分享各种学习资源,共同完成一定的学习任务,因而在成员之间形成了相互影响,相互促进的人际关系。”

学习共同体在教育研究中的涵义非常丰富,不同的学者基于不同的学科视角提出过不同的定义。有学者梳理归纳认为当前存在两种有代表性的视角:一是聚焦于共同体人为因素的视角,关注在共同的场域,通过基于共同兴趣和愿景的认知、技能共享,收获建立于个体协同增效效应之上的利益;另一个视角聚焦于课程结构体系,将学习共同体作为开发深层次学习的方式。学校智慧教育教师学习共同体倾向于前者,借鉴学者观点本研究认为学习共同体是指:由学习者及其助学者(包括教师、专家、辅导者等)构成的共同学习的组织。

纵观国内学者对“教师学习共同体”的界定,尽管他们在论述上有不同的地方,侧重点有所不同,但对教师学习共同体的本质具有相似性。例如,时长江认为“教师专业学习共同体是以教师自愿为前提,以‘分享(资源、技术、经验、价值观等)、合作’为核心,以共同愿景为纽带把教师联结在一起,相互交流和共同学习的组织。”李冰(2008)认为“教师学习共同体是指教师自行组织的,基于共同的目标和兴趣,目的是通过对话、合作和分享性活动来促进教师专业成长的教师团体。”顾小清副(2008)把教师学习共同体界定为“一个由包括教师、专家、辅导者在内的学习者共同构成的团体,在学习过程中成员之间经常进行交流、沟通,为完成一定的共同学习任务,分享各种学习资源,因而成员之间会形成一种相互影响、相互促进的人际关系。”其观点更侧重于教师这一职业,对学习共同体成员作了具体的界定,强调了在学习共同体中,各成员之间的合作是形成良好的共同体内部关系的基础。可以看出,研究者都强调教师学习共同体内部需要教师之间的合作、交流与分享。

(2)建构策略。

关于教师学习共同体的构建策略,学者们从不同的角度进行了分析。综合这些研究,可以梳理出教师学习共同体构建的关键策略包括以下3个。

①制度保障。

制度有助于为教师学习营造环境氛围。王越英(2004)在研究中发现唤醒教师专业意识、开展以校为本的教研活动,健全制度、考核机制是打造促进教师专业发展的教师学习共同体的重要策略,强调了学校管理者要为构建有效的教师学习共同体创造条件。黄全明(2006)认为校长应“根据培训目标,精心设计好开放的具有一定复杂性的、真实性的任务;组织多样化的学习共同体;制定规范、落实责任,促使参训校长积极参与。”刘建新、赵志祥(2007)强调学习型群体的构建不只受到内部条件的影响,同时也要调整学校管理策略,创设适合学习型群体的形成与发展的外部环境,例如建立合理的激励机制与后勤保障体系等。

经过一段时间的探讨,有学者提出教师专业学习共同体要顺利构建并保持强劲的发展势头,有三个重要链环需要关注,分别是成长需要的激发、实践问题的关注与良性互动文化的巩固。成长需要的激发方面,任何专业学习共同体的发展都要经历一个从无到有,从弱到强的过程,在这个过程中,成员成长需要的激发,学习愿景的催生尤为关键,它是推动学习共同体产生的基本内驱力;实践问题的关注方面,当教师群体的专业成长内在动力形成后,最需要的是一个议题或问题来统合,否则这些成长动力会消散,最终在无序的教育争论和个体实践中耗尽。因此,锁定研讨议题是引导教师释放专业成长力和原创力,聚合研究劲头和能量的关键;良性互动文化的巩固方面,教师专业学习共同体培育中至关重要的是向心力的供给与强化问题,因此探究任务嵌入与宏观学校制度的配合对专业学习共同体的维系与发展而言非常必要(陈晓端、龙宝新,2012)。

②建立共同愿景。

共同愿景有助于凝聚教师团队协作能力,有研究发现,共同愿景对教师合作具有积极作用。王作亮(2006)基于教师学习的特点出发谈教师学习共同体的建构。他认为学校内部的教师学习共同体是教师专业发展的一条有效途径,并从意识、氛围和机制三个方面进行策略分析,提出了三条建构教师学习共同体的策略:构建共同愿景、创建共同体学习氛围、建立共同学习机制,强调教师学习共同体的成员教师自身的努力和学校体制的作用。唐静芸(2021)认为共同愿景与情感认同是教师学习共同体的构建之基,其中包含坚定教育合作理念、确立终身学习观念、实现团队情感认同。辛亚男(2022)认为共同愿景从精神上对个体起到凝聚作用,保证教师学习活动的顺利开展。在共同愿景的指引下,教师们更能够承担起共同体的义务和责任,履行着共有的价值观。

③文化建设。

学校文化是指由学校发展历史积淀而形成的价值观念、制度契约等构成的价值观体系。学校文化有助于形成自觉上进、追求发展的良好氛围,对教师学习共同体的建设具有重要的影响作用。时长江等人(2007)从教师共同体合作文化角度谈建构,认为教师专业学习共同体的构建策略之一是培育合作文化,提出了建设教师合作文化的策略包含建立完善开放的校本研究制度、建构人文的发展性评价体系、实施师徒教师教育模式、营造开放的校园氛围和确立"共识"的核心价值。黄艳芳和张瑞玲(2008)具体阐述了要建立与教师学习共同体相适应的管理对策,包括重塑组织文化、搭建知识共享的技术平台、建立信任合作的伙伴关系、健全知识共享的学习机制和导向知识共享的评价和激励。仕超(2008)提出校本教研是教师学习共同体的基石,多位一体是构建教师学习共同体的核心,教师文化是教师学习共同体的灵魂,网络平台拓展了教师学习共同体的空间。他是在新课改背景下谈教师学习共同体的建构,不仅涉及教师自身、学校管理者、"合作型"教师文化,而且也强调了网络在教师学习共同体的建构中的作用。

综上所述,通过对已有研究进行梳理发现,目前关于教师学习共同体的研究较多,但是从理论与实践结合的角度,结合所在学校文化,探讨校本特色教师学习共同体的建构策略,并呈现建构案例的研究还不充分。本研究尝试这方面做出贡献。

(二)智慧教育教师学习共同体的内涵

1. 教师学习共同体

正如前文所述,已有学者对教师学习共同体有不同界定。在本文中,我们将教师学习共同体界定为:通过对话、合作和分享性活动来促进教师专业成长的教师团体,强调教师的共同目标和兴趣。

2. 智慧教育教师学习共同体

结合智慧教育、教师学习共同体的内涵,本研究将智慧教育教师学习共同体界定为:以实现智慧教育、培养智慧型教师的目标为基础的教师学习共同体。

三、智慧教育教师学习共同体的建设路径

（一）智慧教育教师学习共同体的建设

LAP 模式将教师发展视为在学习共同体环境下的、长期的复杂的周期性发展过程；每个教师发展周期包括相互衔接的学习、实践、展示三个阶段，每个阶段的教师发展活动成果作为后续发展活动的依据和基础；在每个发展周期内，教师围绕一个比较集中的主题进行教师发展活动，活动结束之后教师基本形成与主题相关的教育教学能力；所有阶段的教师发展活动都主要在教师学习共同体情境下完成。在一个周期结束之后，当前周期的成果和问题又成为下一个发展周期的基础和选题依据，在新的周期，教师再次通过学习、实践、展示三个阶段完成发展过程（包正委，2014）。由于该模式最核心的特征是教师发展在“学习”、“实践”、“展示”三个阶段的循环中完成，因此将该模式命名为“学习-实践-展示”三阶循环模式，简称 LAP 模式。LAP 分别取自该模式三个阶段英文单词 Learning、Action、Presentation 的首字母。

借鉴 LAP 模式，结合我校实际，建构了三维度三层次的智慧教育教师学习教师共同体，分别是：学校教师学习共同体、年级组教师学习共同体和班级教师学习共同体。每一层次的智慧教育教师学习共同体都呈现出学习—实践—展示的三维循环。

智慧教育教师学习共同体的建设，首先，学校层面以“人人参与，全员共进”为愿景，以师德建设、智慧教育理念的认同为切入点营造共同体建设的良好氛围，通过师德师风、智慧教育相关内容的学习，强化教师对学校教育理念、文化的认同，激发新观点、启发新思路，推动教师进行反思和实践改进，不断推动学校教育教学实践取得新成效。其次，年级组教师学习共同体形式多样，包含年级组教师学习研讨工作，以跨学科集体研讨、课题研究的形式开展实践活动，教研组教师传帮带工作等，教师在共同体中发挥并提升领导力，促进教师教育教学水平的提升；再次，班级教师学习共同体分为两个阶段，在初步做好班主任队伍建设的基础上，将班级管理权力与责任分散化，以班主任为核心引领其他科任教师共同学习如何关注班级建设和学生心理，建设小型学生管理共同体。三层教师学习共同体侧重点明确、关联密切，可以概括为学校层面以师德培养、办学理念为切入点建机制、年级组层面以教师领导力发挥为目标抓教学、班级层面以班主任权力和责任分散为方式抓管理，关注学生心理发展。

（二）智慧教育教师学习共同体的建设机制

借鉴以往的研究成果，结合学校实际，学校构建了一个“文化、制度、共同愿景”三维度的保障体系，同时在学校领导的尊重和支持下，引领教师发展，在学校层面上提升教师合作意识，营造共同体氛围，构建“人人参与，全员共进 ”的教师共同体保障机制。

为促进教师共同体的形成，学校分别在文化层面、制度层面、共同愿景层面上予以保障。其中文化层面包含认识、合作与尊重，在学校营造合作学习的大环境，以文化氛围推动教师思维方式的转变；制度层面上，主要包括教师共同体、教师合作以及领导力的发挥等制度保障。通过分级管理、层层落实保证共同体的合法性和教师的参与性。在共同愿景层面上，主要包含授权、少干预和协商，给予教师一定的自主空间。

1. 构建共同愿景

学校以“智慧教育”为愿景，通过放权、增加自主权、鼓励协商、支持讨论，促进教师形成愿景共识。

从少干预、授权、协商入手，减少干预，学校领导由事无巨细的管理过渡到“掌舵”而非划桨，学校扮演的角色是政策的制定者、方向的把握者以及教师学习共同体之间关系的协调者、促进者；尝试授权，鼓励教师积极主动地开展团体教科研活动，掌握专业发展的主动权；鼓励协商，学校在教师共同体的建设过程中保持沟通、协商的态度，个体之间具有平等的原则。在这个过程中，学校定期举办教师经验交流会、研讨会，由教师自行商讨主题，踊跃发言。鼓励教师进行科学研究，按照平等自愿的原则结成小组进行课题的研究、论文的撰写等工作。给予了教师更多的自主权，促进了教师共同愿景的形成。

2. 文化保障

文化层面意在提高教师对共同体的认识和理解，懂得尊重他人，学会合作共享。为此，我校结合师德师风建设，学习了《习近平总书记系列重要讲话精神》《中小学教师职业道德规范》《教师的挑战》《做个温暖学生记忆的教师》《教育是温暖的一位班主任的 18 个教育故事》《中共中央国务院关于全面深化新时代教师队伍建设改革的意见》《教育部长陈宝生在 2018 年全国教育工作会议上的发言内容》《板厂小学教师行为规范》《板厂小学师德师风监督制度》等内容。同时在师德师风建设大会上，组织教师对教师共同体、教师领导力等书籍的研读。为营造良好的文化氛围，学校以党建为引领，开展分层次学习教育，把握正确政治方向和价值取向，聚焦教育热点和教育前沿问题，进行教学思想的碰撞，提高教师对智慧教育理念的认同。在这一过程中有效提高了教师在文化层面对教师共同体的认知与理解，为后续工作的推进奠定了基础。

3. 制度保障

在制度层面上，以保障教师参与共同体的合法性、积极性为主。为此，学校成立了以党总支书记为组长的领导小组，推动智慧教育教师学习共同体工作。小组人员包含校区主管、分管副校长、教导处、德育处、工会、团干部、少先队辅导员，层级分明，逐级落实。强化组织领导，在不同领域和部门定期开展研究工作，例如校区主管针对各校区指导校区内部共同体建设工作；教导处以教学为主，指导教师在年级组和教研组层面增加交流研讨，打破壁垒，实现教学实践共享；工会以师德师风为切入点营造共同体氛围等等形式。同时多层次征集意见，既保障教师共同体的合法性、教师广泛参与性，同时为制度提供反馈和矫正的空间。为更好地进行智慧教育教师学习共同体建设，学校给予充分的经费、时间、硬件设施等保障，构建了学校教师学习平台，定期发布教育前沿文章，每周二固定的时间组织教师学习，定期给教师购买学习书籍，鼓励教师积极申请活动经费。

参考文献

[1] 王萍，田慧生. 智慧型教师情意品质的发现与认同：基于智慧型教师成长的案例研究[J]. 中国教育学刊，2015(03)：80-85.

[2] 包正委. 学习共同体情境下的高校教师发展过程模式研究：LAP 模式的设计与实践[D]. 沈阳：东北师范大学，2014.

[3] 单志艳. 走向中国特色教师专业学习共同体的教研组变革[J]. 教育研究，2014(10)：86-90.
[4] 朱纷. 教师团队建设：教师专业发展的有效路径[J]. 江苏教育研究，2014(19)：33-35.
[5] 原霞. 教师学习共同体：高校教师教学学术发展的一种新范式[J]. 福建师范大学学报：哲学社会科学版，2012(01)：156-161.
[6] 陈晓端，龙宝新. 教师专业学习共同体的实践基模及其本土化培育[J]. 课程·教材·教法，2012(01)：106-114.
[7] 孙元涛. 教师专业学习共同体：理念、原则与策略[J]. 教育发展研究，2011(22)：52-57.
[8] 吴永军. 关于智慧课堂的再思考[J]. 新课程研究(基础教育)，2008(04)：5-7.
[9] 周新华. 中小学校长领导力促进教师共同体发展研究[D]. 贵阳：贵州师范大学，2015.
[10] 曾永宏，余渝. 基于学习共同体的教师研究坊建设启示[J]. 科学咨询：教育科研，2019(07)：4-5.
[11] 刘丹丹. 小学教师学科研修共同体建设的现状及策略研究[D]. 西安：西安外国语大学，2019.
[12] 魏宝宝，杨康艳，米金培，等. 中小学教师共同体构建的实践形式与意义探索[J]. 教学研究，2018(04)：32-39.
[13] 黄迪清. 新课改形势下备课组教师学习共同体的建设实践[J]. 山西师范大学学报：自然科学版，2013(S1)：105-107.
[14] 张蓉. 教育现代化背景下教师三维学习共同体的建设[J]. 烟台职业学院学报，2017(04)：33-36.
[15] 彭婷. 共生理论视域下教师学习共同体分析[D]. 重庆：西南大学，2016.
[16] 王京华，韩红梅，崔鑫. 基于专业学习共同体理论的教师团队建设实践研究[J]. 河北大学学报：哲学社会科学版，2013(02)：139-142.
[17] 王新美，顾小清. 构建网上区域性教师学习共同体的策略研究[J]. 软件导刊：教育技术，2008(06)：61-63.
[18] 李冰. 基于教师学习共同体的校本培训新方式[J]. 中国教师，2008(11)：51-52.
[19] 金婧，冯锐. 学习共同体在教师教育中的作用[J]. 中国教师，2008(3)：39-41.
[20] 黄全明. 论“学习共同体”在校长培训中的价值[J]. 中小学教师培训，2006(11)：19-21.
[21] 王作亮. 教师专业化和教师学习共同体的建构[J]. 江西教育科研，2006(02)：51-53.
[22] 王越英. 打造学习共同体，促教师专业发展[J]. 上海教育科研，2004(03)：41-42.
[23] 仕超. 试论新课程背景下教师学习共同体的构建[J]. 宿州学院学报，2008(04)：135-138.
[24] 刘建新，赵志祥. 论学习型群体：对一种扁平化教师学习共同体的探讨[J]. 当代教育论坛：学科教育研究，2007(09)：52-54.
[25] 时长江，陈仁涛，罗许成. 专业学习共同体与教师合作文化[J]. 教育发展研究，2007(22)：76-79.
[26] 李涵. 班级管理模式创新与新型学习共同体构建[J]. 中国教育学刊，2013(04)：41-43.
[27] 蔡其勇，刘筱，胡春芳. 新时代乡村教师学习共同体建构策略[J]. 中国教育学刊，2020(02)：83-86.

[28] 魏宝宝,孟凡丽. 教师共同体构建:蕴含价值、现实困境与实现路径[J]. 当代教育论坛,2019(04):23-33.
[29] 王天晓. 试析教师共同体治理的制度建设模型:基于对学校制度创新的尝试[J]. 中国教育学刊,2013(11):83-87.
[30] 王天晓,孟繁华. 治理视野下的教师共同体建设[J]. 中国教育学刊,2009(08):84-86.
[31] 佐藤学. 学校的挑战:创建学习共同体[M]. 钟启泉,译. 上海:华东师范大学出版社,2010.
[32] 佐藤学. 教师的挑战:宁静的课堂革命[M]. 钟启泉,陈静静,译. 上海:华东师范大学出版社,2012.
[33] 王玲玲. 浅析智慧型教师的内涵与生成[J]. 现代教育科学,2009(08):35-36.
[34] 王萍,田慧生. 智慧型教师情意品质的发现与认同:基于智慧型教师成长的案例研究[J]. 中国教育学刊,2015(03):80-85.
[35] 彼得·圣吉. 第五项修炼:学习型组织的艺术与实务[M]. 郭进隆,译. 上海:上海三联书店,1998.
[36] 赵健. 学习共同体[D]. 上海:华东师范大学,2005.
[37] 辛亚男. 小学教师学习共同体建设现状与策略研究[D]. 青岛:青岛大学,2022.

智慧教育教师学习共同体典型案例

一、学校智慧教育教师学习共同体

在构建保障机制的基础上，学校从形成教师共同愿景、制度建设和文化建设层面开展智慧教育教师学习共同体建设，在全校范围内营造共同体氛围、提高教师的团结合作意识。

（一）共同愿景

板厂教育人一直以严谨求实的精神、朴实无华的作风扎根一线教育，这固然是非常重要且可贵的育人品质，但是随着教师们对教育理解的深入，随着社会对人才需求的变化，大家发现这是远远不够的。如何使孩子实现自由、全面、可持续发展才是重中之重。基于此，学校召开教育理念研讨会，聚焦“智慧”进行研究，我们了解到“智慧”是指辨析判断、发明创造的能力。要在教育“双减”中做好科学教育加法，激发青少年好奇心、想象力、探求欲，培育具备科学家潜质、愿意献身科学研究事业的青少年群体。培养孩子的智慧、激发孩子的潜质、塑造孩子的科学精神，是基础教育工作的本质追求。正因此，智慧教育成了学校辛勤耕耘的教育品牌。

马克思主义人学理论认为，人的发展的最高目标是要实现“人的自由而全面发展”。这同样是智慧教育追求的目标。在该理论的指导下，我们认为“智慧”是融合“聪慧、向善、合作、创新”为一体的综合能力的体现，在全体教师中形成了办智慧教育的共同愿景，即从学生的成长需求出发、致力于实现人的自由而全面的发展，通过启迪与影响，使孩子在自然、社会和人本身三个领域中求真、求善、求美，培养人生的大智慧。

（二）制度建设

教师有活力，教学有质量。为激发教师队伍活力，学校进行了“评价”制度完善，强化评价的导向激励作用，从学校、团队、个人三个层面上进行科学评价，既考量了教师的工作能力，更为教师的职业发展指明了方向。

在学校层面上，建立师德师风评价机制，每年 7 月，召开师德师风专题自查工作会，梳理一学年相关问题，反思并改进。严格贯彻落实“多劳多得，优劳优酬”的基本原则，改革完善绩效工资校本方案，以科学有效的评价调动了教师教书育人的积极性、进取心。

在团队层面上，重点评价教师的群体风貌，包括团队精神、团队学习、团队实践、团队发展。陆续制定了“优秀学科大组”“优秀年级组”“优秀教研组”等团队评价标准。

在个人层面上，基于发展性评价理念，将教师专业发展划分为适应期、合格期、成熟期、卓越期“四阶段”。多维度、分层次对专业发展进行科学评价，促进教师从新手型教师向合格型、经验型、专家型教师接续发展。

（三）文化建设

1. 强化师德师风学习

学校采取定期不定期、集中与分散相结合的形式，强化教师教书育人意识，坚定工作信念。在师德师风建设中强调教师共同体的重要性,强化合作意识。学校每月至少举办一次全体教师会议,加强师德师风学习,并在年级组内进行研讨,学校不定期举办系列学习讲座,鼓励教师结合自身教育教学实践积极发言和交流,进一步做到理论与实践相结合,明确教师需要不断追求做人的高素质,做事的高质量才能无愧于教师的称号。教师在团体的学习与交流中不断更新自我概念和教育理念,明确方向。

2. 开展丰富多彩的师德师风实践活动

全体教师学习共同体鼓励教师梳理自己教育教学工作中的体会,以主题演讲的方式宣讲师德故事。教师们紧紧围绕"立德树人",以爱为出发点、用朴实无华的话语诠释对"责任"、"热爱"、"奉献"的理解。老师们将身边的教育事迹、深刻的学习体验、丰实的育人经验、闪亮的教育历程展现出来,同时又用自己的热情和思考诠释了作为一名人民教师的精彩,凸显了爱岗敬业、无私奉献、积极向上的高尚师德。师德宣讲是学校师德师风建设的特色品牌活动,每学年举办 2 期,至今已举办 15 期。书记兼校长冯雅男向全体教师阐述了"教育故事"的含义,鼓励教师们在平时教育教学过程中要关注身边发生的故事,及时反思、积累素材,做智慧有爱的幸福教师。

3. 通过评选与表彰展示活动强化师德师风建设

学校在每年 3 月开展"我心中的最美教师"评选工作,每年 9 月举办"做'四有'好老师、争做优秀引路人"主题活动表彰优秀教师、优秀共产党员。结合评选与表彰活动强化师德师风建设,融入共同体理念。每次颁奖会后,优秀教师、最美教师会为老师们讲述"我的教育故事",通过宣传引导教师知先进、学先进、争先进,找准自身差距,明确努力目标。教师们依据榜样力量找准自身定位,形成共同体,互补学习。

二、教研组教师学习共同体

(一)学习:积极创建学习型教研组

要求教师必须树立终身学习理念,把学习当作工作和生活的一种方式,当作教研组的日常行为,坚持在工作中学习,学习中工作,将原来被动机械式学习变为自主系统学习。

教研组制定了完善的学习制度,既有对于学习内容的规划,同时也有对于学习形式的选择,并能通过对学习时间进行有效安排,从而规定学习要求,推动学习活动的有序展开。同样,在进行相关活动计划的制定过程中,需要将学习制度与其进行有机结合,从而保障学习本身的导向性与组合性。而在教研组学习的过程中,也需要进行专业理论知识的强化学习,从而保障在学习的过程中使集中学习与分散学习同步结合,借助教研组系列读书活动的开展,有组织地进行教研组活动与学习,同时以学期为时间段,细化到月、周、日,要求在规定的时间内完成相应学习任务。在进行学习制度应用的过程中,除了理论学习,还要开展一定的教学观摩,并就具体的案例进行针对性分析,对于出现的问题共同研讨。最终将专家的专业性意见与个人的教学反思结合,从而达到学习目标,同时也形成一种严谨的学习作风和教研特色。

读书是学习的最佳途径之一。设立阶段性的读书目标是教研组规范开展读书活动的重要方法,组内教师进行阶段性的目标设置,每位参与教师一学期内至少完成一本教育理论专著的阅读,同时总结自身的收获,并进行分享,撰写学习心得;自行订阅一本专业期刊,了解最新教育动态。此外教师还可以根据自己的需求开展阅读,既可以读经典名著,也可以读案例分析。在读书的过程中,要结合实际教学过程中出现的问题定期开展读书研讨会,边读边教、边教边研,真正做到学以致用。

(二)实践:在实践中以师徒结对强化教研组建设

随着近几年学校的青年教师队伍的壮大,学校对青年教师的重视程度越来越高。加强对青年教师的培养,成为打造高水平的教师队伍,提高教学质量的关键。师徒结对已成为我校培养新教师的一种重要方式,师徒间的"传帮带"对学校的教育教学有着重大的意义。青年教师初入工作岗位,充沛的精力、饱满的热情、较强的接受能力是他们的优势所在,但与此同时,教育教学经验匮乏是阻碍他们成长的重要因素,导致他们在课堂教学和班级管理中往往不能游刃有余。针对青年教师的这一特点,学校通过开展教研组共同体"传帮带"的培训方式,为每一名新入职的青年老师指派一名教学经验丰富的老教师作为师父,在具体工作中指导青年教师,提升他们的专业素质及综合能力,使他们尽快站稳讲台,成长为一名能够驾驭课堂、在班级管理中张弛有度的合格教师。

1."传"授班级管理经验

在班主任工作中,管理好一个班级不仅是要管理好学生,更要处理好教师与学生、教师与家长、学生与学生之间的关系与各种问题,这对于新教师来说,往往是最棘手的问题。而教研组共同体"传帮带"的培训方式在很大程度上解决了这些问题,使青年教师能够遇到问题第一时间向师父请教,借助老教师丰富的管理经验,获得及时、有效的解决方法。

2."帮"助提升教学能力

在日常教学中,师徒之间互相听课。记录听课笔记,交流教研收获。师父听徒弟的课,发现问题及时给予专业指导,徒弟听师父的课,用心记录好的教学方法,有疑惑及时请教。师徒之间相互讨论,认真钻研,通过一对一的研讨指导,帮助青年教师迅速提升教学能力,

3."带"动积极学习氛围

面对新时代日新月异的变化与挑战,为适应新时代背景下学生信息来源广、能力强的情况,教师也应摒弃以往"教师是知识的搬运工"的落后观点,主动进行角色的转变,积极发现并思考教育教学中出现的问题,不断更新知识结构和教学观念。在充实而忙碌的工作之余,师父会带领徒弟不断进行学习,不断探索新的知识、教学方法和教学手段,带动积极的学习氛围,提高专业素质和综合能力。

(三)展示:搭建多样的展示平台

为提高教师合作意识,在教师个体钻研与思考的基础上,发挥团队力量,各教研组开展典型学科设计的研究,并通过接力课进行理论与实际的结合。各教研组教师学习共同体结合学科、教材特点,针对教学中的问题,确定研究主题、展开研究、撰写论文。例如数学组的教师在学生已有学习经验的基础上,基于学生的问题,围绕大观念进行单元教学的整体设计,力求体现学生主动参与。展示交流的环节,各组积极合作、相互配合,将一个阶段教研组教师学习共同体研究的集体智慧与大家分享,学校科研主管对数学团队老师们的研究给予指导。专业的合作交流让老师们站在更高的层面上审视自己的教学,提升了教师的教学设计能力与反思能力。

在典型学科设计研究的基础上,各学科以教研组教师学习共同体为单位开展接力课。

组内教师全员参与、共同研究、集体备课,教师针对同一教学内容依次上课,前一位教师上课后,组内教师再次集体研究,接续完善并深化该教学内容的研究与实践。合作研究使教师参与课堂教学实践更广泛更深入,成效明显,具体体现在:跨校区联合教研,共同备课、听课、磨课,研究氛围浓厚,促进每个教师的课堂教学有所提高;各教研组教师学习共同体都是全员参与备课、多数教师承担接力课堂教学,教师积极主动;教研组长和骨干教师发挥示范引领作用,许多老教师承担接力棒任务,积极投入研究,在合作交流中献计献策;部分青年教师得到历练,在研究中提升教学能力,得到教研员认可和好评,成为学校教学的后备力量。

三、班级教师学习共同体

班级教师学习共同体是由班级的任课教师组成的学习共同体,主要负责管理和教育本班级的学生,具体做法是两个班级的全体科任教师组成班级教师共同体(只任教这两个班级的教师加入所在班级对应共同体中,其他教师可以自由选择班级共同体加入,最后依据共同体人数进行有机调整)。班级教师学习共同体所形成的班级管理能够打破传统班主任唯一负责的模式,不仅仅能够缓解班主任教师压力,而且能够让其他教师也参与到班级管理当中,拉近与学生的距离,更好地做到"教书"和"育人"的结合,最终形成一个团结合作的小型学生管理共同体。具体实施的过程分为两步,第一,成立智慧班主任工作室,加强班主任队伍建设,集能者之所长,在交流与分享中培训班主任教师的管理能力以及在共同体中担任组长进行合理分工协作的意识与技能;第二,成立班级教师学习共同体,以更好的管理班级为目标,在班级教师学习共同体中有效推广班主任教师的管理理念,同时集中教师的智慧,确定各共同体的教育理念和培养目标,形成团队效应。

(一)学习:第一阶段——智慧班主任队伍建设

为保证共同体的形成和作用的发挥,需要对班主任进行培训,加强班主任队伍的建设。一方面让班主任拥有教师学习共同体管理班级的意识,不再独揽班级管理工作,学会合理的分工与协作;另一方面需要班主任教师不断地提升能力素质,作为班级教师学习共同体的中心人物开展后续的共同体建设,有效向其他任课教师传授管理经验,进行更好的分工与协作。

因此,第一阶段,我校积极投入到班主任队伍的建设中,成立智慧班主任工作室,通过专家引领、研修一体、教师互动、自我塑造等不同形式,促进教师专业技能及管理能力的提升。具体而言,学校成立的智慧班主任工作室,具有研究、培养功能。在研究阶段,通过每周开展班主任论坛、讲座、优秀案例研究等活动,总结优秀的班主任工作经验。同时开展分工协作模式的研究,研究出了一套以班主任为组长,其他教师协同参与的"多对多"(多个教师管理多个学生)共同管理模式;在培养阶段,定期组织班主任教师分享管理心得、组织班级管理观摩,让更多的班主任教师成长起来,学会班级管理工作。同时,通过讲座、研讨会等推行共同体"多对多"管理模式,既让班主任有分工的意识,也让其有组织协作的能力。

(二)实践:第二阶段——小型管理共同体建设

第二阶段将智慧班主任共同体的研究成果进一步的推广,以班级为单位,由班主任带头开展班级教师学习共同体建设工作,作为核心人物引领传输管理经验,合理沟通、交流、分工、协作,促进班级的发展和班级内学生的发展。

具体而言，在最初阶段，分年级组和班级召开专题会，由智慧型班主任共同体成员分享经验和协作模式，培养所有教师参与班级管理的意识，教师在这个过程中调整心态和节奏，汲取班主任教师的管理经验，整合大家的优势，寻找最适合自己的班级共同体管理方式。后来，教师的参与班级管理热情的不断提升，不同的管理理念在碰撞。有的教师认为应该紧抓管理，在小学阶段养成学生的良好习惯；也有教师认为应该给予学生更大的自主性，让学生有自己的发挥空间。因此在这一阶段我们注重调整共同体中教师的不同观点，通过召开班级教师共同体案例研讨会、组长之间的交流会等，让不同观点融合共生，鼓励班级形成共同的价值观。班级共同体的组内交流使得教师在共同体中求同存异、分工合作、发挥特长，以个人想法点燃所有教师的智慧；同时班级共同体组间的交流，也使这种智慧发散到年级组乃至全体教师的行动中。

因为班级教师学习共同体的构建，各科教师的管理能力提高，与学生的接触增多，归属感与责任心有所提升。同时因为“多对多”的管理形式，更多的学生被关注到，不同学科教师共同分析诊断学生的问题，一起组织大型活动。

（三）展示：案例分享

【L 教师工作总结】

作为一名新教师，我在班级管理方面还是一名新手，学校为了让我们尽快地适应，建立了智慧班主任工作室，让成熟型的班主任教师来给我们分享经验。工作期间，副班主任 H 老师与我合作密切，时常与我沟通她对孩子们的观察，师傅 Z 老师给予我方法上的指导。通过一年的工作，在其他有经验班主任教师的指引下，通过分析学生的特点，我了解到对于低年级学生来说，习惯培养是重点。故此，我以“养成学生良好习惯”为班级建设的总目标，和同学们一起按照“北京市中小学生日常行为规范”内容，制定具体的、便于学生理解的班训、班规，使学生“行有所依”。同时，我们一起制定了班级内评详细规则，从小组、个人两方面入手，涵盖日常行为规范、学习等多个内容。为了增强学生在集体内的参与感，我设置了一些“岗位”，如“小劳动岗”“小领读员”，岗位人员不固定，目的是鼓励每个孩子发挥特长主动参与班级建设，将个人和集体相联系，增强孩子们的归属感和集体意识。

【Z 教师工作总结】

一年级刚入学的 J 同学被确诊为多动症和阿斯伯格综合征，并有轻微抑郁倾向，但母亲对孩子病情未引起重视。而在校园生活中，由于孩子无法控制自己的情绪与行为，导致校园生活展开的并不顺利，无法正常的与同学交往，情绪易怒易暴躁。作为班主任，了解到该同学在心理上存在的问题，我第一时间召集班级各科教师召开共同体研讨会，美术老师敏锐地发现了 J 同学在绘画方面的天赋，在大家的共同协助下，在班中给 J 同学举办了个人画展。画展举办后孩子心理产生了巨大的变化，在精彩三分钟的环节为同学们介绍了创作的想法，开始勇于表达自我，敞开心扉。孩子妈妈说：“我跟孩子爸爸都特别感动，孩子得遇良师，何其有幸！我也收到了很多同学的反馈，无形之中，丰富了他跟同学们沟通交流的话题，拉进了距离，释放了善意。他特别有成就感，还跟我表达了长大想当一名美术老师的想法。”

通过文本分析发现，老师非常认可班级教师共同体，积极主动参与共同体建设和班级管理，和副班主任一起制定班级建设目标与落实方案，关注每一个学生，特别是针对心理上存在问题的学生，能够及时发现并共同协商制定干预方案，快速高效地解决了问题，体现了教师的教育机智。

综合而言,在学校三层次共同体的建设过程中,学校教师在共同体意识、合作频率、教学能力、班级管理技能方面有了较大的提升,学校的教师队伍建设有了更好的发展。在此基础上,学校将基于发现的薄弱部分进行有针对性的研究和改进,在不断健全教师队伍建设的基础上,持续提升教育质量。

专题八　智慧教育环境建设

导师评析

本专题聚焦智慧教育环境建设,从校园环境和家校社协同育人环境两个视角分别进行阐释,选题具有很好的现实意义。一方面,校园环境和家校社协同育人环境建设是学校营造良好育人环境的重要内容,尤其在新时代背景下。另一方面,在实践中,学校迫切需要解决如何建设校园环境和家校社协同育人环境的现实问题。本章既对理论进行了系统梳理,也对学校如何建设智慧教育校园环境和家校社协同育人环境进行了理性思考和总结,对中小学相关实践具有积极的借鉴意义。

指导教师　曹杰

智慧教育校园环境建设

一、智慧教育校园环境建设的背景

（一）政策背景

校园环境建设是学校建设的重要内容。2006年教育部《关于大力加强中小学校校园文化建设的通知》指出：学校的职责是教书育人，要想体现教育的熏陶和引导作用，就要重视学校的美化、绿化和人文建设，让学校的每一个角落都起作用，营造适合学生身心成长的良好环境和氛围（教育部，2006）。2017年《义务教育学校管理标准》中进一步强调：建设安全卫生的学校基础设施，完善切实可行的安全、健康管理制度，开展以生活技能和自护、自救技能为基础的安全与健康教育。加强校园文化建设，创建平安校园、文明校园、和谐校园、美丽校园，为师生创造安定有序、和谐融洽、充满活力的工作、学习和生活环境（教育部，2017）。

（二）理论背景

校园环境建设是学校组织文化建设的重要内容。组织文化是指一个组织在长期的发展过程中形成的特有文化表现形式，这种文化被组织内部的广大成员所接收，包括该组织特有的价值观、管理模式、群体意识和行为规范。组织文化理论对中小学的校园文化建设具有重要的理论意义（孙忠杰，2015）。

（三）实践背景

随着社会经济的不断发展与进步，公众对高质量教育的需求越来越强烈，家长们都希望孩子在良好的教育环境中学习。要想满足公众的需求，办好人民满意的教育，就必须优化育人环境。良好的校园环境既能满足学生个性特长的需要，又能满足教师专业成长的需要。虽然关于校园环境的理论很丰富，但是在学校实践中如何结合学校背景建设适合的校园环境仍然缺乏充分的探究。本文将从板厂小学的校园环境建设实践出发，从理论的视角反思板厂小学校园环境建设的历程与经验，为中小学校园文化建设的理论与实践研究提供参考。

二、智慧教育学校校园环境建设的理论视角

（一）内涵与特征

学校校园环境从广义上说包括校园的物质环境和精神环境两个方面。前者包括校园和校舍建筑、道路、绿化，以及图书资料、教学科研设备、家具、运动设施等一切物质所构成的环境。后者则是人们在校园内进行教学、科研工作和生活时遵循的各种规章制度、约定俗成的习惯，以及校风、学风、人际关系等人文因素所构成的环境（王爱华，2004）。

具体来说，校园物质环境是学校教学活动的场所和设施，以物质形态存在，也是学校各种活动展开的空间基础与前提，同时也是学校师生活动的场所。校园物质环境还体现了学校所独有的物质文化特征，它以有形和无形的方式对学校师生的活动产生潜移默化的影响。因此，我们常常将能够影响学校活动行为的学校物质环境称为“会说话的空间”。这种能够

被感知、看得见、摸得着的因素,在师生活动和学校正常运行中起着积极的影响作用(周光礼,1999)。

学校制度环境是学校时空范围内形成和制定的强制要求参与学校活动的相关人员共同遵守的程序和规范体系。它是学校师生长期以来形成的对学校制度的价值判断和对待学校制度的方式,是教师和学生在学校教学活动过程中形成的各种外显和内隐的规则体系。学校制度环境的本质在于协调教师与学生的关系,规范教师与学生的行为,从而保证教学活动的顺利进行,促进学校其他活动的顺利开展。因此,对教师之间的关系、师生关系、生生关系有何样的认识,就会决定学校制度环境的性质。从管理和政策层面而言,学校制度环境是学生学习知识、增加体验、获得发展的重要保障体系,具有明确的目的性和严格的控制性。学校师生的校内活动不是随意的活动或行为,它必须遵守相应的规则,受到一定条件的制约,需要一整套的制度来规范。校园制度环境是学校各种活动正常实施的制度保证(王雅琪,2016)。

(二)建设策略

20世纪50年代,欧美国家开始研究校园环境文化的建设,到了70年代,这方面的研究变得更加深入,理论和实践也日益成熟。美国的克莱尔·库珀·马库斯和卡罗琳·弗朗西斯合力编写的《人生场所——城市开放设计导则》结合学生年龄特点和他们对校园环境的需求,对校园各个景观进行了深入细致的研究,并提出了完整的设计规则。日本开放式教育启蒙者加藤幸次出版的《一所没有墙壁的学校:开放教育之路》提出了开放式教育的概念,在校园建设方面,即撤去走廊一边的墙壁,让师生都拥有活动空间。英国的中小学更注重“生本教育”,从两个方面进行校园环境文化的营造:一是朴实无华的校园,包括绿地、古树和陈旧古朴的楼房,构成了英国中小学校园景观图,使校园朴实无华、清爽典雅,展现自然之美;二是丰富多彩的室内文化,走进英国中小学的教学楼,就像进入了一个丰富多彩的世界,走廊和教室里到处都是丰富多彩的内容,与外部朴素的校园形成鲜明对比。近几年,一些新建学校重点探索生态校园和绿色校园,并注重创造校园环境文化氛围,充分利用校园氛围作为隐性课程(沈晗,2022;王静,2016)。

近几年,国内开始对校园环境的优化进行研究,通过具体案例分析中小学校园环境建设,提出了现阶段优化校园环境的策略和建议;有研究提出了适应新形势下中小学校园环境文化规划与设计的原则(林刚,2016);还有研究以校园环境发展趋势为基点,探讨了生态校园和数字化校园的建设原则(若冬,2020)。

我国第一部系统研究学校环境文化建设的专著是2009年秦岭撰写的《学校环境文化建设》一书。在该书中,作者首先详细阐述了环境文化教育学,然后描述了学校环境文化的发展趋势和建设现状,提出了学校环境文化建设的策略。最后,借助一些成功的学校案例,阐述了学校室外环境文化建设和室内环境建设的原则和策略,对当前校园环境文化的建设具有积极的借鉴作用(秦岭,2009)。2012年,邵兴江在著作《学校建筑:教育意蕴于文化价值》中,通过大量案例进行实证分析,重点阐述了校园环境的育人功能。同年,陈杰在论文《中学校园规划设计理念变迁》中,主要从宏观层面总结了我国中学校园风格各异的建筑模式,这些模式体现了我国校园规划设计的变化趋势,为当前校园环境建设提供了参考(陈杰,2012)。2014年,李家栋在著作《学校文化建设理论与实践研究》的第九章中,主要从学校墙壁文化、功能室文化和学校景观文化等几个方面阐述了校园物质文化建设的原则和策略。

阅读国内外的文献资料，我们可以看出，国内外在校园环境文化建设的理论和实践层面都取得了显著的成果。校园环境文化的作用逐渐被人们认识、认可并重视，越来越多的学校开始关注校园环境建设，校园环境有了明显改观，为目前小学校园环境文化建设提供了有价值的经验。

三、智慧教育学校校园环境建设的实践路径

板厂小学以智慧教育为愿景，致力于打造智慧教育学校校园环境。智慧教育学校校园环境是指通过空间建设、制度建设、人际建设，实现"以智育志、以智启智、以智取质"的办学理念的过程。具体来说，学校充分发挥核心校园景观的熏陶作用，让校园环境为课程实施服务，让师生成为校园环境设计的主人，推行扁平管理模式；积极营造民主、和谐、团结的人际关系，以智慧教育引领学生树立爱党报国的远大志向，促进学生德智体美劳全面发展，从而取得高水平的教育质量，坚守为党育人、为国育才的使命，努力办好人民群众满意的优质教育。

（一）空间建设

学校的育人目标是学校办学的方向，而校园环境恰恰为学校办学提供了良好的载体。因此，创造适宜学生成长的校园环境成为必然。校园环境建设就要紧紧围绕学校的办学理念和育人目标来规划实施，要服务于学校的课程体系，通过丰富校园环境的实用功能，解决校园环境教育性缺失的现象，增强校园环境的教育功能。

为了落实校园环境的教育功能，学校在对校园环境改进的过程中，主要从以下 3 个方面入手。

（1）重视核心校园景观的引领和熏陶作用。进入校园时，我们会看到"礼、毅、勤、诚、美"的校训。操场上的浮雕如"程门立雪"、"愚公移山"等场景实现了潜移默化的教育。走进楼道，处处感受到和谐的育人环境。校园展示了"真善美"的道德引领、"智慧学苑"的风采、特色校本课程的展示以及红色主题教育。师生共同设计了校园卡通形象、班徽等文化标识，并精心设计了各个教育空间，包括天文教室、舞蹈教室、京剧教室、音乐教室、美术教室、IPAD 教室和阅览室等十几个专业教室，为学生们提供优质的教育氛围。学校的文化建设让无声的环境实现有心的教育，使孩子们在优美的校园文化中，思想感情得到熏陶、精神生活得到充实、道德境界得到升华。

（2）让校园环境为课程实施服务。学校围绕办学理念和培养目标，重新规划了课程体系，在充分吸纳学生意见的基础上开设了 40 多门多元课程，并将校园环境建设作为校本课程开发的一部分。为了满足《古建梦工场》这门校本课程的需求，学校建设了专业教室，并富有创造性地搭建了榫卯走廊。通过精心布置校园环境，使学生在了解古建筑的同时，切实感受中国历史与文化的魅力。

（3）让师生成为校园环境设计的主人。学校在校园环境规划过程中，加强人与环境的对话与互动，使师生成为创造内容丰富环境的积极参与者，而不是被动的接受者。例如，北京 2022 年冬奥会和冬残奥会的临近，也在美丽的校园中掀起了相约冬奥、期盼冬奥的热潮。

作为奥运史上第一个举办夏季奥林匹克运动会和冬季奥林匹克运动会的“双奥之城”,美丽的首都北京将与河北张家口市共同举办这一体育盛会,这是全体中国人的骄傲!学校开展了“相约冬奥 绘梦飞扬——学生绘画展”系列活动,引领学生通过书画作品的形式喜迎冬奥盛会的到来,主动参与校园环境设计。学生们结合自己的生活,有机融合中国传统文化、健康环保和祖国发展等内容,通过儿童画、水粉画、卡通画等形式来表现绿色奥运、科技奥运和人文奥运的理念,用艺术创作的形式表达对冬奥的期待之情,一幅幅冬奥书画作品美化了校园环境,展现了孩子们心中美好的愿景。

(二)制度建设

在智慧教育校园环境建设中,我们认为智慧教育的制度建设核心是以人为本。我校遵循人的发展规律,剖析内部管理机制,分析外部管理理念,形成了“三同合一、集散相协”的扁平管理模式,并制定了《新教师手册》《板厂小学教师行为规范》和《班级公约》。全体教职员工以认识同道、工作同心、研究同行为出发,实现学校发展的美好愿景,使管理从“以事为本”转变为“以人为本”,从“行政约束”迈向“自主发展”,从“集思广益的沟通协作”到“顶层设计的聚心凝力”,再到“反思调整的自主管理”,实现了传统的纵向管理向横向管理的转变,使教师参与学校管理,与校长共同分享决策权,共同谋划学校发展大计。扁平管理模式的“三同合一、集散相协”原则将“重人文关怀、重个性发展、重有效激励”作为管理准则,调动教职工的工作积极性,并使其具有很强的责任感。教师们共同拥有目标,形成相互支持、相互帮助的优秀团队,才能展现“以智取质,构建智慧型校园”的特色。全体师生积极参与,为《教师行为规范》和《学生行为规范》提供建议,在扁平管理模式的影响下,自主制定了符合智慧教育教师和学生的行为规范,进一步增强了对智慧教育的认同感和参与感,增强了以高标准行为践行智慧教育的自觉性。

学校的管理者(特别是校长)以大爱爱校如家,用爱作为纽带,用爱化解矛盾,用爱凝聚力量;以博爱爱师如手足,将教师视为自己的合作伙伴,将教师视为倾心的朋友,关心教师,信任教师,最大限度地调动每位教师的积极性和创造性;以仁爱爱班子同仁,设身处地为班子同仁着想,互相配合、合力攻关、积极协助,帮助解决问题,克服困难,摆脱困境。我们以事业作为平台,为教师发展搭台、铺路,培养教师的事业心,树立教师的自信心,关心教师的发展进步,满足教师的发展需求,挖掘教师的潜在智慧。我们以激励作为催化剂,通过榜样激励、信任激励、岗位激励、荣誉激励、待遇激励等多种形式,激发教师的发展。每学年举行一次青年杯智慧赛课,每学年在学生和教师中举行智慧教师评选,尽可能让每一位教师在取得成绩后得到及时满意的激励,从而形成积极向上的健康发展态势。

由于学校规模不断扩大,原校址已经不能容纳 2600 多名学生。为此,在两个校址设立了办学教导处、科研室、德育处、总务处和办公室中层各设一套班子。管理围绕着“科学规范、精细精致、智慧创新”的理念进行,既有详尽的“刚性”管理制度,又有灵活融通的执行过程。每个处室由主任负责安排相关工作的实施,并协调和督促工作的落实。我们通过校本培训的方式,将管理与队伍建设对接,将计划分解为阶段目标与实施措施,并加强培训与研讨。我们认真组织每一次的班主任例会、学科大组培训和教研组活动。

每个月,校长分别在两个校址进行一次有主题、有内容、有研讨的组长培训。在培训会上,校长围绕计划的实施情况听取组长的汇报,引领大家就要解决的问题展开讨论,并形成决议和调整计划。每周举行一次行政例会，主管领导会将责任区（联系年级组）的学习研究和工作情况进行汇总交流。这种汇总交流不仅是工作的汇报，还是智慧的分享和传递。它不仅能锻炼中层干部筛选信息、学习积累和综合表述的能力，还能体现他们的计划与执行能力。校长每周还会进行一次学习引领，通过大家的感悟交流，点燃干部智慧的火把。

中层领导分布在两个校区，班子成员既各司其职，又密切配合，分工不分家。各年级组在组长的带领下形成一个集体，上下齐心拧成一股劲，实现同一个目标。

（三）人际建设

人际建设是智慧教育校园环境建设的重要内容，包括管理者与教师、教师与学生、学生与学生之间的关系建设。

1. 管理者与教师的关系——民主

校园文化是学校的灵魂，为教师的发展提供文化底蕴和精神支撑。多年来，学校不断丰富校园文化内涵，营造团结和谐的氛围，增强教师的归属感。学校创建了民主化、人性化的工作模式，满足教师的尊重需求，并创造条件、搭建平台，激发教师的成长需求。在校园文化的浸润和潜移默化的感动与感召中，学校成为教师投身教育事业的引力场。很多教师主动成长为课程的建设者和开发者，将自身特长与学科特点紧密结合，以学生成长所需为出发点，围绕培养目标研发实施了“京剧”、“植物”、“星空探秘”、“历史精粹”等鲜活、有生命力的特色校本课程。在这种自觉上进、追求发展的氛围中，越来越多的教师围绕着共同的愿景，主动争做智慧教育的追梦人，不断提升学校的软实力，激发出学校发展源源不断的活力。

为了打破“成长的瓶颈”，我们从抓好教师终身学习意识入手，以课堂教学为中心，广泛搭建平台，通过多领域、多形式的研讨和培训来帮助教师更新观念、提升能力，以适应新时代对素质教育的新要求。学校在师德师风建设中坚持以人为本，通过切实可行的活动来帮助和支持教师自主成长和自我约束。党支部将每年的三月和九月作为师德师风教育建设月，大力宣传典型师德榜样。先后邀请百余位获奖教师宣讲自己的教育故事，用感人的事迹诠释师德内涵，用榜样的力量鼓舞全体教师树立高尚的道德情操和精神追求。

2. 教师与学生的关系——和谐

任何的教育活动都需要良好的、融洽的师生关系，这不仅关系到教育活动的效率，也关系到了学生身心的发展，和谐的师生关系是智慧教育的重要体现。学校坚持开展教师培训，引导教师重视家校沟通，与家长、学生建立和谐友爱的关系，鼓励教师通过家访关注学生的成长情况，有针对性的与家长沟通学生的学习、生活情况，引导家校协作共同促进学生良好习惯的养成。每年开展“最美教师”活动，从家长、学生的角度，高度肯定教师的付出，促进和谐师生关系的建立与巩固。

同时，要培养智慧型学生，就必须建立一支智慧型的教师队伍。而在教师应当具备的各种素质中，有一种具有根本意义的素质，那就是教师的职业道德素质。因此，加强教师队伍建设必须以加强师德建设为基础。我们认真贯彻实施《中小学教师职业道德》的要求，校长定期组织教师深入学习，促使教师养成良好的职业道德，树立教书育人、为人师表、敬业爱生的良好形象，确立正确的世界观、人生观和价值观，依法从教，廉洁从教，全面加强教师职业道德教育。通过讲述个人的教育故事、师德演讲、智慧案例分享、读书增智的体会交流等多种形式的活动，广泛开展教师职业道德教育和典型事例的宣传，使教师懂得：“师爱”不仅意味着付出、意味着享受，更意味着自身的一种发展。一旦教师拥有了这种宝贵的职业情感，就会感到无比幸福，从而实现付出智慧与收获发展的快乐。

学校强化了正师德、铸师魂的教育，在校内树立起师德榜样，发挥先进教师的示范引领作用，形成了良好的育人氛围和“我以校荣，校以我荣”的团队精神，培养了一支素质精良的教师队伍。

3. 学生与学生的关系——团结

在智慧教育的引领下，学校坚持建立团结奋进的生生关系。通过丰富的德育活动内容和创新的德育活动形式，开展一系列道德主题教育，弘扬中华民族传统美德，使实现个人梦想融入国家梦想和民族梦想之中，让道德主题教育成为一颗颗正在发芽的种子，唤醒学生的正义之心，塑造学生的内心世界，丰富的校园活动增强了学生对学校的归属感。

（1）创建活动结构，丰富德育载体。学校以社会主义核心价值观为主线，坚持立德树人，尊重孩子们的成长需求，让同学们真正“站在活动的中心”。在活动中培育人才，通过开展优质的“12345”系列主题教育，引导学生形成正确的价值观。如图 1 所示。

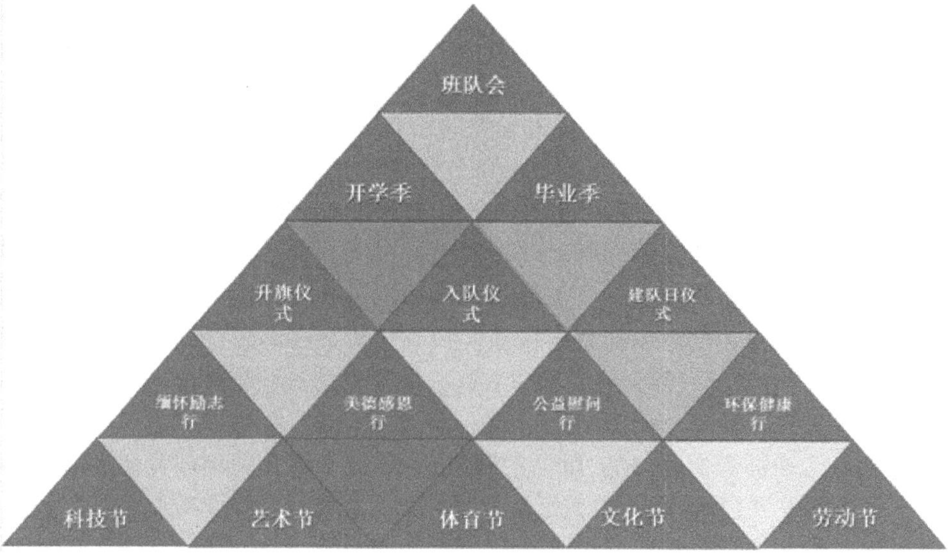

图 1　“12345”系列主题教育

（2）在特色德育活动中厚植爱国情怀。校园活动是学生学校生活的重要组成部分，有助于满足学生精神需求，通过生动而丰富有趣的活动，让红色文化教育在校园中焕发生机。

①学校借助节日和纪念日为契机，开展丰富多彩的红色教育活动。清明节开展“勿忘国耻、缅怀先烈”活动；烈士纪念日开展“向英雄致敬”；五一劳动节开展“致敬巾帼英雄”；六一开展“幸福花儿心向党”；七一开展“童心向党”；国庆节开展“祖国，我为你骄傲”等活动。学生们学习英雄事迹，通过手抄报、绘画、朗诵、写信等形式表达对英雄的崇敬之情，表达对党和国家的爱。

②借助学校少先队活动开展红色教育展示活动。每年的红五月歌咏展示活动中，各个

班级以歌唱和朗诵的形式进行表演，师生同台，亲子配合，共同歌颂祖国，歌颂党。“卢沟谣”、“童心向党”、“黄河大合唱”、“星星火炬更灿烂”、“国家”等歌曲深入学生心中，点燃他们对党、对国家、对社会主义的热爱之情，让学生们充满激情和热血，坚定努力学习、磨炼意志、做出成就的信念。

学校鼓励学生拿起画笔，举办祝贺中国共产党成立100周年、喜迎冬奥会和喜迎党的“二十大”共三届书画展。庆祝建党百年时，学生们根据对学校的了解，创作绘制了一个个历史事件和英雄人物，表达对党和国家的热爱之情；喜迎冬奥时，学生们在冬奥作品创作和服装设计中，发挥想象力和创造力，用多种形式宣传冬奥文化，展现对冰雪运动的热情；献礼“二十大”时，学生们以诗歌、绘画、书法等形式歌颂伟大祖国，增强同学们对党的坚定追求！

参考文献

[1] 王爱华. 论高等学校校园体育文化环境建设[J]. 北京体育大学学报，2004(09)：33-36.

[2] 周光礼. 校园物质文化景观的教育学断想：兼谈隐性课程的实现[J]. 教育理论与实践，1999(01)：30-35.

[3] 王雅琪. 校园环境对大学生诚信品质的影响研究[D]. 长沙：湖南农业大学，2016.

[4] 沈晗. 美育视域下小学校园隐性课程的开发与利用[D]. 武汉：湖北师范大学，2022.

[5] 王静. 论学校文化建设与隐性课程开发的逻辑机理[J]. 教学与管理，2016，673(24)：35-37.

[6] 林刚. 中小学校园环境的教育寓意性设计探究[J]. 教育研究，2013，34(03)：41-46.

[7] 若冬.202 0智慧校园创新TOP50[J]. 互联网周刊，2020，718(16)：56-57.

[8] 孙忠杰. 普兰店市中小学校园文化建设问题研究[D]. 哈尔滨：黑龙江大学，2015.

智慧教育家校社协同育人环境建设

一、智慧教育家校社协同育人环境建设的背景

（一）政策背景

2023年1月，教育部等十三部门联合印发了《关于健全学校家庭社会协同育人机制的意见》，强调"学校积极主导、家庭主动尽责、社会有效支持的协同育人机制更加完善，促进学生全面发展和健康成长的良好氛围更加浓厚。到2035年，形成定位清晰、机制健全、联动紧密、科学高效的学校家庭社会协同育人机制"。立德树人是教育的根本任务。学校教育作为培养学生道德的主战场，必须坚持以育人为本，德育为先，以培养学生良好思想品德和健全人格为根本，为中国特色社会主义事业培养合格的建设者和接班人。然而，一个人的道德品质培养除了学校教育外，还受到家庭教育和社会环境的深刻影响。家庭是孩子成长的第一环境，父母是孩子的第一任教师。孩子在成长过程中，家庭环境、父母榜样和家庭教育的状况将直接影响孩子道德素养的形成。社会环境同样具有育人的功能。社会即学校，孩子的道德形成无时无刻不受到社会道德风尚的浸润和影响。因此，家庭、学校和社会应该共同承担起青年一代道德品德培养的重任，充分合作，共同努力，以实现教育的根本任务"立德树人"。

（二）理论背景

现代学校作为一种社会组织，是制度化的产物。学校教育的基本特征在于统一性、规范性和强制性。而家庭作为相对独立的社会细胞，个体之间存在差异，因此家庭教育的特点在于非正规和独特性。家庭教育和学校教育特点的差异决定了只有相互补充、协同发力，才能促进学生更好地发展。21世纪是一个科技日新月异、经济发展迅猛的时代，学校教育的发展速度已明显滞后于时代发展的步伐。要培养适应未来发展的新生代，单纯的家校合作教育已经无法满足青少年成长的需求，必须将社会教育纳入整体考虑。学校和家庭只有赢得社会各界更广泛的支持和理解，获得更多让孩子在生产劳动和社会生活中锻炼能力的机会，才能为青少年的成长提供充分的条件。只有家校社共同发力，才能更好地应对时代发展的新挑战，促进青少年更全面的发展。面对时代的需求，学校作为社会组织应主动发挥家庭与社会之间的纽带和桥梁作用，承担起家校社合作共育的组织责任，将家庭、学校和社会凝聚成一个教育共同体，共同构建家校社"三位一体"的育人体系，实现教育的全域化和终身化。未来的教育必然是家校社高度融合的教育，这是时代发展的必然趋势，也是现代学校制度的必然要求。

（三）实践背景

"教育内卷化"成了当今社会的一个热词。在导致教育内卷的众多因素中，家庭、学校和社会对教育定位的错误理解和认识偏差造成了教育严重内耗的问题，这是最值得关注的。学校和媒体过度炒作高考状元和高考升学率，误导了整个社会对教育评价的观念。"唯分

数、唯文凭”等错误的教育评价给学生、家长、教师以及整个社会带来了巨大焦虑，从而逐渐形成了当前教育的“剧场效应”。日益激烈的教育竞争导致教师工作负担过重、学生学习强度过高、校外培训热度过高和家庭教育负担过重，整个教育陷入了高耗低效的恶性循环之中。要解决教育内卷的问题，重要的一环在于纠正全社会对教育目的的认识，使全社会形成正确的教育质量观和人才观。要实现家庭、学校和社会的这种共识，家校社合作共育可以成为一种有效的途径。当家庭、学校和社会成为一个教育共同体时，通过彼此的交流和互动，大家逐步统一教育目标，实现协同发力，共同振奋，就能逐步消除教育恶性竞争问题，从而消除教育内卷。

二、智慧教育家校社协同育人环境建设的理论视角

（一）内涵

杜佳和陈淑丽指出，在教育系统中，包含了“家庭教育”“学校教育”和“社会教育”这三个子系统。“协同育人”即是指这三个子系统之间相互协调合作，充分发挥它们在育人方面的教育力量，使教育系统的育人功能得以有效实施。简而言之，构建“家、校、社”协同育人的格局，就是凝聚家庭教育、学校教育和社会教育这三方面的教育力量共同参与思政育人，以实现在育人层面的协同效应。顾理澜、李刚、张生等明确指出，家校社协同育人是指来自家庭、学校和社会的多元主体共同承担责任，通过协作促进学生的发展。在我国的教育实践中，家校合作、家长参与学校管理、家庭教育指导服务等都是家校社协同育人的重要表现。李静在对家庭教育和学校教育概念进行了界定之后，强调：家校之间的共同合作，二者取长补短，形成家校育人的共同体，有助于学生的健康成长和全面发展。并且在此基础上，对家校协同育人的概念进行了界定，指出家校协同育人是指学校和家庭共同承担培养人才的任务，共同履行人才培养的责任，整合多方教育资源，发挥各协同要素的整体效应，形成教育的合力，最终实现学生的自由全面发展的实践活动。

（二）理论基础

国外社会科学理论、系统科学理论和组织管理理论的研究为家校社合作共育提供了科学的理论基础，其中包括协同理论、社会系统理论、社会生态系统理论和“三因素”论等。

协同理论是由德国物理学家哈肯提出的，该理论从物理学、化学、生物学和社会学的角度揭示了一个系统中许多子系统的合作，并揭示了从无序到有序转变的共同规律。该理论认为系统中的各要素存在相互制约和相互协调的关系，系统内各要素的协同行为产生了超出各要素本身的力量，并在宏观上实现了从非稳定到稳定的转变，或实现了从旧组织向新组织的转化。协同理论为家校社合作共育提供了重要的理论支持，家庭、学校和社区作为三个具有不同社会属性的教育力量，只有相互合作、发挥协同效应，才能使这三方教育力量从无序走向有序，实现教育效益的最大化。协同理论的应用不仅体现在家校社合作领域，也体现在教育各个系统之间的相互制约和合作，共同发挥协同作用，改善教育条件和教育环境，提高教育质量和管理效能。

系统-社会理论是一个开放的理论系统，融合了不同的理论概念。美国心理学家尤里·布朗芬布伦纳将生态系统理论应用到人文社科领域，提出了系统-社会理论。他指出，个体不仅是受环境影响的对象，同时也是不断重构环境的实体。他将环境分为五个层面：微

观、中观、外围、宏观和时间系统。微观系统包括家庭、朋友和学校,能够对青少年产生直接影响;中观系统指的是微观系统背景中的交互关系;外围系统指对青少年产生影响的社会背景;宏观系统包括意识形态、道德观念、法律习俗等因素。每个层内部结构之间和层之间的互动都对儿童的发展产生影响。该理论观点验证了环境和时空对人成长的影响,强调了在人成长的不同阶段进行家校社合作共育的必要性。该理论还分析了儿童、家庭、学校和社区之间的关系,认为青少年的问题不能与其亲友、学校和社区割裂开,青少年的生活和学习与其家庭和所生活的社区密切相关,学校和社区是为家庭提供各种服务的机构。

社会生态系统理论的代表人物是美国社会工作教授查尔斯·扎斯特罗。他将人的社会生态系统分为三种基本类型:微观、中观和宏观。作为微观的个体,人们在家庭、团体、组织和社区等中观和宏观的社会环境中成长。该理论将人类个体所处的社会环境视为一个社会生态系统,强调社会生态环境对人成长的重要影响,并在分析和理解人类行为方面发挥作用。该理论注重人与环境之间各系统的相互作用以及对人类行为的重大影响,注重将人置于环境系统中进行考察,描述人的生态系统如何与人相互作用并影响人的行为。社会生态系统理论从社会生态的角度揭示了家庭和社区对个体成长的重要作用,为家庭、学校和社区在合作共育方面提供了新的视角和路径。

三因素论认为人的发展是遗传、环境和教育三个因素共同作用的理论。在这三个因素中,遗传素质是人发展的物质前提,而环境和教育对人的发展起决定性作用,其中教育起主导作用。三因素的作用呈阶梯状,第一阶梯是遗传,第二阶梯是环境,第三阶梯是教育。该理论提出的影响儿童成长和发展的遗传、环境和教育三个因素与家庭、社会和学校三者相契合,为实现教育合作化提供了可能性和现实性,为家校社合作共育提供了理论依据。

(三)智慧教育家校社协同育人环境建设的内容

1. 家校社协同育人机制

建立家校社协同育人机制能够有效保障育人效果。陈忠英和周金梅提出了在“双减”政策背景下构建“家校社”协同育人机制的方法,强调加强家庭教育指导,为家庭教育提供支持;畅通家校沟通渠道,建立和谐的家校关系;改革课堂和延时课程,促进孩子的全面发展。李翔宇针对目前家校共育存在的问题,强调建立家校协同育人共同体的重要性,认为家校协同育人共同体建设的基本路径主要包括学校主导推动、学校章程完善、工作计划制订和外部保障提供等方面。李静指出,完善家校层面的制度对于家校协同育人的发展具有至关重要的作用,提出了健全家长委员会管理制度、构建家长资源整合管理制度、完善家校协同育人指导和培训制度的建议。

2. 家校社协同育人课程

构建家校社协同育人课程有利于更好地落实“双减”政策,保障协同育人机制的实施。洪岩提出,在家庭教育被学校教育同化的情况下,应整体构建协同育人课程,使家庭教育和学校教育以系统化的方式呈现,以达到减负提质和协同育人的效果。林学文、周少霞、翟李红阐述了开发建设常态化的体验式课程的重要作用。通过每周一次的“三微”家教课程(微课堂、微视频、微电影),让更多的家长分享和展示他们的家教经验,提高家庭教育能力。

3. 家校社协同育人活动

很多研究发现,活动是家校社协同共育的重要内容和对策。张晶晶在家校社协同育人实践中指出，要做好活动的顶层设计，重视活动评价方法，使家校社教育相互补充、融合并发挥合力，并且要与时俱进，提升家校社协同育人的实效。张兵和于芬以班级“小小网格员”主题实践活动为例，通过创设情境、志愿服务和多元评价，初步形成了家校社三方共育的模式，凸显了家校社协同育人活动的重要作用。黄莹莹以少先队教育活动为切入点，以统一教育观念、教育行为、教育目标和教育能力为重点，通过家校互访、开展讲座、家长直接参与学校教育、开发家长教育资源等方式，帮助学生健康成长。

三、智慧教育家校协同育人环境建设的建设路径

（一）优化制度：开放育人途径

新时代德育课程是构建全面培养体系、落实立德树人根本任务的重要途径。我们以课程改革为契机，将德育内容的丰富与社会资源的利用、家长资源的开发紧密结合，围绕“学习做人、学习传统、学习先进、学习奉献”的目标，建构“道德养成、节日文化、榜样力量、公益行动”四位一体的德育课程体系，引领学生丰富社会认知和内心世界，使他们能够以积极的生活态度参与社会。

学校规范家校社协同育人工作，通过制定并出台《板厂小学家委会章程》《板厂小学家长学校章程》《板厂小学家长学校课程实施标准》《板厂小学好家长评选表彰制度》和《板厂小学智慧家庭评选表彰制度》等文件，不断促进学校家校社协同育人工作的规范化和制度化落实，提升家校社协同育人的质量。

为了使家校社合力育人发挥效能，我们开放育人场域，创新育人方法。对德育工作进行主题化设计，完善教育链条，根据育人目标，引入家庭和社会角色，协同开展教育活动，凸显育人成效。结合榜样力量的学习，我们邀请天安门国旗班战士、奥运会冠军、东城区“小巷金牌管家”等人参加开学典礼，讲述责任担当的感人故事；邀请驰援武汉抗击疫情的北京医疗总队领队刘博伟的家长，讲述逆行者责任担当的故事；邀请家长与老师、学生共同讨论双减，传播教育新理念和新政策……开展“智慧家庭亲子实践”活动，建议家长成为学生们的成长伙伴，帮助孩子养成良好的学习习惯和培养优良的道德品行，引导家庭参与到德育过程中，使教育更加立体、生动、有效。

在新型冠状病毒疫情防控，学校积极构建学校与家庭协同教育共同体，与家长携手共同做好对孩子的教育引导，让家长回归“人生第一老师”的角色，使孩子停课不停学，成长不延期。学校创建了“家校共育”资源平台，包括时事关注、健康防疫、心灵驿站（学生版块、家长版块）、队旗飘飘、抗疫有我等版块，每天向全体学生和家长推送新资源，每周更新学生作品，引导学生科学防疫、珍爱生命，培养感恩和社会责任感。

我们鼓励各班积极发挥家长教师协会的协同导向作用，积极探索线上班级管理新模式。确定了以家委会牵头，家长和学生共同参与的方式，将全班学生分为小组进行学习和活动。家委会成员和教师通力配合，积极主动参与班级管理，在班级中发挥了学习督促、家教方法指导、班会设计、班级公众号编辑、活动宣传等重要作用，有效促进了新型冠状病毒疫情防控班级和家委会的建设，展现了非常时期的家校合力。

新型冠状病毒疫情防控期间，我们按照年级特点召开线上家长会，着重指导家庭学习管理策略。低年级侧重亲子阅读和动手实践，中高年级注重学习习惯的巩固和自主学习能力

的培养。同时还注重家庭心理疏导,使家长们的角色由监督者转变为倾听者和陪伴者,有效缓解了家长焦虑,缓和了家庭矛盾,提高了线上学习效果。

(二)开设家校社共育课程

(1)从学校、家庭、社会三方面融合推出"道德养成课程",旨在培养学生的良好品德和学习、生活优良习惯。以"智慧少年争章课程"为例,我们遵循学生身心发展规律的原则,设计满足低、中、高三个学段的道德习惯培养要求。包括梦想、立德、健体、劳动、奉献、学习、特长这七个方面的内容。引导学生主动承担学校、家庭、社区爱心服务小岗位,走进福利院、养老院奉献爱心。培养学生独立思考能力,乐于科学探索,养成良好的学习习惯。珍惜劳动成果,积极参与垃圾分类、光盘行动,增强社会责任感。考虑到一年级学生年龄小,学校特意制作了《校园一日生活》动漫短片,以形象生动的方式将养成教育内容深入孩子们心中。

(2)充分发挥家庭、学校、社会红色教育资源,推出"节日文化课程"。结合重要纪念日进行红色宣讲教育。学生们先学习烈士纪念日、一二九运动、南京大屠杀纪念日等内容,再通过家庭学习和演讲指导。最后家长和孩子一起走进北大红楼、鲁迅纪念馆等红色基地,将红色课程内容转化为实践宣讲,进一步厚植学生家国情怀,传承红色基因。安全日、宪法日、禁毒日开展遵纪守法的课程学习。学生们成为宣传员,走进家庭、走向社区进行宣传。在学习和实践中增强了学生的民族自信,提升了小公民意识。

(3)通过榜样力量课程,进行"追寻榜样志高远"教育。学校利用"寻榜样、学榜样、做榜样"的课程学习,有为新中国成立献出生命的革命烈士,有为新时代发展做出杰出贡献的奉献者,有为守护祖国安全的戍边战士,还有生活在身边的"最美少年"。他们认识英雄楷模、树立心中榜样。她们的优秀事迹激励着每一名学生,学生们心有目标,规范言行,将社会主义核心价值观内化于心,实现了学习先进的目标。

(4)开展家校社协同公益行动课程,进行"投身公益心有爱"教育。2010 年成立至今,"爱心公益社"在我校师生、家长的积极参与下,相继走进明天计划病房、天津福利院、打工子弟学校、天云听力康复中心、敬老院等十多个社会福利机构。学校认真梳理"爱心公益社"的温暖行动,通过班队会、学生广播、学生电视台进行宣传学习。倡导学生以"最美的微行动,做最好的自己",培养学生关心公益事业、勇于承担的社会责任意识。从小树立奉献精神。新型冠状病毒疫情防控期间,公益班级还开展了线上课程。将准备的暖心节目通过云端隔屏送温暖,并将网上购买的生活用品送给需要帮助的人,升华了真挚的家国情怀,实现了学习奉献的目标。

学校以立德树人的根本任务为基础,落实五育并举的教育理念,将学生的发展作为目标,引入了优质的社会资源,组织了教师团队进行研究实践,并邀请家长参与其中,开展了丰富多彩的德育教育活动。在活动的设计中,我们本着每月一次的常规活动和每月一次的特色活动的原则,为学生构建了丰富多彩的活动育人体系。在这些活动中,充分发挥了家校协同的作用,通过大人和小孩共同努力,增强了亲子互动,促进了亲子关系的发展。在家长的陪伴下,学生参与到丰富多彩的活动中,健康快乐地成长!

(三)开展丰富多彩的家校社协同活动

在常规活动和特色活动中,充分发挥家长的作用,链接社会资源,在家长的支持与帮助下,拓宽了活动的广度。在家长的陪伴下,学生走出了教室,走向社会,走进爱国主义教育基地，打卡红色地标，走进博物馆，通过参观、寻访等实践活动，丰富了学生的知识，增长了技能。学生和家长在这种共同参与的过程中，一起撰写活动感受，一起制作视频，共同成长。

党的十八大以来，围绕传承和弘扬中华优秀传统文化，党中央做出了一系列重要指示，特别强调中华优秀传统文化是中华民族的精神命脉，是我们最深厚的文化软实力。学校非常重视对学生的传统文化教育，并结合传统节日开展了丰富的教育活动。在传统文化节日的教育活动中，学校结合中秋节、端午节、清明节、春节等传统文化节日，鼓励家长参与到学校活动中来，与学生一起学习实践。学生和家长一起学习传统节日的由来，听长辈讲述不同节日的习俗，与家长一起亲手体验包粽子、制作香囊、写春联、包饺子等，一起畅谈家风家训。发挥家庭教育的作用，引导学生了解自己国家的传统节日，烙印爱国心在自己身上，做好传统文化的学习者、践行者、传承者和发扬者，让优秀传统文化代代相传。

通过活动的开展，充分发挥了家长在家庭教育中的作用，也让家长在活动中感受到了陪伴的快乐，见证了孩子的成长过程。同时，通过活动的开展也激发了学生对传统文化知识学习的兴趣，增强了学生对民族和国家的认同感，厚植家国情怀，促进传统文化的传承和发展。

学校、家庭和社会相互配合、相互促进、相互渗透。学校发挥德育的主导作用，家庭和社会密切配合和支持学校。家校社德育课程是协同育人的基础，家校社协同德育活动是协同育人的有效补充，家校社协同育人机制是强有力的保障，最终形成一种德育合力，构成了一个完备的育人时空，促进了学生综合素养的提升。

参考文献

[1] 陈晓慧. “双减”时代智能技术的可为与能为：基于“家校社”协同育人视角[J]. 中国电化教育，2022(04):40-47.

[2] 程豪，李家成. 家校社协同推进劳动教育：交叠影响域的立场[J]. 中国电化教育，2021(10):33-42.

[3] 邵晓枫，郑少飞. 新形势下的家校社协同育人：特点、价值与机制[J]. 现代远程教育研究，2022，34(05):82-90.

[4] 杜佳，陈淑丽. “家校社”协同育人的价值、问题与对策[J]. 大连大学学报，2023，44(01):125-130.

[5] 顾理澜，李刚，张生，等. “双减”背景下数字化赋能家校社协同育人研究[J]. 中国远程教育，2022(04):10-17.

[6] 李静. 家校协同育人研究[D]. 贵阳：贵州大学，2022.

[7] 韩会君，陈建华. 生态系统理论视域下青少年体育参与的影响因素分析[J]. 广州体育学院学报，2010，30(06):16-20.

[8] 陈忠英，周金梅. “双减”政策下“家校社”协同育人机制的构建[J]. 江西教育，2022(40):22-23.

[9] 李翔宇. 家校协同育人共同体：内涵要义与建设路径[J]. 北京教育学院学报，2022，36(05):47-53.

[10] 洪岩. “双减”背景下家校社协同育人课程体系建设[J]. 基础教育参考，2022(12):17-20.

[11] 林学文，周少霞，翟李红. 依托主题活动搭建乡村家校协同育人平台[J]. 教学与管理，

2023(05):12-14.
[12] 张晶晶. 德育主题教育活动:家校社协同育人的路径探索[J]. 新课程评论，2022(05):43-48.
[13] 张兵,于芬. 家校社协同育人 志愿服务社区行:以班级“小小网格员”主题实践活动为例[J]. 新校园,2021(09):71-72.
[14] 黄莹莹. 浅议少先队教育活动中家校协同育人的策略[J]. 当代家庭教育，2019(13):14-15.

后　　记

基于社会对于优质教育的热切追求和向往，一代又一代的板厂教育人坚守“质量是生命”的信念，传递温暖的教育情怀，以严谨求实的精神、朴实无华的作风、追求卓越的态度，努力耕耘，奋力拼搏。多年来学校注重教师队伍建设，强化教师奉献精神的培养；坚持以课堂教学改革为抓手，自 1995 年开始举办校级“青年杯”教学大赛，注重教师教学基本功的提升。

教育理念是教育实践的先导，而对教育本质性问题的探讨又是管理者必须深入思考的理念命题。2012 年是我走上校长岗位的第三年，立足学校发展的全局，我们认真梳理学校发展中遇到的问题，逐渐意识到单纯地追求教师奉献精神、教学基本能力的提升已经不足以满足学生发展的多样化需求，亟须教育理念的指引。通过与教育专家的研讨，在遵循教育规律和新时代人才培养需求的基础上，我们意识到培养孩子的智慧、激发孩子的潜质、塑造孩子的科学精神，是我们基础教育工作的本质追求，基于此总结和提炼出我们的教育理念是为学生综合素质提升进行“智慧教育”。智慧在我理解看来它不仅仅是知识，更多的是对孩子的品德修养，创新能力各方面的培育，这正是孩子实现全面、个性、可持续发展的重要路径，智慧教育由此成为十年来我们辛勤耕耘的教育品牌。

在智慧教育的推进过程中，我们发现了国家、地方、校本课程在实施过程中存在内容割裂、队伍建设重奉献轻学习缺少专业化、课堂教学重知识轻素养等诸多问题，整体推进课程整合、队伍建设、课堂教学系统改革的重要性凸显。基于此，我们成立了学校课程改革小组，明确了以学生发展为本的课程观，强化课程育人功能，系统构建了横向融通，纵向衔接，符合学生成长和认知规律的六领域三层级的“智慧成长课程体系”。与此同时，为进一步践行智慧教育理念，保障课程体系的扎实落地、深化实施，学校成立科研室引领教师队伍建设，通过搭建教师学习共同体，完善教师评价制度，促进教师专业能力、综合育人能力的提升。在此基础上，近几年学校精准规划，着力推进课堂教学改革，提出打造“整合、开放、自主、探究”课堂的发展方向，着重培养学生的核心素养和满足新时代发展的必备品格和关键能力。课程、课堂、教师队伍的综合改革真正实现了智慧教育“以智育志、以智启智、以智取质”的办学理念。

通过“智慧教育”的十年深化探索，这一办学理念已深入广大师生的内心深处，同时也获得了社会各界人士的广泛认可。随着数字化时代的到来，信息技术的变革为我校的智慧教育理念赋予新的内涵，智慧教育需要逐步融合大数据、人工智能等现代信息技术，朝着实现数字化的方向转型，实现师生个性化发展与社会发展的相统一。展望未来，我们将深化智慧教育的培养理念，充分融合信息技术，实现“智慧教育”实践的信息化转型，首先，要创新人才培养，更新育人理念，主动契合新时代人才培养的新要求。落实“双减”政策，更新教育理念，创新教与学方式，着重培养学生高阶思维能力、综合创新能力、终身学习能力，提高校内教育质量；其次，因材施教，尊重学生个性发展，为每个孩子提供适合的教育。实现资源精准供给,满足个性需求,借助数字化学习平台,形成全面而精准的学生群体画像,并进行教育资源的智能推荐和精准供给,精准匹配、推荐个性化的学习资源和学习路径,促进学生个性化发展和创新能力的提升;还有,要推动评价转型,实现精准治理,在尊重教育规律的基础上,构建面向学生、教师、课堂教学的科学评价体系和评价方法,使大规模、全过程、科学化的教育评价成为可能,并为教学策略的改进、教学模式的变革提供参考。

行至今日,我们持续耕耘,展望未来,我们仍需努力!聚焦学生全面、个性、可持续发展,我们将继续引领教师成为智慧教育的实践者、引领者,不断擦亮智慧教育品牌,推动科技与教育系统性融合,构建智慧教育新生态。

冯雅男

2023 年 3 月